ジョナサン・エドワーズ選集 3

The Selected Works of Jonathan Edwards

原罪論

The Great Chrisitian Doctrine of Original Sin Defended

ジョナサン・エドワーズ［著］

大久保正健［訳］

森本あんり［監修］

新教出版社

Jonathan Edwards

The Great Chrisitian Doctrine of Original Sin Defended

Boston, S. Kneeland, 1758

The Selected Works of Jonathan Edwards

Japanese Edition

Edited by Anri Morimoto

Volume 3

Translated by Masatake Okubo

Shinkyo Shuppansha, Tokyo

2015

目次

監修者解題 11

監修者解題

ジョナサン・エドワーズ日本語版翻訳選集として最初に刊行されるのが本書であることに、深い感慨を覚える。原著は、著者の没後最初に出版された書物であった。エドワーズは、一七五七年五月二六日に本書を脱稿したものの、新学長として赴任したばかりのプリンストンで翌五八年の三月二二日に没したため、出版された本書を目にすることはついになかった。初版表紙の著者名には、「故」(late)という一言が冠せられている。

本書の主題もまた、エドワーズの思想を現代日本に紹介する第一歩として、まことにふさわしいものである。キリスト教思想の中で、「原罪」という概念ほど近代人の自己理解を逆撫でするものはないであろう。人間が普遍的に堕落しており、その堕落は生まれる前から本性的に決まっており、誰一人としてそれを免れることができない。にもかかわらず、神はそのために人間を罰し、始祖アダムという自分と何の関わりもない誰かが犯した罪の責任を負わせる、というのが原罪の一般的な理解であろう。このような教義は、論理的には破綻しており、道徳的には正義に悖る。それは人間の尊厳への挑戦であり、自律した個人の人格に対する侮辱である。啓蒙主義以降の人間がもつ自己理解によれば、われわれは理性的で自主独立の存在であり、基本的には善意に満ちた良心的な存在であり、人格や意思の自由をもってみずからを律し、自分の行為に自分で責任をもつ存在だからである。

だが同時に、かつてラインホルド・ニーバーがエドワーズの思想を継承しつつ指摘したように、原罪論はキリスト教の教義の中で唯一、万人が経験的に確認しうる教義でもある。なぜ人は、時代と文化を越えて、民族や宗教や階級や人種や教育や制度などのあらゆる相違にもかかわらず、悪を行わずに生きることができないのか。みずからを振り返る能力をもつ者ならば、自分が完全に罪なき生を送っていると確信できる人は誰もいないであろう。どんな聖人も、いや聖人であればあるほど、このことを否定しない。この人類の普遍的な事実を、われわれはどう説明したらよいのであろうか。人間の文化は歴史を通して絶え間なく前進を続けてきたのであるから、やがてこの現実も変わってゆくはずだ、と信じることができるであろうか。人間は、社会の仕組みが変われば、政治の制度が刷新されれば、学校教育が改革されれば、経済格差がなくなれば、国連機構が強化されれば、教会や寺院がしっかりすれば、罪から自由になれるのであろうか。

執筆の背景

一七三九年にエドワーズが『購いの業の歴史』（本選集第五巻）という歴史神学的な著作の執筆に着手した時、彼は宗教改革により始められたプロテスタント主義がヨーロッパでソッツィーニ主義やアルミニウス主義の侵食を受けて危機に瀕している、という認識をもっていた。そこで彼は、スコットランドの牧師ジョン・アースキンに状況を尋ね、その返答として一七四八年に受け取ったのが、本書で論駁することになるジョン・テイラーの原罪論（アイルランドのベルファスト版）である。

本書冒頭に登場する議論でも明らかなように、もともとニューイングランドのピューリタニズムには、ウィリアム・パーキンスやウィリアム・エイムズらを通して改革派の契約神学が伝えられている。これは、神と人間の関係史全体を契約の概念を用いて統一的に解釈しようとする神学思想であって、そのもっとも基本的な骨子は、神とアダムとの間に結ばれた「業の契約」が破棄された後、これに代えてキリストのもとで新たに「恩恵の契約」結ばれた、というものである。だが、この契約神学は大西洋を渡るうちに強調点を変化させてゆく（拙論

「契約神学研究史」、『神学』57号［一九九五年］を参照）。ニューイングランドでは、「恩恵の契約」もいわば神と人の双務的な関係として理解されるようになり、人間の側でも救済への努力が可能であり、それが相応に求められてもいる、という解釈へと傾斜してゆく。原罪論が本来的に含意する堕落は、「ドルト信条」などに見るプロテスタント正統主義の解釈では「全的堕落」であって、人間は自己の救済のためには何もなすことができない存在のはずであった。しかし、契約神学のこのような変質により、原罪の果は人間本性を蝕む不可避の病ではなく、いわば法律上の連座責任のような性質のものと解釈されるようになる。人間は、あたかも父の負債を受け継いだ子のような存在であって、法的には咎ある者とされているが、本性的には堕落しておらず、よろめきつつの不十分な歩みではあっても、みずから応分の努力をすることができ、それによって救いを獲得することができる存在だ、という楽観的な人間論が導出されるようになった。これがペリー・ミラーやリチャード・ニーバーの論じた「契約神学のアメリカ化」である。

このような時代の変化を、エドワーズは自分が長年牧してきた教会の中にも感じ取っていた。テイラーの原罪論は、エドワーズが教会員籍の解釈の問題からノーサンプトン教会を解任されるに至った背景にも見え隠れしている。エドワーズは、後にそのことを振り返り、「新奇で弛緩した神学風潮が近年のニューイングランドに蔓延した」ことを指摘する。エドワーズが赴任した当時のノーサンプトン教会は、彼の祖父であるソロモン・ストダードが牧会していたが、このストダードは「オープン・コミュニオン」という制度の創始者であった。これは、幼児洗礼さえ受けていれば、成人としての信仰告白なしにも聖餐に与ることができる、とする慣行で、聖餐を「回心への道備え」と解釈する立場である。エドワーズは、より伝統的で厳格な教会員資格を求めてこの慣行を廃止しようとし、その主張を論文にまとめた（本選集第四巻所収）。ところが、それに正面から異を唱える論文を出版したのが、今度は彼のいとこにあたるソロモン・ウィリアムズである。エドワーズは、ウィリアムズのこの反論にも、テイラーの原罪論の影響を感知した。

　エドワーズは一七五〇年に教会を解任されるが、奇妙なことに、その後も後継者を見つけることのできないかつての自分の教会に招かれて、たびたび説教をした。その心苦しさはいかばかりであったろうか。ウィリアムズの反駁書が出版されたのは、まさにそのような状況においてであった。エドワーズは自分を追放した教会員たちに向かって、いま一度書簡を送り、切々と「新思想」の危険を訴えねばならなかった。ウィリアムズの反駁書は、テイラーの思想の代弁に他ならなかったからである。「オープン・コミュニオン」は、教会員が未回心のままであることを容認し、みずからの魂に差し迫る危険のことを気にかけずに生きてよい、ということを意味する。世界史が黙示的な終わりの時を迎えていることを信じていたエドワーズにとり、これは深刻な霊的脅威であった。教会は、宇宙規模の終末論的な闘いの中に立つ存在として、キリストの再臨への備えをするために純潔でなければならない。にもかかわらず、テイラーやウィリアムズが広めようとしている「弛緩した神学的風潮」は、人間がみずからの罪の現実と正面から向き合うことを妨げるからである。エドワーズは、かつての教会員たちに宛てて、ウィリアムズの主張を受け入れることはテイラーの原罪論を受け入れることであり、それは選びや回心や義認や原罪といったキリスト教の根本教義を放棄することである、と訴え続けねばならなかった。『原罪論』は、エドワーズにとり単なる神学上の研究課題ではなく、深く個人的で牧会的な動機をもった著作だったのである。

　その後エドワーズは、国内外のいくつかの教会からの招聘を断り、五一年にマサチューセッツ辺境のストックブリッジへ移る。そこで小さな先住民寄宿学校の責任を引き受けるようになったエドワーズは、表向きはそれまでの論争から遠ざかって神学的な著作の執筆に没頭できる平穏な環境を得たかに見える。しかしその生活は、彼自身にとっても社会情勢からしても、牧歌的なのどかさからはほど遠いものであった。何よりも、英本国の伝道団体によって運営されてきたその寄宿学校そのものが、反駁書を書いたウィリアムズの一族の不透明な経営で危機に瀕していた。エドワーズの誠実で実際的な手腕がなければ、事業の存続は難しかったであろう。かくて彼は、ノーサンプトンを離れた後も、親族との因縁じみた闘いの継続を余儀なくされることになる。

時代はまさにアメリカ革命前夜であった。知的文化世界としてばかりでなくイングランド領としても「辺境」にあったストックブリッジは、「フレンチ・インディアン戦争」により一七五四年には近隣住民に犠牲者が出たし、エドワーズ家もイギリス兵の駐屯所に用いられたりして雑事多端であった。これらのストレスがエドワーズの健康に悪影響を及ぼしたことは間違いない。しかし、彼にとってさらに大きな心配は、この戦争によりカトリック国フランスが躍進し、新大陸アメリカにおけるプロテスタンティズムが危機に瀕するのではないか、ということであった。そうなれば、「神の贖いの業の歴史」における彼の時代認識は深刻な修正を迫ることになる。ストックブリッジは、その贖罪史においても重要な意義を担っていた。地勢上の辺境であった同地は、まさにその故に有力なモホーク族の首長たちとの出会いと交流の場でもあった。もし彼らとの結束と連帯を失うようなことがあれば、東部地域に広がる先住民六部族連合はすべてフランス側に回り、ひいては全アメリカ人がカトリック勢力の手に落ちることになるからである。したがって、エドワーズにとり、先住民への教育と伝道は、個人の魂の救済という問題を越えて、世界史的な意義を有していた。カトリック教会を「反キリスト」の象徴と見る当時の救済史的な観点からすれば、それはさらに宇宙論的な意義を擁していた、と言うこともできよう。

反響と評価

その後もニューイングランドにおけるテイラーの著作の影響は小さくなかった。エドワーズの一番弟子の一人ジョゼフ・ベラミによると、一七六〇年にニューハンプシャーの教会が信仰告白を制定しようとした際には、テイラーの議論に従って三位一体や原罪の教義を削除しようとする試みがあった、ということである。テイラーの反カルヴィニズムは、信仰復興運動の喧噪に倦み疲れた人々の心情によく訴えた。テイラーが教会と無縁な自由思想家ではなく、国教会の牧師でもなく、むしろ国教会に従わない長老派に属していたことも、彼の信用を高めるのに貢献したことであろう。それだけに、彼の著作が呈する危険もいっそう大きかった。

テイラーの著書には、エドワーズだけが反論したわけではない。旧世界では、讃美歌作者としても知られるアイザック・ワッツが一七四〇年に反駁書を出版している。これに対しては、テイラーがすぐさま翌年に長い反論を書き、その後の版ではこれを原書への補遺として合冊で刊行している。メソジスト教会の祖ジョン・ウェスレーも反論を試みたが、自分自身のアルミニウス主義と折り合いをつけることができずに、こちらは断念する結果となっている。だがエドワーズの論駁は、テイラー自身への決定的な打撃となった。一九世紀のエドワーズ全集編集者ドワイトによると、テイラーは本書を見るまで自著を反駁できる者が誰もいないことを誇っていたが、エドワーズの論駁があまりに徹底的だったため、何も反論できずに「寿命を縮めるほど悔しがった」と伝えられている。他方、ボストン教会の牧師で信仰復興運動でもエドワーズに反対の立場をとったチャールズ・チョーンシーは、特に本書の「転嫁説」や「人格構成説」を取り上げ、世に類を見ない暴論で、「思弁的に不条理で、本性的に不可能」であるとし、カトリック神学の「化体説」にも引けを取らぬほど愚かだ、と辛辣に批判している。

一九世紀から二〇世紀にかけては、ウィリストン・ウォーカー、フランク・フォスター、クラレンス・ファウスト、オラ・ウィンズロウ、シェルトン・スミスといった研究者たちが、「偉大ではあれ過ぎ去った時代の産物」という微温な評価を本書に下してきた。エドワーズの原罪論が人間理解の深淵な表出として受け止められるようになったのは、やはりペリー・ミラーのいわゆる「ピューリタン・ルネサンス」を待ってのことである。同時代人にすら嘲笑されたエドワーズの人格構成説は、人類が見かけ上のあらゆる相違にもかかわらず、罪の深淵において本質的に一体であることを語る。それは、新興中産階級として政治的にも経済的にも自信をつけつつあった同郷人たちに向かって、「あなたがたは神の目からすれば黒人やホザトニック族と何ら変わるところのない存在だ」と断言している。「邪悪さにかけては、キリスト教世界と言われるところに棲むあまたの人々に比べて、哀れな未開のアメリカ人はほんの赤子や愚者にすぎない」（一〇七頁）と語るエドワーズは、ちょうど一世紀前に生きたロジャー・ウィリアムズの先住民評価を継承するものと言うこともできよう。

経済や通貨ばかりでなく、物流や世相、さらには環境破壊や気候変動において否応なく地球規模の危機を共有せざるを得ない現代のわれわれに、本書はどのような洞察を与えてくれるであろうか。

文脈と意義

本書の内容や議論については、訳者の大久保正健氏による詳細な紹介があるので、そちらを参照いただきたい。はじめて本書を手に取る方は、最後の第四章からお読みになるとよいかもしれない。そこでエドワーズは、今日でも原罪論に向けられる批判のいくつかを取り上げ、一つ一つ解きほぐしながらていねいな回答を与えているからである。本書は、テイラーの原罪論への逐次的な論駁として書かれており、議論の裏付けとなる聖書解釈も膨大かつ詳細を極める。こうした執筆のスタイルは、たしかに必要だし誠実ではあるが、現代人ばかりでなくすでに一九世紀の読者にも評判が悪かった。まことにエドワーズらしい愚直さで、翻訳者や出版社にとっては困惑の種でもある。この難渋さに正面から突き入るのが正道なのであろうが、読者はその前にまず四章から入って問題の全体像を掴み、それから必要に応じてその典拠を振り返りつつ参照すると、いっそう理解しやすいかもしれない。

ただ、本書の理解に特別な専門知識の前提は不要である。本文中には、転嫁や人格の同一性などといったロック以来の神学的・哲学的な定番の主題、あるいはアリストテレスやトマスに連なる「傾向性」（ハビット）論も登場するし、幼児の苦しみをめぐる神義論、注入の恵みと人格的起発、高次の支配原理の除去、などの特徴的な議論もある。しかし、これらを運ぶ叙述の流れは、長い航海に乗り出す船、不実な妻、アルコール依存症、家の中の火、どんぐりと樫の木、などといった巧みで魅力的なたとえのおかげて、とてもわかりやすいものとなっている。

また、選択の自由のパラドックスに関する第二部冒頭の議論では、エドワーズ自身の前著『自由意志論』(一七五四年刊、本選集第一巻)で用いられた論理が再現されているし、結論部では、これも没後刊となる『真の徳の本性』(一七六五年刊、本書第六巻所収)への言及もある。本書はこれらの意味で、エドワーズ晩年の主要諸著作との重要な接合点に位置している、と言うことができる。

なお、日本で最初に出版されたエドワーズの邦訳書は、伊賀衛訳『怒りの神——エドワーヅ説教集』である。同書奥付には、「昭和二十三年十二月二十日發行、定價二百圓、發行者西村大治郎」とある。敗戦後わずか三年、物資の欠乏する中で出版されたこの訳書は、黄ばんだ紙のごく粗末な装幀で、明らかに印刷部数も少なく、今では稀覯図書と言ってよいであろう。しかしこの訳書には、戦後日本人に高い志を示して精神の復興を希う篤い思いが込められている。今般、新教出版社に刊行を引き受けていただいた本選集が、その先駆的な志を継いで、二一世紀の日本を再び精神の高みへといざなう力となるよう、心してともに祈りたい。

森本あんり

凡　例

一、本翻訳の底本は、Jonathan Edwards, *The Works of Jonathan Edwards, Vol. 3: Original Sin*, edited by Clyde A. Holbrook (New Haven: Yale University Press, 1970) である。なお、イタリックの箇所については、他の版を参照し補足したところがある。

二、直訳だけではわかりにくく、日本語として表現を補う必要があると思われる場合には［　］に入れて補った。

三、原語参照が必要である場合、また、一つの訳語ではニュアンスが伝わりにくいと判断される場合には、原語ないし別の訳語を〈　〉に入れて補った。

四、原文で（　）に入っている部分は、訳文でも（　）に入れた。

五、強調の意味で、イタリック体で記された語の訳語には傍点を加えた。

六、引用の意味で、イタリック体で記された語の訳語は「　」に入れた。

七、註は、原註と訳註をそれぞれ［原註］［訳註］として記し、巻末にまとめて掲載した。

八、聖書からの引用部分については、原則的に日本聖書協会『聖書　新共同訳』を採用した。

九、聖書の各巻の名称は「　」の中に入れ、例えば「創世記」と表記した。

十、（　）内に記された聖書箇所については、『新共同訳聖書』に従い、「コリントの信徒への手紙一」一五章一二節を、（一コリ一五・一二）のように略記した。

キリスト教の偉大な教えである原罪論を擁護する

序言

本書の目的は、たんに原罪論に反対している特定の著作を論駁するだけでなく、このきわめて重要な教義を一般的に擁護することである。私は、原罪論を擁護するにあたって、以前に読む機会があった高名な反対者が語った原罪論批判の内容にとくに注意を払った。その論者は、ターンブル博士とノリッチのテイラー博士の二人である。[1] 特にテイラー博士が出版した原罪論批判の二著に注目した。一冊は、『聖書の原罪論』、もう一冊は『使徒の文書を理解する鍵』と題されており、これは『ローマ書註解』と合本になっている。[2] 原罪論を批判したテイラー博士のこの本［『聖書の原罪論』］ほど、信仰深い私たちのすばらしい父祖たち、この国に定住するようになった最初の聖職者や信徒たちによって信じられていた宗教の諸原理と体系を、ニューイングランド西部から根こそぎ奪い去ろうとする書物はないと私は思う。この本が、わが国に広く流布してから数年になるのに、解毒剤になるような反論はなされていない。そのため、彼の説が野放しにひろまっている。私はロンドンのジェニングズ博士によって反論が出版されたと聞いているが、実物を見ていないし、アメリカではその存在を聞いたことがない。[3] したがって、その反論が十分なものであったとしても、アメリカでは役に立たないであろう。テイラー博士の本が読まれるようになってから（私の記憶違いでなければ）既に一五年近く経っているから、アメリカに住む人たちのために新しい解毒剤が必要であることは明らかである。私は、本書で一つの解毒剤を提供しようとした。テイラー博士の本を熟読し、この論争で重要なことは一つも見逃さないように努めた。原罪に反対するように見える議論に取りこぼしなく対応しようと努めた。私は原罪論が大きな重要性をもつものと考えている。それが真理であるなら、誰もが重要だと思うであろう。事実、原罪論が説く通りであるなら、つまり、すべての人類が本性的に完全に破綻した状態にあり、道徳的悪に従い、苦悩をもたらす悪にさらされていて、一方の道徳的悪が他方の本性的破滅の結果であり懲罰であるとすれば、キリストの大いなる救いは、疑いもなくこの病からの修復であり、この破綻と直接関係するからである。そして、福音全体、あるいは救いの教義はこの事実を前提とする。また、あらゆる現実感を伴った信念、あるいは福音の真の思想はこの事実に基づく。私は原罪論の教義を最も確かな真理であり、また重要であると考えるので、この教義を擁護しようとする私の意図を、読者が素直に解釈してほしいと切に願う。また、この私の原罪擁護論が、本書を読む労をいとわないすべての人たちによって、公正に考察されることを希望する。

＊

私がちょうど反論を書き終えて、出版準備のために序文をここまで書いたとき、ナイルズ牧師がテイラー博士への反論を書いた、あるいは書こうとしているという情報を得た。(4) しかし、ナイルズ牧師の反論は、テイラー博士の『聖書の原罪論』の二つの章に限定されていて、第三部や長大な『補論』には特にふれていないと聞く。(5) 私の議論のねらいは当該書の全体におよぶだけでなく、テイラー博士の他の著作、『使徒の文書を理解する鍵』と『ローマ書註解』の内容や、他の著者による反原罪論にも及び、更に、テイラー博士や他の原罪反対論者に答えるだけでなく、（上に述べたように）この教義を一般的に擁護し、同時にこの教義の真理を示す証拠を提出し、［原罪論は］真理でないという反対論に答える意図を持っている。こうしたことを考え合わせると、本書における私の議論がまったく無駄であるとか、役に立たないとは思えない。そして、二人が同じ主題と議論を扱った箇所でも二書は相互に照らしあい、相互の見解を確認して、共通の目的をよりよく達成するであろう。

また、この論文の計画が多くの目的を含むため、長くなったことを諒解していただきたい。このような計画の意図を完全に実現するためには、かなりの紙幅がどうしても必要であった。原罪論に反対する議論がたくさん書かれていたし、原罪反対論で言われていることを好む多くの人々の偏見は非常に強かった。おもだった原罪反対論者、特にまことしやかな誤りを語っている最近の著者テイラー博士によって提起された、ほとんどすべての議論を逐一じゅうぶんに論じないでは、多くの読者は満足しないであろうと思われた。また、原罪論が真理であれば、それは非常に重要な教義であるから、それを擁護するためにも、多くのことが言われねばならなかった。このような事情を考慮していただければ、議論が必要以上に長いと思われる恐れはないと思う。しかし、判断は、聡明で率直な読者に委ねよう。

ストックブリッジにて、一七五七年五月二六日

第一部

観察と経験によって、そして聖書の思想と証言、ならびに反対者の言っている主張から発見される事実や出来事から取り出される原罪の証拠のいくつかを考察する

第一章　人類の罪深さの事実に現れた原罪の証拠

すべての人類は絶えず、いつの時代でも一つの例外もなく、道徳的悪に突き進んでおり、この道徳的悪によって、人類は完全に永遠の滅亡に至り、神にまったく好まれず、神の復讐と怒りを受けることになる

第一節

神学者たちが原罪という言葉で普通に考えてきたことは、心が生まれつき罪に染まり堕落しているということである。しかし、原罪の教義が話題になるとき、通俗的にはもっと広い意味で、単に本性が堕落しているというだけでなく、アダムの最初の罪の転嫁が語られていると理解されている。(6) 言い換えれば、アダムの子孫が、神の審判において、アダムの罪の罰を受ける受刑者として連座することを意味すると考えられている。私が知る限り、[「本性の堕落」と「アダムの罪の子孫への転嫁」のうち] 一方を信じた者のほとんどは他方も信じてきた。そして、一方に反対してきた者のほとんどが他方にも反対してきた。これからの議論で特に取り上げる著者 [ティラー氏] も、原罪論に反対する著作のなかでこの両方に反対する。私たちのこれからの考証によって、原罪論に関して、この二つが密接に関連しており、一方を証明する議論は他方を証明すること、つまり一方を認めるなら他を認めることにも困難がないことが明らかになるであろう。

私は、とくに「本性の堕落」という観点から原罪論の考察を始めていこうと思う。論じていくうちに、関連して他方 [アダムの罪の転嫁] も自然に考察されるようになるであろう。(7)

さて、徳に関係する場合でも悪徳に関係する場合でも、およそ道徳的性質や道徳的原理は、心中の傾向の中に宿るのであるから、私は、人間の心が生まれつき堕落した邪悪な傾向をもっている証拠があるかどうかを考察していくつもりである。[8] ところが、原罪の教義に反対する最近の多くの論者は、心の中に邪悪な傾向があることを強く否定する。特にテイラー氏はそうである。

そもそも、私たちは、どのような事実をきっかけにして、何らかの傾向が存在すると思うようになるのであろうか。それは、何かが恒常的に、あるいは一般的に起こっている事実を観察することによってである。特に状況の方は多様であるにもかかわらず、そして、大きなさまざまな抵抗があるにもかかわらず、同じ結果あるいは出来事が続いて起こり、多くの多様な力と手段が反対の方向にむけて使われているのに、その結果を妨げることができないというような事実を見ることによって、そう思うようになる。私は、事実として優勢な結果がある場合、それを外的原因のなかに、そして行為者のなかに圧倒的傾向があることの証拠でないと言うことはできないと思う。出来事の経過のなかで人類が実際に堕落しているということが一般に確かめられたとき、その堕落の事実が、その堕落以前に人間世界のなかに堕落の傾向が存在していたことの証拠になる。これを、原罪論に反対する人たちは明確に否定するのであろうか。人によって言い方はまちまちであるが、彼らの発言の結論をみれば、否定しているように見える。詳細は後の議論で扱うが、堕落と道徳的悪がこの世界にはびこっていることを否定する多くの人がいるのである。彼らは、むしろ、善が優勢であり、徳が増大してきていると主張する。ターンブル氏の主張もそうである。

「この世界での悪徳の栄えについて言えば、人々は想像を逞しくして、強盗、海賊行為、殺人、偽証、詐欺、虐殺、殺人など、聞いたことのあること、歴史で読んだことを思いうかべて、すべての人類は非常に邪悪であるという結論を引き出す。あたかも裁判所が人類の道徳を評価する場所であり、あるいは病院が気風の健康度を測る尺度のようである。しかし、どの国でも正直な都会人や農民がそうしたすべての犯罪者たちより圧倒的に多いということを考えてみるべきではないであろうか。また数でいえば、犯罪者の場合でも、罪のない親切な行為が犯罪行為よりも多いのである。罪のない善い行為に比べて犯罪がまれであるから犯罪が私たちの注意をひき、歴史に記録される。これに対して正直で寛大な親切な行為はあまりにも当たり前であるため見逃されるのではないだろうか。一つの大きな危険、あるいはある月の病気が健康で安全な長い人生のなかで繰り返し語られるようになる。——人類の悪徳を割増し、重大化しないようにしよう。人生を公正に評価しよう。そしてどの時代でも犯されている蛮行や邪悪な行為のショッキングな事例に対抗して、単に歴史に輝く親切で勇敢な行為がそれに勝って多いというだけでなく、あらゆる時代の大多数の人類では、罪のない、善良、勤勉、快活が優勢であったと考えようではないか。そして、摂理の反対者がしているように、この問題について、すべての人間が大きく堕落しており、この世界には徳というべきものは存在しない、と声だかに言わなければならない理由はないと考えたい。公平に査定すれば、極悪人で巨魁とみられるような人はどの時代でもきわめてまれである。徳の感覚と徳を尊重する気風は、それほど一般的なのである」[9]。

テイラー氏もたぶん同じような見解を持っていて、「私たちは健康と生活の楽しみの基準を癩病院から取り出してはいけない。精神病院から思想の基準を取り出し、監獄から道徳の基準を取り出してはならない。」と言う[10]。

はたして実情をこのように記述することが適切であるかどうか、また、このような結論が、論者が意図した説得力をもつかどうかについては後で十分に判定できると思う。人類の心の自然的傾向が堕落しているかどうかは、これから述べる諸々のことが十分考察された後のほうが、きっとよく判定できるであろう。

しかし、議論をできるだけ明晰にするため、ここで一つの論点だけは予め論じておいたほうがよい。この論争で重要な意味を持っているにもかかわらず、原罪論の反対者が概して見逃してきた論点がある。それは次のことである。

事物をそれ自体として、あるいは事物それ自体の本性として考察するときに人間の心の傾向として現れてくることは、人間の心の自然の性質、あるいはもって生まれた性質として見なされるべきである。その際、神の恩寵の介入は除いて、考えなければならない。神の無償の慈悲と善意による介入がなければ、人間の自然状態、精神の傾向は邪悪で有害であり、それ自体ではたいへん有害な結果に向かって傾斜し、間違いなくその結果に達すると見なされるはずである。至高の神が好意と憐れみをもって手をさしのべ、そうした傾向に対抗して、惨めな結果にならないようにしてくださっているからと言って、悪い傾向は存在しないと論じるのは、ずいぶん奇妙な理屈である。特に、人間本性の中に必ず道徳的悪に至るような普遍的な傾向があり、その傾向が事物の真の本性と欠陥にしたがって起こっているなら、結果が完全な破滅になることは目にみえている。たとえ、当然の破滅から人間を救おうとして、また事物それ自体では反対の結果になることを阻止しようとして神の恩寵がどれだけ介入しても、それ自体は悪しき傾向あるいは性質と見なされなければならない。恩寵は神の主権に属し、神の善意にしたがって作用し、悪から善を生み出す。しかし、恩寵が効果を持つのは、事物の本性自体にはよらない。恩寵がなければ、事物自体は悪い傾向をもつ。それは、治療が病気に属さないのと同じことである。恩寵は事物から独立したものである。恩寵は、自然の傾向に反対し、事態を逆転させるように働く。しかし、情勢が傾いていく先の出来事は、事物自体の欠陥に従い、神の義にしたがって起こる。つまり本性にしたがって起こるのである。それは、テイラー氏自身の言葉が語る通りである。彼は言う。「神だけが人類の不敬と不義を赦すか罰するかを宣言できる。人類の不敬と不義はそれ自体としては罰されるべきである」。[10] 神の義ほど事物の真理に正確に合致するものはない。神の義は事物を公平な天秤にかける。神の義は、事物をそれ自身の本性の通りに見て評価する。それゆえ、神の義の評価にしたがって破滅へ傾いているものが、それ自身の本性のなかに破滅への傾向を含むことは疑いない。

そして、私たちが堕落と言っていることは、道徳的堕落である。つまり、悪い効果や結果を引き起こすある種の傾向があるというだけでは、道徳的堕落が現われていると言えるのかどうかと迷う場合、道徳的傾向こそが悪い結果を引き起こすという点が考慮されなければならない。道徳的傾向や影響が賞罰によって作用するとすれば、人間の本性あるいは状態が、悲惨や破滅を報いとして受けるような傾きを持つとき、道徳的な意味で有害なあるいは破壊的な傾向を伴っていると言える。[12] また、その傾向は、現在の状態における人間本性の道徳的堕落を証明する。人間本性が、［神によって］実際に執行される破壊的処罰に向かって傾いていたり、それ自身の当然の結果として悲惨と破壊に傾いていたり、それにもかかわらず恩寵によってその宿命的結果が防がれていたりすること、その他、実際におきているすべてを、この傾向が証明する。

さらにもう一点、述べておくべきことがある。原罪論の反対者たちがこだわる論点は、神の義である。アダムの罪の転嫁に対する反論するときも、また、何らかの個人的落ち度によって神から嫌悪されるというのでないにもかかわらず、人類が堕落して壊れた本性をもってこの世に生まれてくるように定められているという説を反論するときも、彼らは、神の義を強調する。しかし、後者の説について言えば、まさに、純粋な恩寵が介入して防がないかぎり、人類が実際に罪を犯し、その罪ゆえに悲惨と破滅に傾く傾向をもって世界に生まれてきたとしても、神の義と矛盾しない。そう考えれば、義を根拠にする反論は成り立たない。なぜなら、その反論は、人類が悲惨と破滅に傾きやすいこと自体を、神の義に反すると考えているからである。しかし、人類が悲惨と破滅に傾いていないのなら、神の恩寵が介入して人類を救済する必要もないであろう。恩寵がなくても正義が執行されるだけで十分な救いになったであろう。問題になっているのは、義とは何か、正しさとは何かということである。人類が破滅への傾向を持って惨めな状態に生まれ、その破滅が実際に起こり、正当におこることが義なのか。それとも、人類が破滅を報いとして受けるような傾向で生まれ、恩寵が介入し防がなければ、その破滅が起こるのが当然で、実際にそうなるであろうということが義なのか。争点は、恩寵の作用の本質ではなく、正しい審判とはどのようなものであるかということである。

私が、［本性と恩寵を分ける］この論点にとくにこだわって述べてきたのは、この観点に立つことによって、テイラー氏が彼の理論体系で用いている推論や結論の多くが説得力を失うからである。彼の議論は、人類が神の恩寵を既に受けている状態から出発する。彼自身、神の恩寵によってそこに置かれていると思い込んでいるのである。彼は、神の恩寵の意味をまったく考慮せず、その状態からいきなり諸々の結論を引き出し、他の人々が、堕罪によって人類が陥った悲惨な破滅した状態として考えていることに反対する。[13] 彼の議論とその結論の幾つかは、次のような前提によっている。恩寵による神のさまざまな施策は、神が恩寵以前の段階で制定した契約と制定過程を、実質的に改正・修正しており、恩寵以前の契約とその制定過程は、［その状態に至るための］単なる法的な手続きにすぎないという前提である。[14] あたかも、この純然たる法に続いて与えられた恩寵による施策が、先行する法的な契約がそのままでは不正であり、少なくとも人類に対する苛酷な扱いであると認めているかのようである。恩寵による施策は、神の被造物に対する一種の償いという本性をもっており、それは先行する被害あるいは苛酷な処遇に対する補償なのである。したがって、被害と補償の両方で、あるいは法的な被害をもたらす施策と、それに続く、テイラー氏が恩寵と呼ぶ、善い施策とを合わせて、一つの正しい施策になる。前者の不公正、不適切な厳しさを後者が修正して初めて、ひとまとまりの正しい施策になるというのである。

読者は、私が神の恩寵の介入について語ったことを、心にとめてほしい。神の恩寵はあるがままの事物の本性を変更しない。したがって私が人類の現在の本性と状態の属する事物の悪い傾向について個々に具体的に指摘するとき、私が言っているのは、それ自体としての傾向のことであって、神の主権と無限の恩寵が与える救済には言及していない。

これらのことを前置きとした上で、さっそく議論に移ろう。

［命題］人類は生まれたままの状態では、すべて例外なく、同一の結果に至る。すなわち、人類はどこでも永遠の滅亡になるような状態に自ら陥り、罪によってついには神に呪われ、神の救済なき怒りを受けることを避けることはできない。そのように私は主張する。

そこから私は、人間精神の自然な状態は一定の自然的傾向を伴っていると推論する。その傾向は優勢で、一定の結果を引き起こし、目指している目的に至る。それゆえ、人間精神はその傾向と合わさって堕落し、道徳的に悪くなって、完全な破滅に至る。

最初に、この命題の真理について考察し、次にそこから私が推論する結論の確かさを示したい。もし、この二つが明晰・確実に論証されるなら、原罪の教義は明らかであることを誰も否定しないであろう。また、テイラー氏の体系の見解が誤りであることも証明されるであろう。彼の『聖書の原罪論』という題名の本やその他の書物の中核の部分は、生まれつきの本性の堕落という教義を反駁しているのである。[15] たとえば、彼は、原罪論を保持することによって論証される最大の論点は、アダムの子孫に腐敗した罪深い本性が引き継がれることだと語っている（三八三頁）。

ところで、今掲げた命題の主張をはっきりさせるためには、二つの事実を明白にするだけでよい。第一は、すべての人類は例外なく、罪を犯す結末になるような状態で生まれてくるということ、つまり、この世界で道徳的行為者として行為しようとするすべての人は多かれ少なかれ罪を問われるということである。第二は、すべての罪は神の怒りと呪いのもとで、完全な永遠の破滅に値し、それに向かっているということである。そうならないように防ぎ止める神の恩寵の介入がなければ、結果は破滅である。この二つの事実は、神の言葉に一致し、ティラー氏の説にも一致する。このことは十分に論証できる。

人類に属する誰もが、と言ってわるければ、少なくとも道徳的行為者として行為できる者の全員が、罪を犯すことは(彼らが有罪状態でこの世に生まれてくることを前提にしなくとも)、聖書から十分に明白である。「もし彼らがあなたに向かって罪を犯し、――なぜなら罪を犯さない者は一人もいません」(王上八・四六)。「善のみ行って罪を犯さないような人間はこの地上にはない」(コヘ七・二〇)。(ビルハドが直前に語った、神は罪のない人を退けることがないといったことに対して。)「それは確かにわたしも知っている。神より正しいと主張できる人間があろうか。神と論争することを望んだとしても千に一つの答えも得られないであろう」(ヨブ九・二―三)。「あなたの僕を審判にかけないでください。御前に正しいと認められる者は命あるものの中にはいません」(詩一四三・二)と言われるのも同じ趣旨である。使徒パウロも言う(ここで使徒は明らかに「詩編」の言葉を参照している。)「それは、すべての人の口がふさがれて、全世界が神の審判に服するようになるためなのです。なぜなら、律法を実行することによっては、誰一人神の前に義とされないからです。律法によっては、罪の自覚しか生じないのです」(ロマ三・一九―二〇)。「ガラテヤの信徒への手紙」二章一六節も同様である。また、「私たちが光の中を歩むなら、互いに交わりを持ち、御子イエスの血によってあらゆる罪から清められます。自分に罪がないと言うなら、自らを欺いており、真理は私たちの内にありません。自分の罪を公に言い表すなら、神は真実で正しい方ですから、罪を赦し、あらゆる不義から私たちを清めてくださいます。罪を犯したことがないと言うなら、それは神を偽り者とすることであり、神の言葉は私たちの内にありません」(一ヨハ一・七―一〇)。

この箇所や他の無数の箇所で、罪の告白と悔い改めがすべての者の義務として語られている。神に対して罪の赦しを求めて祈ること、神に赦していただく希望を動機にして私たちを傷つける者たちを赦すこと、これらも義務として語られる。罪の普遍的責任は、古代から動物犠牲が命じられ、その効用と目的が明らかにされていることから、あるいは、イスラエルで数えられているすべての者が自分の命の贖いをするために賠償金を払うことを命じられていることからも論証されるであろう(出三〇・一一―一六)。すべての者が単に罪人としてだけでなく、大きな不正行為を何度も働いたものとして書かれている(ヨブ九・二―三、ヤコ三・一―二)。

聖書の多くの記述は、人類が普遍的に罪を犯しており、すべての罪が神の怒りと呪いのもとで永久的な破滅に値し、正当に破壊に直面していると語ることによって、私が述べた命題の二つの部分を具体的に説明する。この点で、「ガラテヤの信徒への手紙」三章一〇節の言葉はきわめて的確である。「律法の実行に頼る者はだれでも呪われています。『律法の書に書かれているすべての事を絶えず守らない者は皆、呪われている』と書いてあるからです」。ここで使徒パウロが言っている意味は明らかである。律法の書に書いてあるすべてのことを行うとするとき、何らかの場合に失敗しない人はいない。それゆえ、律法を満たすことに頼るなら、人は誰でも、律法を満たせないときに科せられる呪いの下におかれる。したがって、彼は次の節で言う。「律法によっては誰も神の御前で義とされないことは明らかです」。パウロは同じことを前の章の一六、一七節でも言っている。「律法の実行によっては、誰一人として義とされない」。「律法の実行によって義とされようと努める者はすべて罪人になる」。三章二二節に書かれているように、「申命記」を引用したこの箇所によって、聖書はすべての者を罪のもとに括っている、あるいは閉じこめているとパウロは考え、それを私たちに示す。したがって、ここで教えられていることは、簡潔に言って、人類の誰もが罪人であり、すべての罪人が神の呪いを受けているということである。

同じことが、「ローマの信徒への手紙」四章一四節や「コリントの信徒への手紙二」三章六、七、九節にも書かれている。そこでは、律法について「文字は殺し、死に仕え、罪にさだめる」と書かれる。怒り、有罪宣告、死は、律法において、律法を破るすべての違反者に脅威となり、最終的な滅亡、第二の死、永遠の破滅になる。そのように率直に言われている。そして、律法がすべての罪に対して警告する懲罰は、正しい罰である。すべての罪に本当に相応しい罰である。神の律法は正しい法であり、その宣告は正しい宣告である。

テイラー氏も、これらのことをすべて承認し、自分の主張に組み入れている。彼は、「ローマの信徒への手紙」七章六節への注釈で言う。

「神はけっして不完全な服従をもとめない。あるいはその聖なる律法によってどのような小さな罪であっても私たちに罪の責任を取らせる。そして、もし、義務の規則としての律法が何らかの点で廃棄されたなら、私たちは何らかの点で法を犯し、それでも罪に責任がないこともありうるかもしれない。しかし、道徳法、あるいは自然法は真理であり、永続的であり不変であるから、それ自体としては決して廃棄されない。反対に私たちの主イエス・キリストはそれを福音のもとで新たに布告し、それをモーセの制度や他の場合よりも、いっそう完全で明瞭なものにしたのである。……その規定にキリスト自身の神的な権威を加えることによってである。」（『ローマ書註解』、三九一、三九二頁）

テイラー氏が語る多くのことが、すべての人間が何らかの程度、律法に違反するという意味を含んでいる。彼は、「ローマの信徒への手紙」七章、八章を概説して言う。「誘惑に満ちた世界において、私たちは騙され、身体的欲望等によって罪にひきずりこまれがちである。そしてすべての罪に対して死の警告をする律法のもとにある人々の状況は、もし、律法を与えた方の慈悲の助けがなければ、きわめて悲惨である」（二二八頁）。しかし、この主旨を十分に語っているのは、彼がローマ五章二〇節への注で言っていることである。次の通りである。

「実際、私たちの義務を命じる行為の規則としては、それ（律法）は、いつでも生命を得るために指定された規則であったし、そうあるはずのものである。しかし、それは義を実現する規則ではなかった。あらゆる違反の代償として人を死に従属させる規則ではなかった。パウロが論じているように、もし律法が最も厳格に適用されたときに私たちに生命を与えることができるようなものだったなら、それは神の約束に反するであろう。もし、私たちを生かすはずの、厳密な意味での律法があったなら、その律法によって義が実現されたはずである。しかし、パウロは、そのような律法は与えられていなかったので、恩寵が約束する多くのことが必要であり、またその余地があるのだと考えている。あるいは（ガラ二・二一で）パウロが言うところでは、神の恩寵がなければ律法は目的を達成できず、役にたたなくなる。もし、律法によって義とされるはずであったとすれば、まさにキリストは無駄に死んだことになり、死ななくても律法自体によって実現されたかもしれないことを完成するために死んだことになるからである。律法は義認の規則としてユダヤ人に与えられたのでは断じてない。あるいは、ユダヤ人を死の状態から取り戻し、彼らの罪のない服従によって命をえさせるために与えられたのではない。なぜなら、この点においても、他の点においても、律法は弱かったからである。それ自体が弱いというのではなく私たちの肉の弱さによって弱いのである。私の考えでは、律法は現在の状態の人間本性の脆弱さに適合した施策ではないと思う。あるいは、律法による以外の救済策を私たちに得させないのは、神の善性に合致しないように思われる。この律法は、私たちが一旦それを犯すなら、永遠に破滅するのである。それなら、いったい誰がこの世が始まってから救われたのであろうか。人類のうち誰もがこの世の始めから律法によって義と認められなかった。なぜなら、すべての者が律法に違反したからである。これらの事実ほど明瞭なことはあろうか」[16]。

このように、人類は一つの違反によって永久破滅の宣告を受けているとテイラー氏ははっきり述べている。彼は同じ趣旨のことを何度も語っている。たとえば、つぎのように言う。「律法は、最も広範囲の服従を求める、そして律法のすべての枝の部分で罪を発見する。そのことが、罪に死に値する力を与える。すべての違反に死刑を割り当てる。しかも律法は罪人に助けも希望も与えず、罪人を罪と死の宣告の支配下においたままである」（二〇七頁）。彼は、律法は、情欲と異常な欲望、そして罪のあらゆる根幹と枝葉、しかも罪の最も隠れている原理や最も微細な枝葉に適用されるという（二一三頁）。またすべての罪、どんなに小さな罪であっても、と言っている（ローマ書七章六節への注、三九一頁）。そしてすべての違反に死刑を割り当てる律法について語るとき、彼が考えているのは永遠の死のことであり、それを何度も説明する。そして、律法の罪に定める力、私たちを永久の鎖につなぐ力について語る（二一二頁）。罪の報酬である死は第二の死である。そしてこれを最終的な消滅であると説明する。彼は言う。「律法の呪いは人間をすべての違反について永遠の死を割り当てる」（『鍵』二六四頁、一五五頁）。したがって、「モーセの律法は律法の下にある人々を死に従属させる。この場合の死は永遠の死を意味する」（『ローマ書註解』五・二〇、三七一頁）。これらはテイラー氏の言葉である。

また、この律法の有罪宣告は、あらゆる些細な罪を理由にして、また律法の最も微細な部分と罪の隠れた原理を理由として、人間をこのように怖しい刑罰に処するものであるが、それをテイラー氏は正義に適い正しいと考えている。その刑罰は、真理と事物の本性に適合しているのであって、自然で適切に判断された罪の失点に相応しい処遇である。その正当性を彼は強調する。「律法によって死に従属したのは罪であった。律法が罪に死を警告したのは当然であった。律法は罪が表れるために私たちに与えられた。完全に神聖であり、義であり善である律法によって罪が死に従属させられている様子は、罪の本来の姿を露呈している。律法によって、実際の姿の通りに、きわめて恐ろしい悪として示される。」と言う（二二頁）。「律法あるいは死の執行は、すべての違反を理由に死に引き渡すから、死の付き添いといってもよいが、それは罪の生まれつきで独特の欠陥を示すために依然として役立つ」（『ローマ書註解』五・二〇、三八〇頁）。「汝は死にながら死ぬ、という律法の言葉は、違反が当然受けるべき不利益について語っているものと理解すべきである」（同書、三七一、三七二頁）。同じ箇所について、ロック氏は、律法が加えられたのは、イスラエル、すなわちアブラハムの子孫が他の人々と同じく違反者であるが、その彼らに彼らの罪と、懲罰としての死を示すためであり、この死は、厳密な正義において彼らが罪によって引き起こしたものである、と言っている（同書、三七九頁）。[17] そしてこれは、「ローマの信徒への手紙」七章一三節の正しい注解であるように見える。罪は律法の力を借りて、この目的のために、あなたを死に引き渡す。罪は、神聖で正しく善い、そして永久の真理と義に完全に一致するものを用いて私たちの中に死を活動させる。……その結果、すべての罪は厳密な正義の観点では怒りと刑罰に値する。また律法は峻厳な形でユダヤ人に与えられ、この恐るべき真理を彼らの良心に銘記させ、罪の邪悪で有害な本性を示した。神の律法を破ったことを意識して、彼らは律法制定者［である神］の寛大な赦しを必要とすることを確信した。律法制定者の好意を信じて、彼の慈悲にすがって赦しと救いを請い求めた。

もし、律法が、神聖で、正義にかない、善いものなら、つまり神の神聖と正義と善とに完全に一致する構造をもっているなら、神は、神聖と正義と善というご自身の完全な性質に合わせて律法を執行できたはずである。テイラー氏も言っている。「ある律法を打ち立てる法的枠組〈契約〉があったとして、その律法を作ることが神の義と善性と矛盾し、その法を執行することが神の神聖と矛盾するのに、それが正しい法的枠組でありうるというようなことは、正直にいって私の理解を超えている」（四〇九頁）。[18]

さて、次のことを読者の判断にゆだねたい。世界が始まってからこんにちまで世界に道徳的行為者として生まれ、罪人、つまり神の律法の違反者でなかったような人物は一人もいないし、今後もそういう人物が現れることを期待できないということは、テイラー氏の教義とも完全に一致するのではないか。その罪こそがあらゆる時代のすべての人類にとって最大の問題であり、最大の現実である。自分たちの生まれつきもつ固有の罪性によって、また真理と完全に一致し、事実をありのままに示す神の律法の審判によって、人類はまさに神の呪いの正当な対象である。永遠の死と、どこまでも続く破壊の対象である。立法者の恩寵あるいは厚意が介在しなければ、慈悲が人類を赦し救済しなければ、破滅こそ実際の結末であるはずである。そしてまた、読者はこのことが聖書の教えと合致することを見て取られたことであろう。

さらに、神の恩寵の介入について考察されたこと、つまり、この恩寵はあるがままの事物の本性を変更しないということを覚えているなら、読者は、神の恩寵の介入が、人類がこの世に出現した状態の本性と傾向に関して、そして恩寵がその致命的な結果を防ぐかどうかについて、今私たちが行っている論争の本質に少しも影響しないことを否定しないであろう。そして、もし、これらのことが考察されたなら、最初に掲げられた命題が神の言葉と一致し、テイラー氏の言葉とも一致することは完全に論証されたことを読者は否定しないと私は確信する。人類はすべて生まれつき、普遍的に罪責と罪性を担っており、その結果、完全で永遠の破滅になり、神の恩恵の外に投げ出され、神の終わることのない怒りと呪いの対象になる。そのような結果、結末になる状態に人類全体がおかれている。

第二節
前節で論証された命題から、人類のすべてが罪と悪に傾く一つの圧倒的に強い傾向をその本性の中にもって

おり、人類はその影響によって罪と悪に至り、完全で永遠の破滅に至ることが論理的に導かれる

前節で掲げた命題の正しさは確かめられたが、この命題の論理的帰結は、まだ論証されていない。つまり、［（1）］人間精神が、普遍的に不可避的に起こる出来事に向かう生まれつきの傾向や性質を持っていること（これが証明なしで十分に自明なことではないとすれば）、そして［（2）］その傾向が腐敗し堕落した傾向であるということ、この二つは、まだ論証されていない。

私はここでまず、この論理的帰結のうちの最初の部分［（1）］を考察する。すなわち、このような普遍的な、いつでもどこでも必ず起こる出来事が、そのような出来事へ向かう傾向が存在することを証明するかどうかについてである。そのような傾向が、邪悪な堕落した本性をもつかどうか［（2）］については、その後、考察しよう。

もし、人類が何らかの罪を犯すことが、普遍的に必ず起こる出来事であるということだけを取り上げても、罪への圧倒的な傾向があることを証明しない、人類は罪だけでなく善も行うし、悪よりも善を行うかもしれないからである。このように言う人がいるなら、その人には、今問題にしていることは、どれだけの量の罪への傾向があるかではなく、結果として罪を発生させる傾向が普遍的に広まっているかどうかであるということを思い起こしてほしい。この傾向によってすべての人間は、実際に律法を完全に守ることができない。服従を不完全にするような傾向があり、その傾向があるために、人はいつでも必ず、一定の罪に陥り、罪が含意し、論理的に示唆する完全な破滅に至るのではないだろうか。このような結果を導く傾向は、それに対抗する善があるからといって堕落という名にふさわしくないのかどうか、これは順次論じよう。もし、すべての人類が、あらゆる民、あらゆる時代において生涯において少なくとも一日、理性を失い狂うことがあるなら、あるいは全員がたったひとりの例外もなく、喉をかききり、目玉をえぐり出すような自壊的なことを行うことがあるなら、人類の本性や自然的

状態のなかに、そのような出来事への何らかの傾向がある証拠であるかもしれない。たとえ、理性をはたらかせる日数が、理性を失うときよりも多く、残酷に自分を傷つけるよりも自分に優しいときが多かったとしても。

このような出来事が必ず恒常的に起こるということは、傾向があることの証拠になるであろうか。それを判定するために次のように考えてみよう。「傾向」という言葉は、何らかの出来事が起きやすいこと、起きそうになっていることを意味するのではないか。自然や原因や機会のなかに何らかの明らかに優勢な傾向があって、それに何らかの明白な種類の結果が続くことが圧倒的に多く、その結果になることが解りきっているなら、いったい、それ以外に傾向の本質はあるだろうか。あるいは、事物の恒常的な状態のなかに何かがあって、それが関与して、何らかの種類の出来事を引き起こしているなら、それがその出来事の恒常性の基礎であり、強い支配的な傾向なのではないか。傾向ということで私たちがそのようなことを考えているなら（それ以外の意味を私は知らないが）、私たちが何らかの種類の結果または出来事が明白に有力であるのを見るなら、その諸原因の本性と状態のうちにその結果への傾向があることの証拠になる。一般的で不動の結果は、事物の状態のどこかに、確実に実現されることへの強い優越、圧倒的な顕現傾向と発展傾向があることを示す。理性の自然な指示によれば、結果があるところには原因があり、その原因は結果に対して十分である。原因が十分条件でなければ、その原因は結果に結実しないかもしれないからである。それゆえ、明らかに圧倒的な結果があるなら、原因にも明白に優勢なものがある。定常的な結果は、定常的な原因があることを立証する。私たちがおよそ傾向というようなものの観念を得るのは、観察によってだけである。そして私たちが観察するのは出来事だけである。あらゆる場合に、私たちに傾向の観念を与えるのは出来事が普通にいつでも起こっているという事実である。このようにして私たちは自然界のなかにさまざまな傾向があると判断する。鉱物、植物、動物、理性をもつ生物と理性をもたない生物の本性的な傾向を判断する。明白な傾向、固定した性質の観念はただ一回の出来事を観察するだけでは獲得されない。原因や機会のなかにある明白な優勢は、結果の明白な優越によってだけ論証される。サイコロが投げられるとある面を下にして止まる。私たちはそれだけで、その面がいちばん重いと主張することはない。しかし、無造作に、何千回、何万回投げられて、いつでも同じ面が下になるなら、その面に最大の重量が集まっているか、その他の観点で何らかの傾向があることを私たちはもはや疑わない。冬に事物の状態のなかに寒くなる傾向、夏には暑くなる傾向があることを真面目に反対したり、水が火を消すことが頻繁にあっても、水にそのような結果に至る傾向がないと言い張ったりする人がいれば、その人はひどく笑われるであろう。

私たちが考察している事例で言えば、人間本性は人格と状況の点できわめて多様であるけれども、どのような例でも、同じ結果にならないものはない。極度の悲惨と永遠の破滅を意味の中に含む罪性は、頻繁に投げられるサイコロに似ている。その恒常的な出来事の主体が個体であるか自然種であるかという差は、少なくとも傾向の証拠に関しては問題にならない。こうして、同じ種類の樹木が、世界の始まりから次々にあらゆる国々、土壌、気候、そして（いわば）他の無限の状況の多様性のなかで、すべて悪い実を結ぶ。それは、その種の本性と傾向を証明する。あたかもその種が一本の樹であるかのようである。その樹は世界の始めよりいろいろな土壌に移植されたけれども、いつも同じ悪い実しか結ばなかった。同じように一つの家系があって、いろいろな国に移り住み、いろいろな住居で生活したけれども、すべての世代が結核で死んだり、気が狂ったり自殺したりすれば、それはある種族の本性や体質のなかにある何らかの傾向である。それは、あたかも、ある一人の人が、ある時代を生き抜くとき、彼に対して何らかの明瞭な出来事が毎年起こり、どの時期にも例外なく必ず起こるとするなら、その人個人の本性あるいは状態のなかに何らかの傾向がある証拠になるのと同様である。[19]

このように、現在の人類の本性あるいは生まれつきの状態に一定の傾向があり、特に罪によって永遠に自滅する傾向があるということは、観察によって認められる事実から確かに推論できる。さて、私はさらに議論を進め、このことが、テイラー氏が承認する事実から帰結するだけでなく、彼が主張する事物、使用する表現や言葉が、すべての人類がそのような傾向を持っていることを明らかに含意することを考察していきたい。これは、最高の種類の傾向であって、克服しがたい傾向、つまり、実際には、恒常的に必ず起こる定まった必然性と同じ意味の傾向である。『聖書の原罪論』で、罪への傾向が率直に承認されている。「水を飲むように不正を飲み込む人、多くの感覚的欲求にとりつかれ、欲求に耽溺しがちな人……」（一四三頁）と言われている。また「私たちは、誘惑に満ちた世界にあって、身体の欲望によって惑わされ罪に引き寄せられがちである」とも書かれている（二二八頁）。もし、私たちが身体の欲望によって非常に罪に引き込まれやすく、罪への誘惑に非常に屈服しがちであるなら、私たちは罪に傾いているのである。罪への誘惑に屈するのは罪あることだからである。同所で彼はこうも言っている。

「それゆえ、この結果ゆえに、すべての罪に死を与えると警告する律法の下にある者の審判は、律法者の慈悲によって救われることがなければ、きわめて悲惨になる。つまり、そのような者たちの審判は絶望的である。死や罪に対する罰を免れるすべは、神の慈悲以外には何もない。罪への誘惑に屈する傾向が強いので、人類の誰ひとりとして懲罰を完全に避けることができない。」

しかし、その傾向について彼は他の場所で何度も、ほんとうに不可能である、そうである他はないと繰り返しのべている。たとえば、「ローマ信徒への手紙」五章二〇節へのテイラー氏の註（『ローマ書註解』）で彼は律法について、律法は、どのような違反でも違反があれば、私たちを死に引き渡す。したがって、律法は命を与えることができない、と語っている。[20] また、神が他の救済の道を差し出していなければ、この世の始まりから誰一人救われることはありえなかった、とも語っている。同所で彼はロック氏の見解に賛同し、イスラエルについて語っている箇所の言葉を引用する。「義を追い求めたすべての努力は、無益な徒労であった。たった一つの失敗が命への権利を剥奪したからである。彼らは死以外のことを期待することは不可能であった」[20]。彼は、罪のない服従を要求する律法が生命を与えるのは不可能である、と言う。それは「律法自体が弱いからではなく、私たちの肉の弱さによってである」[22]。それゆえ彼は、「律法は、現在の状態における人間本性の弱さに見合った神の施策ではない」と考える。[23] この見解が導く明瞭な結論は、人間が罪に傾いていること、また正当にも罪よって永遠の破滅に晒されていることが、普遍的に克服不可能であり、あるいは同じ事であるが、克服不可能な必然であるということである。それは確かに、最高度の傾向である。この結論は、その傾向を実体的に存在するものではなく、私たちの側の弱さ、何らかの欠陥のせいにしても少しも損なわれない。すべての罪はある欠陥や欠損が原因になっていると言っておけば、最良の神学者たちの見解と齟齬をきたさない。しかし、弱さや欠陥が原因になって永遠の破滅（これはテイラー氏の言葉に含意されている）に晒されているとしても、だからといって罪が罪でなくなるとか、事実でなくなるとかいうのではない。つまり、弱さや欠陥が原因になって傾向が生じているからと言って、その傾向が永遠の破滅を招く罪への傾向でなくなるのではない。

これまでの叙述で確かめられたこの傾向は、明らかに特定の外的状況にはよらない。外部状況の何か、あるいは幾つかのものが、特に精神を誘惑し精神に影響を与えるということはあっても、傾向自体は生来のもので、人類全体に共通の本性のなかに座をしめている。人類はどこに行こうと、状況がどんなに変わろうと同じで、その本性を身にまとっている。人類がこの世界で直面するあらゆる状況で同じ出来事が起こるということも、同時に、証明され承認された。神の目から見れば、生きている人間のうち正しいといえる人は誰もいない。全員が罪人であり、有罪の判決を受ける。これは、どのような体質、能力、条件、行動様式、思想、教養をもった人々にも当てはまる真理である。あらゆる国々、気候、民族、時代に生きる人々、また、人の世で起こるありとあらゆる大混乱や革命に遭遇して生きる人々に当てはまる。

［私たち人間が見ても］、この傾向は人間本性の中にあり、特定の状況から発生していない。その証拠は、あらゆる時間と場所の変化を通じて、状況のあらゆる多様性にかかわらず、結果が同じように現れるということである。私たちが、人類の中に見られる傾向が人類の本性に根ざしていると判断するのは、この方法によるほかないが、これは他の傾向の場合でもかわらない。たとえば、そのようにして私たちは男女間に働く傾向を判断する。あるいは、自然の情念や欲望のなにかに現れる傾向について、それが、あらゆる国々、民族、時代、あらゆる状況を通じて人類一般に見られるという理由から人間本性に本当に属しているという判定をする。

しかし、異論があるかもしれない。なるほど、人類のすべてが完全な服従に失敗して罪を犯し、永遠の破滅という罰を招く。そのような一般的出来事に至る一つの傾向が事物の状態のなかにあることは明白であり、またこの傾向が特定の国民、人物や時代の状況の特異性によらないことは認めるけれども、その傾向は人間本性の中にあるのではなく、人間が生まれてくる世界の一般的な状態や構造の中にあるとは考えてはいけないのか。人間の本性は善で、本来何ら邪悪な傾向を宿していないのだが、この地上世界の本質と普遍的な状態では、どこでも多くの強い誘惑に満ちているため、人間のように弱い肉体をもって生きている生物にはその誘惑が強い影響力をもち、全体的な結果としては、このような状況において強い不可避的な傾向になって、人類の誰もが罪を犯し永遠の破滅に至るのだ。このように言うかもしれない。

それは、論点のはぐらかしである。そんなことをしても、あなたがたの議論の目的にはまったく役立たない、と私は答えよう。そのように論点をずらしても、現状の人間が罪への傾向によって堕落し破滅している被造物であるかどうかを検討している現在の議論は左右されない。もし、何らかの被造物が、そのあるべき場所において、つまり神が宇宙のなかに指定した状況において悪であることが結果的に明らかになるなら、その被造物の本性は邪悪である。システムのなかの定められた場所で善い働きをしない部分は善くないのである。そして、システムのその部分の本来の性質がその場所で不良で壊れているなら、その本来の性質は悪い性質と見なされてしかるべきであろう。傾向が善いにしても悪いにしても、それがある存在の本性の必然的結果であるなら、その存在の本性に属しており、その存在に本来内在していたものと見なすべきである。重たいことは石の本性である。石はこの世界から遠く離れた場所に置かれるなら、そのような性質を持たないかもしれない。しかし、石が、神によって創られたこの世界のなかのあるべき場所で、重いという性質あるいは傾向をもっているなら、それを石の本性に属する傾向とみなしてよい。あるべき場所において善い傾向であるなら、その傾向は善い性質を持っている。しかし、その反対であるなら、それは本性的に悪い性質である。したがって、もし神が創造したこの世界において、人類がどこでも結果的に罪と破滅への傾向をもっているなら、一つの悪い傾向が人類の本性に属すると見なしてよい。力や傾向は、存在するもののうち、単独では存在できず、宇宙の存在体系の関連する他の存在に依存している最たるものである。つまり、対象との関係がなければ傾向とはいえない。たとえば、自然物の中に観察できる引力、磁力、電力等の傾向の場合がそうである。また、種々の動物の中に観察される傾向もそうである。創造された精神［人間］の中にある傾向も多くはそうである。

　さらに、まったく同じことが人間を罪と破滅への傾向によって堕落し破滅した状態でこの世に生まれさせるという処遇が、神の道徳的完全性に相応しいかという論争についても言える。神はこの傾向を人間本性それ自体のなかにあるように命じたのか、それとも、宇宙の中における人間の位置との関連の中に、つまり、創造者が結合してつくった体系の他の部分との関係の中にあるように命じたのか、それは神の命令に原因があるのか、最も単純に考えられた人間本性自体に原因があるのか、と言った問題も、私たちの議論の結論を左右しない。

テイラー氏は、神が自然の創造者であるにも関わらず、私たちの本性が汚染されているのはどうしてか、という難問を解決しようとして、神は霊魂を純粋なものとして創ったが、それを汚染された身体に結びつけた（あるいは、霊魂を汚染する傾向がある身体をつくった）と考える人について語っている（一八八、一八九頁）。彼は、そのような思想は論拠薄弱で不十分であり、「あまりにも雑な考え」であるので承認できないと言う。「誰が霊魂を身体に注入したのか。そして、身体に注入されることによって汚染されたのだとすれば、その汚染を創り出した原因は誰なのか。誰が身体を創ったのか……」。しかし、この批判は神が純粋な霊魂を創り、それを汚染した世界においた、あるいは、世界がその創られた自然の状態から霊魂を汚染する傾向がある、または世界が霊魂をかならず罪で汚染し、永遠に破滅するように作用すると考える人たちの議論にも同じようにあてはまる。それならば、私もテイラー氏と一緒に、もっともらしい理由をあげて抗議してもよいのではないだろうか。この世界に霊魂をおいたのは誰か。そして、もし世界が汚染されているか、あるいは自然に不可避的に罪で霊魂を汚染するように創られているなら、この汚染の原因になったのは誰か。そもそも誰が世界を創ったのか……？

今引用したところでテイラー氏は、神が霊魂を汚染させる傾向のある身体のなかに注入したり置いたりしたのなら、神が霊魂汚染の責任を負わなければならないと言って、その「霊魂注入」説に強く反対する。しかし実は彼は、神が霊魂をこのような身体と世界のなかに創ったことは、まさにこの説の通りであると考えているのではないか。既にみた箇所で彼は言っている。「誘惑に満ちた世界のなかで、私たちは身体の欲望によって罪に引き込まれがちである」（二二八頁）。もしそうなら、彼の論法に従うかぎり、神は罪に引き込まれやすいようにした当の存在であり原因であるはずである。また、次のように書いている。「水を飲むように不法を吸い込む者、多くの感覚的な欲望にとりつかれ、それに耽溺する者」（一四三頁）。このような言葉でテイラー氏が反対するのは結局、余りに「粗雑」な考えだとして彼が反対するただ一つのこと、すなわち神が創造した身体には、神が注入した霊魂を汚染する傾向があるということだけである。霊魂を罪ある耽溺に傾かせるこれらの感覚的欲望は、神が創造した身体から来るか、あるいは罪ある耽溺への傾向が霊魂自体のなかに元来あるのかどちらかであるが、後者だとしても、テイラー氏の問題の解決にはならないであろう。

最後に、テイラー氏が三一七、三一八頁で語っていることについて述べたい。彼は言う。私たちが住んでいるこの地上の世界の現状は「昔と変わらない。振り返ってみれば、神は世界とそのあらゆる構造を、きわめて善いと言われた。……地球の現在の形態と構造は、神の富、慈悲、善意にあふれている。地上に住む者たちに対する神の愛と恩寵深さの明瞭な徴候に満ちている」。もし、その通りだとすれば、罪と永遠の滅びへ至る人間本性の普遍的で不可避な傾向を見て、このような結果になる傾向が人間本性中ではなく、神が人類の住む場所として創った、この地上の世界の一般的構造の中にあるというような言い抜けをする余地はまったくないではないか。

第三節

第一節でのべられた命題から引き出される結論の二番目の部分、すなわち、すべての人類の本性の中にあることが証明されたこの傾向は、非常に邪悪で、堕落した有害な傾向で、人の霊魂が自然の状態では堕落し破滅した状態であることを明らかにする

人間本性は堕落も破滅もしていないのではないか。この問題を決着させるのは、人が悪い行為よりも多くの善い行為を行う傾向があるかどうかではなく、心と本性の全体的姿勢において、これらの二つの行為のうちのどちらに傾いているかである。罪がなく正しい、神に喜ばれる状態なのか、それとも神の目に、罪の状態として有罪であり嫌悪の対象と映る状態なのか。罪のない義を維持しているか、罪を犯しているか、二つに一つである。

（教会で信じられているように）どちらに決定されるかよって、人間が創造者に肯定され受け入れられ、永遠に善い存在として祝福されるか、それとも、拒否され捨てられ、悪い者として呪われるかが決まる。その決定は、あるがままの事物の本性と真理に従い、義と完全な正義に合致するようになされる。それゆえ、この二つに関して、人の心と本性に宿る傾向の方向が見定められて初めて、人間の本性が善であるか悪であるか、純粋であるか堕落しているか、健全であるか壊れているかが判定できる。もし人の本性と心の状態がこの二つのうちの後者に必ず傾く傾向をもっているなら、犯罪者でさえも罪のない親切な行為をすると言ったり、罪のない善良な性格、勤勉や快活さが人類の大半に行き渡っていると言ったりすることは、まったく見当違いである。私たちは、それほどの多くの正直な行為があり、善い性格がある等々とは考えないようにしよう。むしろ道徳的悪に必ず至る傾向があり、その恐るべき結果はあらゆる想定される善の結果よりも比較を絶して大きいと考えよう。結果として永遠の破壊に至る必然的な傾向は、本当に限りなく恐ろしく有害な傾向である。そして、そのような傾向を含んでいる精神の本性と構造は、限りなく恐ろしく有害な精神構造である。人間のすることは悪いことであるよりも正直で親切なことの方が多いというように考えて、人間本性の状態が善いとか悪くないとか考えることは、大西洋をわたろうとして到底、もちこたえられず必ず途中で崩壊して沈む船の状態を、沈むまでの長い航路を進んでいけるであろうとか、沈んでいく時間よりも水の上を航行していく時間の方が長いと考えて、善いと言うことよりもずっと愚かである。あるいは多くの部分が平坦で安全であるが、一部は非常に危険で旅行者には致命的であるような道を善い道と言ったり、そのような道を歩んでいくかたくなな傾向を善い傾向と言ったりすること以上に愚かなことになるであろう。

　神の永遠の怒りと呪いを招く罪への傾向（これが人間本性のなかにあることはすでに証明された）は、単にそれが災いであるとか悲しいことであるとか、つまり最後には大きな自然的悪になるという意味で悪なのではない。同時にそれは、道徳的悪に傾くから、忌まわしく嫌悪すべきものである。人は、その道徳的悪のため、神から忌まわしい存在として見られ、神から非難されまったく拒絶され呪われるようになる。この［神に拒絶され呪われるという］事実によって、人類が置かれている状態が、道徳的意味で堕落した状態であることが明らかになる。この状態は、道徳的正しさと善さの基準である神の律法の成就と相容れない。その傾向は、道徳法が要求し主張することに反対して、道徳法がはっきり禁じていること、違反者が永遠に糾弾されるようなことを行わせるから、道徳的意味において疑いもなく堕落した傾向である。

この腐敗は、最高度の意味で、忌まわしく、同時に有害であり、致命的でもあり、同時に破壊的であるから、必ず永遠の破滅へ人を赴かせる傾向である。(24) この腐敗は、人間が本性的に最高度の意味で嘆かわしい零落した状態にあることを示す。また、人が神の目に完全に無罪潔白で神に嫌悪されるべき点がまったくないような状態でこの世に生まれてきたのではないことを立証する。最も高度の意味で本性的に破損し壊れた状態にあるものは、本性的に神に喜ばれる状態にあるはずはないからである。

しかし、それでもなお、次のように考える人がいるであろうか。人々の善行は悪行よりもはるかに多い。彼らの内にある善は悪を相殺する以上であるから彼らを悪人と呼ぶのは適切でない。およそ人物も事物もそのなかで優勢で増えていく傾向によって呼ばれるべきである。そのような考えに、まだ固執する人がいるなら、私は次のように言おう。

人間本性のうちにある罪に至る傾向は、徳や功績とは比較にならないくらい大きい。罪と悪と過失への傾向は非常に大きいので、それに比べると、人間の中にある価値や功績、また人間が行う立派な行為は無いに等しい。だから、人間本性は堕落し邪悪であると言えるのである、と。

これが真実であることは、神に対する罪が途方もなく凶悪であるという事の本質から明らかになる。罪の凶悪さは神を尊重する義務が大きければ大きいほど大きくなる。神を尊重する義務は、神の価値を尊重することに比例する。神の価値が、人間仲間の価値を遙かに超えていることは疑いもない。しかし、私たちが神を尊重し、神に聞き従うことには限界がある。一般に、［相手を］尊重することが厳格に義務として要求されていればいるほど、相手を尊重しても功績は増大するよりは、むしろ縮小する。厳密な正義による最高度の義務が問題になっているとき、義務をはたすことはたいした功績ではない。他方、義務をはたさなければ巨大な落ち度になる。このように考えれば、［人には］神へのあらゆる罪について無限の借りがある。この借りは、私たちの中にあると想定される徳よりも遙かに大きいということは十分論証される、と私は思う。この議論に対して反論をする人たちの議論が無駄であることは、たやすく論証できる。しかし、私は簡潔に述べようとしており、「形而上学」が必要だという人が出ないかぎり、事柄の本質からこの問題を論証する特殊な考察は省くつもりである。形而上学が必要だと主張する論者の流儀は、議論が自分の好む教義に合わなくなると、事柄の本質を詳しく厳密に考察することによって乗り切ろうとする。これは現在の課題については、しなくてもよい議論である。現在の議論の要点は、一つでも罪を犯す人は、有罪であり巨大な失策をしており、それに比べると彼が全生涯を通じて行えるかもしれないすべての善行の価値や功績も無に等しいということだからである。この点は、形而上学によって明らかになるばかりでなく、［一般に］神ご自身が人類を相手に取り決めた統治方式のあり方について、ここまでの議論が事実として示したことによって端的に論証されたであろう。特に論拠となるのは、人がどのような徳と服従の行為を行ったとしても、一点において違反するなら、神の律法に従って、そしてまた事物の実態に照らして、神の恩恵からまったくはずれており、神の呪いの的になり、完全に、永遠に破滅したものになるということである。これまでの議論で、これは確認された。また、それが、テイラー氏が縷々説いていることであることも示された。しかし、罪の悪を相殺するために非常に多くの正直で有徳な行為をしている人間に対して、僅かな罪の行為を理由にそのような処遇をすることが、どうして事物の本性に合致し、永続的な真理と義に正確に調和するのであろうか。あるいは、欠陥ある被造物が行うすべての善い行為を度外視して、その被造物を放逐することが、事物の厳密な真理と実際の欠陥とに合致するのだろうか。合致するとすれば、これらの善い行為のすべての価値と功績が、僅かな罪の凶悪さとは比較にならない場合だけである。そうでなければ、人は次のように思うであろう。他人を侵害した人は何らかの適切な処罰を受けるのが当然であるが、罪とのバランスで多くの徳があると認められるのだから、何らかの恩恵をえるのがことの本性に合致する。まったくすべて拒絶され完全で永遠の破滅の対象になり、徳についてはまったく考慮されず、助けや希望が少しも与えられないのは、ことの本性に合致しない、と。しかし、そのような法的見方では、とうてい罪を本来の姿で、そして（テイラー氏が言うように）その真の本性と功罪に即して記述することはできないであろう。罪ははなはだしく悪性であり、どんなにささいな罪であっても、罪人も行うかもしれない、いくらかの善行の全価値を飲み込んでしまうほど悪いものだということが罪の本質をなす。したがって、この問題は形而上学や哲学に任せておけるようなものではない。偉大な立法者で、宇宙の誤ることのない審判者である神は、厳密な真理、正義そしてことの本性に合致したことを啓示し、律法あるいは正しさの基準を啓示して、この問題に答えを出しておられる。

どの点からであろうと、またどの程度であろうと、神の法を侵害する者は悪人である。法の観点からみれば完全に邪悪な者である。彼の善良さは、邪悪さと合算すればとるに足らないものと見なされる。それゆえ、正しいところは考慮されることなく、彼は法の判決として、また真理と正義の声によって、永遠に捨てられ、忌避され呪われるに相応しいものとして扱われる。恩寵が介入し、人の侵害を補填するのでなければ、そうであるほかはない。人間の真相、本当の姿は、律法の見る通りであり、厳密な公正と正義の語る通りである。功績に不相応の限りない［神の］慈悲によって、どのように見られ処遇されるにしても、人間の真相自体は変わらない。

したがって、全体として見れば、すべての人間は、結果としてかならず道徳的悪をもたらす傾向をもっており、その道徳的悪は、人類の中にあるすべての善の価値を台無しにするほど際限なく巨大である。人類は、完全な真理と正しさの観点で言えば悪人であることが必至であるような心の傾向を持っている。そのような傾向が真理の点で見て、堕落した傾向でないであろうか。私は、すべての人々に判断を委ねたい。

この事態は、聖書が述べていることと一致する。聖書はすべての人類を有罪であるだけでなく、測り知れないほど有罪である存在として描いている。その巨大な罪を帳消しにするほどの功績や価値を人類はもたない。「マタイによる福音書」一八章二一節から章末に、そのことの記述がある。そこで、「兄弟が私に対して罪を犯したなら、何回赦すべきでしょうか。七回までですか。」というペトロの質問にイエスは「あなたに言っておく。七回どころか七の七十倍までも赦しなさい。」と答えておられる。違反の回数がいくら多くとも、多すぎると考えてはならず、隣人が私たちに対して犯す罪の程度が大きすぎて赦すことができないと考えてはならない、というのである。続く譬え話のなかで理由が語られる。神に赦され、よくしていただくことがあるとすれば、神はご自分の尊厳に対する罪と侵犯を赦すはずである。神への侵犯は人間が相互におかす侵犯よりもはるかに大きく、人間が相互に犯す侵犯の総体よりも大きい。人間が相互に犯す侵犯がどれだけの回数であろうと、それがどれだけ大きなものであろうと、［神への侵犯と比べれば］一万タラントンに対する百ペンスのようなものである。それだけの大きな負債を私たちは神に負っている。しかし、まったく返済できない。つまり、私たちは私たちの側の罪を相殺する功績を持たないのである。この譬えは、特にペトロの場合だけではなく、当時の弟子たち、あるいはおよそ、キリストの弟子たちのすべてに当てはまる。それはこの説教の最後に示される。「あなたがたの一人一人が、心から兄弟を赦さないなら、私の天の父もあなたがたに同じようになさるであろう」。

それゆえ、キリスト教徒が、人間本性の欠陥に反対し、犯罪よりもずっと多くの罪のない親切な行為があり、人類の大部分では罪のない善良な性質、勤勉と快活が広まっていると言うのはナンセンスである。それは、王侯に仕える召し使いが、しばしば主人を軽蔑し、ひどく主人に逆らっていても、奉仕の際にはいつでも主人の顔につばを吐かなかったという理由で、悪い僕ではないと言うことよりもはるかにおかしな言い分である。あるいは、妻はよい妻であった。なぜなら、妻は姦淫をし、ときどきは奴隷やならず者と姦淫したが、夫への妻の義務を果たすときの方が多かったからだ、というのはおかしなことである。そんなふうに考えるのは馬鹿げているであろう。その犯罪は極悪であって、主人に対して僕や妻の実直な行為がどれだけあっても、それで償えるものではないからである。一方の功績と他方の失態の間には、巨大な不均衡がある。しかし、これとても神に対する私たちの罪の負債と服従の行為の価値の間の不均衡に比べれば、きわめて小さい。

私の最初の議論はこれで完結した。冒頭に掲げた命題の証拠を示し、結論を論証した。しかし、現状の人間本性のきわめて堕落した傾向を示す多くのことがある。以下の節でそれを指摘しよう。

第四節

本性の堕落は、罪を犯すことができるように成長すると直ちに罪を犯し、罪を続け、ますます罪を犯していくという傾向が万人のなかにあること、また、この本性の堕落は、最良の人々のなかにも罪が残っていることに現れている

人間本性の大きな堕落の現象は、たんに、この世に一定期間生存する人間があまねく罪を犯すだけでなく、人間が生まれつき罪に傾いており、誰もが罪を犯す能力をえると、かならず神の法を直ちに侵害し、自分たちに無限の罪過をもたらし、永遠の破滅にさらされる、ということに現れる。

聖書はいたるところで、すべての人類は、すなわちすべての肉、すべての世、すべての生者は有罪である、と明言する。したがって、少なくとも理解しておかなければならないことは、神への義務を果たすことができる、あるいは神への罪を犯すことができるようになった人は誰でも有罪であるということである。世の中には、ごく最近、道徳的行為者としての能力を発揮し、試練を受けて生きる段階に成長したばかりの人が少なくない。また、この世界では、誕生から二〇歳になるまでの期間をあたえられず、わずか一ヶ月、あるいは一週間、一日しか生きない人々がたくさんいる。そして、もし人間本性のなかに罪へ傾く強い生来の傾向、すなわち人間を直ちに違反へと駆り立てる傾向がないなら、また人間が個人としての罪を犯す前には何ら有罪でないなら、世界という舞台で自ら決断し、神に対して責任を負う人々がいつでもたくさんいて、神はそれまでその人たちを、完全に神の法に従い神の目に法の正しさに照らしても義と認めてきたと言っていけない理由はない。もし、その人たちが長い試練なしにこの世から召しだされるとすれば（人生のどの時期でも死ぬ人はおびただしい）、律法の行いによって正当化されたと言っていけない理由はない。しかし、そうすると、神の目には生きている誰も正当化されない、誰も神との関係では正しくない、律法によって罪が知られるので律法の行いでは肉体をもった人間は誰も正当化されない、と［聖書で］言われていることが真理である理由がわからなくなる。また、いつでもこの世界には、指導や相談、そして神への祈りの対象になる人々がおり、神の言葉が、悔い改めを求め、キリストの血の犠牲による赦しを語り、他人の罪を神が赦す必要があるので赦しを求めることは、適切でないということになる。彼らには主の祈りは相応しくないということになる。しかし、キリストは弟子たちの全員に、弟子たちに対して罪を犯す者を赦すと同じように、彼らの罪を神が赦してくださるように祈れと命じたのである。

自覚をもって行動できるまでに成長し、神の法の適用対象になったばかりの人で、完全に罪から自由な人がいるであろうか。そのような人がいる見込みが最も高いのは、キリスト教徒の両親から生まれた青年の場合である。

親は、子どもたちに最も敬虔な教育を行い、子どもたちの模範となる。したがって原始キリスト教会、キリスト教の最初の時代（教会が最も純粋であった時代）に比べて後の時代には、そのような子どもは発見しづらいであろう。後の時代にも多くの子どもたちが生まれたが、原始のキリスト教徒たちによって教育された時代、キリスト教が確立された時代からは随分時間が経っているからである。使徒ヨハネが当時のキリスト教徒たちに向かって最初の手紙を書いたのは、その最初の時代のさなかであった。しかし、分別がある年齢に達した子どもたちが完全に罪から自由であったのなら、ヨハネはなぜ次のように書いたのであろう。「自分に罪がないと言うなら、自らを欺いており、真理は私たちの内にはありません。自分の罪を公に言い表すなら、神は真実で正しい方ですから、罪を赦し、あらゆる不義から私たちを清めてくださいます。罪を犯したことがないと言うなら、それは神を偽り者とすることであり、神の言葉は私たちの内にありません」（一ヨハ一・八―一〇）。[25]

また、人間本性が現実に大いに堕落していることは、人間が神に絶え間なく罪を犯す強い生来の傾向をもっているところにも現れている。これまで考察したことが、それを明解に論証するであろう。目前の罪を犯させる同じ精神的傾向は、絶えず罪を犯す生来の傾向と同じものである。絶え間なく罪を犯す傾向があるということは、目前の罪を継続する傾向にほかならないからである。生まれつきの罪への精神的傾向は、罪を犯す能力に達するとすぐに罪を犯させ、罪なしで過ぎる暇をほとんど与えない。生来の傾向が減少せずに続くと、ほとんど間をおかずに目前の罪を繰り返す傾向が生じる。そして、目前の罪だけであった傾向も、その後、罪を犯すことのない時間が短いために、罪への精神的傾向になる。[26]最初の罪がなぜ直ぐに起こらざるをえないのかを説明する唯一の理由は、罪への精神的傾向が非常に強いため、罪なしの時間を与えないということである。それゆえ、新しい抑制、あるいは対抗傾向がない場合には同じ精神的傾向が同じ程度に継続し、同じ結果になる。確かに、生来の傾向が減少することもあり、恩寵深い摂理の配慮や神の霊の慈悲深い影響によって抑制されることもあるが、それは本性によるのではない。人間が最初に直ちに罪を犯すという強い生来の傾向は、それ自体では減少する傾向をもたない。むしろ増大する。繰り返えされる実際的罪のなかで悪い精神的傾向を行使するため、生来の傾向はますます強化される。これは、ティラー氏の見解と一致する。「私たちは肉体の欲望のために罪に引きずりこまれがちである。そして、いったんこうした欲望に支配されるなら、自己を理性の力だけで取り戻すことは、まったく不可能とはいわないまでも、きわめて難しい」（二二八頁）。このような場合に生来の傾向の力が増大するのは、ちょうど落下する物体に似ている。物体が落下する傾向の力は、運動が続いている間、絶えず増大する。神の恩寵によって抑制されなければ、絶えず罪を犯し続けるばかりでなく、悪の習慣と実践を絶えず増大させていくことが人間の堕落した本性の真の傾向である。あたかも、障害を取り除かれた重い物体の本性的傾向が、ただ落ち続けるだけでなく絶えず運動を増大させていくように。観察すると、増大していく悪い行いは、実際、ほとんどの人間において、どんな抑制があっても起こる自然的堕落の結果である。したがって、悪への諸々の精神的傾向は、理性的被造物としてこの世界で行動し始めた子どもよりも大人においてずっと強い。

もしティラー氏が描いているように罪が「忌まわしく破壊的な本性をもつもの、私たちの本性の堕落と破壊であって、神にとって限りなくおぞましいもの」（六九頁）であるなら、このように絶えず実行され増大していく罪はきわめて邪悪な精神的傾向であると言わざるをえない。自然界の中のある傾向を悪性であると判断することができるのは、それが自然に生み出す結果の悪によってであるとすれば、実に人間の本性の中にある生来の傾向は悪であると言わねばならない。彼が三七〇頁で認めるように魂が不死であるなら、これまでの考察からの論理的帰結は、人は二つのうちのどちらか一つに向けて自然的な傾向をもつということである。つまり、邪悪さが増大するのに際限がないか、あるいは、自然が許容する範囲でそれ以上大きくなることができない限界まで増大するかである。これが、神の恩寵が働かない場合の、自然的傾向によって起こる邪悪さの結果であるとすれば、それはまた人間本性の堕落の結果であるといってもよい。ドングリが適合した土壌でその本性によって大きな樹に成長するのと同じことである。

さらに、地上での最良の人たちの心のなかにも罪が残っているという事実は、この世界に生まれてくるとき人間本性が堕落していることの証拠である。最も偉大な聖人たちの心にも堕落が残っていること、これは、聖書に徳と敬虔の最高の事例や模範として描かれている人々の罪から論証することができる。聖書は、明らかに、神の子たちを懲罰が必要な人たちとして述べている。「なぜなら、主は愛する者を鍛え、子として受け入れる者を皆、鞭打たれるからである。……いったい父から鍛えられない子があるでしょうか。……もし鍛錬を受けていないとすれば、あなたがたは庶子であって実の子ではありません」（ヘブ一二・六、七、八）。しかし、「コヘレトの言葉」七章二〇節のように、これを直截に述べている箇所がある。「善のみ行って罪を犯さないような人間はこの地上にはいない」。つまり、罪をまったく犯さないほどの義に達した者、正しい者は、地上には存在しないと断言する。使徒パウロも、すべてのキリスト教徒がしばしば罪を犯す、あるいは多くの罪を犯すと言う。初期のキリスト教会でも、つまり、他の時代に比して最も卓越した神聖に到達した時代でもそうであった。「私たちは皆、たびたび過ちを犯す」（ヤコ三・二）。すべての者の心の中に汚染があること、あらゆる純化の努力と手段がなされる前に道徳的汚れがあることは、「箴言」二〇章九節で端的に言われている。「わたしの心を潔白にした、と誰が言えようか。罪から清めた、と誰が言えようか」。

テイラー氏によれば、人間はこの世界に生まれてくるとき諸々の罪の生来の傾向からはまったく自由である。しかし、もしそうであるなら、多くの人々が生まれたとき以上に善くはならなくても、まったく罪を犯さなくてもすむはずである。そして、人間が思慮深く勤勉に、よい生活習慣を形成し、徳という積極的な習性を身につけた後には、それ以上のことが起こるかもしれない。徳によって、生まれたときよりも罪から遠ざかるかもしれない。テイラー氏は多くの善良な人々に対してそのような状態を想定する。しかし、この世で最善の人間もしばしば罪を犯し、心は汚染されていると聖書は説いており、人間は自然のままではこうした徳に到達できず、罪深い腐敗した状態にある。人間の本性は、大きく堕落していると言わざるをえないではないか。

第五節

自然の堕落は、人間本性の状態や傾向の一般的結果が、義の程度よりも罪の程度において大きく、価値と欠陥の点で大きいばかりか、質と量の点において大きいということに現れる

私はこれまで、人間本性のなかに生まれつきの罪への傾向があること、そしてその罪は忌まわしさと欠陥の点で、人の人格と行為の、想定されるあらゆる善の価値と功績にまさることを論証してきた。私はここで更に、この悲しむべき結果に向かっていくことが人間本性の現状であると言いたいと思う。あらゆる時代に、人生全体を通じて、少なくとも義よりも罪が多く、重要度と価値の点だけでなく質と量の点で大きい。人間本性は、心情と行動の点で神の法や自然と理性の法に一致することよりも一致しないことが多い。

テイラー氏がしばしば語るように、神の律法は［道徳的］正しさの規準である。神の律法は徳と罪の尺度である。この規準に合致すればするだけ、正しさ、義、あるいは真の徳がある。それ以上ではない。この規則に合致しなければそれだけ罪がある。

このことを前提とした上で、次の事が指摘できるであろう。

I．この正しさの規則からの逸脱の程度は、超過の程度だけでなく不足の程度によっても計測されるべきである。言い換えれば、積極的な違反、つまり禁止されていることを行うことだけでなく、要求されていることを行

わないことも計測されるべきである。律法を与えた神は、どちらも禁止しており、要求されていることを行わない場合も律法の違反として告発し、前者と同様に永遠の怒りと呪いの対象とする。「マタイによる福音書」二五章に描かれる審判の日には、そうなる。要求されていたことを行わなかった罪によって、邪悪な者は有罪とされ、呪われ、消えることのない火に投げ込まれる。「私は空腹であったが、あなたは食べ物を与えてくれなかった」［(四二)］。また、言葉や行為だけでなく、内面の気持ちや精神の働きが欠けていなかったかどうかが問われる。「主を愛さない者は、神から見捨てられるがいい。マラナ・タ」（一コリ一六・二二）。テイラー氏は邪悪な者に対する判決と罰について述べている箇所（マタ二五・四一、四六）について言う。「仲間に対する親切、愛、同情に明らかに欠けているため、彼らは有罪とされるのである」[27]。また、先に注目した別の箇所で彼は、神の律法は潜在的な罪の原理にも適用され、それを禁止し、永遠の破滅へと断罪すると語っている。したがって、律法は疑いもなく聖性に関わる内面的諸原理にも適用され、その諸原理を要求し、同じように、それが欠けている場合は、有罪とするはずである。

Ⅱ．神の律法で私たちに求められている神への義務を要約すれば、神を愛することである。この場合の愛は最も広い意味での愛であり、私たちの心がほんとうに神に向かい、尊敬、敬意、善意、感謝、安心等を心に懐いていることを意味する。これは、聖書から非常に明瞭に言えるだけでなく、事柄それ自体でも明らかである。神の律法が要求することは結局、律法への服従であることは疑いない。服従以上のことを要求する法はなく、神への服従こそ私たちの心が神に対して尊敬をもっていることの証に他ならない。心が欠けていれば人間の外的行為は木製の偶像が手足を動かしているのと変わりなく、罪や義の本性をもたない。それゆえ、神への愛、あるいは心の敬意が、神の律法が要求されている義務の総計になる必要がある。

Ⅲ．それゆえ、神の律法で神に対して要求されている神への愛や尊敬の心を持つことが可能なのに、それを控える者は、義であるより罪であることが、諸前提からあきらかになる。神への愛を、反対の方向に向かう情欲に比べて少ししか持っていない者だけでなく、神を愛すべき理由を持ちながら、中途半端に神を愛する者は、神の律法にしたがっても、理性の法にしたがっても、正しいことよりも不正をしていると見なされるべきである。愛の律法に関して彼は正当ではなく不正である。彼の心は神に対して罪である不遜や不敬をもち、それが神への尊敬よりも大きいからである。

しかし、人類の比較的有徳な人たち、およそ思慮があって神がどのような存在であるか、神の超絶した素晴らしさと善さを顕す出来事を経験し、神から得ている恩恵のことを考える人なら、神を愛すべき程度の半分しか愛していないと神や人の前で言って恥じないでいられるだろうか。神に相応しい、神に対する尊敬と敬意と感謝を半分しか行使しないのである。そして、もし、最善のひとたちが誰も理性と真実において半分も愛していないと言うのならば、人類の一般は、それに遠く及ばない。

道徳法則のうち最も重要な基本法則は、私たちに「主なる私たちの神を、心を尽くし、魂を尽くし、力を尽くし、精神を尽くして愛しなさい」と命じている。(28) つまり、私たちの内なるものすべてを挙げて、あるいは私たちの生来の能力のすべてを挙げて、私たちの心や魂や精神や力といったものを極限まで用いて愛せよと命じている。むろん神は、被造物が捧げることができる愛よりも無限に大きな愛に相応しい方である。神はその無限の完全さに釣り合う愛を受けるべきである。神はご自身を無限に愛するが、それは神の価値にまさしく相応しい愛である。しかし、私たちは自分がもっているすべてを神に捧げることが精一杯である。それゆえ、もし私たちが全部を捧げるなら、私たちの生まれつきの能力のすべてを挙げて神を愛するなら、私たちは免罪される。しかし、言われていることは、私たちの能力の限り神を愛すべきであるということだから、能力がないという言い訳はできないし、神を愛することが義務になる。そして、私たちは、疑いもなく、自分の能力を用い可能な極限まで神を愛し、が含まれている。

あらゆる機会を捉えて神を知る義務がある。そして、この律法の最大の誡命のなかには、神への愛が、私たちの魂全体を絶対的に捉え、私たちの本性のなかにある一切の行動原理と源泉を完全に支配すべきであるという意味が含まれている。

神への愛に関して、人間の能力の限界を正確に定めることは難しい。けれども、愛の能力と知識の能力は相関する。思考力の行使は、他の能力の行使への道を開く。(29) 私たちは神の無限の素晴らしさについて、それが何であるかを実証的にじゅうぶんに理解はできないが、人間の理解力は非常に大きく遠くまで及ぶ。人間の知識が、天の広がりとか、地球の容積とか地球の住民の数とかいった、非常に大きなものをどれだけ厳密に理解できるかは論ずるまでもない。「理解できる〈comprehensive〉」という表現は漠然としているが、確かに私たちは、私たちの知っている他の事物と比較して、これらが語ることができないくらい大きいことをかなり適切に理解できる。私たちは民族全体、あるいは人類全体が特定の人物や家族を超えて圧倒的に大きいこと、あるいはその重要性をある程度、明解に理解できる。私たちは、地球の全体が、特定の丘や山に比べて比較にならないくらい大きいことを理解できる。また、天体が地球をはるかに超えて大きく、天体にくらべれば地球は無に等しいということを理解することができる。このように人間の心的機能は、神が人類に対してご自身を啓示するさまざまな現象を通じて、神の偉大さ、栄光、善性、そして、私たちが神に依存していることをありありと知ることができる。神の啓示は、最も優れた人間仲間や地上の対象の現れ方をはるかに超えている。その結果、私たちは神を尊敬し愛することができる。その愛は対象に相応しいものになり、他の被造物に対して私たちがもつ感情より、はるかに大きいものになるであろう。

これらのことは神への愛の点で一般に人々がどれだけ義務を果たせていないかについて、私たちが判断するのに役立つ。正しさの基準に一致する愛の高さの半分にも達していない。神への私たちの尊敬、神を追い求める熱意、神に出会う喜びが本来のあるべき姿であったら、今まで述べたことを考慮すれば、その神への感情は私たちの他の事物に対する配慮にはるかにまさるであろう。それは天が地よりも高いのに似ており、洪水のように他の感情を飲み込むであろう。しかし、この世の一般の姿は、そのような程度の神への愛によって影響され支配される状態からは、ほど遠いのである。

神への愛の一種の発露である感謝だけを取り出してみても、人類一般は感謝の正しい規則と感謝すべき理由にとうてい届かない。神からさまざまな形で数え切れない莫大な恩恵を頂いている。とくに福音は、神が罪人たちのために独り子を与え死なせることによって救いを与えたと伝えている。この福音のもとに生きる者たちに与えられている神の恩寵がどれほど限りなく大きいかを考えるなら、そして私たちすべてがどれだけ価値がなく、(テイラー氏が告白するように)神の怒りと呪いのもとで永遠の消滅に値する存在であるかを考えるなら、私たちは本来どれだけ大きな感謝を捧げるべきなのであろうか。私たちは多くの大きな恩恵を与えられており、惨めな罪深い失われた人類に対する恩寵は、心を揺さぶる姿で私たちの前に置かれている。つまり、死よりも強い愛によって苦しみを耐えた神の子の苦難の極限の姿が示されている。この愛の長さ、深さ、高さは計り知れないのではないか。しかし、何という貧しい返礼なのであろう。何と小さな感謝であろう。恩義に比べて、最善の場合でも何と低い冷淡な気まぐれな感情しかないのであろう。それでも、人々は感謝していると言えるのであろうか。無感謝のままでいられるのであろうか。

キリスト教徒だと言われている人々の大半が、たとえ心情と行動においてキリストの敵ではなく、キリストとキリストの福音に敵対する原理によって支配されておらず、いくらかの真心から出た愛と感謝をもっていても、もし彼らの愛が与えられた恩義や機会にくらべて甚だしく少ないなら、彼らには恥ずべき忌まわしい無感謝の罪がある。それは次のようなことに似ている。ある人が何らかの並々ならぬ親切を受ける機会があって、優れた性格の恩人によって、ひどい災害から救われ、非常に華やかな名誉ある幸福な状態に導かれているにもかかわらず、その種の親切に求められるほどの僅かな感謝も表わさない。そのような場合、たとえ彼がその恩人に悪意はもっておらず感謝や特に善意に反するような気持ちを懐いていないにしても、彼の態度は感謝というより無感謝と判断されてしかるべきであろう。なすべきことに遠く及ばないところに、彼の憎むべき欠陥がある。

ターンブル氏は、人間生来の感情がもつさまざまな力はよく均整していると主張し、その均整を説明するため、人間の本性がどのように構成されるとよいのか、という問いを提出する。[30] どのような状態であれば、人間の心の感情は釣り合いがとれていることになるのであろうか。これについては、いろいろ語れるが、一つの事だけを語ろう。心が堕落していなければ、神がしてくださった善いことを神に感謝する傾向をもつはずであるが、それは人間が他人から受けた危害を怒る傾向の場合と比較して均整である〈過不足ない〉はずなのである。「均整〈in proportion〉」という表現で私が考えているのは、親切と危害の大きさや回数、親切と危害の間のアンバランスの程度、親切によってなされた恩恵と危害によって成立した損害の釣合のことである。この二つの種類の感情をもつ傾向は、老若の区別なく、大人でも子どもでも、一般に随分バランスを失しているように見える。他人から加えられた危害にどれほど恨みをもちやすいか、待遇の平等について多くの場合不満がどれだか生じやすいか。神からうけた恩恵の感謝についても同様である。いったいバランスはとれているのであろうか。ターンブル氏は、危害を怒るという生来の傾向は、善であり有用であると主張する。しかし、もし私たちが感謝の傾向をもつなら、神への感謝は、少なくとも怒りの傾向に劣らず善であり有用であることは間違いない。

一般に人々は、神を愛する義務を果たせていない。それは、次のことを考えれば、もっとはっきりする。私たちには、たんに恩恵を受けたから神に感謝し、神を愛する義務があるだけではない。神を本当に愛すれば、何よりも現実の神を最大限尊敬する。本当の徳への傾向というものはすべてをあるがままに、その本性にしたがって処遇する。そして、最高の存在である神を、神の本性である無限の尊厳と栄光にしたがって見るとき、私たちは全身全霊で、私たちの生来の能力を極限まで発揮して、神を心から愛するであろう。これは、けっして神が私たちの利益を増進するからではない。もし神がその存在自体で限りなくすばらしい方であるなら、そのことだけで神は限りなく愛すべき存在であり、愛されるにふさわしい方である。無論、神がこの理由で愛される価値があるなら、この理由で愛されるべきである。あるがままの神を愛せないなら、神へのほんとうの愛はありえないことは明白である。神を、その存在ゆえに愛するのではなく何か他の理由で愛するなら、私たちの愛が向かう対象は、結局神自身ではなく何か別のものである。そのような愛は、無限の価値を持つ存在〈神〉に対する正しい評価ではない。それは、価値あるものそれ自体を評価せず、何か別のものを理由として評価しているだけだからである。神の本性の卓越性を第一の理由としないとすれば、私たちの神尊重には基本的欠陥がある。あらゆる観点でみて、神の本性こそが神のなかにあるすべての価値の基礎である。あるがままの神が理由なのではなく、私たちが神を利用できるという理由で神を愛するのなら、本当は、私たちは神を愛していない。神を愛しているように見えても、私たちの愛は神ではなく何か別のものに向かっている。

さて、この世界で神への無私の愛が、つまり、純粋な神への愛がどれほど少ないかということは、人間を観察し、そこから得られる情報をもとに自分自身で判断してほしい。どの民族でも、どの時代でも、絶え間ない争乱のなかで人類と世界を駆り立て支配してきた多種多様な情念は、「神への愛ではなく」別の情念である。これらの他の情念に比べて神への純粋な愛は何と少ないことだろう。これは、神への恐るべき軽蔑の証拠であるが、この軽蔑が人類の世界を支配している。もし、ある家臣が、主君が来訪したときその主君を一番卑しい僕以下の扱いをしたなら、どうだろうか。当然それは主君に対する大きな侮辱と軽蔑の事例と見なされる。無限存在であるヤハウェを地上の事物や享楽以下のものとして扱うとき、人は神をこれらの事物以下のものに格下げしている。しかし、地上の事物と神の間には限りなく大きな差があり、その差は、地上の最高の権力者と最も卑しい者の間の距離よりもはるかに大きい。このような人類一般の行為はあらゆる時代を通じて、多くの観点で神に対して有罪であるが、これが同じ人間仲間の有力者相手の場合なら、最も不道徳な軽蔑的扱いであると見なされるはずである。特に神はご自身を友人として、父として、神として、また［私たちが］永続的に受けることができる遺産として差し出している。このことに対する人間の態度、そして、神が測り知れない愛をしめし、キリストにおける限りなく豊かな恩寵を与えており、熱心に繰り返して呼びかけ、語りかけ、忠告し、懇請しておられるのである。これに対する人間の態度は有罪である。また神の永遠の嫌悪と復讐があるという、最も恐ろしい警告への人間の態度も有罪である。

この節を終える前に、一つの反論にいくらか答えておいたほうがよい。これまで私たちは、人間は一般に義よりも罪を多くもっていること、つまり、人間に相応しく義務となっている神を愛するという掟に到底達していないということを確かめてきた。ところが、その反論は、この議論の力をそぐかのように見える。その反論はこう言っている。あなたの議論は言い過ぎではないか。あなたの議論は、善人でさえも、聖である以上に罪深いことを証明しようと試み、またそのような考えを前提にしている。しかし、もし、これが正しいなら、罪は善い人間のなかでも支配的な原理で、真に神を敬う人々の心情と行動においても優勢な原理であるということになる。これはあきらかに神の言葉と合わない、と。

私はこう答える。たとえ、この世の善人の場合でも、要求されている聖性がないという意味で、聖であるよりも罪があると言ったとしても、それだからといって、罪が善い人々を支配しているという結論にはならない。それは二つの理由からである。

一．彼らは他の事物よりも神をより多く愛しているかもしれないが、それでもあってしかるべき愛には不足するかもしれない。あるいは別の言い方をすれば、彼らはこの世よりも神を愛しており、その点では神への愛が支配的だが、義務となっている半分程度しか神を愛していないかもしれない。これを逆説として考えてほしくない。［たとえば、］ある人が非常に立派な性格を持つ父、あるいは親友や恩人を、他の事物よりも愛しているとする。彼にとって、他の事物は、千分の一の尊敬や愛情にしか値しない。けれども、彼はその人を愛すべき程度の十分の一しか愛していない。そうすると、総合的にみて、尊敬と感謝の点で欠陥があり、それは非常に不適切で憎むべきことであるのだから、責任を問われてよい。もし、神への愛が他の事物への愛に勝っているなら、徳が、悪い情欲、あるいは罪が実際に支配する手段になっている諸原理に勝ることもあるかもしれない。悪い情欲はもともと神よりも他の事物を愛するという倒錯を本質とするからである。したがって、徳が情欲に勝れば、その徳が支配的影響力をもつことになる。善い人の心において神への愛が優越するのは、愛の規則に合致するからではなく、むしろ、愛される事物の本性と、真の愛の原理の本性から来ている。愛の対象が、最高に愛すべきものであり、顧慮すべき価値としては他の事物を限りなく超えているからである。神が神であり、神として崇められるに値するのは、他を超えた卓越性による。神を本当に愛する人は、神を神として愛する。真の愛は、神を神として、あるいは、神として至高の存在としてすばらしい存在であることを認める。この愛は、最高の観点で見られた神の価値について、何らかの知識、感覚、確信があるところから生じるほかはない。その感覚や認識がきわめて不完全であることもあろう。また、そこから生じる愛も同じように不完全なものであるかもしれない。しかし、神の素晴らしさを悟らせる何らかの認識があるなら、かならずそれが原因となって心情は何にもまして神を尊敬するようになる。

二、善い人たちの心を聖の原理が支配し続けるもう一つの理由は、「恩寵の契約」の本質とその契約から出る数々の約束である。(31) キリスト教徒が徳をもつとすれば、それは、この契約に基づいており、この契約は徳を克服できないかにみえる敵に対抗させる神の支配力と助力を味方にしているからである。義人は信仰によって生きる。(32) キリスト教徒の中にある神聖や霊的な生命が維持されるとすれば、それは、神聖や霊的生命の創作者であり完成者である神に対する信仰によって、源泉である神から強さと実力を得て、その助力で敵を克服するときである。使徒が言う通り、「私たちの信仰はこの世にうち勝つ勝利である」（一ヨハ五・四）からである。これは、自分の民をけっして捨てず、自分で始めた仕事を投げ出さず、民を能力以上の誘惑にさらさないと約束した神への私たちの信仰である。神の恩寵は、その民に十分であり、神の力は人間の弱さにおいて完全であり、神は開始された善い業をキリストの［再臨の］日まで続けるであろう。

第六節　人間本性の堕落は、宗教問題において極度に愚かで愚劣な状態に傾いている現状に現れている

人間本性がひどく腐敗していることは、主として人間の義務や重要なことが問題になるとき、そこで人間がはなはだしく愚劣になっているところに現れている。

私は二つの事例を取り上げたい。［第一は］偶像崇拝への傾き、［第二は］福音の光に導かれて生きている人々の間に一般に広がっている永遠的な事柄についての無関心である。

人間本性の現状が、真の神を認め崇めることを放棄し、最も愚かな偶像崇拝に傾く趨勢をもっていることは明らかである。これは、事実として十分に確かめられる。（奇跡的に救済された僅かな人々を例外として）人類の世界は一般に、世界のあらゆる地域に住むどの民族も、どの時代でも、真の神を知らず神を崇めないため、完全に偶像崇拝に支配されている。神の恩寵がなければ、その大きな迷妄から立ち直り、その野蛮な原理や慣習から

救い出される見込みはまったくないようにみえる。

人間本性の傾向に関してあるがままの事実から出発して正確に議論を展開するためには、まず、神の無限の力と恩寵が介入し、特別な手段が用いられて偶像崇拝の潮流が断ち切られ、人間が真の宗教と徳に導かれるような特別な場所ではなく、自然が、超自然的事象によってまったく阻止されず、それ自身の傾向にしたがって働いている出来事を研究しなければならない。アブラハム以来、昔の神の民が偶像崇拝から救い出され保護された手段は、奇跡的で純然たる恩寵によっていた。それでも、彼らはしばしば、異邦人の観念や生き方に落ち込んだ。そして、いったん堕落すれば、神の恩寵による介入がなければ、けっして立ち直れなかった。また、福音の時代以降、多くの異邦の民族が救われた手段は、ただ奇跡的で限りない恩寵によるものであった。暗黒の時代に異邦の世界が得ていた恩恵以上の恩恵を、神が異邦の世界に与えなければならない義務はなかった。神が実際に長い間これ以上の恩恵を与えておられないという事実から、そうであるように見える。

テイラー氏も言っている。「大洪水の後四百年ほど、人類のほとんどは偶像崇拝に堕落した」（『鍵』一頁）。世界中どこでもそうであった。例外は一連の絶えることのない奇跡によって救われ保護されたあの民［イスラエル］だけであった。この民は、非常に多くの多様な国々、民族、気候の間を通り抜け、この度重なる変化、革命、時代を次々にくぐり抜けることによって、人類が陥りやすい試練をもうこりごりだというほど経験したのである。もし、万全な試練と言うべきものがあるとすれば、彼らの経験がそれであった。

人々が真の神を捨てて偶像に走ることは、最も驚くべき愚行の証拠であり、神自身が語っておられる。「天よ、驚け、このことを。大いに震えおののけ、と主は言われる。まことに、わが民は二つの悪を行った。生ける水の源であるわたしを捨てて、無用の水溜を掘った。水をためることのできない、こわれた水溜を」（エレ二・一二―一三）。そして、人類が大洪水の直後であるにもかかわらず、おしなべて皆そうだったのは、彼らの心中の悪い傾向による。「ローマの信徒への手紙」一章二八節で言われるように、「神を認めようとしなかったから」である。結果が普遍的にみられるということは、原因が普遍的であり、ある民族や時代の特殊事情によらず、すべての民族に共通な本性にかかわることを示す。このような大規模の結果が、すべての人類の本性となっている堕落した傾向以外の原因から生じるであろうか。この結果が、知性や情報の不足から出ていることはありえない。これは実際には、誰もが認めていることである。ターンブル氏は次のように言っている。「無限に力と叡智に満ちた善良な精神が存在し、その存在が万物の創造者で、万物を維持し支配しているということは、ものを考える人にとっては誰にも自明である」（『キリスト教哲学』二一頁）[33]。そして「すべての知識のうちで最も重要な道徳的知識は、万人が容易に獲得できるものである」（同書二四五頁）。また「誰でも自分自身で精神をしっかり働かせ、自分の周囲の神の業を眺め、自分自身の構造を調べれば、――神の知恵と善性についての知識がおおいに前進するであろう。一般的に言えば、このことは助力がなくても誰もができることである。誰もが精神を活用する十分な能力があり、そうする十分な時間があるからである」（同書二九二頁）。ロック氏は言っている。「私たち自身が存在するということと、宇宙の部分を感覚できるということは、私たちの思考に対して神の存在を明断に証明する。ものを考える人間は、その証拠に逆らえない。神の目に見えない性質、神の永遠の支配力と神性が、創造された世界、創られた事物からはっきりと見て取れるということは、どこでも真理であると私は判断するから」[34]。またテイラー氏も言っている。「あらゆる時代と民族に与えられたその光は、彼らが義務を知って実行するために十分である」（七八頁）。一一一頁と一一二頁で、「ローマの信徒への手紙」二章一四、一五節の使徒の言葉を引いて言う。「これは、この世界に当時生きていた異邦人が自然法あるいは彼らの自然の力の範囲にあることを実行したことを明らかに前提としている」。そして続く文章の一つで言う。「「ローマの信徒への手紙」一章一九、二〇、二一節で使徒が主張しているのは、異邦人は被造物という作品のなかに神の支配力と神性を見る十分な光をもっていたということである。彼らが神を崇めなかったのは、彼らが空虚な想像によって愚かにも心を暗くしたからである。したがって彼らには言い逃れの余地はない」。これら、「ローマの信徒への手紙」一章の数節を敷衍して言う。「異邦人は、書かれた啓示をもっていなかったが、神の存在と完全な性質についてはっきり明晰に知っていたので、神を崇めないことについて弁解の余地がない。神を崇めることは神の卓越した本性に相応しく、彼らの存在と楽しみを創りだす方に相応しい」。四二二頁でも言っている。「神はすべての者に義務を知る十分な光を与えている」。もし世界のすべての民族と時代が、神と神への義務を知る十分な光をもっているなら、最も野蛮な無知がはびこっていた民族や時代であっても進歩しようとする気持ちさえあれば、十分な手段があった。ましてや、学術が大いに進歩した時代の、知識があり洗練された異邦人にとっては、なおさらそうである。しかし、そのような民族と時代であるにもかかわらず、宗教に向けての進歩は起こらなかった。ウィンダー氏は次のように書いている。

「異邦の宗教は、時がたつにつれてますます不合理な状態に退行し、愚かさの極みに達した。その時、異邦の民族の文化はきわめて高かったのである。異邦の諸民族は理性的才能を持つ人材を輩出し、堅固な知識の基礎をもっていたが、事実としての結果は、強められた心的能力と成長する理性能力をもっていたにもかかわらず、宗教の構造は非常にゆがんでおり、次第にきわめて非合理的でバランスを失した、辻褄のあわない体系になった。その不合理は理性の初歩的な指摘で論証できたであろう。その諸体系は、あらゆる道徳数学の計算に反するのである」(『知識の歴史』二巻、三三六頁)[35]。

「異邦の宗教の嫌悪すべき光景は最初、学問と科学で巨大な進歩を誇っていたエ、ジ、プ、ト、に現れた。しかし、エジプト人は嫌悪すべき習慣の一つも公に否定することなく、一人の真の神、万物の創造者に立ち帰ることもなかった。原初にあった古代の高く尊厳のある真実の感情に立ち帰ることがなかったのである。異邦の宗教は、この深く堕落した状態で続いてきた。異邦の哲学者や探求心のある人々は、多くの科学や道徳の進歩に貢献した。しかし、根深い不合理をもつ異邦の偶像崇拝は、改善されることなく続いた。どの神殿でも、太陽や月や他の生命のない光源、地上の元素、ジュピター、ユノー、マース、ヴィーナスなどの守護神やあらゆる悪徳の権化にむかって香をたいた。数え切れない多くの神々の祭壇のうえで、無数の動物犠牲の血が流され、狂気の迷信が息づいた。しかも、この面目ない有様は、われわれ教養のない無知な北方の国々に限られているわけではない。アテナイ自体がそうであって、この破廉恥が支配し、それが全ギリシアに広がった。そして最後には、プトレマイオスのエジプトにおいて、カエサルのローマにおいて、彼らの学識や振舞いに浸透した。さて、もし宗教についての異邦世界の知識が、これ以上に出ないのであれば、そしてもし、彼らがすべての神々を保持し、最もばかげた、神格化された動物や神格化された人間を保持し、異教の支配力の最後まで至るのなら、宗教という主題にかんして世界で大きな発展があったことを神の啓示によると考えてよかろう。この啓示は、知識が十分明解で内容をもっていた原初の時に与えられていたものであるか、あるいは、キリストの到来のとき、異教が死滅して、啓示の光が最終的な輝きで明らかになるものであるかである」(同)。

テイラー氏は、異教世界の偶像崇拝は巨大な悪であり、異教徒たちにはまったく言い訳の余地がない、としばしば語っている。また、彼らの場合は改善の余地が無く、まったく罪の中で死んでおり自分たちの力では立ち直れないと語っている。もしそうであれば、そして彼の説によれば、すべての時代、すべての民族とすべての人間が神と神への義務を知るために十分な光を与えられていたのであるから、彼らが偶像崇拝から自由になる能力がないのは、絶望的な欠落、つまりもっぱら心中の悪しき精神的傾向によるのである。

人類の個々の心の生得的傾向は、アブラハムからキリストに至る時代を通じて十分に検証されることがなかったとしても、その後ひきつづき観察され、こんにち地上の広大な地域のすべてにおいて確かめられている。地上の広大な地域が福音の光の効果を受けておらず、相変わらず惨憺たる結果がいたるところに見られる。南米アメリカに住む多数の民族はどうであったか。ヨーロッパ人が最初に到来したとき彼らの有様はどうであったか。彼らはとんでもない無知、思い違い、きわめて愚かな異教的慣習から救われたであろうか。また今日、福音の光がまだ届いていないアフリカやアジアの地域ではどうであろうか。

この人類の偶像崇拝への強い普遍的精神傾向については、これまで十分に実証ずみであり、事実、不名誉な論証がなされている。偶像崇拝への生来の傾向は人間本性のはなはだしい堕落の最も明白な証拠である。この傾向は、生ける神、世界の創造者であり支配者である神を知り、その神に仕えて喜びをえるという、人類の最高の目的、生きる意義、幸福に最高度に反する。神が地上の動物よりも多くの理解力を人類にあたえ、天を飛ぶ鳥よりも人類を賢くした目的に最高度に反する。神の人類創造の目的は、人類が神を知る能力を持つことであった。――偶像崇拝はまた、道徳法則の始めの最大の命令、つまり、私たちはヤハウェ以外の神々を崇めてはならない、そしてヤハウェを心と魂と精神と力を尽くして愛し崇拝すべきであるという命令に反する。[36] 聖書には異邦世界の偶像崇拝が邪悪であり最も野蛮な愚行であるとする記述がたくさんある。偶像を礼拝し偶像に信頼をおく者たちは、自分が礼拝する生命のない彫像、感覚のない木片や石に似たものになる（詩一一五・四―八、一三五・一五―一八）。

人類精神の自然的な愚かさの第二の事例は、自分の永遠的利益への無関心である。この無関心は、福音のもとで生きる人々の間にひろく顕著に見られる。

ロック氏はのべている。

「意志は、思索の中で多かれ少なかれ知性にあらわれてくる善の観念によって決定されるが、天上の無限で永遠な喜びが示され可能であることがわかった以上は、その喜びから離れることはできない。将来の状態が永遠であるという条件は、富や名誉やその他の世俗的快楽の期待に勝っている。私たちは、そのような世俗的快楽を求めることができるし、その快楽の方が、容易に獲得できるかもしれなくとも、そうなのである」(『人間知性論』第一巻、二〇七頁)[37]。

「理性的被造物に留まり、無限の幸福と悲惨について真面目に考えようとする者は、知性を適切にもちいていないことを恥じなければならない。神が神の法の強制力として設定した来世の賞罰は、現世の生活がどのような快苦をあたえようと、永遠の幸福を採らせる力がある。永遠の状態が、誰もその可能性を疑わない可能性として考えられただけでも、現世での善い生き方の結果としてすばらしい終わりのない幸福があり、悪い生き方の報いとして反対の状態があるなら、次のように判断しないのは非常な誤解であろう。徳のある生き方は、永続的な至福が来るかもしれないという期待を伴っているので、悲惨で恐ろしい状態になるかもしれないという予想を伴った、悪徳の生き方よりも優先される。悪徳の生き方は、罪悪観に捕らわれることが予想されるし、少なくとも霊魂が無に帰するのではないかという恐ろしい予想を伴っているからである。たとえ、現世での徳のある生き方が苦痛に満ちており、悪徳の生き方がいつも快楽を伴っていたとしても、この判断は揺るがない。しかし、実のところ、悪徳の生き方は、現在得られている生活でも、自慢できるほど快適なものではない。いや、すべてのことを正確に勘案した結果、私が現世で最悪な場所にいるとしか考えられないとしよう。しかし、無限の幸福が天秤の一方の端に置かれ、他方の端に無限の悲惨が置かれているとき、誰が正気で、無限の悲惨の可能性を選択するだろう。敬虔な人の判断が間違ったため、敬虔な人に起こる最悪なことは、来世がないということであるが、それは、悪人の考えが正しければ、悪人が得ることのできる最善のことである。もし、善人の考えが正しければ、彼は永遠に幸福になるであろう。もし、彼の考えが間違っていたとしても、彼は悲惨にはならない。何も感じることがないだけである。他方、悪人の考えが正しければ、彼は幸福にはならないであろう。(彼は何も感じないであろう。)しかし、もし悪人の考えが間違っていれば、彼は無限に悲惨になるであろう」[38]。

理性に反して行動する精神の傾向は、堕落した傾向である。神から人類に与えられた理性能力によっては、永遠に比べて四十年、五十年あるいは百年も取るに足らないということ、百年に対する一秒よりももっと短いということが十分に知られないから、永遠の悲惨から救われ永続的な栄光と至福を味わうことと、地上の事柄とが、何らかの程度、競争の関係にあるとき、この世の最大の栄華と快楽がきっぱりと無視されないのではない。人が理性にしたがって行為するなら、かならず地上のことを無視するであろう。しかし、人間が一般に子どものときから死に至るまでこれとはちがう強い傾向を示すかどうか、普通に考えてこれが疑問や論争の的になるであろうか。現世の利益についてなら、時間の長短の差を判別するのはたやすい。便利で美しく設備が充実した豪邸の部屋を一日あるいは一夜利用し、広大な荘園からとれる食べ物を食べてよいと言われているのと、それらを全部与えられて死ぬまでそこに住み、荘園がずっと自分と自分の子孫のものであるのと違いを知るのは難しくない。この差異を理解させるために説教者が力と時間を長く費やして話をする必要はまったくない。人々は商売や契約において利用権の合意をするとき期間の長さにしたがって相互にどのように関係を調整したらよいか心得ている。現世的な事柄について、人々はそれが現在だけでなく将来の時間を拘束するものであることを知っている。冬にそなえて夏に備蓄をすること、貯金し手堅く資産を形成して長期間生活していく備えをなすことは、当たり前の賢いやりかたである。さらに人々は、自分が死んだ後も子孫が困らないように倹約に努めるであろう。彼らが死んだ後、彼らの蓄財を誰が使用し利用するかは確かではない。子どもたちが望み通り、その財産でよい生活ができたとしても、その安楽に与れるのは彼ら自身ではない。日の下で与えられる分け前はない。人の現世的利益に関する事柄では、人々は人生の不確実さ、特に他人の人生の不確実さを十分に意識しているようにみえる。そして、この世的な利益を責任をもって守るためには、重要な部分は隣人や友人の人生のような不確実な基礎に頼ってはならない。普通の分別によって人々が配慮するのは、所有物をよい確実な資格で確保することである。世俗的事柄では、人々は好機をよく見ており、好機が過ぎ去るまえに利益を増進しようとする。農夫は適した季節に土地を耕し、種を蒔く。そうしなければ収穫が期待できないことを知っているからである。収穫期が来ると彼はこの時を逃さず一心不乱に働く。そうしなければ、収穫はすぐに失われることを知っているからである。商人がワシのように鋭い眼でどれだけ注意深く機会をとらえ、利益を拡大し、豊かになろうとしているであろうか。人々は、地上の資産に危険が迫っているように見え、彼らの外的な利益を大きく損なうように見えることにどんなに狼狽するであろうか。差し迫った災害を避けることが可能ならば、彼らはどれだけ奮起するであろうか。人々は、純粋に世俗的な事柄、つまり道徳的精神的な本質をもたないことについては、繰り返して試され、利益にならず有害であると分かったとき、その過去の経験によって容易に説得される。また、自分でみつけた兆候や隣人たちや祖先の経験によって危険を察知する。

しかし、自分たちの幸福をこれより遙かに大きく左右する事柄について、人々はどのように行動しているであろうか。大きな違いがある。その［永遠的な］ことについて人々は、冷淡で、活気がなくぐずぐずしている。多数のうちで僅かの人々しか、自分たちを賢くした数多くの手段を用いて、このことに適切な注意と努力を払わない。何が障害になっているのであろうか。何らかの注意が喚起され、行動が起こされても、それは自然の傾向に抵抗する小さな力のようで、すぐに消えてしまう。心が眠り込んでしまわないために、なぜこれほど絶えず警告し忠告する必要があるのか。それではいけないと何度も言われている。事の重大さは強調されている。しかし、精神は早々とくじけてしまう。自明なことを人々に説得するために、どれだけ多くの議論が新しくなされ、様々に工夫されているのであろう。永遠の事柄は、現世のことよりも遙かに重要である。それでも結局、永遠のことを実際に優先するように説得される人々が何と少ないことであろう。将来のために時間を活用することが当たり前になっている人々が、精神的利益や来世の幸福については何と無感覚なことであろう。考慮されなければならないのは無限の未来であり、自分自身の死んだ後の無限に重要な善であり、子孫の善ではない。人々は、隣人の財産の重要な部分が隣人の人生の継続に懸かっているとき、彼らの人生の不確実さについてはよく分かっている。はるかに大きな修復不能の終わりのない悲惨から救われるか否かという時、自分自身の人生の不確定さに無神経であるように見える。将来の機会があると思って一日遅れるだけで、その確実さは動揺する。人々は恐ろしい冒険を無神経に大胆に、ますます拡大して続ける。自分たちの永遠の救済に関して行為や保証において万事を確実に、ぬかりなく手をうっているのは誰か。霊魂の善のために特別な利益や機会を取り逃がしているのではないか。最も明白な差し迫った危険によって目を覚まされ、永遠の破滅の警告を受けることは非常に難しい。それを心に留めるように諭し、平明に語り、ていねいに説明し、もし可能ならば注意するように勧めているのに。人々はどうして、向こう見ずに戦闘に向かう馬のようなのであろう。人々は、地上の事物が満足を与えない本性をもっているること、そして、善良な状態にあり善い意図をもっている自分の心が不安定であることを何度も十分に経験しているのに、どうして説得されないのであろう。自分自身の考察とすべての過去の世代の経験によって、人生とその快楽の不確かさを悟ることは何と難しいことであろう。「彼らは、自分たちの家が永遠に続くものと思っている。……しかし、名誉ある者も、いつまでもそうであることはできない。彼らは動物と同様に死ぬ。その生き方は愚かである。羊のように彼らは墓に横たわっている」（詩四九他）。[39]

現世的利益にかけては聡明な人々も、これらの「永遠的な」ことでは、理性を取り去られた人のように振る舞う。「彼らは目をもっているが見ない。耳をもっているが聞かない。理解することもない。彼らは理解力をもたない馬やラバのようである」（マコ八・一八）。「空を飛ぶコウノトリもその季節を知っている。山鳩もつばめも鶴も、渡るときを守る。しかしわが民は主の定めを知ろうとしない」（エレ八・七）。

このような態度は、聖書のいろいろな箇所で、しばしば、とても愚かである証拠であると言われている。人々は自分に対して敵のように振るまい、自分の破滅を愛するかのようである（箴八・三六）。自分の血を流すために待ち伏せをする（箴一・一八）。これはどのように説明されるのであろう。本性がひどく堕落していると考えるほかはない。他のことでは賢明な人々でも霊的永遠的なことになると、現世的なことほど賢くないのはどうしてであろう。キリスト教徒なら誰でも、人間の理性能力は、おもに霊的永遠的なことを知るために与えられており、自分のおもな関心と幸福は霊的永遠的なことにあると言うであろう。この能力は堕落しているとはいえ、疑いもなく現世的なことだけでなく霊的永遠的なことを理解する道である。現世的なことが理解され、霊的永遠的なことが理解されないのは、今述べた人間の霊的永遠的関心に関わることが、本性的に曖昧で解りにくいからではない。たとえば、「時間が」長いか短いかの相違、将来への備えが必要であること、自分の機会を改善したり安全を確保したりすることの重要性、利益におおいに影響することに関して確実な基礎を持つこと、そうしたことは宗教のことでも他のことでも、それ自体で明らかである。いや、それだけではない。私たちは、現世のことに比べて永遠のことではるかに多くの手段によって賢くなるように援助されている。完全で無限の知恵それ自体である神が、過ちに陥らないように正しい道に導くたくさんの教えを与えてくださる。そして事物の道理は神の言葉のなかに、最も明瞭に、多様に、豊かに示されている。それは人間の心の能力に適合しており、精神を大いに啓発する。これに対して、現世的関心に関わる事物について私たちはこれほど良質で完全な規則によって教えられ導かれることがない。また、その規則に匹敵するようなものもない。

人々が永遠のことについて語られることを全面的に信じ、それが真実で確かなものに思えたとすれば、実際にそれを重視しないのは、彼らの頭のなかに一種の狂気が潜んでいる証拠になるだろう。しかし、それが真実で確実なものに思えないのは、来世の事柄は見えないので非常に疑わしいものに思われるからだ、と言う人がいるかもしれない。私は答えよう。ロック氏の著作から前に引用したことと一致するが、私の見解はこうである。永遠のことは単なる可能性として考えられた場合でも、人々が理性的に行為するなら、彼らの心への影響という点であらゆる現世のことより遙かに強い。また私の見るところ、永遠のことが少なくとも福音の光を受けている人々に十分に信じられていないと仮定すると、その仮定は人間本性が堕落しているという議論を弱めるのではなく、かえって強める。神はとくに人間を創造したときに永遠の世界を想定しており、現世の事物は完全にこの別の世界に従属するように創造されているからである。現世での人の状態は、将来の状態へ向けての試練、準備、前進でしかない。この意味で、永遠の事柄は人類のすべてに影響を与える重大事である。永遠の世界を理解し知るために人々に知性が与えられている。永遠的事柄の真理を知ることは、他の何よりもはるかに人々の重大事なのであり、不信の輩でなければ誰でもその真理を知りたいと思う。それゆえ、私たちの結論には迷いがない。もし人々が永遠のこと顧慮していないなら、それが真理である証拠が十分にないからではない。証拠は彼らに永遠的事柄の真理を示す。特に、神が永遠のことの本性と証拠の最も適切な現れとして指定した光［福音］にしたがって生きている人々にとってはそうである。人々が永遠のことを顧慮していないのは、精神が恐ろしいほどに愚かで、最も明らかな証拠が示されていても、永遠の事柄の真理と重要性を信じることができないためである。

第七節　人間の本性が堕落しているということは、人類の圧倒的大部分が、あらゆる時代において悪人であったという事実に現れる

人間本性の腐敗は、いくらか、罪に傾斜しているというような程度問題ではない。すでに見たように、律法の目で正義の観点でみて、人は悪い邪悪な存在である。しかし、人間の本性は非常に腐敗しているので、その腐敗は、人々が実際に悪い性格であるか、さもなければ、悪い性格になる傾向をもっているというかたちで現れる。「恩寵の契約」の趣旨に従うと、その悪しき性格はすでに悪人と呼ぶべき域に達している。

これは既に考察したいくつかのこと、つまり、絶えず罪を犯す傾向、義よりも罪を増大させていく傾向、人類の一般的愚かさといったことから論証することができる。しかし、現状の人間本性が、悪い性格であり、悪の傾向を持つということは、もっと詳細に考察し、直接論証するほうがよいかもしれない。一般的に言って、世界が始まってからどの時代でも、他の性格をもつ人はきわめて少なかったという事実に、人間本性の状態が現れている。

世界全体が善と悪に分かれており、審判の日に人類の誰もが義人として認められるか、悪人として告発されるか、どちらかであること、神の国の子として栄光にはいるか、邪悪な王国の子として［地獄の］火に投げ込まれるかどちらかであること。これについては、聖書に十分な証拠があるので、キリスト教徒であると自認する人々

は、誰もそれを否定しないと思う。

義人として受け入れられる人の性格に何があるかということについて、ここで神の言葉に即して、論証する必要はない。当面の議論では、テイラー氏がそのような性格に本質的に属すると語っていることを参照するだけでよい。彼は言う。「これが真のキリスト教徒の性格であることは間違いない。この性格の本質は、真のキリスト教徒が実際に肉体の欲求と情欲を克服しているということである。彼らは罪に対して死んでいる。[40]もはや罪の中に生きていない。古い人は十字架にかかり、罪の身体は破壊された。彼らは死人から生き返った者たちとして神に身をゆだね、その身体は神にむかう義の道具であり、神聖に向けての義に仕えるものになっている」（二〇三頁）。さらに、次の二つの頁でも同じ趣旨が語られる。「私たちのうちにあるどんな悪や堕落であっても、私たちはとがめるべきである。それが依然として私たちの中にあるからいつでもとがめていなければならないというのではない。速やかに改善され、最終的に悪や堕落から解放されるためである。そうしなければ、私たちはキリストの真の弟子の性格に至ることがない」（二一八頁）。

「神の恩恵が他の一切の享楽よりも優先されないなら、神を礼拝し、神と対話する喜びがないなら、すべての欲望が理性と真理に従属しないなら、仲間に対する親切な傾向がないなら、どうして人の精神は神の家に家族として住み、神の王国で神に仕え、神の創造のどこかの部分の幸福を増進させることができるであろうか」（二四八頁）。『鍵』の二五五項、一四五頁「真のキリスト教徒であるとはどういうことか」を示す場所で、彼は特に次のように言う。[41]「キリストにおいて神の愛を感じ知っているので、彼は永遠の栄光を望みつつ全人生を、神を崇め神に奉仕することに捧げる。真のキリスト教徒の性格には、神から彼に無償で与えられたこと、すなわち、選び、再生などを熱心に研究し、これらの測り知れない特権を正しく理解し、主が恩寵深いことを経験し、福音による救済を自分の最大の幸福であり、栄光であることを理解するようになることが絶対に必要である。……真のキリスト教徒に必要なのはこれらの祝福を心に刻みつけ、それが生きた原理になり自分のうちに神への愛を生み出し、すべてのことにおいて神の意思に喜んで従うようになることである。こうして、彼は魂の真の尊厳と高まりを経験する。彼はこの世の最善で最も価値のあるものよりも高められ、心を天に運び、自分が永続的に受けつぐ財産と、そこに置かれている栄光の冠に愛着と注意を向ける。……こうして彼は、この世における快楽と苦痛、希望と恐れ、利害得失から生じるあらゆる誘惑に対抗して武装する。これらのものは一切、彼を動揺させない。彼が義務を忠実に履行すること、真理と正しさに堅くたつことを妨げない。神の意志を行うことができれば、自分自身の人生さえ大切とは思わない。彼は神とキリストを愛していると感じながら、人生を終える。彼は毎日、神の言葉を読み考えることによって神との交わりを欠かさない。自分自身の弱さを感じ、自分を救う神の好意を知って、彼は毎日、恩寵の王座にむかって霊的革新を願って祈る。そして、唯一の仲保者キリスト・イエスによって霊的革新が起こることを確信して、天からの福音の教えによって目を開かれ導かれる」。[42]

さて、公正の感覚を少しでも持っているすべての読者に判定を委ねたい。この地球上に広がったおびただしい数の人間のうちで、このような記述に当てはまる性格をもっているといえる人は、実際は非常に少ないと考えることには十分な根拠があるのではないか。ところが、テイラー氏は、すべての民族、地上のすべての人間は、異教文化の暗黒の中で住む人々でも、神の意志をあますところなく行う十分な光〈light、知識〉と手段を持っている、と主張するのである。

テイラー氏は、ときどき、見当違いの反論をする。[43] 私たちは人間の性格の邪悪さを判定する立場にない。あるいは、どの程度、人々に徳があるか悪徳があるかについて判断する能力がない、と。しかし、それ自体は見えない精神の性質に関することは、たとえ個人について判定する手段がなくても、集団のなかに一般にみられる。アメリカインディアンについて私が知っていること、聞いたことから、彼らの中には良い哲学者がほとんどいないと判定することは合理的であると私は思う。もちろん、彼らの心中の思想、彼らの精神のなかの観念や知識は見えない。また、私はインディアンのうち千分の一の人々にも会っていない。そして全員が一人一人私の前を通り過ぎたとしても、そのうちの誰かが事物の本性をよく知らないなどと判定することはできない。実はテイラー氏も、他人に対して自説を強く主張するが、自分の結論の誤りに気づいているように見える。彼の議論の癖と数多くの身勝手な判断を見れば、そういってもよいであろう。彼は性格の邪悪さが集団としては一般的であると判断する根拠がある可能性に気が付いているようにみえる。彼自身がそう判断をするからである。真のキリスト教徒属する性格について述べた後で、彼はキリスト教徒一般について判定し、彼らはそうした性格を投げ捨て、心の中で迷った民であり、神の道を知らないと言っている（『鍵』一四七頁）。二五九頁では、キリスト教徒は一般に人類のなかで最も邪悪である、と言い切っている。こういう場合、彼は、他人の見解をけなすつもりなのである。他の場所、一六八頁、二五八頁、『鍵』の一八二頁といった場所でも同様のことを言っている。

しかし、人類の世界には邪悪な人々しかいないかどうか人には十分に判定できないとしても、神が判定できることは疑いない。しばしば神の言葉であるキリストが、事柄を判定する。「狭い門から入りなさい。滅びに通じる門は広く、その道も広々として、そこから入る者が多い。しかし、命に通じる門はなんと狭く、その道も細いことか。それを見いだす者は少ない」（マタ七・一三、一四）。ここで、キリストがただ当時の状態について語っておられるのではないことは明白である。その時代の民のあれこれの悪行を見て、救われる者の数が比較的少ないというのでもない。救われる者が少ないのは、命へ至る道と破滅に至る道の一般的状況、すなわち、一方が広く他方が狭いという状況の結果である。狭い門については、キリストがこれに先立つ説教で語った規則の厳格さのことを言っておられることを疑う者はいないと思う。この厳格さが命に至る道を人類にとって非常に難しいものにする。しかし、もし人間の心の自然的傾向に反していなければ、これらの人あたりのよい規則はきっと難しくはなかったであろう。人間の傾向が堕落していなければ、これらの規則は傾向に反するものではなかったろう。したがって、多くの人々が入っていく破滅に導く門の幅広さと道の広さとは、人間の自然的傾向に合致することを意味する。同じように、救われる者が少ないかという理由を、キリストは「ルカによる福音書」の一三章二三、二四節で述べておられる。「すると『主よ、救われる者は少ないのでしょうか』と言う人がいた。イエスは一同に言われた。『狭い戸口から入るように努めなさい。言っておくが、入ろうとしても入れない人が多いのだ』」。一般に世界には善人が少ししかおらず、福音にしたがって生きるということを許され、とくべつに善人になれる光栄ある立場にある人々の間でさえそうなのである。これは、私たちの主がおりにふれて語られた「多くの者が招かれるが、少しの者しか選ばれない」(マタ二二・一四)という言葉によって明らかである。わずかな者しか選ばれないなら、人類全体と比較して、善い性格をもった人はどれだけ少ないことであろう。世界全体と比べて真の聖人の数が極端に少ないことは、世界からぬきんでて傑出している人々について語られるときのさまざまな表現が示す。神に属する者として、この世から呼び出され選ばれた、地から贖い出された、人々の間から贖いだされた、と言われる。この場合、世界全体は悪に染まっていると考えられている。また、旧約聖書を参照しても、同じ証言が見られる。「親友と呼ぶ相手は多いが、信用できる相手を誰がみいだせよう」(箴二〇・六)。聖書で言われる「信用できる人」という表現は、「詩編」一二編一節、三一編二三節、一〇一編六節などにみられる、誠実で実直で本当に善人である人のことを意味する。「わたしは熱心に知識を求め、知恵と結論を追求し、悪は愚行、愚行は狂気であることを悟ろうとした。わたしの見いだしたところでは、死よりも、罠よりも苦い女がある。――見よ、これがわたしの見いだしたところ、ひとつひとつ調べて見いだした結論。わたしの魂はなお訪ね求めて見いだささなかった。千人に一人という男はいたが、千人に一人として、良い女は見いだささなかった。ただし見よ、見いだしたことがある。神は人間をまっすぐに造られたが、人間は複雑な考え方をしたがる、ということ」（コヘ七・二五―二九）。ソロモンがここで特記することは、彼が熱心に、人々の間に真の知恵があるか、どれだけあるか、あるいは正しい者がいるかを調べてみたところ、その結果は、千人に一人でしかなかったということである。ティラー氏は、この箇所について言う。「この賢人は、この脈絡では彼の時代に生きていた人類の、男女の堕落を探求する」（一八四頁）。まるで、ソロモンが語っていることはソロモンの時代のことだけで、この世の事物の一般状態については何も言っていないかのような口ぶりである。しかし、ティラー氏であろうと他の誰であろうと、当時の時代の世界の虚栄と悪を記述することだけが、そして、ソロモンの時代の精神の虚栄と苛立ちを示すことだけが、「コヘレトの言葉」の目的であると想定できるのであろうか。（世界の開始以後どの民族に対してもなかったような最大の天の恩恵がイスラエルに示された時代だったと考えられるのに。）この書全体の主題と議論が、そうではないことを示すだけではなく最初の章で明解に語られた本書の意図も違った趣旨であることを語っている。最初の章では、世界はまったく変わらないと言われている。いつの時代も虚栄と悪があり、革命、騒動、労働、事業があったにもかかわらず、ほとんど、あるいはまったくと言ってよいほど進歩がない。それは、時代をへて、絶えずたくさんの河が流れ込んでいるにもかかわらず、水が増えることはない海のようである。「箴言」二〇章六節の「信用できる相手を誰がみいだせよう」という箇所については、この言葉でも、直前の言葉でも、この賢人〈ソロモン〉が自分の時代だけを糾弾しているとは、とうてい考えられない。「思い計らいは人の心の中の深い水。英知ある人はそれをくみ出す」（［五節］）。あるいは続く次の言葉を見よ。「主に従う人は完全な道を歩む。彼を継ぐ子らは幸い」（［七節］）。あるいは、この書の他のどの格言をとってもよい。また、たとえ、ソロモンがこれらの言葉で彼の時代だけのことを語っていたとしても、それは議論の趣旨をまったく弱めない。旧約聖書の歴史を見るなら、ヨシュアからバビロン捕囚期の間、ダビデとソロモンの時代ほど、悪が抑制され徳と宗教が奨励された時期はなかったと考えることができるからである。天下で唯一の神の民であった民族のなかに、その最善の時代でも、真の敬虔がそれほど少なかったのなら、その前後の世界一般についてはどのように推し測ったらよいであろう。

他の［この世の］著者たちが、この世における徳、正直、良好な近所づきあい、快活さなどを奨励しているとき、ソロモンは、世界は悪に満ちており、このような世界に生きるだけなら生まれなかった方がましであると断定した。ソロモンは、人間本性と人類世界の状態について当時では最も賢く正確な観察者であった。（加えて、キリスト教徒は彼が神の霊の力によって書いたことを思い出すべきである。）「コヘレトの言葉」四章の始めで次のように言う。「わたしは改めて、太陽の下に行われる虐げのすべてをみた。見よ、虐げられる人の涙を。彼らを慰める者はない。見よ、虐げる者の手にある力を。彼らを慰める者はない。既に死んだ人を幸いだと言おう。更に生きて行かなければならない人よりも幸いだ。いや、その両者よりも幸福なのは、生まれてこなかった者だ。太陽の下に起こる悪い業を見ていないのだから」。ここでも、ソロモンが権力の持つ者の虐げを語るとき、彼自身と彼が任命した配下の人々が、自国で、そしてほとんどすべての隣国でも権力を持つ人たちであったという理由で、彼の時代だけに目を向けていたと言うことはできないであろう。[44]

同じように霊感をうけて「コヘレトの言葉」の著者〈ソロモン〉は言う。「生きている間、人の心は悪に満ち、思いは狂っていて、その後は死ぬだけである」（九・三）。これらの一般記述が、特定の人々しかも少数者を語っており、一般には真理、正直、善良等が世界を支配している、と読まれるべきだというのなら、そのような一般記述がどうしてこれほど頻繁になされるのであろう。なぜ、この聡明・高貴で偉大な魂をもつ君主ソロモンが、これよりも寛大で好意的な調子で、もっともらしく「知恵は生きている間、人の子たちの心のなかにある」というようなことを言わず、むしろ、人間本性を罵倒する多くの鋭く意地悪なことを書き、人間相互の嫉妬と悪意をかき立てて、彼の後に続くすべての世代の人類の精神に泥をぬったのはどうしてだろうか。

これまで存続してきた世界のさまざまな部分と時代を、順次考察していくと、人類の圧倒的多数はあらゆる時代を通じて邪悪な性格であったことが一層明瞭になるであろう。アダムと彼の家族については短い記述があるだけだが、それでも、子孫の大多数が、アダムが生きている間、それも彼の人生の前半期において、すでに邪悪であったということが推定できる。アダムの長男カインは、非常に邪悪な男であって、正しい人であった弟のアベルを殺した。その後アダムは一三〇年生きて、セトが生まれた。この時には、彼の子孫は相当の数になっていたであろう。セトが生まれたとき、母親は彼の名前をセトと呼んだ。「カインがアベルを殺したので、神が彼に代わる子を授けた（シャト）からである」。次のように考えるのが自然である。生き長らえた彼女の子孫のうち一人も信仰と徳の点で特筆すべき者はなく、両親が大いに慰めをえて期待をもつことのできる人物ではなかった。この短い物語から見えてくるのは、（ときたま宗教の復興があったかもしれないが）一般的には、人類は次第に堕落し［ノアの時代の］大洪水に至ったということである。人類が地の面に広がったとき、悪がはなはだしかったと「創世記」六章の最初に記されている。神がノアに顕れ、方舟を造ることを命じる前、洪水前の一二〇年間、世界は大きな一般的悪のなかにとどまり悪弊は根深かった。六章の三、五、六節の表現は、そのことを示してあまりある。「主は言われた。『わたしの霊は人の中に永久にとどまるべきではない。』――主は、地上に人の悪が増し、常に悪いことばかりを心に思い計っているのをご覧になった」。また、「すべての肉なる者はこの地で堕落の道を歩んでいた」（一二節）。そして、テイラー氏も「人類はどこでも、情欲、好色、略奪、不正に堕落していた」（一二二頁）と述べている。

ノアの洪水の後、アブラハムの召命までの時期についてテイラー氏は、前に見たとおり「洪水後四百年ほど人類一般は偶像崇拝に陥っていた」と言っている。それは、一つの世代が死に絶える前のことであった。あるいは、方舟の外に出た者たちが全員死ぬ前のことであった。世界がいきなり一般に極度に堕落したということは考えにくい。しかし、彼らは次第に堕落の度合いを増していった。もちろん非常に速く堕落したに違いない（早い時期から堕落を始めたと考えてよい）、つまり、一時代でそうなった。

アブラハムの召命からキリストの到来までの時期についての、テイラー氏の次の指摘は正しい。「アブラハムの召命からキリストの到来までを数えるなら、ユダヤ人に対して神が与えた施策は、一九二一年続いた。この間、地上の他の家系や民族は、神の特別な王国の外におかれていただけでなく、偶像崇拝と、巨大な無知と邪悪の中にあった」（『鍵』一九〇頁）。そして、唯一の例外である家系・民族であるイスラエルについて言えば、悪が彼らの間で普及した一般の性格であったことは明らかである。ヤコブの家族はどうであったか、ルベンが父親の愛人をどうしたか、ユダはタマルに対する振る舞い、（シメオンとレビが先導したとはいえ）ヤコブの息子達のシケム人に対する行為、ヨセフの一〇人の兄弟たちのヨセフに対する残酷な仕打ちといったことを考えるなら、テイラー氏の性格論にしたがっても、真の敬虔というべき性格が彼らの多くに属していたと考えることはできない。もちろん、彼らは後になって後悔したかもしれない。イスラエルの子たちがエジプトにいた時代について、聖書は一般的に、集団的に語っているが、しばしば彼らがエジプトの憎むべき偶像崇拝にしたがっている様子を描いている。[45] エジプトを脱出し荒野を放浪した世代は、非常にそしてほとんど普遍的に邪悪で、曲がっており、神の怒りをうける存在であるように描かれている。ヨシュアの死後、聖書ははっきり語っているが、どの時期も悪がこの民の優勢な性格であった。サムエルの時代までそうである。「彼らが退けたのはあなたではない。彼らの上にわたしが王として君臨することを退けているのだ。彼らをエジプトから導き上った日から今日に至るまで、彼らのすることといえば、わたしを捨てて他の神々に仕えることであった」（サム上八・七―八）。エレミヤとエゼキエルの時代まで、まさにそうであった。「その初めから、イスラエルの人々とユダの人々は、わが前に悪のみを行ってきた。実にイスラエルの人々は、その手の業によって甚だしくわたしを怒らせてきた、と主は言われる。

この都は、建てられた日から今日に至るまで、わたしを怒らせ憤らせてきた」（エレ三二・三〇―三一）。（五・二一、二三、七・二五、二六、二七も読み合わせよ。）また「わたしはあなたを、イスラエルの人々、わたしに逆らった反逆の民に遣わす。彼らは、その先祖たちと同様わたしに背いて今日に至っている。恥知らずで強情である」（エゼ二・三―四）。――ステファノの説教（使七章）に出てくるように、これが最初から使徒の時代に至るまでの、この民の一般的姿であった。エジプトにヨセフを売り飛ばした時代からの悪行を総括的に復唱した後で、ステパノは次のようにまとめている。「かたくなで、心と耳に割礼を受けていない人たち、あなたがたは、いつも聖霊に逆らっています。あなたがたの先祖が逆らったように、あなたがたもそうしているのです。いったい、あなたがたの先祖が迫害しなかった預言者が、一人でもいたでしょうか。彼らは、正しい方が来られることを預言した人々を殺しました。そして今や、あなたがたがその方を裏切る者、殺す者になった。天使たちを通して律法を受けた者なのに、それを守りませんでした」（五一、五二、五三節）。

こうして、キリストがこの世に到来されるまで、悪が人類の諸民族の一般的に有力な性質であったことが明らかになる。そして、キリストが来られてから今日までも同様である。使徒の時代も同様であった。もちろん当時、キリスト教に回心した人々の中には卓越した信仰をもっていた多くの人々がいた。しかし、世界の大多数、あるいは一つの国民の大多数はそうではなかった。使徒の時代の後半には、真に敬虔な性格をもった多数の人々がいた。多くの回心がなされ、キリスト教は原初の純粋さの中にあった。しかし、使徒ヨハネは当時の神の教会をこの世の他の部分と比較してどう言っているか。「私たちは知っています。私たちは神に属する者ですが、この世全体が悪い者の支配下にあるのです」（一ヨハ五・一九）。そして、キリスト教が広まった後、キリスト教徒が国民や市民社会で優勢になっても人類の大半は旧い異教的な状態に留まっている。ティラー氏が、巨大な無知と悪の状態、と言っている通りである。これに加えて、教会史全体から注目されるのは、キリスト教徒が権力を握り世俗で有利な立場に立つと、真の敬虔が後退し、堕落と悪が彼らの間で広まることである。キリスト教世界の状態を言えば、キリスト教が人間の法律によって確立されてから、たいてい悪が強く広まった。それは非常に目に余ることであり、テイラー氏もそれに言及する。彼はキリスト教徒の間に原罪の教義が広まった次第を説明して、次のように言う。「キリスト教は夢想的で無知で迷信的な修道僧たちによって、非常に早々と、嘆かわしく堕落した」（四四三頁）。「キリスト教徒の一般は原罪についての教義を受け入れていた。しかし、その結果は、キリスト教徒は一般に人類のなかで最も邪悪、好色、残忍で油断のならない人間になった」（二五九頁）。

このようにして、過去の世界を最初から今日まで順次みてくると、悪がいつでも非常に優勢であったこと、この世では圧倒的に勝っていたことがわかる。そして、テイラー氏自身、アダムが最初に道を誤ってから後、ずっとそうであったことを認めている。「アダムが最初に道を踏み外してから、人類の道徳的状況が、罪のない状態とはまったく違ったものになったことは確かである。歴史から判断でき、あるいは現在知られるところでは、時代と場所で違いはあるものの、人類の大部分は、これまでも今も非常に堕落している」（一六八頁）。同じ頁の下の部分で、彼は「アダムの子孫が最も嘆かわしい程の、無知、迷信、偶像崇拝、不正、放蕩にふけった」と述べている。

これらのことを見れば、経験哲学でも確実性を疑われていない、普遍的に使用されている、よい推論の規則と方法に従うなら、あるいは、他の問題でも人類を導く常識的な仕方によって経験と事実から推論すれば、人間の本性が悪に傾いているという重要な論点は、はっきりと確認される。経験と試練によって人類の心の自然的傾向を論証する限り、世界の開始後の多くの時代の経験と、長い時間をかけて全部で数百の民族で試された結果が、悪が人類の現在の状態の本性であることの十分な証拠になるはずである。(46)

ここで、もし議論を補強することが必要であるとすれば、私は既に述べたことに加えて、世界に広まっている悪の規模や一般性だけではなく、悪の高まりやその程度についての証拠をいくらか示すこともできる。証拠はたくさんあるが、私はいま人類がどの時代でも相互にどれだけ傷つけ合ったかということだけを指摘したい。多くの種類の獣が非常に有害で破壊的であると見られている。多くが非常に凶暴で貪欲であり、また他の多くは有毒で、撲滅することが公共の利益になるとみなされている。しかし、人類はそうした動物のどれよりも数千倍も有害で破壊的ではないか。大地、空中、水に住むすべての有害な獣、鳥、魚、爬虫類を集めたよりも、少なくとも目に見えるすべての動物を合わせたよりも有害である。人間以外の動物は、同じ種の内部ではおおむね傷つけ合うことがなく平和である。一匹のオオカミが他のオオカミを殺したり、一匹のまむしが他のまむしを殺したりすることがあったとしても、人類の場合は一千人が同じ人間によって殺されるのである。それゆえ、私たちの主は、弟子たちをこの世に派遣するとき、よくぞ語ってくださった。「わたしはあなたがたを遣わす。それは、狼の群れに羊を送り込むようなものだ。――人々を警戒しなさい」（マタ一〇・一六、一七）。私はあなた方を人間の広い世界に送り出す。その世界は狼よりもはるかに有害で危険である。だから、狼に対するよりも遙かに警戒が必要であるというのである。

もちろん、これが人類世界の状態であるということは不可解である。人類は下等の生物の長であり、何よりも理性を持っている。理性があるのは宗教の能力があるということであり、もし、人間が世界に生まれたときに本性的に罪がなく無害であり、堕落しておらず悪い傾向からまったく自由であったなら、人類の宗教は愛にきわまったであろう。

第八節　人類の本性的堕落は、この世界で徳を促進するために多くの優れた手段が用いられてきたのに、その成果が

ほとんどみられない、というところに現れている

人類の本性的堕落の証拠は、人が罪を犯さぬように、徳と真の宗教を人々の間に普及させるための様々の大きな持続的手段が存在するにもかかわらず、世界が一般に、絶えず、そして極度に堕落を続けていることを考えれば、一層明瞭である。

テイラー氏は、アダムの罪の結果人類にもたらされた悲しみと死は、人類への神の大いなる好意によって与えられたと考えている。善意をもつ父親が子どもたちに健全な訓練を施すように。[47] その目的は、地上の事物のむなしさを増して、その誘惑や惑わしの力をそぎ、罪を抑えることである。身体の欲望を満たすとき節度をもつように導き、高ぶりと野心を制することである。人々は自分の眼前に、罪が神には限りなく憎むべき事であるということをありありと示されることになる。その光景以外に、人々に罪の恐ろしさを教え、罪の結果の恐ろしさの感覚を彼らの精神に植え付ける適切な方法はない、等々。そして、一般に、悲しみと死は懲罰として来たのではなく、純粋に人々を悪徳から防ぎ、善良にする手段だと言う。もしその通りならば、確かにそれは大きな手段であろう。いまここで巨大な変化が起こっている。かつては平安で幸福であり、健康で活力に富んで美しく、楽園の心地よい祝福に満たされていた人類が、今や、惨めで弱い、朽ち果てていく存在として、広い荒涼とした世界に出ている。その地は、エデンの園のように豊かに食物があり甘い実を結ばず、イバラとアザミの生えるところである。人類のゆえに呪われた大地の上で、悲しみと労苦のうちに人生は疲弊していく。そして最後には、長い消耗と緩慢な老化の後に、あるいは激しい苦痛と重い病気によって人は息絶え、腐敗して塵に還る。もし、これらのことが、単に精神の病を防ぎ治療するためだけに薬として利用されるのなら、それは劇薬である。特に死はそうである。それは、ヒゼキヤの表現を使うなら、まるですべての骨を砕くようなものである。考えてみたくもな

るであろう。もし、人が堕落しておらず、適切な効果を妨げるような悪い反対の傾向がなかったとすれば、この薬は非常に効果的であったかもしれない。特に、旧い世界では、この恐ろしい変化の最初の機会になった事件は、厳しい手段として、記憶に新しかった。アダムはまだ存命中であり、洪水前の時間のほぼ三分の二ほどを生き続けていた。したがって、洪水に至る前に生きていた人々のほとんどはアダムと会話をする機会があったであろう。アダムから直接聞いたことは堕落の様子や、堕落のおそろしい結果の始まりだけではなく、新しく創られた世界に始めて誕生したときのこと、エバが創られたこと、楽園において創造者と彼の間で起こったことを含んでいたであろう。

さて、この大きな手段は、人々の罪を抑制し、彼らを徳に導くことに成功しただろうか。それは十分な手段であることを示したであろうか。そうならずに、世界はたちまち大いに堕落を始めた。そしてテイラー氏の言葉を用いれば「人類は至る所で貪欲、好色、略奪、不正に堕落した」(一二二頁)のである。

その後、神は別の手段を用いた。神はノアという義の説教者を送って、もし罪を犯し続けるなら洪水によって世界の至る所が破壊される、と警告した。この警告をノアは、人々の印象に残るように、彼らの注意を促すように語った。彼はただちに巨大な方舟の建造に着手したが、そのためには多くの職人を雇わなければならなかった。多分、彼と彼の家族を救うために全財産を使った。この変わった手段を使って神は一二〇年間、彼らを庇護した。しかし、すべては効果がなかった。世界全体が、何が起きてもかかわらず、強情でまったく改善の余地がなかった。地上の住民すべてを滅ぼし、徳によって他とは違っていた一つの家族から新しい世界を始める以外に、彼らに施す手段は残っていなかった。その家族から新しい純粋な人類が広まることを期待するほかはなかった。事実、そのようになった。ノアの子孫である新しい世界の住人は、労苦と悲しみ、そしてアダムの罪の結果である自然死だけでなく、新たに加わった特別な手段で罪を抑え、徳を奨励することができた。すなわち神は、新たに多くの人類を滅ぼすことによって罪への強い不快を表明したのである。多くの人類が、一挙に、老若男女の区別なく情け容赦なく滅ぼされ、世界は気味の悪い絶叫に満たされた。残された家族は、神の保護によって奇跡的に区別され、聖なる種になるようにと旧い世界の堕落した事例から救いだされ、全員が一人の祖先、ノアから生まれた子孫となった。ノアの敬虔な教えと忠告を受けて、彼らは、これらの出来事を心に刻み、罪を避け義務に熱心に取り組んだ。これら新しい地に住む者たちは、長期間、自分たちの目の前に明瞭な、世界的破滅の生々しい印象的な結果と徴を見て、その光景を絶えず自分たちに対する警告として見ていた違いない。それだけでなく神はここで、人の寿命をかつてのほぼ半分に短縮した。テイラー氏は言っている。人の寿命の短縮は「野心と欲望の野放図な拡大が、より狭く制限され、悪事を行う機会を減らすためであった。また、死がいっそう近くに見え、死がこの世の過ぎ去るものを軽視し、真理と知恵の規則にしたがう、以前よりも強い動機となるためであった」（六八頁）。

さて、その結果はどうであったか。この新しい特別な手段は、以前の手段と合わせても十分なものではなかった。新しい世界は、急速に悪化し堕落した。テイラー氏が指摘するように、人類は、洪水後四百年ほどの間に、一般的に偶像崇拝に沈んだ。ノアの死後五〇年ごろのことである。彼らは邪悪で粗野になり、真の神を捨て、命のない被造物の崇拝に走った。

人類の状況がこのようにひどい展開になったとき、神は新たな措置〈dispensation〉を講じた。特定の家族や人々を、公然と行われた最も驚くべき一連の奇跡によって他の世界から分離したのである。彼らの住む所をあたかも世界の中心であるかのように、アジアとヨーロッパとアフリカの間、そして、政治的力と知識と技術において最も栄えた有名な国々の間に定めた。神が特別な仕方で、人々の間に住み、多くの時代にわたり、大いなる奇跡の働きと効果によって世界に対して目に見える形で存在を顕すためである。また、その民が神の前で聖なるものとなり、祭司の王国として、また丘の上の都として世界の光りになるためである。そのうえ、寿命は次第に短くなり、洪水前に比べて一二分の一になった。テイラー氏によれば、そうして、罪への誘惑を大幅に切りつめ縮小し、神聖さへの向上心を増大した。しかし、こうした手段が、異邦世界とイスラエルの民にとって、どういう結果をもたらしたかを考察しよう。

テイラー氏は正確に考察している。「ユダヤ人を選んだ、この神の措置は、世界の諸国民に、この地上で神を知り神に従う生き方を広める意図をもっていた。人類全体の利益のためであった」（『鍵』、五〇項）[48]。しかし、この手段は、そしてユダヤ人が存続する間、異邦の諸国民に対して使われた手段は、何という失敗であったことか。アブラハムは当時の世界の主な諸民族の間で知られた人物であった。エジプトでも、東方の王国でも知られていた。神はアブラハムに対してすばらしい特別な待遇をしてアブラハムの名を高めた。特にアブラハムと精鋭の部下たちの前で、東方の四人の王たちを奇跡のように打ち負かしたことによってである。至高の神、天と地の所有者である神のこの偉大な業は、メルキツェデクによってしっかりと記録された。それは、世界のその地域のすべての民族の注意と思考を覚まさせ、ただ一人の真の神を知って礼拝するようにさせるに十分であったと考えてよい。ソドムの奇跡的壊滅と平原の諸都市の悪、ロトの奇跡的救済は、疑いようのない事実であり、当時、世界に噂として伝わったからである。しかし、いろいろな話があるが、よい結果が見えた形跡はまったくない。むしろ、こうした事件を目撃し印象を受けた民族、特にカナンの諸民族は、ますます悪くなり、その悪行はヨシュアの時代に最高潮に達した。そして、潔癖さの点で傑出していたあの聖人ロトの子孫も、ほどなく最もひどい偶像崇拝者になった。モーセの時代にはそうなっていたように見える。（民数二五を見よ）つまり、アブラハムの子孫の大部分、イシュマエル、ツィマン、ヨクシャン、ミディアン、ヨシュバク、シュアブ、エサウは、直ぐに真の神をわすれて異教の神々に従った。

ヤコブとヨセフの時代に、大いなる出来事が世界の諸民族の目の前でなされ、諸民族が覚醒し、真の神を知って従う機会になった。「創世記」四一章五六、五七節によれば、神はヨセフの手によって、いわば全世界を飢饉から救った。ファラオがヨセフに与えた名前、ツァフェナト・パネアは、エジプトの言語では世界の救済者という意味であると言われている。しかし、この偉業は永続的なよい効果を持たなかったように見える。ヤハウェの偉大な業を直接見たエジプトの国民（当時、異教の国民のなかで最大であった）は、むしろ、ますます悪くなり、モーセが［神から］ファラオに派遣されたとき、彼らはヨセフの時代よりも、偶像崇拝や真の神を知らないという点でいっそう甚だしく、あらゆる行いでいっそう邪悪になっており、破滅は時間の問題であった。

この後、モーセとヨシュアの時代に、偉大な神は一連のすばらしい奇跡によって、五〇年近くエジプト、荒野、そしてカナンにおいて顕現し、全世界が注目した。奇跡によって世界が震撼した。目に見える被造物、大地、海、川、空気、雲、太陽、月、星々が動揺した。奇跡は、世界の諸国民に、彼らの偽りの神々のむなしさを悟らせ、ヤハウェが限りなく神々よりも高いこと、彼らが誇っていることよりも高いことを知らせ、異教世界の悪に対する神の大きな嫌悪を示すのに役立った。これらのことが奇跡の目的であることは、「出エジプト記」九章一五節、「民数記」一四章二一節、「ヨハネによる福音書」一四章二三―二四節等で明言されている。しかし、これらの事があっても改革は起こらなかった。聖書の記事によれば、この出来事を見た諸民族は、ひどく強情になり、正しい知識や改革を拒んで、相変わらず生ける神に頑固に反抗し破滅を招いた。

この後、神は士師の時代に何度も、既にのべた同じ傾向をもつ世界の諸国民に対して、驚くべき業によって公然とご自身をしめされた。特に、ギデオンの手によって、ミディアン人、アマレク人、東のあらゆる人々からなる総勢一三万五千人の軍隊を奇跡的に破ったときがそうであった。これは、「士師記」七章一二節、八章一二節に記載されている。(49) しかし、この後、デボラとバラク、ヨパタとサムソンの時代に神によって偉大な業がなされた後にも、改革は起こらなかった。

こうした出来事の後、ダビデとソロモンの時代に、神は別の新しい、ある意味ではさらに大きな方法を用いて、異教世界に真の神を知りその神に仕える道を示そうとした。神はご自分の心に適うダビデを立てた。ダビデは、真の神の熱烈な崇拝者であり、偶像崇拝を強く憎み、エジプトとメソポタミアの間のほとんどすべての民族を征服した。神は、ダビデの敵との戦いのなかでしばしば奇跡的にダビデに助力した。また神は、ダビデの息子ソロモンにその巨大な帝国の完全で平和な領有を、四〇年ちかく確保し、彼を最も聡明で、裕福で、壮麗で、あらゆる点で、これまで世界の存在した王のうちで最大の王にした。ソロモンは、諸国民の間で、特に知恵と、神の名に関わること、特に彼が建造した神殿によって群を抜いて有名になった。その神殿は「壮大で、その名声と光輝を万国に行き渡らせるため」であった（代上二二・五）。多くの人々がソロモンの知恵を聴きに全地の王国からやってきたと書かれている（王上五・一四、一〇・二四）。[50] そして聖書によれば、これらの大きな事がなされたのは、「遠くの異邦人が、神の偉大な名と広く伸ばされた神の腕のことを聞き、地上のすべての民が神の民イスラエルと同じく神を恐れるようになり、地上のすべての民が主こそ神であって、ほかに神のないことを知るに至るためである」（王上八・四一―四三、六〇）。しかしそれでも、異邦の国民に何らかの永続的な効果が出ている兆候はなかった。

この後、バビロン捕囚の前、多くの偉大なことが異邦の国民の見ているなかで起こった。これらは異邦の民を啓蒙し、彼らの心を動かし、説得する効果があった。神がアサの前で、百万人のエチオピアの軍隊を滅ぼしたこと、エリヤとエリシャの行った奇跡、特にエリヤがバアル教の予言者と崇拝者たちを混乱させたこと、エリヤがシリアの王ナアマンの病をいやしたこと、エリシャの祈祷によってシリア、モアブ、エドムに奇跡的に勝利したこと、ヨシャファトの祈りによって、モアブ、アンモン、エドムの人々からなる巨大な連合軍を奇跡的に打ち破ったこと（代下二〇章）ヨナのニネヴェでの説教と鯨の腹から奇跡的に助け出されたこと、これが明らかになって彼の説教の正しさを保証する徴になったこと、しかし、特にセンナケリブの軍隊を天使によって討ち滅ぼした神の偉大な業があったこと。センナケリブはイスラエルの神を侮り、異教の神々以上のものではないかのように考えた。

これらがすべてのことが効果がないと分かったとき、神は異邦の世界に対して新しい手段をとった。それはある意味では、異邦の人々を説得し、改善するための以前よりもはるかに強力な手段であった。まず、神の民、ユダヤ人たちがバビロンに移された。バビロンは、異教世界の中心であった（カルデアは偶像崇拝の発祥地である）。聖書に書かれた神の啓示はバビロンに持ち込まれ、そこで偶像崇拝に対する反対証言になった。彼らのうちのある者たち、特にダニエル、シャドラク、メシャク、アベド・ネゴは、公然と王帝国の権力者たちの前で証言をした。そのような場所でなされたので彼らの証言は世界中で有名になった。神はその証言を大いなる奇跡によって確証し、その奇跡は王の布令によって帝国中に知らされた。イスラエルの神の力ある業は、イスラエルの神が多の神々に優ることを論証した。その偉大な預言者ダニエルは、ただちにバビロンの知者たちの長官へ昇進し、ネブカドネザルの宮廷の高官の一人となった。

その後、神はキュロスをおこしてバビロンを滅亡させた。バビロンが頑固に真の神を軽視し、神の民を圧迫しつづけたからである。イザヤの預言によれば、神はキュロスの名前をあげ、真の神の本質と支配を教えている（イザ四五）。この預言自体、キュロスに示されたものかもしれない。それによってキュロスはイスラエルの神を唯一の神として証言するように導かれたのかもしれない（エズ一・二―三）。同じ頃、ダニエルはダリウス王のもとで新しい帝国の首相に昇進し、その地位にあって公然とイスラエルの神の崇拝者として立った。神は王と王国の高官たちの前でダニエルの信仰を確かめるため、ライオンの巣のなかでダニエルの命を護ってみせた。この出来事を通じてダリウスは、国籍が多様な違った言語を話す地上に住むすべての人々に、イスラエルの神は生きた神であり永遠に変わることはないという証言を布告することになったのである。

バビロンが滅びた後、ユダヤ人たちの一部は祖国に帰還したが、多くの者たちは帰還せずペルシア帝国の各地に散らばって生活した。その様子は「エステル記」に書かれている通りである。その後、彼らのうち多くは、世界の西の地域に移動し、異邦人の世界全体に分散した。聖書を携え、いたるところで礼拝堂〈シナゴーグ〉に集まって真の神を礼拝した。そして、それがキリストと使徒たちの時代まで続いた。その様子は「使徒言行録」に書かれている通りである。こうして、神がユダヤ人たちに与えた光は、神の摂理によって世界のすべての場所に広がった。今や、全世界は前よりもずっと宗教の真理を知るようになり、自分を改善する気持ちさえあれば、以前よりもずっと恵まれた状態になった。

しかも、ちょうどキュロスの時代から、学問と哲学が増大して高いレベルに達した。神は多くの才能ある人々を興し、教育に当たらせた。彼らは事物の本性について、人々の理性と理解力を改善した。そして、哲学的知識は数世代にわたって増大し、キリストが到来する前、またはちょうどその時期に、最高潮に達した。

さて、これらのすべてのことの効果を考えよう。異教世界は一般に、道徳的改革が進むどころか改革の徴候や展望がないまま、むしろ一層悪くなった。ウィンダー氏が言うように「異教世界の偶像崇拝の愚行は、常習的に続き、改善の兆しはなかった。学芸が進歩すればそれだけ偶像崇拝も増大した。そして異教の国民の生活水準があがるにつれて、異教文化が、非常に愚かなかたちで景観の美しい都市や田舎に蔓延した。これが、異教の力が活発であった最後の時まで続いたのである」(51)。異教文化一般の悪行と偶像崇拝の様子は、「ローマの信徒への手紙」一章で使徒パウロがのべた通りであった。テイラー氏は、福音書が編纂された時期について語る際に「異邦人の道徳的・宗教的状態は、まことに惨憺たるものになり、一般に巨大な無知、あからさまな偶像崇拝、忌むべき悪徳に沈んだ。」（『鍵』二五七項）と言っている。忌むべき悪徳が蔓延したのは一般庶民の間だけではなく、哲学者たちも、ときには指導的哲学者や大いに才能があるものたちなかにも悪徳に染まった者がいた。そこでティラー氏も、彼らが普通、公然と認め、恥らいなく行っていた忌むべき異常な性行為の悪徳について、そのように言ったのである。（『ローマ書註解』における一章二七節の注釈を見よ。）

このように私たちは、アブラハムの時代に始まる、ユダヤ人に対する神の施策の中に、神が異邦世界の状態を改革しようとして用いた手段を見てきたが、次に、この期間に特別に優遇され区別されたユダヤ人自身について、改革がどうであったのかを見てみよう。異邦人たちに用いられた手段は大きなものであったが、それでも、イスラエルに対して用いられた手段と比較すれば小さい。この民が特別に優遇された点は、他に比類がないかたちで聖書に描かれている。その箇所をティラー氏は取り上げている（『鍵』三九項）。彼はそれらの特権を、徳と服従への動機である、彼が「先行的祝福」と呼ぶものに数え、「それは、義務と服従を定めた、神のユダヤ人たちに対する特別の好意から出た計らいの目的であったこと、あるいは、徳を増進する計画であったことは、旧約聖書のどの部分からみても議論の余地がない。」と言っている（『鍵』五一項）。しかし、既に論じたように、多くの時代を通じて神の特別の計らいを受けてきたにもかかわらず、イスラエルは一般に邪悪な性格の人たちであった。その悪への自然的傾向がどれだけ強かったかは、時々の個々の状況を考察すれば、いっそう明らかになるであろう。

神がアブラハム、イサク、ヤコブの時代に、彼らとその子孫を偶像崇拝の世界から分離し、神の民とするために行った数々の大きな出来事があった。けれども、ヤコブの死後二百年たって、ヨセフが死んで一五〇年後には、生前のヨセフを知っている人たちが何人かが存命していたのに、この民は、はなはだしく真の宗教を見失い、異教世界の生き方に同調した。ここで、これを修復し、偶像からもっときっぱりと離れ、祖先の神に立ち帰らせるために、神は自ら顕現して、エジプト人から彼らを離脱させ、彼らを異教世界から分離した。神は、栄光の威厳をもって現れ、その姿は彼らの心に長く記憶される印象を与えた。そこで、その後はもはや神を捨てることはあるまいと思われた。しかし、彼らの心は非常によこしまであったので、神が力強い手で彼らを導き出した数日後に、エジプトで神が彼らのために行った奇跡の最中でさえ、彼らは不平を言い、紅海でも不平を言った。神が彼らを海の間を無事に通過させたとき、彼らは神を賛美したが、すぐに神のなさったことを忘れた。シナイ山にたどりつく前に、彼らはときどき、公然と邪悪さを見せた。そのため神は彼らについて次のように語った。「あなたたちは、いつまでわたしの戒めと教え拒み続けて守らないのか」(出一六・二八)。この後、彼らはレフィディムで再び不平を言った。

エジプトを出て二ヶ月後に、彼らはシナイ山に着いた。その場所で神は今までに類のない仕方で、力と威光と神聖さをもって現れ、民が彼に対して聖なる民となるように厳粛な契約を結んだ。神はイスラエルを慈しんで次のように語られた。「あなたに先立つ遠い昔、神が地上に人間を創造された最初の時代にさかのぼり、また天の果てから果てまで尋ねてみるがよい。これほど大いなることがかつて起こったであろうか。あるいは、そのようなことを聞いたことがあろうか。火の中から語られる神の声を聞いて、なお生きている、あなたと同じような民があったであろうか。また、神が他の国民の間から一つの民を引き出すようなことがあったであろうか」(申四・三二―三四)。これらの大いなる出来事の目的は、彼らの心に神の真実を強く焼き付け、彼らが義務を覚え、それを忘れないようにするためであった。そう神は語っておられる。「見よ、わたしは濃い雲の中にあってあなた方に臨む。わたしがあなたと語るのを民が聞いて、いつまでもあなたを信じるようになるためである」(出一九・九)。しかし、その結果はどうであったか。二、三ヶ月も経たないうちに、民は、その山のふもとでエジプトの偶像礼拝に逆戻りし、自分たちで造った金の子牛の前で歌い踊ったのである。このようなひどい出来事があり、その罪に対して神が不快を現したのち、彼らは深く悔いて服従を誓った。それにもかかわらず数ヶ月後には、彼らは荒れた精神で神に公然と反逆した。もはや神には従わず、指導者を立ててエジプトに帰ると強く主張したのである。このように奇跡が続いている最中に、彼らは何度も至高の神に対して悪い態度で敵対し、公然と反逆を繰り返し、一つの世代が破滅した。次の世代はそれまでのイスラエルで最良の世代であったが、よい模範があり、神の彼らに対する力と愛による奇跡があったにもかかわらず、ヨシュアの時代に、民は早々と堕落し、神を捨て、異教の偶像崇拝に走った。ついに神はもっと厳しい手段によって、預言者と士師を派遣し、天から強力な影響力を駆使して、彼らを矯正しようとした。このような手段でいくらか改革が進んだが、彼らはすぐに、何度もまた時代がかわっても偶像崇拝に陥った。何も長続きする改革の効果を持たなかった。

このように数百年、さまざまな事件が起きたあと、神は二つの新しい方法によってこの民を訓練した。第一に神は偉大な預言者を起こし、預言者の指導の下で多くの若者を訓練し、彼らのうちから神がイスラエルの偉大な預言者たちを選別し、次々に生み出すようにした。この制度は五百年以上続いたと思われる。第二に神は一人の偉大な王、ダビデを起こした。ダビデは知恵と神への畏れと堅忍において卓越しており、誘惑になる隣国の異邦人を平定し、公の礼拝を確立した。ダビデによって大きな救いと将来のメシアの栄光の王国がより鮮明に啓示された。彼の後、息子のソロモンが出た。彼は地上に出た王子のうち最も知恵があり、父ダビデが始めた事業を完成させた。イスラエルの公的礼拝を確立し、ヤハウェの名誉のために輝かしい神殿を建造し、礼拝制度を確立して隣国の諸民族に真の知恵と宗教を教えた。しかし、この新しい並はずれた手段の成功について言えば、ティラー氏によって聖書を解説してもらうなら、ダビデの時代には国民はひどく堕落していたということになる。彼がそう考えるのは、ダビデが自分の時代について次のように語っているからである。「主は天から人の子らを見渡し、探される。目覚めた人、神を求める人はいないか、と。誰もかれも背きさった。皆ともに汚れている。善を行う者はいない。ひとりもいない」（詩一四・二―三）。しかし、テイラー氏がこの点で正しいかどうかはともかく、アブサロムとシエバの反乱のときイスラエルで起こったことを考えるなら、当時の民の多くの部分が真の知恵と敬虔をもっていたとは思えない。すでに見たように、テイラー氏は、ソロモンが一千人に一人しか本当に正しい人はいないと言ったとき、ソロモンは、彼の時代について語っているのだと考えている。[52] その是非はともあれ、サムエル、ダビデ、ソロモンの時代に、徳と真の宗教を推進し確立するために使われた数々の偉大な手段は、イスラエルに永続的な効果をもたらさなかったように見える。ソロモン自身も、知恵に満ちており、神から格別な恩恵を得ていたにもかかわらず、心が堕落し、国に入ってきた偶像崇拝を容認し、神を大いに怒らせた。したがって、彼が死ぬとすぐに一二部族のうちの一〇部族が真の神を礼拝することをやめ、かつて民がシナイ山で金の子牛を造って陥った偶像崇拝を公然と行った。それが続いて最後には、頑固な背教に至った。二五〇年にわたって、神が次々に送った預言者たち、特に二人の偉大な預言者エリヤとエリシャが民をいさめ警告したが、効果がなかった。民を治めたすべての王たちのうちで邪悪でない性格の者は一人もいなかった。そしてついに状況は最悪になり、神の目の前から彼らを除くほか手段がなくなった。聖書はその事態を「列王記下」一七章で描いている。

他の二つの部族については、王たちはみなダビデの家系であり、多くの点で先の一〇部族より恵まれていたが、一般的にひどく堕落していた。歴代の王はほとんど邪悪で、他の高官も祭司たちも民衆も堕落という一点ではまったく同じであった。これが聖書の歴史書と預言書に描かれていることである。しかも、彼らは神が一〇部族をどのようにして捨て去ったかということを見ていたにもかかわらず、それを警告と受けとらずに、前よりもひどい悪事を重ねた。その様子は「列王記下」一七章一八、一九節、「エゼキエル書」一六章四六、四七、五一節に描かれている。神はもちろん、ダビデの功績ゆえに、また自ら選んだ都エルサレムのゆえに、特別な手段で、特にイザヤとエレミヤという偉大な預言者たちによって彼らの改悛を長く待ったが、効果がなかった。そして、預言者たちが語る通りになった。つまり、彼らはあまねく病んで堕落した集団であって、善くなる見込みがなく、頭は病んで、心は衰弱している、等々なのである、この状況を見て神がとった手段は、彼らの都市と耕地、そしてそれと一緒に神殿を完全に破壊することであった。こうして神は徹底的に彼らの国土を純化した。それはちょうど、皿を空にして拭き清め、逆さにして置くようなものであり、または、鍋を火の中に投じて汚れを焼き尽くすようなものである（王下二一・一三、エゼ二四章）。彼らは捕囚に連れ去られ、悪い世代が死に絶え、旧い反逆者たちがいなくなるまで、そこに置かれた。以後、国土に純粋な世代が住むようになるためである。

捕囚から帰還したのち、神は数々の驚くべき摂理によってユダヤ人の教会〈シナゴーグ〉を彼らの土地に建てた。しかし、彼らはまたもや、とんでもなく堕落し、アンティオコス・エピファネスの時代には罪は頂点に達した。その様子は預言者ダニエルが記す通りである（ダニ八・二八）。[53] 神は、ネブカドネザルの時代に起きたこととほとんど変わらない苛酷な試練を彼らに与えた。そして、神がマカベア人を使って、またもや彼らを救済し、彼らの間に宗教を復興したあと、彼らは再び堕落した。そうしてキリストが来られたとき、彼らは甚だしい堕落に陥っていた。それは福音書が描く通りである。

一般的に言って、ユダヤ人たちは神聖になるために有利な点、手段、動機に恵まれていたが、ときどき神の目から見て、異邦人以上にひどく堕落することがあったことが確認できる。神はユダヤ人の悪に比べればソドムの悪も小さいと言う（エゼ一六・四七―四八、ならびに五・五―一〇）。キリストも彼の時代のユダヤ人を指して、ツロやシドン、あるいはソドムやゴモラの住民よりも罪深いと語っておられる。[54]

しかし私たちはここで、地上で起こった最も偉大な場面に到達した。他のすべての計画が徹底的に試され、ユダヤ人の間でも異邦人の間でも大きく失敗したあと、すばらしい計画がとうとう施行された。それは人類の悪行を抑制し制限する、［神の］無限の知恵と憐れみが考案した最大の計画であった。つまり、イエス・キリストの栄光の福音である。テイラー氏自身の言葉を使えば、「人類を神の似像にむけて、一層確かに効果的に聖化する、新しい恩寵の仕組みが確立したのである。人類が陥るかもしれない、そして既に陥っている罪と悪から救いだし、彼らをあらゆる不法から贖いだし、神を知り神に服従するためである」（二三九―二四〇頁）。かつてユダヤ人が享受した手段や動機を聖書がいかに格調高く語っていても、その利益は福音の利益とは比較にならない。テイラー氏の二三三頁の言葉に、ここでもう一度、注目すべきであろう。

「邦人たちも神を知り、神として神に栄光を帰することはできたのかもしれない。しかし、私たちは福音の輝かしい光のもとで、神の完全さについて、そして特に私たちの父としての神の愛、私たちの主であり救い主であるイエス・キリストの神であり父である方について、非常に明瞭な考えを持っている。私たちは自分の義務を十分に知り、義務を果たす最も納得のいく理由を理解する。永遠的なことが私たちに開示され、限りのない名誉と歓喜、徳のある行為への報酬が与えられる。私たちの歩むべき道を確かに示す神の霊が到来すると約束される。これらのことはすべて、私たちの精神を浄化し、聖化を完成させるために活用でき、活用すべきことである。この幸福な状態に私たちは生まれてきている。それだから私たちはいつまでも救い主における神の恩寵の大きさと豊かさを褒めたたえないわけにいかない……。福音の契約は真の宗教を復興させ、徳と幸福を増進すれための最も完全で効果を持つ計画であり、かつてなかったものである。これは「私たちの精神を啓発し、心を聖化する。……私たちの生き方を徳と善の行動に導くという点で、これほど神に相応しく力強く提供された動機は他にない。(55)」

しかし、こうした救済手段を用いても多くの人々には効果がなく、呼びかけられた者たちのうちで選ばれたものは少なかった。

まず、神の古くからの民であるユダヤ人はどうであったか。キリストと弟子たちによってこの救済手段は、ユダヤ人に向けられたが、その世代のユダヤ人は、頑固にキリストとその教えを拒んだ。彼らは、マカベア家一族の時代から増大しつづけた堕落の道をつき進むだけではなく、キリストの到来、彼の教えと奇跡、キリストの弟子たちの説教やそれらに付随する栄光が現れても、それは、かえって悪を限りなく増大させる機会になった。彼らは栄光の主〈キリスト〉を悪意と残忍な心で十字架にかけ、主に従う者たちを迫害した。彼らは神に喜ばれず、人々に敵対し、悪を重ねて罪を最大まで犯したので、恐ろしい罰がくだり、滅ぼされて、神の眼前から消え去った。神がこれほど嫌悪と怒りを顕わにされたことはなく、その怒りはネブカドネザルの時代と比べてもはるかに大きかった。ユダヤ人の多くが殺され、残った者は地上の最も裏寂れた場所に離散した。彼ら〈ユダヤ人〉は、今日もなお、キリストと福音に対して同じ不信と悪意の精神を持ち、惨めな離散状態に留まっている。

他方、異邦人たちはどうであったか。使徒たちの時代に、福音伝道は輝かしく成功したが、多分、福音を語られた一〇人のうち一人ほども福音を受け入れなかった。世の諸勢力が福音に反対し、飽くなき悪意をもって福音を迫害した。そして、キリスト教を名乗る人々の間にも、福音を自分の誇りと放縦のために悪用する傾向が多々現れ始めた。使徒たちは、その時代にキリスト教世界に大きな背信が起こり、長い期間続くことを予告した。キリスト教徒の間ですでに背信が起きていると記した（二テサ二・七）。そして過去の時代の多くの時期に、大きな背教が起こり、その結果、いわゆるキリスト教世界は、かなり変質し、神の目に不名誉な憎むべきものになった。以前の異教世界の状態以上に、真の徳に逆らうようになった。それは、聖霊によって記された預言書が語るとおりである。

後の時代のキリスト教の教会に、神は多くの指導者を立て、ローマの教会の堕落に反対する証言をさせた。神はその人たちを用いて、短い期間ではあったが、少なくともヨーロッパの三分の一を、反キリストの歪んだ束縛から解放した。大きな宗教改革、生きた実践的な宗教への改革が起こった。しかし、黄金は何とはやばやとくすんでしまうのであろう。今日のプロテスタントの諸国、とくに我が国の状況はどうであろうか。あらゆる種類の、不信、卑俗、贅沢、放蕩、悪がこれほどまでに起きているのは驚くべきことである。邪悪さにかけては、キリスト教世界と言われるところに棲むあまたの人々に比べて、哀れな未開のアメリカ人は（言ってよければ）ほんの赤子や愚者にすぎない。テイラー氏も、前に見たように、「一般にキリスト教徒は人類のうちで最も邪悪で、わいせつで、冷血で、不忠であった」と言っており、「キリスト教世界の悪が異邦の世界と同じようになったので、キリスト教への回心のよい効果がほとんど見られなくなった。」（『鍵』三五六項）と言っている。

そして今日の恐るべき堕落に関して言えば、すでに見た［徳を推進する］好条件に加えて、今世紀に、学問と哲学的知識における大きな進歩があったことを考えておくべきである。この進歩によって、私たちの理性をしっかり用いて、被造物における神の創造の完璧さを明らかにする道が開けた。また、徳を達成するためにこの時代が所有している手段と誘因は、すでにのべた昔与えられたことだけでなく、つまり、特に寿命が千年から七〇あるいは八〇年にまで短縮されたというだけでなく、さらに補強されている。人々の寿命は二人に一人が分別を持つまで生きず、四〇や四五歳にも達しない。かつて寿命の二〇分の一にすぎず、卑俗で、放蕩がはびこる都市やその他の場所では寿命はもっと短い。

『鍵』（一項）におけるテイラー氏の指摘は正しい。神は最初からすばらしい無限の知恵を発揮し、可能なさまざまな方法によって、時代から時代に亘って、悪徳を抑え堕落を矯正し、世界に徳を増進させようとして幾つもの計画を実行した。昔、ノアの洪水の前後にどれだけ多くの方法や計画が実施されたか、旧約の時代にどれだけ多くのことがユダヤ人と異邦人に対してなされたか、そして、四千年に亘って試みられた方法がすべて効果を挙げなかったあと、神は人間を不法から救いだし、人間が自浄し善い業に熱心になるように、偉大な救済手段を導入した。聖書はこれを、天使も驚嘆することだと記している。しかし、このことすらも一般には長らく効果を挙げていないことを見て、ティラー氏は次のように言う。「新しい救済手段が必要である。なぜなら、今のキリスト教徒の宗教の状態は異教の低い状態にまで後退し、死んでいるも同然だからである。現在の福音の光はキリスト教世界の完全な改革には不十分であることが判明している」（『ローマ書註解』一章二七節への注）。[56] それにもかかわらず、彼によるなら、これらのことは無理なく反対の主張に結びつく。つまり、善への奨励に逆らう自然的傾向はまったくなく、世界の始まりから今日まで、神が人類にほどこした恩寵の救済手段に反発する心の自然的傾向はなく、それは神がアダムを完璧な無罪潔白な状態で創造したときと同様であるというのである。

明らかにティラー氏の見解には、いくつかの奇妙な逆説がまとわりついている。彼のこの解りにくい主張を理解するには、二つのことを同時に理解する必要がある。一方で彼は、これらの救済手段が、その最大のものすら、人々をすべて改革することに役立たなかったと考える。しかし、他方で彼は、すべての人類は、世界のあらゆる場所にいる異邦人も、一人の例外もなく（つまり、ヨーロッパ人が来る前のインディアンも、アフリカやオーストラリアのまだ知られていない住民も、当然含まれる）十分に義務を果たすことのできる能力と知識と手段を持っていると主張する。（彼の著作の多くの部分で考えられているように）少しの悪徳も不法もなく、神の法を完全に遂行できると言うのである。

しかし、私が見過ごしにできないのは、福音の恩寵が効果をあげなかった理由は、それが誤解され曲解されたせいだとティラー氏が考えていることである。『鍵』一八三頁で彼は言う。「福音の全体像の誤った提示が神の恩寵の影響を大いに損ない、信者たちの堕落に繋がった。堕落した教えがほとんど至る所で教えられ受け取られた。

自然、恩寵、選びと定罪、義認、生まれ変わり、贖罪、召命、子の身分を授けること等についての誤った観念がキリスト教徒の生活の基礎を堀崩してしまったのである」（［三五七項］）。

しかしそれでは、福音が至るところでひどく誤解されてしまった理由は何か。福音自体が曖昧で解りにくく人間の理解力に適合していないからであろうか。そうだとすれば、そのような曖昧で解りにくいことを所有することが、どうして、筆舌につくせないほどの光栄ある特典なのであろう。それとも、人類が生まれつき盲目であり、堕落や迷信に原因があるのか。しかし、それでは、問題に答えず、堕落を容認することになる。もちろんテイラー氏は、福音が曖昧で解りにくいと言っているのではない。彼は、福音は最高に明瞭で輝かしい光であり、世界を暗闇から救い、すばらしい光のなかに導くと言っている。(57) モーセに与えられた神の恩寵の制度下でユダヤ人がもっていた明察は、異邦人が知っていた自然が与える明察よりもはるかに善いものであった、と言っている。それにもかかわらず彼は、自然が与える明察でも、人間が神を知り神に対して全義務を果たすために十分、明瞭であると言う。彼は福音の光は旧約聖書の光よりはるかに優れており、特に使徒パウロについて「パウロの書いていることはきわめて明瞭である。パウロはこのことを詳細に説明する。説明し残した点、説明不足の点は一切ない。この点についてこれほど入念な人は他にいない」と言う。(58) そうだとすると、キリスト教世界が、心に生まれつき偏見と無知への傾きを持たないかぎり、そのような明るい光のなかでいつの時代も盲目的であったということは、まったくもって不可解である。

テイラー氏は言っている。「私の考えでは、キリスト教は最も初期の時代から、空想的で無知で迷信的な修道士たちによってひどく腐敗した。彼らは思い上がっていたので、平明な福音に満足しなかった。その結果、キリスト教は長い間、嘆かわしい状態にとどまった」（四四三頁）。しかし、人を盲目にする堕落がないなら、いったいどうして、キリスト教世界の全体が、賢い教師ではなく、こうした無知で愚かな人々の言うことを聞いたのであろう。特に、賢い教師たちが平明な福音を語り、他方の人たちが（テイラー氏が言う通り）福音に反するばかりか理性と常識に反するようなことを語っていたのなら、どうしてそんなことが起こるのか。それとも、キリスト教会の教師たちはすべて無知な妄想家にすぎなかったのか。人類がうまれつき光よりも闇を愛するのでないとすれば、どうしてこのようなことがあり得るのか。そうであるなら、そしてキリスト教会の全勢力が福音の研究と教育に注がれたから、彼らは異教徒の哲学者たちよりもはるかに賢くなれる立場にあったからである。しかし、生まれつきの悪の傾向がないのに、何かよく分からない理由で、有利な立場にあったキリスト教会の指導者たちが、早々に愚かな妄想家になり、奇怪な妄想によってしばらくの間、世界が盲目になっていたのだとしても、なぜキリスト教会の指導者たちは、ペラギウスなどの賢者たちがキリスト教世界に簡潔に所信を語ったとき、耳をかたむけなかったのであろう。[59] 特に彼の教えは平明な教えであり、キリストの福音を平明に解説しているだけでなく、人類の常識と知性が命じる最も平明なことと一致していた。これに対して、キリスト教会の指導者たちの説は人類の常識と知性が命じることに反しており、（テイラー氏によるなら）もしその教義が正しいなら、知性は知性でなく、神の言葉は真理の基準ではなく、信頼できず、神は心をむけるに値しない存在になる。そんなことがあるのであろうか。

しかも、福音が罪を抑え、徳を促進することができない理由が、福音に反する愚かな教義が一般にはびこったからであるというのなら、もっと説明が必要である。（テイラー氏の見方が示すとおり）こんにち、宗教に関する知識が大きく前進し、原罪、選び、定罪、義認、再生等々の巨大な教義が、特に私たちの国で、これほど広まっているのに、この知識と真理の前進に何も改革が伴わないだけでなく、反対にキリスト教に反するような悪徳が増大しているのはどうしてか。悪徳は洪水のようであって、神が憐れんで介入し、残された徳と賞賛に値する行為を速やかにすくい上げなければ、何も残りそうにないほどである。これはどうしてか。

悪徳を抑制し、徳を奨励する人類の手段がどういうものであったかということについては、この節でもっと多くのことが語られてもよかった。たとえば、悪は多くの点で現世の利益と慰めに反する。悪徳のせいで惨めになった人々の事例は枚挙にいとまない。法律の抑制がなければ人は社会生活ができない。神の審判が人の悪に対して下る例は歴史に多くあり、徳に対しては報いがある。神が人類の悪を抑制するために、あらゆる時代に用いた無数の個別の手段があった。こうしたことについては、私は語るのを省略した。これらのことについて語るなら、際限がなくなるだろう。語られたことで十分である。私が取り上げた事例で説得されない人々は、世界の歴史が千倍も長く、世界の始まりから、千倍も多様な手段が用いられたことの説明があったとしても、おそらく説得されないであろう。他の救済手段がすべて失敗に終わり、ほとんど効果をあげなかった後、何度も、新しい神の施策がなされたのである。千の善い証言に説得されないのなら、その千倍の証言でも説得はされないであろう。人間本性の堕落に関して世界に存在する事実の証拠は、言い尽くせないほど無限であり、すべてを語ることはできない。いくらかの土地があり、イバラやアザミ、あるいは有害な植物が生えているとする。人類は千年も、その悪が成長することを抑え、肥料をやり耕し、作物を植え種を蒔いて、善い実が成るように努力を重ねてきた。しかし無駄であった。悪は依然として成長している。そのようなものを生み出したということは、イバラやアザミが土地の性質に合致している証拠ではないであろう。その結果は、神の摂理の中で与えられるものとして考えることはどうしてもできないのである。邪悪さが人類世界という畑の本性に相応しいものとして生み出されたということはできない。人類は、神の測り知れない知恵によって考案された多様で偉大な多くの救済手段によって、悪を防ぐことができたはずである。巨大な犠牲を払って治療薬が処方された。多くのすばらしい救済計画が次々に導入された。それらは、神の知恵と愛と力の長さ、広さ、深さ、高さを示し、神が完璧であることを示す。天では、すべての勢力や支配力を持つ者たちが、その様子をいつも驚嘆して見ているはずである。

第九節　試練や出来事に基づいて証明される本性の堕落を、論じまいとする原罪回避論を考察する

原罪回避論Ⅰ

テイラー氏は次のように言う。

「アダムの本性は、罪からほど遠いものであったと言ってよいであろう。それにも拘わらず、アダムは罪を犯した。それゆえ、通常の原罪の教義は、世界のなかにこれまであった罪を説明するために必要ではなく、アダムの罪の説明にもならない。」（二三一―二三二頁）[60]

また別の箇所で次のように言う。

「もし、R. R. が言うように、人類が邪悪であり、地上にまことの義人、罪のない者は一人もおらず、とんでもない罪人もいると考えたとしても、だからといって彼らが本性的に堕落しているとはいえない。[61]……なぜなら、もし罪ある行為が、生まれつきの堕落した本性を示唆するというなら、どうしてアダムは（原罪の教義を主張する人たちに従えば）、この世界で起こったことない、最も忌まわしい重い罪を犯したのであろう。彼らによれば、アダムはこの世で他の人間よりも優れた知性を持っており、自分の義務を熟知していたし、その義務を遂行する大きな能力を持っていた。また、他の人間よりも服従については大きな責務を負っていた。彼は多数の人々の代表であることを自覚し、人類の幸福と悲惨が彼の行為にかかっていることを

知りながら罪を犯した。これはこの世の他の人間にはありえないことである。そうすると、そこからアダムの本性はもともと堕落していたという結論が引き出される……。このように、人類の邪悪さから始めて罪深い堕落した本性を論証しようとする彼らの論証は、避けがたく失敗する。――それは天使の場合を考察すれば、いっそう明らかになるであろう。天使は、アダムより上位の本性をもって創られたが、数多く罪をおかして最初の状態を保つことができなかった」(三二八頁他)(62)。

さらに言う。

「私たちの欲望と情熱が常軌を逸し、誰もそれに抗い純粋と罪のないあり方を守ることができないほど強くなったのは、どうしてなのかと問われている。アダムの欲望と情熱が異常になり、彼自身が抵抗できないほどになって純粋と罪のないあり方を守れなくなったのはどうしてか。彼らの考えに従っても、アダムはもっと十分に抵抗できたはずなのである。私は彼らにさらに述べたい。アダムの子孫がなぜ抵抗できないようになったのか。罪は一般的になったからといってその本性を変えるわけではない。それゆえ、それがどれだけ広まったとしても、アダムに起きたと同じように万人に起きるのである」(四二二頁)(63)。

おおいに確信をもって語られている。しかし、このような論法に、意味があるのであろうか。何か意味があるとすれば、そしてそれが一番重要な点だが、結果の一般性は結果の本質を変えない、それゆえ、ある結果が常時起きていても、一度しか起こらない場合と比較して、原因についてことさら議論できることは何もないという主張である。しかし、そんなおかしな理屈があるであろうか。次のような場合を考えてみよう。ある人が友達をよそおった男に騙されて、一度、不健全で有害な飲み物を飲んだとする。その人は以前には、その液体を飲みたいと思ったことがなかった。しかし、一度、飲んだ後は、同じ液体に対してますます渇きを覚え、常飲するようになる。生涯飲み続け、いくら説得してもそれを止めさせることができなくなる。ここに至ってはじめて私たちは、それを固定した傾向として議論できる。そして、そのような傾向を生むことがこの毒の本性であり作用なのか、それともこの強い傾向は、最初に一度飲んだこととの結果であるのか、どちらであろうか、と疑い始める。その場合、固定した傾向を最初に一度飲んだことから説明することができないのだから、その後の常飲から説明することもできないといえるのだろうか。あるいは、酒をまったく飲まない若者が、悪友に誘われて過度に酒を飲んでついに過飲が習慣となり、強い酒を貪欲に求める力に支配されて常時飲んでいなければすまないようになったとする。この常飲の習慣を見て、ある人は「この若者がその罪にむけて固定した傾向をもったということは仕方がなかったのであろう。そうでなければ、どうして彼のような男が飲酒常習者になってしまったかわからない。」というであろう。しかし、この議論の弱点を嘲笑って別の意見を述べる人がいるかもしれない。「固定した傾向をもたずに、はじめて酒を飲んだことが、どうして罪を犯したことになるのか、とあなたは言う。私なら、固定した傾向がなくても一般的に罪になる理由をこう言うであろう。罪は一般的になることによって本質を変えるわけではない。だから、罪がどれだけ普通のものになったとしても、それはいつも最初の場合にやってくる同じ仕方で起きるのである」。どちらの人が筋の通らない議論をしているのかは、誰でもわかるであろう。

既に考察したように、何らかの原因、機会、根拠、理由がないような結果は存在しない。原因が結果に対応するのである。しかし、もちろん、だからといって、一過性の結果が恒常的な原因、あるいは固定した影響や傾向を必要とするということにはならない。ある結果が一度起こったとして、その結果の規模が非常に大きく、ある機会に多くの人々に同時に起きたとしても、固定した傾向や恒常的な影響があることを論証しないであろう。もちろん、それはその結果に見合う大きな影響力が一度働いたことを証明する。しかし、定まった恒常的な原因については何も証明しない。もし、ある樹木、あるいは一緒に立っている多くの樹木が、ある季節に果実や枝を枯らせ、収穫が全滅してしまったとする。そのとき、何かがあったことは明らかである。しかし、このことからだけで、その樹木の本性が悪いということは証明されない。他方、もし、これらの樹木が、同じ種類の樹木がことごとく、どこに植えようと、どのように栽培しようと、気候にも土地柄にもかかわりなく常に、何年たってもよい果実を結ばないなら、それはその樹木の悪い本性を証明するであろう。もし、どのような場合にも果実が悪いのなら、樹木の本性が非常に悪いことが証明される。人間についても、同じ仕方で論じるなら、人類が普遍的に罪を犯し、能力を持つと直ちに罪を犯し、罪を重ねて邪悪な性格になるということが、あらゆる時代と場所、境遇において見られるなら、それは一定の恒久的で大きな内的原因によるのである。

常識の声を聞きさえすれば、一つの行為ではなく、常習的な行為が固定した傾向を証明するということを示すために、これ以上、事例を並べたてる必要はないであろう。行為は意志によって選択されるが、絶えず繰り返される行為があれば、それが定まった原則、気質、支配的な傾向がある証拠である、と論じることがすべての人類の理性に合致する。そのようにして、個人、時代、性別、部族、国民の気質と傾向が判定される。しかし、人々は他人の行為を一度見ただけで、他人がそのような行為をする常習的な傾向をもっていると判断しがちなのではないだろうか。だが、何度か見かけたとしても、それは固定した傾向がある証拠にはならない。その後、恒常的に行われているとき、初めて、固定した傾向の証拠になるのである。ある人が何度か酒を飲むことがあったとしても、酒への固定した傾向の徴候でないかもしれない。しかし、固定的な習慣への入り口であることもある。酒飲みの傾向があるかどうかは、そのあと常習的に飲み続けるかどうかで明らかになる。

これらのことから、アダムの最初の罪、ならびに天使たちの罪が、先行する固定した罪への傾向なしに起こっているということについて、［テイラー氏によって］あれこれ言われていることは、現在の状態の人類に罪への固定した傾向があるということを証明するために語られた議論をいささかも弱めない。原因の恒常性が推論される根拠は、結果の恒常性である。既に見たように、恒常的原因の本質は内的な固定した傾向にあり、特定の外的状況にはないということは、状況がきわめて多様であっても結果が同じであるということから推論できる。こうしたことは、アダムと天使たちが責任を問われる最初の行為に関しては起こっていない。彼らの最初の行為自体は、［恒常的な原因によって］恒常的に継続していく結果ではない。多数の天使が罪を犯し、その結果はアダムの罪よりも大きい。しかし、この結果の程度は、結果の恒常性とはまったくことなる。つまり、その結果が持続するように固定されたということとは違う。結果の恒常性は、恒常的な原因の証拠であり、定まった影響や傾向を証明すると考えられるからである。[64] さらに、アダムや天使たちの場合、さまざまな状況があって、それが恒常的な結果を伴っているかどうかが試されて、固定した原因が内的なもの、すなわち自然の固定した傾向からなっているということが示されたわけではなかった。アダムや天使たちの罪がいかに大きかったにせよ、またその罪に抵抗する手段、動機、義務がどれだけ大きかったにせよ、そして一過性の原因、機会、誘惑が見えにくく欺きやすいものであったと論じることができるにせよ、そうした議論は何ら大小の固定的傾向、固定した原因を証明しない。天使たちと人類の父祖に現れた結果は、それ自体は一過性のものであり、特定の偶然的状況下で起きたものである。

［罪に抵抗する］さまざまな手段や動機があるにもかかわらず、人類が一般に悪を継続していることは、固定的傾向、固定した原因があることを証明する。つまり、原因が定まっており、それが人間の本性のなかにある内的なものであるので、強力に支配するのである。人類の一般的邪悪さは、第一に、多くの変化にもかかわらず結果が同じであることから、原因が定まっていることを証明する。それは第二に、その固定した原因が心のうちにあ

ることを証明する。なぜなら外的状況は非常に多様であるからである。状況の多様さのうち筆頭にあげられるのは、手段と動機の多様性である。手段と動機の多様性は、他のなによりも、原因が内的なものであることを証明する。どちらも一定の結果の原因にはなりにくい偶然的条件であるからである。その傾向において最も一定の結果に反するものだからである。それは第三に、その内的原理の大きさ、つまり傾向の支配力の強さを証明する。その影響力に対抗しようとする手段は大きいのに、あっさりと乗り越えられてしまうからである。

ついでにここで述べておきたいことがある。私たちの最初の父祖が罪を犯した動機と義務に関して、アダムが罪を犯したとき、子孫全体におよぶ破滅的な結果を知っていたとか、全地に頭蓋骨を敷き詰めるというようなことを知っていたと言うのは合理的でない。[65] 聖書の平明な記述に従えば、私たちの父祖を罪へと導いた誘惑は、誘惑者の巧みな奸計によるものであって、アダムとエバは最初事態が分からず、彼らが神に服従しないとき、その後に彼らに（それゆえ、子孫にではない）起こる破滅や災害について無自覚であった。むしろ二人は、その罪の結果、自分たちの尊厳と幸福がおおいに増進するだろうと思ったのである。

原罪回避論Ⅱ

世界の悪は一般的で大きくても、本性の堕落を原因と考える必要はない。人間の自由意志が十分な原因である。人類が多かれ少なかれ堕落していたとしても、自分自身で堕落したのであり、自分の選択なのである。テイラー氏は、彼の著書のいたるところで、このように主張する。[66]

しかし、私は尋ねてみたい。いったい人類はどのようにして普遍的に自由意志を悪用するようになったのか。もし、人類の意志がそもそも善悪を自由に選ぶことができるのなら、人類がどの世代も申し合わせたように全員その自由によって悪を選んでいるのは、どうしてなのか。一方への本性上の傾きがないなら、意志が悪でなく善に向かう確率が十分あるはずである。原因が中立なのなら、どうして結果がこれほど中立でないのか。天秤の一方が重くなっていないのなら、どうしていつでも一方に傾くのか。どうして人類の自由意志が悪に向かうようになったのか。ノアの洪水の前も後も、律法の下でも福音の下でも、ユダヤ人も異邦人も、旧約の時代も、それ以降、キリスト教徒もユダヤ教徒もイスラム教徒も、カトリックもプロテスタントも、文明化した芸術と教養のある国の住人も、アフリカの黒人やホッテントットも、アジアのタタール人も、アメリカのインディアンも、極地に住む人々も、地球のどこに住む人も、決まって悪に傾くのはどうしてか。大都市でも鄙びた村落でも、宮廷でも掘っ立て小屋やテント小屋、地下壕でも、人々はあらゆる場所で常に自由意志で、能力を得るやいなや罪を犯し、一生涯絶えず罪を犯し続けている。そして、普遍的に義務を不完全にしか果たさないように選択を続けている。どうしてか。

何度も述べてきたように、定まった結果には定まった原因が必要である。しかし、決定に影響する先行する傾向がないとき、自由意志は不変の原因ではありえない。自由意志ほど不変の原因から遠いものは考えられないからである。意志の自由の概念は、自己決定力にあり、不確定性を含意する。そして、もし意志がこの意味で自由であり、先行する傾向の支配から完全に自由であるなら、その自由はもっと絶対的で完全な不確定性を含むはずである。自由意志ほど固定していないものは考えられない。この意味での意志の自由の概念は、意志は完全に自己決定ができるように前もって意志を規定し縛る一切のものからの完全な自由であること意味する。それゆえ、意志は前の段階ではまったく決定されていないのでなければならない。だが、そのような非常に不確定であるものが、このような仕方で明確な程度あらわれる、恒常的で、固定した結果を十分に説明する原因であることができるだろうか。

ある人が、あらゆる手段でやめろと説得されているのに、一定の方向につき進んでいるとき、人々は、この人の心に固定した傾向があるからだと思わないであろうか。この人は自由であるから、そのような傾向がなくても意志だけでそうできると考えるであろうか。あるいは、他の諸民族とは非常に異なったある国民が、気質や傾向があたかもまったく違っているかのように個々の事例において一貫した行為を示すとしよう。そのとき、ある人が、その行為が気質や傾向といった原因から出ていることを否定し、彼らは自由意志をもっており、気質や傾向がなくても、行為を自由に選ぶことができるのだから、一国民の気質や傾向を彼らの一貫した行為を観察することで判断することはできないと言ったとしよう。このような説明が、人類の理性を納得させるであろうか。しかし、道理の分かる人にとってこれよりも遙かに承伏しがたいことがある。すべての人間の意志は自由であるから、人類全体が随意に邪悪になることができるという理屈で、人類の恒常的で普遍的な罪を説明することである。人類は道徳的行為者として最初に行為するとき自由である。それゆえ、誰もが行為を始めるとすぐに随意に罪を犯すことができる。彼らはこの世界で行為する限り自由である。それゆえ、彼らは全員、随意に罪を絶えず犯すことができる。すべての国の人々は自由である。それゆえ、すべての国はその点では随意に同じように行為することができる（他の国の人々の行為を知らなくとも）。――地位が高い人も低い人も、教育がある人もない人も自由である。それゆえ、悪いことをすることでも随意に一致する（互いに相談してはいないが）。このような説明の仕方が理性を満足させるかどうかは、誰にでもわかる。

原罪回避論Ⅲ

原罪の教義に反対する多くの人たちは、人間世界の堕落は堕落した本性によるのではなく悪い模範によるのかもしれないと言っている。テイラー氏は、悪い教育と模範の強力な影響について大いに関心を持っているにちがいない。彼は「異教的状態にある異邦人たちは、異邦人の世界に組み込まれたとき、力がなく自分を回復することができなかった」と言っている（一一八頁）。他の幾つかの箇所で同じ趣旨のことを述べている。もし、本性に堕落がないのなら、悪い教育と模範の他に何が、異教の世界が堕落から立ち直るのを妨げているのであろう。（テイラー氏が異教の世界をどう見ているかは、一一七、一一八頁に出ている。）悪い教育について彼は、異教徒たちが、いろいろ不利な条件があるにもかかわらず、神の存在、神への義務を知る十分な知識があることは、しばしば観察される通りである、と力説する。そうすると、彼によれば、異教徒たちを無力にしているのは主として悪い模範であるということになる。

さて、悪い模範の影響によって世界の堕落を説明するこのような仕方について、私はいくつかのことをのべておきたい。

一．それは事柄を事柄自体によって説明する議論〈循環論〉である。それは世界の堕落を世界の堕落によって説明している。悪い模範が一般に世界に満ちており、最初からそうであったということは、世界の堕落の一事例、あるいは記述にすぎない。世界が堕落している理由こそが究明されるべきである。もし人類が本性的に、善よりも悪に傾くのでないなら、いつの時代でも善い模範よりも悪い模範が多いのはどうしてか。そして、そうでない場合にも、善い模範よりも悪い模範の方に、多くの追随者がいるのはどうしてか。人間の本性の傾向が悪に向かっていないというのなら、現在の一般的模範がいつでもどこでも悪に傾いているのはどうしてか。善い模範が対抗して立てられた場合でも、一般の悪の習慣を断ち切るために、ほとんど役に立たないのはどうしてか。

人類の最初の父母の振る舞いについて、また神の慈悲の中での彼らの信仰と希望について聖書が語っている短い記述から、私たちは次のように考えてよいと思う。彼らは子どもを得る前に、悔い改め、赦され真に敬虔になった。神は最初、世界に貴種の葡萄の木を植えたのである。人類の諸世代が開始される時点で、神は正しい道の模範である流れを創った。子孫たちは他人の模範よりも親の模範に従う傾向がある。特に、生涯継続する性格が形成される少年期にはそうである。特にアダムの子どもたちの場合には、両親の他に模範はなかった。それなのになぜ、流れが反対の方向に向かい、暴力的な流れになったのか。その後、人類が普遍的に絶望的に堕落し、地上を生きるのにもはや適さなくなり、世界に悪い模範が充ち満ちたとき、神は義人ノアとその家族以外の、すべての人類を破滅させ、悪い模範を取り除いて、人類の世界を再び善い模範によって再興し、流れを正常化した。それなのになぜ、ノアの子孫はノアの模範に従わなかったのか。特に彼らはこの模範に従う特別恵まれた状態にあった。しかし、ノアの存命中ですら、彼らは一般にひどく堕落してしまった。少なくとも、全員が一家族として尊父ノアの統率のもので生きていたときは、ノアの善い模範にしたがって生きたと考えたくなる。そして、ペレグの時代に土地が分割され、幾つかの家族の長がそれぞれの入植地で善い模範を示し、正しい流れがあらゆる支流になって、世界のさまざまな入植地や民族に受け継がれたと思いたくなる。(67) しかし、ノアの死後五〇年ほどで、世界中がすっかり堕落してしまった事実を私たちは知っている。なにか異例のことがそれを阻止しなければ、はやばやとすべての徳と善が人類から失せてしまうという状況になった。

そこで神はこれに対処するため、アブラハムとその家族を世界から分離し、彼らが悪い模範の影響を受けず、子孫が聖なる血統になるようにした。こうして神は再び、貴種の葡萄の木を植えた。アブラハム、イサク、そしてヤコブは素晴らしく敬虔であった。しかし、ほどなく子孫たちは悪化し、真の宗教は消滅寸前になったではないか。神がエジプトから彼らを導き出し、荒野に導いたとき、彼がどれだけひどく、どこでも堕落したかはよく知られている。

自分の民をカナンに入植させる前、貴種の葡萄の木を、すなわち完全に正しい血統を受け付け、善い模範を与えるため、荒野で邪悪な世代を滅ぼすことは、神の御心に適うことであった。その土地こそ、彼らの定住の地になるはずであった（エレ二・二一）。ヨシュアに率いられてカナンに入った人々は優れた世代で、多くのことが彼らについて語られている。[68] それにもかかわらず、この民は、なぜ早々と別の葡萄の木に変質してしまったのか。この民が、絶望的に本性的に堕落していることが長い時間をかけて確かめられたとき、神はこの民を滅ぼし、子孫たちを悪い手本から救い出すため、古い反逆者たちが死んで一掃されるまで捕囚に追いやった。そして、次の世代が炉のなかで純化されたとき、神は再び貴種の葡萄の木をイスラエルの地に植え、善い模範を与えた。だが、後代の民はこの模範に従わなかった。

ふたたび、堕落が常態となり事態が絶望的になったとき、神の霊が燦然と注がれ、キリスト教の教会が立てられた。こうして、キリストの教会の最初の時代に真の徳と敬虔の模範が示されたが、これは、地上にこれまで起きたことをはるかに超えていた。キリスト教会は、貴種の葡萄の木として植えられた。しかし、原初の善い模範が普及し、徳がキリスト教世界で一般に堅実に維持されるに至ることはなかった。事実はこれとは大きく違っていた。このことは既に見た通りである。

ひどい背信が一般的となって長く続いた後、神はプロテスタントの教会を立てようとされた。堕落の程度が深刻なキリスト教界から分離するためである。神が、キリスト教世界に貴種の葡萄の木を植えたから、当初は真の敬虔が広まった。しかし、最初の改革者たちの善い模範があったにもかかわらず、プロテスタントの世界は今日の至るまで何という心が重くなるような道筋をたどってきたことであろう。

イングランドが非常に堕落したとき、神は多くの敬虔な者たちを導き、ニューイングランドに入植させた。この土地に貴種の葡萄の木が植えられた。しかし、黄金はすぐに光を失う。私たちはどれだけ、父祖たちの敬虔な模範を失ってしまったことであろう。

このように人類はいつでも劣化し後退する傾向がある。これは人類の本性の傾向を明解に示す。その自然の傾向に抗して、善が復興し人々の間にひろまったのは、何らかの神の介入、つまり何か特別の手段による結果であるが、その効果は直ぐに自然的偏向によって打ち消され、善い模範の効果は今日では失われている。悪が息を吹き返し支配する。あたかも、重い物体が何らかの強力な力によって上に動かされているが、直ぐにもとにもどって、自然の方向である重心に向かうのに似ている。

したがって、罪に向かう自然の傾向を考えにいれなければ、悪い模範があるというだけでは人類の堕落の原因を説明できない。模範がもたらす傾向だけでは、善い模範の結果として起こる一般的悪の習慣を説明できない。仮に悪い模範の影響が世界にある悪のいくらかを説明する理由になるとしても、それだけでは、人間が模範以上に悪くなり、ますます劣化し、悪化していく人類の様式〈manner〉を説明しきれない。

二．この世界には、ある徳の模範が与えられていた。これは、自然の恐るべき堕落がなければ、福音の下に生きる者たちに、他の模範を遥かに超える影響力をもったはずである。その模範とはイエス・キリストである。人間本性を知り、人間が模範によって影響されやすいことを知っておられた神は、それに対応した措置をとってくださった。神は無限の叡智によって、そのような状況で堕落した部分を除く人間本性のすべての原理に働きかける、私たちの眼に最も好ましく映る完璧な模範を私たちの前に用意した。人は自分に似た、自分の本性に似た模範によって動かされやすい。それゆえ、模範は私たちの本性にそったものがよいので私たちの本性にそった模範が与えられた。人には偉大な名誉ある模範に従う傾向がある。この模範［イエス・キリスト］は私たちの本性にそったものであるが、王侯や天子よりもはるかに高く名誉ある模範である。人々は、自分たちの王を模範としてしたがっていく傾向がある。これが、キリスト教徒にとっては、主であり王であり、教会の最高の頭である、あの栄光ある人格が示す模範である。いやそれだけではない。この人は、あらゆる王の王であり、宇宙の最高の頭であり、万物と教会の頭であり給う。子どもは模範である親に従う傾向がある。これが、私たちの存在を創った創造者が示す模範である。彼は特別な仕方で私たちの父であり、私たちを神聖で幸福な存在にする創造者でもある。さらに世界の創造者であって、宇宙の永続的な父である。人には友人の示す模範に従う傾向がある。キリストを模範とすることは、最大の友を模範とすることである。彼は兄弟、贖い主、霊的頭、夫として、私たちと最も永続的関係の中にある。私たちに向けられた彼の恩寵と愛は、天が地よりも高いように、あらゆる他の愛と友情を超えている。彼の模範が示す徳と行為は、考え得る限り最も人を引きつける懇切な状況の中で私たちに示された。神への服従、柔和、忍耐、親切、自己否定等の徳は、［キリストの］私たちへの限りない恩寵、愛、謙譲、親切において発揮された。その最高の表現は、彼が命を私たちのために捨ててくださったことである。私たちの永遠の救いのために、言葉にならない苦しみを、柔和に、辛抱強く、そして平然と受けてくださった。人々は特に、大きな利益を受けた模範に従いやすい。しかし、私たちがキリストの徳の行為から得た以上の利益を、ほかの誰かの徳から得るということを考えることはできない。キリストは、徳によって永遠の破滅から救われ、神の右の座で、不滅の栄光に入れられたからである。確かに、人間の心がひどく堕落していなかったなら、このような模範は心に強い影響を与えたであろう。あたかも、毒蛇の時代の悪い憎むべき模範をすべて飲み込んでしまうほどであったろう。

三．本性の堕落がないならば、悪い模範の影響力だけでは、子どもたちが能力を得るとすぐに、どこでも罪を犯す理由を説明できない。子どもたちが能力を得るとすぐに、どこでも罪を犯すことを聖書ははっきり語っていると私は思う。悪い模範の影響力は、立派な両親の子が罪を犯す理由を説明しない。子どもたちの最初の模範となった模範はきわめて善かった。既にのべたように、特に使徒の時代のキリスト教徒の家族の場合はそうであった。当時は、誰もが悔い改めるべき罪を犯し、神に告白したと使徒ヨハネは考えている。

四．テイラー氏が、人類の大部分について事実だと考えていることは、悪い模範の影響、つまり異教世界の状態の影響だけでは説明しきれない。集団として見た場合、異教世界の状態は無力で罪に沈んでおり、それ自身では回復不可能であったと、彼は見ている。しかし、悪い模範や悪い教育だけでは、新しい世代が祖先の偶像崇拝と悪から自由になれない理由を十分に説明できないであろう。強い誘惑がなければ、祖先の悪い模範も、彼らに罪をおかさせる力をもたないであろう。しかし、テイラー氏も言っている。「人の誘惑が彼らの能力に勝っていると考えることは、すべての者を裁く、神の善性と正義を疑問視することである」(三四八頁)。そして、悪い教育について言えば、既にみたように、彼はすべての者が神を知り、自分の義務全体を知る知識があると考えている。もし、各人が［模範なしで］自分自身で神を知り、自分の義務全体を知ることができるなら、もちろん、全員が自由意志でそうすることも、全世界が同じ能力によって一緒に堕落することもできるはずである。

原罪回避論Ⅳ

原罪の教義に反対する現代の識者の中には、悪が一般的にはびこっている理由を、自然の運行法則のなかで私たちの感覚が最初に目覚め、動物的情念が理性を開始させる過程として説明する人がいる。たとえば、ターンブル氏は言う。[69]「感覚の対象になる事物が、最初、私たちを触発する。そして、理性は一つの原理であって、順次開発されて、力と勢いを獲得するのであるが、この間、対象は絶えず我々に働きかけている。したがって、幸福な教育によって抑制されるのでなければ、理性が私たちの感覚的欲望を支配する前に、感覚的欲望は非常に強くならざるをえない」。そこからターンブル氏は、次のことが起こると考える。[70]「少数の者は、徳ある模範によって胎内で聖別されたといってよいほど、リベラル、寛容、高貴な精神状態になれるが、一般的に言えば、世界全体が悪の中にある。世界の大多数との関係では、徳の学習の改革が始まったばかりであり、以前からの根深い悪習との戦いが続いている。古い頑固な堕落した本性を脱ぎ捨て、新しい行動様式と気質を形成すること、私たちを新しく形作ること、生まれ変わること、子どものようになること……。この世界で汚染を免れ、悔い改めを必要としない義人に属さないといえる者が、どれだけいるだろうか」。

テイラー氏も、これほどはっきりは言っていないものの、同じことを言おうとしているように見える。「子どもたちは、段々に知性を使うようになる。動物的情念は、しばらくの間、子どもの身体を支配する部分になる。それゆえ、たとえ彼らが反抗的で私たちをがっかりさせることがあっても、罪がどの程度のものか、私たちは判定できない。しかし、次のように言えば十分であろう。神の意志は、子どもたちが節制し抑制すべき欲望と情念をもち、そして両親には子どもたちの訓練できるように指示を与えることである。そして、両親が最初に自分たちのために真の知恵を学んで、次に子どもたちに徳の道を熱心に教えるなら、世界の悪はもっと少なくなるであろう」（一九二頁）。

私は次のように言いたい。そのような見方〈scheme、理論〉では、ほかならぬ論者たち自身が避けようとする難点を避けることができない。神が罪への圧倒的な傾向を付帯させて人間を創造したということに反対する彼らの批判は、彼らの見解にも、同じ意味であてはまる。彼らの見方でも、自然の創造者は、人間が道徳的行為者として存在するように取りはからったが、これは、人間を圧倒的な罪の傾向の支配下に、道徳的行為をする能力をもった者として生まれさせることを意味するからである。習慣的な活動によって感覚的欲望と動物的情念が獲得する強い威力は、人が理性的能力を発揮するようになる前の段階では、結局、罪への［生来の］強い傾向と同じことである。理性を発揮するのは後になってからだと想定されている。人類の間で、天秤が悪に傾く理由、そして「一般的に言えば、全世界が悪にそまり、……徳を学ぶことが、……幼いときから馴染み、深く根をおろした悪い習慣との厳しい対決である」理由のひとつとして論者が考えていることは、そのような事態である。この根の深い習慣は、罪への傾向を含んでいるはずである。そうでなければ、説明しようとしていること、つまり世界に悪がはびこっている理由を説明できないであろう。結果への傾向をもっていないと思われている原因は、その結果を説明しないからである。彼らが考えているこの傾向は、自然的傾向、すなわち、主体に必然的に属する傾向と同じ意味である。その傾向は、人が抵抗する能力を持ったときに成立したと考えられているからである。ターンブル氏が言う通り、この習慣が強くなった後に、理性が権威を持つようになる。人が罪の傾向に従属するようになる必然性は、自然の創造者の手順と措置から来ている。したがって、人が最初にそのような傾向をもっているかのよう見えるのは、その人自身の行為ではなく、神の行為の結果である。それだけではない。さらに、その傾向が向かう結果は、真性の悪でもある。その傾向こそが、全世界が悪に染まっており、わずかな者を除いて全員が悪の集団に属し、悔い改めを必要としない義人ではないということの、原因や理由であると言われているからである。もし、彼らが悔い改めを必要とするなら、彼らが有罪である部分は、本当に邪悪である。罪がなく、非難される悪がないなら人は悔い改めをまったく必要としない。この傾向の結果として世界が罪に染まっていて、圧倒的の多くの部分が悪い性格であるなら、疑いもなく世界の圧倒的大部分は永遠の滅びに至るはずである。死が生き死にを選ぶ対象は正しい性格の人だけであるからである。したがって、事物の堕落によって、世界全体が悪に染まっており、悪の中で死滅して永遠に滅亡するような結果に自然に傾いていることは間違いない。そして、話の前提では、この状態は、人類が関与できる以前に、自然の創造者が命じた事物の状態なのである。しかし、このような考えは、これらの著者たちが原罪の教義に反対するとき指摘した難点を免れる議論なのであろうか。

付け加えて述べるなら、世界の悪についてのこのような説明は、テイラー氏が人間の堕落を説明するためにはあまりにも粗雑すぎて認めがたいと言っている考え（一八八、一八九頁）、神は、汚れのない魂をつくり、身体の中に入れたが、その身体は自然のままでは魂を汚染するものであった、という考えと、まさに同じことになる。その見方は、神は純粋な魂を創り、それを身体のなかに置いたが、身体の中の状態は、その自然の結果は罪への強い傾向であるので、魂は直ぐに罪を犯すことができるようになる、ということだからである。

事の本質からみて、動物的情念が理性に先行する以外の順序はありえなかった、とターンブル氏は考えているようである。なぜなら理性は、使用し開発しなければ、力と活力を獲得できない性質のものだからである。[71] しかし、この議論に説得力があるであろうか。人間の本性のなかの最高の原理が下位の原理と調和できず、人類の大部分を道徳的・自然的に破滅させ、永遠の滅亡になるような恐ろしい結果を防げない原因が自然のなかにあるのであろうか。この最高の原理は、もともと力強く、しかも限りなく進歩するものであることは出来ないのであろうか。また創造者が、その能力がもっと速く進歩するように命令することを妨げる事情があるのであろうか。キリスト教徒であれば、人間本性の諸原理が調和し、道徳的行為者の能力が発揮される最初の段階で、結果が罪への傾向でないような状態にあることの方が自然であると認めざるを得ない。私たちは、アダムが最初に創られたとき、事実、結果が罪への傾向でないような状態にあったし、人間イエス・キリストにおいても事実そうであったことを認めざるをえない。彼の心的諸能力は開発されて増大したが、身体が成長すると同時に、知恵が増大した。

原罪回避論V

この世では試練を受けるから、人々が徳をもってこれに当たり、その結果、敵や試練に打ち勝つようになることは当然である。外からの誘惑だけでなく、内からの誘惑がある。動物的情念や欲望と私たちは闘わねばならない。闘いと勝利によって、私たちの徳は洗練され確立される。このような思想を、テイラー氏は述べている（二五三頁）。「正しく使用しなければ、私たちの諸能力は、そのままではけっして完成しないから、私たちは神の国に入るに相応しい者と判定されることはできないであろう。……これが、私たちが今試練と誘惑の状態に置かれている理由である。つまり、試練と誘惑の状態にあるのは、私たちの精神を鍛え、徳をつよめ、神の国に適した者になるためである。現在の誘惑を克服することなしに、無限の知恵［である神］が、私たちが神の国に入る資格があると判定するとはありえない」。また、彼は言う。「私たちは試練に遭っている。私たちの身体にさまざまな情念と欲望があることや外的な状況に誘惑があることは、私たちの父なる神の御心である」（三五四頁）。彼は同じ趣旨のことは他の箇所でも述べている。同じことをターンブル氏もしばしば述べる（特に『キリスト教哲学』三一〇頁）。「闘いがなければどんな利益があるのか。このような敵と遭遇しないのなら、内と外との誘惑に遭わないなら、どんな徳が育つのか。道徳的であるとは、徳の快楽をそれと争う快楽よりも好むことであり、苦痛や困難があっても真理と善に踏みとどまることである。それゆえ、道徳的存在になるための試練には、悪徳への試練になる何らかの種類の快楽がなければならない」。

こうした見解に対して私が言いたいのは次のことである。人間の試練のために設定されたと彼らが考える誘惑の状態は、要するに、全体として、一般的悪と破滅の状態への圧倒的傾向に帰着するのか、それともそうでないのか。もし、試練のための誘惑が一般的悪と破滅の状態への圧倒的傾向に至らないのなら、どうして、悪と破滅の理由になるのであろうか。どのような原因で、結果が悪と破滅になっているのかということを探求するとき、そのような結果への傾向をまったく持たないことを原因としてあげるのは馬鹿げているのではないか。それでは説明にならない、と告白するようなものである。私は、何らかの支配的傾向が、この結果の原因であることは、すでに論証されていると思う。もし、このジレンマの他の選択肢をとって、この誘惑の状況は、既に証明された結果への圧倒的な傾向を含んでいる、と言われるとしよう。すなわち人類は一人の例外もなく神に対して罪を犯しており、永遠の審判に向かっている。それだけではない。能力ができると直ぐに罪を犯し、罪を犯し続け、徳よりも罪を多く持ち、善行の記憶より罪意識をはるかに多く持っている。一般的に世界はあらゆる時代においてきわめておろかであり、邪悪な性格であり、いつでも滅びている。もし、試練の状態が、このような結果への自然的傾向を含んでいるなら、その試練の状態自体が非常に邪悪な堕落したおぞましい状態である。それは既に見た通りである。

更に、このような状態は、彼らが想定する目的自体を損なう傾向を持っている。彼らによれば目的は人類の徳を鍛錬し、成熟、完成させ、人類をより大きな永遠の幸福と栄光に相応しくすることである。ところが、この状態が向かっている結果はその反対である。つまり、あらゆる世代を通じて、一般的・永遠的な醜行と破滅の結果になっている。人の徳は、勝利の栄光と報いをえるために、闘う相手として情熱や欲望を必要とする、と彼らは考える。しかし、結果は、悪い欲望や情念に対する人間の勝利と、その勝利があたえる栄光ある報酬ではなく、悪い欲望と情欲が人間に勝利し、人間を完全に永遠に滅ぼしてしまうという方向にむかう、圧倒的に支配的で継続的な一般的傾向である。もし、徳には試練が必要だというのなら、一般に試練で敗北する理由は、本性の堕落でなければ、どこにあるのか。争いや戦争が必要だとしても、善い兵士よりも臆病者が多い必要はけっしてないであろう。まさか、人が敗北すること、特に、全世界が悪に染まり、臆病者として死ぬ必要があるというのではないだろう。

付け加えていえば、ターンブル氏は、徳にとって誘惑との闘いが必要であると考えているとき、首尾一貫して考えているとは言えない。彼自身の徳の概念から、名誉あるかたちで誘惑と闘うに前に、徳は何らかの意味で存在していなければならないということが明らかに帰結すると思われるからである。彼の思考法によれば、すべての徳は善い感情のなかにある。善い感情から出たものでなければ、いかなる行為も道徳的ではありえない。(72) それゆえ、闘い自体は、道徳的感情から出たのでなければ、徳を持たない。徳は闘いの前に存在していなければならないし、闘いの原因でなければならないはずである。

第二章

万人の死、特にさまざまな事情の中での幼児の死が原罪を証明する

あらゆる時代の人間を死が無差別に支配しており、死には恐ろしい状態と出来事が付随するということが、人間がこの世に罪を負って生まれてきたことを証明する。

ここでは、神は被造物の生命に限界を設ける至高の権利を持っているのではないか、罪があろうとなかろうと、神はみ心のままに命を与え命を奪うのでないか、という問題を特に探求する必要はない。あるいは、道徳的に罪のない者に対して神が極端な苦しみと災害を与える権利をどの程度、持っているのか、という問題を探求する必要はない。死は通常、苦しみと苦悩を伴うが、単なる生存期間の限定ではなく、最も恐ろしい災害であるからである。そして、人間のように不死を考えることができ、不死を希求するように造られており、近づいてくる死について予見し反省して恐れることができる被造物にとって、これ以上恐ろしい災害はない。このことを反省できる者にとっては、人類が完全に無罪であれば、あらゆる点で完全な神が完全な絶対的主権を行使して、人類にこれだけ大きな災害を与えることはないかもしれないということを細かく考察する必要はないであろう。聖書から、そのようなことをすることは、神が人類を処遇する仕方に合わないという証拠を得ることができれば、私たちとしては十分である。

最初、人類がこの災害に従属していなかったことは［聖書によれば］明白である。神は人間の罪を機縁として、後になって、この災害を人類にもたらした。(73) それは罪に対する神の嫌悪の表現であった。ティラー氏がよく言うように、神によって発せられた判決によってそうなったのであり、そのとき神は審判者としての役割を果た

す。使徒パウロが言うように、罪が世界に入り、罪によって死が生じた。[74] この事態は、単に創造者の主権によってではなく審判者の義によって神から命じられた、と私たちは考える。そして、聖書はどこの箇所でも、神の摂理によって人類にもたらされた大きな災害を、他人の罪の贖いのための苦しみは別として、神の罪への嫌悪の証拠として語っている。そのような災害を懲戒として、怒りの鞭、不快、嫌悪のために顔を隠すこととして解釈するよう神は絶えず教えている。それゆえ、聖書ではそのような災害はしばしば「審判」と呼ばれており、神が審判者として違反に対して正しい判決をすることと受け取られている。さらに、それはしばしば「怒り」と呼ばれており、特に死に至る災害がそうである。[75] また、テイラー氏が注意を促しているが、聖書では、災害や苦しみが「罪」、「不法」、「有罪」等と呼ばれることがある。これは明らかに結果を原因として語る換喩である。害や苦しみが、罪との関係をもっていなかったら、神の民によって昔使われていた言語において、災罪や有罪という言葉で語られることはなかったであろう。常に最も恐ろしい災害として語られる死にしても、テイラー氏が考えているように、ある人の罪のしるしや、その人の罪に対する神の嫌悪の証拠である。

聖書では、死は災害の極み、この世で人間に降りかかる自然的悪のうちで最も恐ろしいものとして語られている。死をもたらす破壊は、「最も恐ろしい破壊」（サム上五・一一）である。死の悲しみは「悲しみの極み」（イザ一七・一一、マタ二六・三八）と言われ、死をもたらす敵は「最も恐ろしい敵」（詩一七・九）と言われる。キリストの苦難の極みは、死に至る苦しみとして描かれる（フィリ二・八他）。この世の人間の罪に対する神の怒りを表す最大のことは、死を負わせるということである。古い世界の罪人、ソドムとゴモラの住人、オナン、ファラオ、エジプト人、ナダブとアビフ、コラとその仲間たち、荒野におけるその他の反逆者たち、カナンの邪悪な住民、ホフニとピネハス、アナニアとサッピラ、不信心のユダヤ人の上に死が与えられた。ユダヤ人の場合には、エルサレムの最後の破壊の時期に、怒りが最も大きく到来した。この災害は、しばしば「神の聖性を侵す」

特別の意味で、罪の実と呼ばれた。「彼らは罪を負って死を招くことがない」（出二八・四三）。「それを破って罪を負い、それを汚して死を招いてはならない」（レビ二二・九）。そして、「民数記」一八章二二節を「レビ記」一〇章一―二節と比較せよ。自然の光や古い啓示の伝統から、異教徒たちも死を特別な意味で神の報復の証拠として考えた。そこで、異邦人たちがパウロの手に蝮がぶらさがっているのを見た時、「この男をきっと人殺しにちがいない。海では助かったが、報復を受けて生きてはいられるまい」と語りあった（使二八・四）。

死によって人間世界全体が破滅することに比べて、はるかに規模の小さな災害も、対象者の罪に対する神の大きな嫌悪を示すものとして語られる。たとえば、特定の都市、国、一定の数の人々が戦争や疫病で死ぬ場合がそうである。「国々の民はこぞって言うであろう。なぜ主はこの国にこのようなことをなさったのか。どうしてこのように激しく怒りを燃やされたのか」（申二九・二三）。「申命記」三二章三〇節、「列王記上」九章八節、「エレミヤ書」二二章八、九節とも比較せよ。このように端的に神の大きな怒りの証拠として語られている災害の本質は、神が近い将来に必ずもたらすはずの死の到来を早めるということにある。七〇年や八〇年から三〇年、四〇年を差し引くことは、神が最初に人間を死ぬべきものとして造り、不死への希望をそぎ落とし、人間を最もおそれている死に従属させ、その後、八百年以上、寿命を切りつめ、最初の時代の寿命の一二分の一以下に縮小している事実と比べれば、小さなことにすぎない。[76] また、普通の状況でも、数え切れない多くの人々が特段の審判もなく、夭折し、幼児時代や幼児期に死んでいる。それゆえ戦争によって特定の都市や国の滅亡が早められたとしても、死が人類全体に及ぼしている大破壊に比べて、それが何だというのであろう。死の大破壊は、時代を超え、性別、年齢差、資格や身分に関わりなく、無限に多様な苦境に現れ、老人と若者、成人と幼児に現れたのである。一世代に属する千分の一程度の人々に及ぶ、特殊な比較的小規模の災害でさえ神の怒りの明らかな証拠であるなら、ある世界のすべての世代が洪水に飲み込まれ何も押しとどめることができないなら、この普遍的で広大な破滅は、人類の罪に対する神の怒りの最も明らかな現れでなくて何であろうか。事実、聖書はそのように認識している。「あなたは人を塵に返し、人の子よ、帰れと仰せになります。……あなたは、彼らを洪水で流し去り、彼らは眠っているようだ。朝、彼らは成長する草のようであり、茂り成長する。夕べになれば、それは刈られ、しなびていく。なぜなら、私たちはあなたの怒りによって消滅するからです。あなたの怒りによって私たちは苦しみます。あなたは、私たちの不正を御前に明らかにし、私たちの秘密を御顔の光に晒します。私たちの日々は、あなたの怒りの中で過ぎ去るからです。人生の年月は七十年ほどのものです。健やかな人が八十年を数えても、得るところは労苦と災いに過ぎません。瞬く間に時は過ぎ、私たちは飛び去ります。御怒りの力を誰が知りえましょうか。あなたを畏れ敬うにつれて、あなたの憤りをも知ることでしょう。生涯の日を正しく数えるように教えてください。知恵ある心を得ることができますように」(詩九〇・三以下)。人類の一般的死が、死という試練にあう者たちの罪に対する神の怒りの証拠であることは、この証言がきわめて平明に十分に語っている。

アビメレクは神の本性と道徳的完全性から推論して、「神は正しい民族を殺そうとはしない」と考えた(創二〇・四)。正しいというのは、罪がないという意味である。そうであれば、神はなおさら、正しい世界(多くの国民からなり、それぞれの世代で大きな虐殺を繰り返しているのだが)を殺すことを望まないし、もし彼らが無罪であると考えられれば、全世界を死に従属させることはない。このようにテイラー氏は考えている。私たちはしばしば聖書のなかで「死に値する」と「死罪である」とかいう表現に出会う。しかし、全地の正しい審判者[である神]は、死に値することもなく、何の懲罰にも値しない夥しい者たちを死に会わせることはしないであろう、というのである。

テイラー氏は、何度も、苦難や死を大きな恩恵〈benefit〉であると語っている。苦難や死は地上の事物のむなしさを増大させ、醒めた反省をひき起こし、私たちが身体的欲望を満たすのに節度を持ち、高ぶりや野心等を働かせないようにする、というのである。[77] この見解に対して、私は次のように言いたい。

一．神が、現状の人類が欲望を抑制し高ぶりや野心等をなくすために、死ぬことと外的な苦難に会うことが必要であると見ておられる可能性は否定できない。しかし、そのこと自体が、人間の堕落の証拠ではないのであろうか。人がこのような苦い薬を必要とすること、欲望を抑制し、自分の高ぶりを捨て、神に従順になるために、このような苛酷な手段を必要とすること自体が、心の病、重い病気の証拠ではないであろうか。命を与え、繁栄させ、気持ちよい物を与える神の気前のよさが、心を神に向けさせ、徳と子どものような愛と服従をもたらさず、神がいつでも人に鞭をふるい、こらしめ死の不安の元に置かなければ、人が野放図に高ぶり、軽蔑し反逆し、感謝を知らぬまま神の手から祝福を奪い、神に罪をおかし、神の敵に仕えるのであれば、それは心が腐敗し神に感謝しなくなっているからに違いない。もし人間が生まれつき不誠実な心を持っているのでないなら、神の気前のよい甘美な祝福が、恐ろしい苦難ほどに、人間が神に対して罪をおかさせない影響力にならない理由がまったく理解できない。神の摂理がこの上なく親切であるとき、神を忘れ軽蔑しがちであるということほど、［人間の］強情な悪い傾向の確かな証明はない。また神の懲戒を必要とし、秩序を守るためには殺すほかはないということであるけれども、堕落した心でなければ神が与える恩恵に感謝する気持ちになるのは、それと同じくらい当然であるけれども、人間のうちに強情な悪い傾向があることを証明するものはない。仲間に傷つけられたときに怒るのは当然である。神から善いものを豊かに受け、人生においてその恩寵が続き、無垢な人間本性にとって心地よい最高の享楽をあたえられていれば、それが神への正当な尊敬への強力な誘因になり、宗教と道徳を推進する要因にならないはずはない。世界に災害が満ちており、（イザ三八・一三のヒゼキヤの言葉を使い、死とその苦悩を表現し）「神がライオンのように私たちの骨をくだき、昼となく夜となく我々を破滅させる」ことが誘因になるというのなら、それと同じくらい、恩寵は誘因になるはずである。

テイラー氏も「私たちの最初の父母は堕罪の前、感謝と愛と服従を捧げるに相応しい状態に置かれていた。」と言っている(二五二頁)。つまり、人類の最初の父母は、宗教をすべて実行すべき立場にあった。そして、もし楽園での状態が、すべての宗教と義務を実行させるに相応しい状態であり、人類が人類の最初の父母と同様に善い心をもってこの世に生まれてくるのであれば、どうして今も同じように宗教と義務を実行することが相応しいということにならないであろうか。人間の状態をまったく変え、すべての祝福を奪い、その換わりに、イバラとアザミの生えた、苦悩、災害、死に満ちた世界を与える必要がどうしてあったのか。[78]生命を奪い、恒久的な約束によって最初に人に与えられていたすべての快楽を奪うことは、その祝福を濫用する明白に定まった傾向が人類のうちにないなら、人類の明白に定まった恩恵であるとはいえない。その祝福を奪うことは、祝福には罪に導く傾向があるという思想を前提として初めて、一種の恩恵であると考えられる。しかし、祝福がはっきりそのような傾向をもつとすれば、それは人間のうちに祝福を理性に適わぬかたちで利用する一定の傾向があるときだけである。そのような祝福を理性に適わぬかたちで利用する傾向に帰着する精神の気質を、聖書はしばしば、最も恐るべき悪徳・邪悪であると語っている。イスラエルが、乳と蜜の流れる土地であるカナンの祝福を濫用したことに関して、預言者たちはイスラエルの恩知らずは天地も驚嘆するほどであり、動物よりも愚かで邪悪であると言っている。[79]「わたしは、お前たちを実り豊かな地に導き味の良い果物を食べさせた。ところが、お前たちはわたしの土地に入るとそこを汚し、わたしが与えた土地を忌まわしいものに変えた」(エレ二・七)。続く節、とくに一二節を見よ。「天よ驚け、このことを」。「イザヤ書」一章二―四節でも「天よ聞け、地よ耳を傾けよ。わたしは子らを育てて大きくした。しかし、彼らは私に背いた。牛は飼い主を知り、ろばは主人の飼い葉桶を知っている。しかし、イスラエルは知らず、わたしの民は見分けない。ああ、罪深い国民よ。不正にまみれ、悪行の種をもつ血統、腐敗させる者たちの輩よ。」と言われている。

「申命記」三二章六―一九節を読み合わせてほしい。もし、カナンの地の豊かで快適な祝福をこのように濫用したことが、巨大な堕落を示すなら、エデンの祝福、神の果樹園の祝福を濫用しようとしたことは同じく驚くべき堕落の証拠であるにちがいない。

二．もし死が人類にただ一種の恩恵としてのみ到来したというのなら、そしてテイラー氏が言うように、人類の肉的欲望を鎮め、穏健にし、この世界から乳離れさせて、冷静な反省をさせ、神への恐れと従順をひき起こすためだけに到来したのであれば、そのような利益を得ることのできない幼児に死が重くのしかかっており、人類がどの年代よりも幼児期に最も多く死んでいるのは奇妙なことではないか。彼は、幼児の死は両親と成人のためであり、両親の罪の矯正と懲罰として善いのであるという考えをときどき示唆する。しかし、神はこのような方法で両親の苦悩を増す必要があるのであろうか。完全に罪のない多数の者の生命を破壊しなくても、両親の苦労を増す方法はいくらもあるのではないか。幼児の時には、反省ができない。また、反省ができて、テイラー氏が罰せられていると考えている両親や知人は、幼児が取り去られることによる苦しみを反省によって和らげることができるのに、幼児自身はときには非常な苦しみに遭っているのである。

三．テイラー氏のように、死はアダムの罪の結果として人類にもたらされたが、それは災害としてではなく、ただ利益となる恩恵として到来したと考えることは、福音書の教えに反する。福音書の教えでは、第二のアダムとしてキリストが到来したのは、第一のアダムによってもたらされた死を取り除き破壊するためであったが、その時、キリストは死を友ではなく敵として見ている。「アダムによってすべての人が死ぬことになったように、キリストによってすべての人が生かされるようになるのです」（一コリ一五・二二）。そして、二五、二六節ではさらに「キリストはすべての敵をご自分の足の下に置くまで、国を支配されることになっているからです。最後の敵として、死が滅ぼされます」と言われている。

テイラー氏は、人類が受けている苦悩、特に共通の死は、聖書では天の父の懲戒として描かれているから、私たちの精神的善のためであり、罰としての性質を持たないと主張する。六八、六九、三一四、三一五頁でそう主張されている。

聖書が、人類の苦悩一般、特に共通の死を天の父の懲戒として描いているというのは、まったく正しくないと私は思うが、そのことについてここで議論する必要はない。そうであったとしても、人類の苦悩と死が人類の罪の証拠ではないということにはならないからである。苦悩と死は、聡明で善良な父が行う懲戒ならばまったく不可解である。何も役に立たないからである。特に幼児の命を奪う苛酷な懲戒というのは、まったく解せない。しかも、そのとき天の父は幼児に属するいかなる過失も罪も考えておられない。ただ、将来、過たないようにこのように厳しくするというのである。もちろん、幼児の将来で神が埋め合わせをすることはできるかもしれないが、私は、これは奇妙な懲戒である、と言いたい。テイラー氏は、聖書全体の大勢からそう考えるというのだが、私は、父なる神の懲戒をこのように考えるのは聖書全体の主張に合わないと思う。聖書が懲戒を神の善性の結果であると見ることがあるのは事実である。しかし同時に、聖書が、そうした懲戒を罪のせいであり、神の嫌悪の証拠であると見ることとの方が一層多い。たとえば、「コリントの信徒への手紙一」一章三一、三二節でパウロは、神が死病によって「彼らがこの世と一緒に有罪となることがないように」、民をこらしめることについて語っている。しかし、それは「彼らの罪のゆえであり、それゆえ多くの者たちが弱って病気であり、多くの者が眠っている」と書いている。つまり、その前に述べている世俗的罪の乱脈が原因であると言っているのである。また、エリフは（ヨブ三三・一六以下で）同じ病気による懲戒を、人間のためであると語っている。「人が、罪深い目的に進むことを引き留め、高ぶりを隠し、人の魂を罠から救う。……それゆえ、神は病気の苦しみと多くの骨の苦しみで、神は人を懲らしめる」[80]。しかし、この懲戒の原因が罪であることは続く二七節の言葉が明らかにする。人々が悔い改め、謙虚に罪を告白すると、神は彼らを救われるのである。また、同じエリフは神が「人々を懲戒、彼らが鎖に繋がれ、苦悩の縄目に捕らわれる（三六・八等）」時でも、正しい者に対する神の変わることのない愛について語る一方、そうした懲戒が彼らの罪のゆえであることを語っている。「神はその行いを指摘し、その罪の重さを指し示される」（九節）。同じようにダビデも（詩三〇）で、苦難による神の懲戒が彼にとってよいことであり、結果として喜ばしいと語る一方で、それが彼の罪に対する神の怒りの結実であると語っている（六節）。「ひととき、お怒りになっても」である。「詩編」一一九編六七、七一、七五節も読み合わせてほしい。神の父としての懲戒は、罪のためであると語られている。「私は彼の父となり、彼はわたしの子となる。彼が過ちを犯すときは、人間の杖、人の子らの鞭をもって彼を懲らしめよう。わたしは慈しみを彼から取り去りはしない」（サム下七・一四、一五）。預言者エレミヤも、捕囚期に、神の民の後の世代が受けた苦難が、彼らのためであると語っている（哀三・二五他）。[81] しかし、それでも、これらの懲戒は、彼らの罪のゆえであると語っている（特に三九、四〇節）。同じようにキリストも「私は多くの者を愛し、訓戒し、懲らしめる。」（黙三・一九）と語っておられる。しかし、続く言葉「それゆえ、熱心に悔い改めよ。」は、愛から出たこの懲戒が悔い改めを必要とする罪のゆえであることを示す。そして、キリストは、義のために迫害される者たちは祝福されており、喜ぶことができると語られるが、神の摂理によって命じられた神の民の迫害であっても、罪のゆえに神に懲らしめられるのである。それは父親による行儀の悪い幼児に対する正しい矯正に似ている（ヘブ一二章）。そこで使徒は、キリスト教徒たちに対して、彼らが受けている迫害に関して語り、その苦難を神の「叱責」という言葉で述べている。それは、彼らの過ちにとって不利な証言を含意する。しかし、彼らが気落ちすることのないように、「主は愛する者を鍛え、子どもとして受け入れる」と語る。神の民が迫害されることは、神の手から来ているのであるが、それが罪ゆえの懲戒であることも明白である（一ペト四・一七―一八。箴一一・三一を読み合わせよ。

詩六九・四―九も見よ）。

もし、神の懲戒が一般に懲戒される者がまったく無罪でないことの確かな証拠であるなら、死もまた特別な意味でその証拠である。それは次のような理由からである。

（一）なぜなら、殺すこと、あるいは死に引き渡すことは、一般にこの世で忍ばれる懲戒よりもずっと恐ろしいものであると語られることが多いからである。たとえば、「死ぬことなく、生き長らえて、主の御業を語りつたえよう。主はわたしを厳しく懲らしめられたが、死に渡すことはなさらなかった」（詩一一八・一七、一八）。また、「詩編」八八編一六節で詩編の記者は、苦痛が極端であることを述べるとき、ほとんど死に近いと言っている。「わたしは若い時から苦しんできました。今は死を待ちます。あなたの怒りを身に負い、絶えようとしています」。（サム上二〇・三のダビデの場合もそうである。）懲戒を受けている者に対する神の優しさは、しばしば、死によって彼らを滅ぼすまでには至らないということで表現される（詩七八・三八―三九、一〇三・九、一四―一五、三〇・二―三、九、ヨブ三三・二二―二四）。私たちは神の民が、苦しみの中で、その最大の極である死にまで進まないようにと神に祈っているのを知っている。「私の神、主よ、顧みてわたしに答え、わたしの目に光をあたえてください。死の眠りにつくことがないように」（詩一三・四）。（ヨブ一〇・九、詩六・一―五、八八・九―一〇、一一、一四三・七も同様。）

特に、死がこの世の苦しみの極みであると見られるときがある。それは、恐ろしいことや苦痛を伴う死が、摂理によって幼児に起こるときである。たとえば、モロクや他の偶像に捧げられて焼き殺されたりする場合がそうである。[82] テイラー氏は「すべての存在の主である神は、彼のよい摂理にしたがって、今苦しんでいる幼児に対して、時間と場所と力を尽くして豊かに償いをする。」と語っている（三五九、四〇四頁）。しかし、事実の証拠を逃れるこのような恣意的な解釈には限度がない。そのように解釈するなら、出来事に現れる神の嫌悪の証拠はありえないと言うこともできる。しかし、既に考察したことから見れば、それは聖書全体の趣旨に、真っ向から対立する。テイラー氏は、さらに、神は罪のない者を地獄に送り、そこで長い間、言いようのない苦痛に置いておくこともある、とまで言う。そして、神がそうしたとしても、それは神の嫌悪の証拠にはならない。なぜなら、神は後になって彼らの苦しみを補償する時と場所と力を豊かに持っているからである、と言う。もし、そうであるなら、聖書が教えていることは無駄になる。聖書は、神が人間にもたらす大きな災害や苦難、特に死は、罪に対する神の嫌悪の徴であるということ、そして、その罪は苦しむ者の罪であることを繰り返して教えている。

（二）この世の他の苦しみ以上に、死が特別な仕方で、神の罪に対する嫌悪を示唆すると私たちが考えるもう一つの理由がある。死は恐ろしい様相と暗く悲惨な側面をもち、神の大きな嫌悪を自然に示す。それはテイラー氏が特別に注目することでもある。死について彼は言っている。「ここで私たちは、罪が、そして私たちの本性の腐敗と破滅が神にとって限りなく忌まわしいものであることを、まざまざと見せつけられる。……この光景ほど、すべての不正に対する嫌悪を最大限に示すものはない」（六九頁）。さて、もし死が罪に対する神の嫌悪の証拠ではなく、死をあたえる神によって完全に罪がない者として見なされ、恩恵を受ける者と見なされている証拠なのなら、神が罪に付随する死に対して、聖書が常に教えている罪に対する他の懲戒以上に、憎悪と怒りの感情を露わにしているのは奇妙ではないか。死に関連して現れる罪に対する神の憎悪は、ちょうど、神が腕を振り上げたときの恐ろしい形相と同じ意味である。もし、私たちが聡明で正しい父親が子どもを折檻するとき、恐ろしい形相で打擲するのを見れば、その子どもが、父親が嫌悪する何かを内にもっていると推定してよいであろう。父親は、子どもがそれまで完全に無罪でと行為と傾向においてまったく問題がなかった場合のように、子どもを反省させ、それ以降、過ちを犯させないようにして、埋め合わせをするのではないと言ってよい。

これらのことから、神は幼児を罪のない者として見ておられないと言える。死というこの恐ろしい悪が幼児期から人類に重くのしかかっていることを見れば、幼児は生まれながらにして神罰を受けるべき存在であることが解る。一般の子どもの早世から見て取れるこれらのこと以外に、聖書には、幼児の死に関する特別の記述がある。神の怒りを受けるに相応しい罪の証拠が示されている。

たとえば、ソドムと近隣の都市における幼児の殺戮の記事がある。特別に奇跡的な仕方で破壊されたそれらの都市は、「ユダの手紙」七節でいわれるように、神の罪に対する恐ろしい報復をあらゆる時代の世界にはっきりと示す実例である。アブラハムが、ソドムの破壊について「まことにあなたは、正しい者を悪い者と一緒に滅ぼされるのですか。……正しい者を悪い者と一緒に殺し、正しい者を悪い者と同じ目に遭わせるようなことを、あなたがなさるはずはございません。まったくありえないことです。全世界を裁くお方は、正義を行われるべきではありませんか。」（創一八・二三、二五）と語ったとき、神はそれをとがめず、明らかにアブラハムの顔を立てた。アブラハムの言葉は、神は罪ある者と一緒に無罪の者を殺すつもりはないのではないか、ということを意味する。私たちは、審判や処罰の場合に使われるとき、聖書の通常の用法によれば、「罪のない」ということが「正しい」という言葉に含まれていることを知っている。その明瞭な例は、「創世記」二〇章四節、「出エジプト記」二三章七節、「申命記」二五章一節、「サムエル記下」四章一一節、「歴代誌下」六章二三節、「箴言」一八章五節などである。エリファズは「罪のない人が滅ぼされ、正しい人が絶たれることがあるかどうか」と言う（ヨブ四・七）。私たちは、ロトが破滅に巻き込まれることのないように神がなさった大きな配慮を知っている。ロトは、そのために派遣された天使たちによって奇跡的に救われたのであった。天使たちは彼を捕らえ、城門の外に立たせ、彼が避難するまで何もしないと語った（創一九・二二）。このように奇跡的に救われたのはロトだけではなく、彼のおかげで二人の悪い娘も救われた。破壊と救済の全体が奇跡的であったから、神がこれらの都市の幼児を救済することは容易であったはずである。もし幼児たちに罪がないなら、彼らの完全な無罪性からして、この娘たちのロトへのみだらな関係を考えれば、なおさら幼児たちはこの女たちよりも救われる資格があったと考えられるであろう。この場合、私たちは、この幼児たちはロトに比べても、この破壊に巻き込まれなくてもよかったはずだと考える。この場合、神がこの幼児たちに来世で償いをすることができると答えるのは不完全な回答である。ロトや他の義人たちを滅ぼして、同じようにすることもできるはずだからである。しかし、そのようにすることは、全地の審判者である神の聡明で聖なる支配の方式に合致しないであろう。

もし、一〇人ほどの義人がソドムにいるなら、彼らのために都市全体を滅ぼさないと、神ははっきり言われた。もし幼児たちが完全に罪のない者であるなら、神は古い世界をまったく滅ぼさないこともできたのではないか。明らかに多くの幼児がおり一般にどの家庭にも幼児がいたのだから、幼児の無罪を理由に世界の存続が正当であると抗弁することのできるのではないか。もし、幼児にはまったく罪がないというような観念を、洪水の後の古い世界の人々がもっており、ロトやその子孫たちが、おびただしい幼児たちが洪水で死んだことを知っていたにもかかわらず、その観念を後世に伝えたというのなら、どうして、シェムやロトからそれほど下っていない世代のエリファズが、すでにふれた「ヨブ記」の四章七節で「罪のない人が滅ぼされ、正しい人が絶たれたことがあるかどうか」とヨブに対して語ったであろうか。特に、エリファズは、同じ議論のなか（五・一）で、この点を確認するために古来の伝承を引いているのである。彼は、同じような議論を、一五章七―一〇、二二章一五―一六節でもしている。一六節でエリファズは、洪水で邪悪な者たちが破滅したことを、邪悪であることが滅びる理由になる典型として語り、ヨブを説得しようとする。「彼らは時ならずして取り去られ、流れがその基までぬぐいさった」。ここでは、さらに、エリファズが、洪水による時ならぬ死を有罪の証拠として語っていることがわかる。彼は、一五章三二―三三節でもそうしている。「時が来る前に枯れ、枝はその緑を失う」。しかし、幼児期に洪水で滅ぼされた者たちは、他の者たちに比べて不適切な時に早世した。当時は、普通の寿命は九百年であったのに、多くの幼児たちは一歳にも満たないうちに滅ぼされたからである。

しかも、神がカナンに住む古くからの住民に対して報復を執行したとき、そこに住む幼児ゆえに都市や家族の破壊を控えることがなかったばかりか、幼児たちが破壊に巻き込まれないように配慮した形跡もない。むしろしばしば、特別な注意をもって命令をはっきり繰り返す。この命令によれば、幼児たちに手心をくわえてはならず、容赦なく殺されなければならない。一方で、娼婦ラハブは、（とうてい罪のない者であるとは言い難かったが、スパイを匿い逃れさせたことに表された信仰によって）破滅を免れ、彼女のおかげで友人たち全員が助かったのであった。また、エジプト人の初子たちを殺すことによって怒りの審判を執行したとき、イスラエルの民は、ほとんどが邪悪であることが既に明らかになっていたにもかかわらず、破壊する天の使いは、イスラエルの民を破壊することを控えたのである。エジプト人の初子は、幼児であったが破滅を免れなかった。幼児らは御使いによって救出されず、奇跡が行われなかった（それはソドムの幼児たちの場合に見られた通りである）ばかりでなく、御使いの手によって直接破壊された。むしろ彼らを殺すという奇跡が行われたのである。

ここでは、ミディアン人の幼児たちの殺戮に関するモーセの命令については特に取り上げない（民三一・一七）。アマレク人の子どもたちの殺戮についてサウルに命じられたこと（サム上一五・三）や、エドム人について語られたこと、「いかに幸いなことか、お前の子どもを捕らえて岩にたたきつける者は」（詩一三七・四）も取り上げない。[83] 私が取り上げるのは、エゼキエル九章に記された、エルサレムの破壊について語られたことである。都市を取り囲んでいる者たちに子どもたちを殺戮するよう命令が下った（一―八節）。その理由は、彼らの罪であり、死はその正当な償いであった（九―一〇節）。神はこの時、この都市の悪行に参加していないことが確かな人々が、殺戮に巻き込まれないように周到な配慮をしていた。破壊する御使いたちに与えられた厳命は、そのような人々の額に印をつけ、この印を帯びた人にはけっして近づかないようにということであった。しかし、幼児たちには印はつけられなかった。彼らを殺してはならないという言葉は発せられなかった。反対に、幼児たちは容赦なく殺されるべき者だと語られている。「都の中を巡れ。打て。慈しみの目を注いではならない。憐れみをかけてはならない。老人も若者も、おとめも幼い子どもも人妻も殺して、滅び尽くさなければならない。しかし、あの印のある者に近づいてはならない」（五―六節）。

このような事例が旧約の時代に特有の厳しい措置ではないかと思う人がいるかもしれない。それなら、神の恩寵の輝かしい福音の時代の事例を考えてみよう。他ならぬエルサレムの最後の破壊の出来事である。それは、ソドムやネブカドネザルの時代のエルサレムの破壊よりも、はるかに悲惨であり、より大きな神の怒りを証言する出来事であった。それはこの世の始まりから当時に至る歴史のなかで都市や人々に対して起こった最も悲惨な出来事であった。「マタイによる福音書」二四章二一節、「ルカによる福音書」二一章二二―二三節に記されている通りである。しかしその時、「ダニエル書」一二章一節で預言されているように、神の民を区別し救う特別な配慮がなされていた。新約聖書では、キリストが弟子たちの保護のためになしたまう特別な配慮について記されている。すなわち、キリストは彼らにエルサレムの破壊が近づいたことを知らせる徴候を示し、都市の内部にいる者たちを山に逃れさせた。そして歴史が告げるように、その指示に従ったキリスト教徒たちは、ペラと呼ばれた山岳地に逃れて惨禍を免れたのであった。しかし、一般にエルサレムの幼児たちをたすけるという措置は取られなかった。この出来事の予告によれば、幼児たちは他の人々とともに、この巨大な破滅に巻き込まれた。幼児にとってこの災害は重く、次の預言の言葉の正しさが実証された。「人々が『子を産めない女、産んだことがない胎、乳を飲ませたことのない乳房は幸いだ』と言う日が来る」（ルカ二三・二九）。また、多くの優れた注解者によれば、「申命記」三二章二二―二五節の預言は、この出来事を特別に示唆する。「わたしは民ならぬ者をもって彼らのねたみを引き起こし、……わが怒りは燃え上がり、陰府の底にまで及び、……わたしは、彼らに災いを加え、わたしの矢を彼らに向かって射尽くすであろう。彼らは飢えてやせ衰え、熱病と激しい病魔のために弱る。……外では剣が命を奪い、家には恐れがあって、若い男と女、乳飲み子と白髪の者を共に襲う」。エルサレムの破壊の歴史から明らかになるのは、この時、「申命記」二八章五三—五七節の「あなたの身から生まれた子、息子、娘らの肉さえ食べることになる。……自分の産んだ子どもを欠乏の極みにひそかに食べる。」という言葉が成就したということである。そして、これらの預言の中で語られたエルサレムとその住民の破滅は、この破滅を見守るすべての民族に対する神の怒りの証拠であったということが、ここで銘記されなければならない。すべての民族に対する怒りの証拠であるから、それは幼児に対する神の怒りの証拠でもある。幼児も他の者たちとともにいて破壊の対象であった。もし、住民のうちのかなりの割合をしめる、特別な種類や地位の者〔幼児〕が、神の摂理のなかで特別扱いされず、しばしば、破壊に巻き込まれ、しかしそれでも、そのことが、神が彼らの内の特定の人間を嫌った証拠ではないと言うのならば、このような災害にあうことは住民に対する神の怒りにはなりえない。それは、また当然のことながら、全民族、特定の民族、あるいは、ある人に対する神の怒りの証拠にもなりえないであろう。

第二部

原罪の教義を証明する聖書の個々の箇所の考察

第一章　原罪の教義との関連でみた、「創世記」の最初の三章の考察

第一節

原初の正しさについて――私たちの最初の父母は正しさ、つまり道徳に正しい心を持つ状態で創られたか

原義という教義、つまり、人類の最初の父母が創造されたとき、聖性の原則と傾向を持った状態で創造されたという教義は、多くの点で原罪の教義と密接に結びついている。テイラー氏はそのことに気がついていたので、彼の反原罪論のなかで、正しい原初状態という教義に強く反対した。(84) そこで、原罪論という主題を論じるにあたって私は、まず、この著者の主要な反対論を除去し、続いて、「創世記」始めの三つの章でのべられる、正しい原初状態という教義が、モーセが説明することから、どのように推論できるかを示していきたいと思う。

原罪論に対してテイラー氏が絶えず強く主張する最大の反論は、次のことである。徳が人間の創造とともに一緒に創られているということは、徳の本質と矛盾する。もし、徳が人間の創造時に創られているなら、徳は、私たちの知識や同意が関知しないところで、ただ神の行為によって成立したということになる。しかし、道徳的徳は、その本性のなかに道徳的行為者の選択と同意を含む。そうした選択や同意がなければ、徳は徳でなく、聖でもない。つまり必ず存在するように定められている聖は聖ではない。したがって［『聖書の原罪論』の］一七九、一八〇頁で彼は言う。「アダムは正しくある前に、存在し、創造され、そして思考と反省力をもっていなければならなかったはずである」。（二五〇―二五一頁も見よ。）また、「神はアダムに正しい状態である能力を与えたば

かりでなく、アダムを義と真の神聖を備えた存在として創造した、あるいはアダムが創られると同時に、そうした性質を彼の本質に挿入したと言えば、一つの矛盾を肯定することになり、正しさの本質と矛盾する」（四三七頁）とも言う。ターンブル氏が、徳が私たち自身の選択とたゆまぬ修練の結果であるということは徳の存在にとって必然的であると、いろいろな箇所で強調するのも、同様の趣旨であろう。

しかし、徳をそのように考えるのは、事物の本性や人類の通念と矛盾し、テイラー氏自身の徳の概念とも矛盾する。もし、先行する思考や反省や選択の結果でないような徳や聖性があるということを認めれば、一つの矛盾を肯定することになるというのなら、私は、むしろそれを認めない方がテイラー氏にとって矛盾になることを端的に示そう。

まず、人類の常識で判断して、それを矛盾というのは事の本質に反する。善い選択の結果ばかりが徳なのではない。その結果の元である善い選択自体が徳であり、選択する以前の、精神のよい傾向、気質あるいは感受性もまた徳である。この考えは、あらゆる国や時代の人々の感覚に合う。一般に、行為の原則の善さは、行為から出るのではなく、行為のもとなる原則から行為の善さが出てくる。したがって、善い選択行為は、その元になっている善い原理、元になっている精神の道徳的傾向以上に徳であることはできない。むしろ、精神の道徳的傾向が選択行為の徳性よりも先行する。それゆえ、傾向が存在するためには、予めその前にかならず思考や反省や選択が存在しなくてはならないのではない。もし、心の善良な傾向の存在以前に、選択が真っ先にあるというのなら、その選択とは何のことなのであろう。私たちの自然の考えに従えば、単なる自己愛、野心、あるいは何らかの動物的欲求から出ているだけで、道徳的原理から出ていないような道徳的選択はありえない。それゆえ、樹木が果実に先行し、泉が流れ出る水流に先行するのと同様の意味で、善い選択行為の前に、精神の徳をもった道徳的気質があると考えて差し支えない。

道徳的善悪についてハチソン氏の『美と徳の観念の起原』に書かれている次のことは、事の本質と人間の感覚・理性に明らかに適合する。「私たちが道徳的に善であるとか悪であるとか認めるすべての行為は、いつでも、感覚的本性に向かう何らかの情念から出てきているように思われる。そして何を徳や悪徳と呼ぶにしても、徳や悪徳は、そのような情念であるか、または、情念から帰結する何らかの行為である。……どの国でも宗教に関わるすべての行為は、神への何らかの感情から流れ出ていると考えられている。そして、何を社会的徳と呼ぶにしても、それは私たちの仲間に対する感情から流れ出ている、と考えられるであろう。……私的な利益を増進させるためにだけ使用される分別はけっして徳とは思われていない」（第二論文、Ⅱ節、一三二―一三三頁）[85]。こうした事柄について、ターンブル氏はハチソン氏の考えにはっきり同意する。ハチソンは彼が尊敬する著作家である[86]。

もし、行為に先だって行為の源泉になる有徳な傾向や感情があるなら、その傾向や感情は有徳な選択行為より以前に存在している。それゆえ、すべての有徳な傾向や感情が選択の結果であるということは必然ではない。また、そのような必然性をとりあげても、その傾向が自然であること、あるいは創造時に精神に埋め込まれた一種の本能であるという主張を反駁できない。ハチソン氏に言うこと（同書、Ⅲ節、一九六―一九七頁）に同意して、彼は言う。「本能あるいは情念から出ることを徳とみなさない理由が私にはわからない。そうしないことができるのだろうか。彼らは、徳は理性から出るという。理性とは何か。何らかの目的を追求する場合の賢明さである。通常の道徳家が言う究極的目的は、行為者本人の幸福である。しかし、それを行為者は本能から追求しているはずである。さて、私的な幸福に向かう本能とは別に公共あるいは他人の善に向かう本能があって、それが徳の正当な原理なのではないか。……本能から出る行為が理性や選択の結果ではないと言われるなら、その反論は自己愛から出る行為についても強く主張される」[87]。

テイラー氏が徳の本質として語っていることに目を向けると、彼が非常に確信をもって肯定する、選択から発生することがすべての徳の本質であるという説は、事物の本性と人類の一般的観念に反することが解る。彼はハチソン氏と同様に、徳の本質はよい感情、とくに仁愛〈benevolence〉つまり愛にあると考えているからである。それを彼は、『鍵』の次の言葉で詳細に述べる。「徳という言葉は、善良さと慈悲を表すが、同時に一般に道徳的正しさを表す。そのことは、愛は律法の完成であることを考えれば不思議ではないであろう。聖書の意味と事物の本性に従う善良さは、すべての道徳的正しさを含んでいる。道徳的正しさはどの部分をとっても真性なものであれば、この単一の原理に還元されると私は思う」[88]。もし、そうであれば、行為は、この原理から発生するのであれば、道徳的正しさ以外に、道徳的正しさを持ち得ない。したがってまた、この原理が存在するまでは、意志や選択の作用は道徳的正しさを持ち得ないことになる。しかし他方、彼は自信をもって、思想と反省と選択は、徳に先立ち、すべての徳や正しさは先行する選択の成果である、と言っている。これは彼の思想構造を明らかな矛盾に導く。仁愛つまり愛の原理から出た選択の行為だけが徳でありうるからである。彼は、すべての本当の道徳的正しさは、どの部分もこの単純な原理に還元されると主張する。しかし、善意の原理それ自体、それが選択から出ていない限り、徳ではありえない。彼は、選択から出ていなければ何も徳の本性を獲得することはできないことを認めているからである。道徳的愛が、すべての徳の原理として、道徳的選択の原理・源泉とならなければならない。ところが、道徳的選択が道徳的善意に先行し、その源泉にならなければならない、というのである。もし、道徳的選択の行為が善意の原理に先行し、それを生み出すのであれば、その道徳的行為は先行する原理とは区別される何かであり、その原理の結果である。したがって、この場合、少なくとも徳の一部、いやむしろすべての徳の源泉である部分、つまり道徳的選択があるが、それは単一の愛という原理には還元されない。

もう一つ、注目すべきことがある。テイラー氏は「どのような結果についてであれ、生み出した結果や、出てきた結果に対して責任があるのは、原因だけである」と語っている（一二八頁）。結果が悪ければ、原因だけに罪があるからである。この論法に従うと、結果が善ければ、原因だけが正しく徳がある。生み出されたすべての善い結果の功績が原因に帰せられる。しかし、同じ論法で次のようにも言えるであろう。もし、テイラー氏が言うように、アダムは義であるまえに義を選んでいなければならないのであれば、そしてもし、選択の結果であるということが正しさや道徳的義の本質にぞくしており、仁愛の原理は選択から出なければ道徳的正しさをもちえないのなら、結果である仁愛の原理にではなく、先行する選択だけに、この場合のすべての徳と義が帰せられる。そうすると、すべての道徳的正しさが、どの部分も単一の仁愛という原理に還元されなくなる。すべては先行する選択に還元されることになる。その選択が原因だからである。

しかし、それにもかかわらず、道徳的正しさは、二つの相互に整合しない原理から導きだされている。つまり、一方では、最初の選択という行為には道徳的正しさや徳がないといわれ、他方では、最初の選択がそれに続くすべての徳の原因であるといわれている。推論は二つの道を進む。一．徳のすべての部分は仁愛という原理の中にあるが、仁愛の原理は結果である。したがって、徳のどの部分も原因の中にあるとはいえない。二．徳ある選択は、その選択が少なくとも最初の行為に関する限り、徳や義を持つことはありえない。それは先行する選択から出たものではないからである。テイラー氏の主張では、人は正しくある前にまず、考慮し、選択しなければならない。また、神聖であるために本質的なことは、それが選択から出ていることである。したがって、最初に神聖を選択することは、神聖が選択から出ている以上、徳ではありえない。仮定上、その選択は最初の選択から出ていないからである。それゆえ、もし、選択から出ていることが神聖に関して本質的なことなら、その神聖は、神聖でない選択から出ているに違いない。さもなければ、最初の神聖な選択は、それ自身の前にあるとか、すべての選択行為に先だつ有徳な選択行為があるのでなければならない。

　アダムに関して、テイラー氏の原理に基づいた場合、何らかのしかたで、アダムが正しさといったものを持つことができたかどうかを考えてみよう。神に創られた状態では、アダムは神への愛とか、何らかの愛や仁愛を胸中にもつことはできなかったであろう。もし、愛をもっていたなら、原初の状態は正しかった〈義であった〉であろう。「真の道徳的義」があった。何も欠けたところはなかったはずである。テイラー氏は「真の道徳的正しさは、どの部分も、この単一の原理に還元される」と言っているからである。しかし、もしアダムが神への愛、あるいは徳である愛というようなものを、一切もっていなかったとすれば、徳はどこから来るのか。答えは「選択の行為によって」であるに違いない。アダムは、最初に道徳的な選択をしなければならない。しかし、道徳的である選択をしたとすれば、どうなのか。その選択は神の愛、あるいは彼が選んだ何らかの道徳的原理から出たものではありえない。仮定上、アダムはそのような原理を心の中に持っていないはずだからである。そして、アダムがそのような原理を持たずに選択したとしても、テイラー氏によれば、その選択のなかに徳はない。すべての徳は単一の愛の原理に還元されるからである。それとも彼は、それ自体は道徳的でない選択の行為によって心のなかに道徳的仁愛が生み出されるとでも言うのであろうか。しかし、これは彼が暗に主張すること、すなわち結果の中にあることは原因のみに由来するということと相容れない。したがって、アダムが何らかの義を持ったり、徳の原理を獲得したり、道徳的行為を遂行したりするようにテイラー氏の体系を一貫させ、修正する筋道はない。

　徳と道徳的正しさに関する、こうした混乱した首尾一貫しない主張は、意志の自由に関する今日流行している馬鹿げた考えから出ている。それによれば、意志の自由の本質は意志の自己決定力にあり、それが道徳的行為や徳と悪徳の必要条件と考えられている。私は、このような考えの不合理と、そうした誤りの根拠、およびこうした事柄についての真理を、その証拠とともに、この主題を扱った『自由意志論』のなかでできるかぎり詳細に全面的に論じた。[89] 充分に理解したいと思い、その議論を読むことをいとわない読者には、この『自由意志論』をお薦めする。

さて、原初の正しさに対してなされたテイラー氏の重要な反対論と証明についての私の考察は、これで終わる。続いて、私は、原初の正しさの教義について幾つかの証明に取り掛かりたい。まず、私は「創世記」の最初の三章に証拠がないかどうか、あるいは「創世記」で語られている歴史が、私たちの最初の父母が道徳的に正しく神聖な状態で創られたという想定に私たちを導くのではないか、という点を考察する。

I．この物語は、禁断の実との関係でのアダムの罪が、彼が犯した最初の罪であるという想定に私たちを導く。彼がそれまでいつでも完全に義でなかったなら、存在を始めた最初の瞬間から正しくなかったら、つまり正しい存在として創造されていなかったら、最初の罪だということにはならない。道徳的責務に従う道徳的行為者の中では、完全に罪のないことと完全に正しいこととは同じである。それは同じでなければならない。道徳的意味において、罪と義、あるいは正しいと不正なこととの中間の状態はないからである。それは自然的な意味で、真っ直ぐと湾曲の間に中間の状態がないのと同様である。アダムは、存在し始めるとすぐに道徳的行為者として行為できるように創られた。それゆえ、彼はすぐに正しい行為の規則に従った。彼は存在し始めると直ちに正しく行為する責務を負った。存在し始めるとすぐに正しく行為する責務を負ったのなら、それは正しく行為する傾向をもつことも責務になったということである。テイラー氏は「アダムは罪への傾向がなければ、罪を犯すことができなかった」と言っている（四四二頁）。[90] まったく同じ理由で、アダムは、正しい行為への傾向なしに、正しく行為することはできなかったはずである。彼は存在し始めた最初の瞬間から正しく行為する責務があり、禁断の果実の一件で罪を犯すまでは、正しく行為していたのだから、存在し始めた最初の瞬間には正しいことをする心の傾向を持っていたに違いない。それは、正しい行為の傾向をもって生まれたということ、あるいは同じことであるが、道徳的で聖なる心の傾向をもって生まれたということである。

ここで、次のように言っても反論には役立たない。たしかに、事物の本性にしたがって獲得することが可能になった段階で良い傾向をもつことはアダムの責務であった。しかし、そのような習慣を形成するには時間がかかる。習慣ができる前に、よく考え、正しい行為を繰り返して行う必要がある。したがって、アダムが最初の段階で責務を負ったのは、事物を正しい仕方で熟考し、正しい行為を学ぶことであった。その結果として正しい傾向が獲得できる、と。しかし、この見解は、アダムが責務を負っていた反省や思考自体が、正しい行為であったことを想定している。確かにアダムは、事象が正しいのでなかったなら、正しい行為をする責務を負わなかったはずである。それゆえ、アダムは最初の正しい行為を行う前に、最初から正しい行為をする傾向をもっていたに違いない。そして、その傾向が正しいのなら、こうした行為が行われる元にある原理あるいは傾向は、善いものであるに違いない。そうでなければ、その行為は、心を見ておられる神の目に正しいとは映らないであろう。また、その行為を何らかの陰険な目的から行ったり、神と自分の義務を顧慮していなかったりすれば、人の責務や義務を果たすことにもならない。それゆえ、神と自分の義務への顧慮は、アダムが存在し始めた当初からアダムの中に埋め込まれていたに違いない。そうでなければ、アダムは神と自分の義務を顧慮して何かを行うことはなかったであろう。まして、熟慮によって、そのような傾向を獲得することはとんでもなく難しかったであろう。正しい行為への傾向が正しい行為を繰り返すことによって初めて獲得されるという想定自体、まったく首尾一貫しない。正しい行為を行う傾向が存在する以前に、正しい行為があると想定するからである。

これは、何らねつ造された詭弁ではない。もし神がアダムを創ったとき、アダムに服従や義務を期待したなら、反省、思考、その他アダムに与えた心的能力のどれをアダムが使おうと、アダムが直ちに神を愛し、尊重することを期待したはずである。アダムが心のうちで神を愛し尊重していなかったなら、またそうしたことが期待されてもいなかったのなら、いったいどうして、アダムが神の命令と権威を厳しく健全に尊重することが期待できたであろう。もし、アダムが最初から神への義務をはたし、何よりも創造者の意志を尊重し、十分に尊重したなら、アダムは最初から神に対して最高の、完全な尊敬と愛とをもっていたのである。結論は、それ以外にない。そもそも、存在を始めるとすぐにアダムに義務が求められたのであれば、単に行動の義務だけでなく、愛に総括される心中の義務も求められたに違いない。思考力と意志を与えられた精神的存在が、外的義務だけを要求され内的な義務を要求されないというのは、明らかに不合理である。テイラー氏自身、愛は律法を完成する、そして「すべての道徳的正しさは、ことごとくその単一の原理に還元されなければならない」と言っている。それゆえ、もし、反省であれ、思考であれ、その他のものであれ、何らかの道徳的に正しい行為が、アダムに直ちに求められているのであれば、彼は存在し始めた最初の瞬間から、神への愛を心の原理として持っていたはずである。テイラー氏自身の教義にしたがえば、愛は道徳的正しさのすべてを包み込んでいるのである。アダムが存在し始めるとすぐに、道徳的正しさが始まる。これが、原初の正しさについての教義が教えるところである。

アダムは生涯のどの瞬間でも、あらゆる対象、あるいは事物に対して、その対象の価値にふさわしい敬意を払う義務があった。それ以外の可能性があっただろうか。いつでも神の無限の善を心に思い浮かべ、神に応答し感謝をすることが、アダムにとって相応しいことであり、反対のことは不適切で憎むべきことではなかったか。たとえば、神の本性が輝かしい完成を見せるとき、この世とは比較にならない好ましいものがアダムの眼前に示されたとき、それを愛し、それを好み喜ぶことが、アダムには相応しいことではなかったか。そのような対象は、その反応に値するのではないか。そして、そのように好ましい対象それ自体が、精神の自己満足を打ち破らなかったとすれば、普通に考えて、その精神がよくない気質を持っていることを証明する。時間と教養がなくて善い傾向や好みを形成することが出来なかったと言うのは、気質が善くないことの言い訳にはならない。そして、十分な時間があったとしても、すでに善くなりたいという何らかの善い傾向をもっているのでなければ、どうして気質を矯正し、善い傾向をもつようになることが期待できるのであろう。

およそ、徳とか悪徳とかいうものがあり、それらが、私たちの道徳的傾向や行動において、不作法であったり礼儀正しかったり、好ましかったり憎むべきであったりすることに他ならないとすれば、心の意志と傾向に属する、それ自体で憎むべきであったり好ましかったり、また不作法であったり礼儀正しかったりすることは、アダムが存在し始めてから、いつでも、アダムの徳や罪になっていたことであろう。

人間本性は、何らかの傾向を備えて創造されているはずである。たとえば、その一つは、あるものを善いもの、好ましいものとして愛好し、また他のものを憎むべき不快なものとして嫌う傾向である。そうでなければ、人間本性には傾向とか意志とかいうものはないにちがいない。何に対しても、快適なものであっても不快なものであっても、完全に無関心で、好みを持たず、選択や嫌悪をもたないに違いない。しかし、創造とともに造られた傾向があるとすれば、その傾向は正しいか不正であるか、事物の本性に適合するか適合しないか、どちらかである。そもそも人が、最も卓越して美しいものを最高に愛好したなら、また、最も喜びに値する事物に触れて俊敏に反応し大いに喜ぶなら、彼の傾向は道徳的に正しく好ましいが、さらに高度な意味で高貴ですばらしい存在になるのは、その後の課題である。しかし、もし彼が劣等な価値のないものをいちばん愛するなら、彼の傾向は道徳的に悪である。その中間がありえないことは明らかである。

Ⅱ. アダムが心の中に聖の原理を持たずに創造されたという考えは、テイラー氏の他の見方と共に、「創世記」の最初の物語によって私たちが自然に想定することと矛盾する。「創世記」によれば、アダムは罪のない状態であったとき、天の偉大な好意と肯定を享受していたはずである。聖書の説明では、アダムは罰せられる前は、幸福な状況にあり、神の好意の表れと結果に取り巻かれていた、と読める。テイラー氏も「私たちの最初の父母は、堕落の前、神の処遇によって、感謝と愛と服従をするに相応しい状態に置かれていた」と言って、これを認めている（二五二頁）。しかし、彼の考えの諸原則にもとづき、アダムは罪のない状態であったとき、服従しなかった後よりも、そして彼の子孫よりもはるかに悪い状態に置かれていた、という主張が展開される。つまり、その状態は罪を避け、義務を遂行するためには、比較できないくらい非常に不利であった。彼の教えによれば、アダムの子孫はアダムと同じく、心のなかに罪の傾向をまったくもたずに生まれてくる。また、アダムは彼の子孫と同じく正しさの傾向を持たないで造られた。しかし、［テイラー氏によれば、］神はアダムの子孫に好意から大いなることをなし、彼らが罪を犯すのを制止し、徳に向かうように励ました。これは、神が罪のない状態のアダムに対してはけっして行わなかったことである。神は反対に、アダムを最高度の不便の中に置いた。神は、堕罪後の人類に対して、感覚と身体的欲望を満足させていた楽園の平安と快楽を与えなかった。これによって、人にたいする罪への誘惑は減少した。これは、神の人間に対する父としての偉大な好意を表す例になる。また、罪を抑え、徳を増進させるための、それ以上の大きな手段として、この世のなかで人を労働と苦労と悲しみに従属させた。それだけではなく、神は、精神的・永遠的な善を促進する手段として、人を死なねばならない者とした。そのすべてが充分ではないと分かったとき、神は愛の計画をさらに進めて、人の寿命を大きく縮め、最初の時代に比べれば一二分の一か、一三分の一になるほどに短縮した。しかし、神はこれらの数え切れない災害のすべてを、人類への大きな好意によって世界にもたらし、それによって誘惑を非常に多く切りつめ、徳への手段ときっかけを次々に与えた。けれども、数千年間すべてを通じて、これらのことは私たちの最初の父母が楽園で持っていたと同じ純粋さと無害な傾向を伴った無罪潔白な人間本性を、悪から遠ざけるためには、結果的に不充分であった。アダムとエバはどれだけ巨大な不利の中にいたことだろう。彼らの本性のなかには子孫と同様に、罪から守り、あるいは徳へと赴かせる力はなかったにもかかわらず、後代に与えられた特別な手段はまったく与えられていなかったのだから。寿命がずいぶん短くなった今、私たちが持っている［短命という徳への］きわめて大きな手段が欠けていただけではない。ノアの洪水前の子孫に比べても、ずいぶん不利であった。洪水前の子孫には、悪くなるのを防止し善くするために、多くの労働と労苦、汗と悲しみ、棘のある草木、そして次第に朽ちて塵に還っていく身体があった。それに引き替え、私たちの最初の父母は、多くの非常に大きな誘惑に晒されるという極度の困難のなかにあったにもかかわらず、彼らを謙虚させる苦労と悲しみ、苦痛あるいは病気、また、この世界から彼らを引き離す死の宣告が欠けていただけではなく、最も洗練され魅惑的な感覚的喜びに囲まれていた。それは現在人類が享受する優れた手段を恵まれた大きな有利とは、なにもかも正反対である。もし、今このような巨大な抑制と大きな利点の下ある人類が、一般的悪、いわば普遍的な悪を抑制できないなら、今この世界に生まれてくる人間と同じ心をもって造られたにもかかわらず、これらの有利な条件をもたず、反対の不利な状況におかれていたアダムとエバがどうして悪から逃れることができたであろう。

こうした考えは「創世記」の説明とはくいちがう。「創世記」の説明では、堕罪の前は特別に祝福された幸福な状態として描かれる。呪いはその後に来る。しかし、テイラー氏の見方によれば、呪いは堕罪よりも前にあり、［神の］大いなる恩恵と愛は背信の後に現れる。そして、罪に堕ちる前のその呪いは、人間のような罪のない被造物にとって必要な手段とは程遠いから、手段としては役にたたず、明らかに呪いであったはずである。したがって楽園は単なる幻想であるに違いない。このような楽しみの中に人間を置いたことにはもちろん大きな好意が示されている。しかし、この園の喜びは、その美と甘さともに、人間の本当の傾向にとっては、ソドムのリンゴよりも悪いものであった。それは、視覚に美しく、味覚に美味であることによってアダムを永遠の破滅に誘ういっそう効果的な餌に過ぎなかった（冒瀆にならないことを願う）。アダムは初めて存在する最初の人であり、子孫と比べて格段優れた能力をもっているわけではなく、後の世代のように先行する世代の観察、経験、改善を引きうけるという有利な条件をまったく欠いていたから、その誘惑は、アダムにとっていっそう致命的であったと考えられる、というのである。

さて、私はここで、〔原初の義という〕今考察している教義について、聖書の別の箇所から追加して出される証拠に注目したい。「原義」についての最も明瞭なテキストは、「コヘレトの言葉」七章二九節である。「見よ。見いだしたことがある。神は人間をまっすぐに造られたが、人間は複雑な考え方をしたがるということ」。

テイラー氏は、この箇所について、「人間」という言葉は通常人類一般、あるいは集合的な意味での人類の意味で使用されていると指摘しているが、その指摘に、たいした意味はない。(91) 人間がしばしば人類という種〔生物種〕をあらわすことは事実である。しかし、それは、種の広がりだけでなく、始まりからの持続や継続も意味するものとしても使用される。実際、英語の「人類」も、この持続する種を表すが、そのことに何か特別な意味があるだろうか。神が最初に人類を造ったとき、神は人類を楽園に置いた（これは、人類という種を最初の父母の中に置いた、という意味である）しかし、今や彼らはアザミとイバラの中で生きている。このように言うことは、不適切な、または分かりにくい言い方であろうか。世界の創造のときに、最初の父母によって種を存在させたという意味で、神が人類を造ったと言うことは、そのような表現の聖書の使用法と一致する。たとえば、「神が地上に人間を創造された最初の時代」（申四・三二）。「あなたも知っているだろうが、昔、人が地上に置かれたときから」（ヨブ二〇・四）。「大地を造り、その上に人間を創造したのはわたし。自分の手で天を広げ、その万象を指揮するもの」（イザ四五・一二）。「わたしは、大いなる力を振るい、腕を伸ばして、大地を造り、また地上に人と動物を造って……」（エレ二七・五）。これらのテキストはすべて、神が人と造ったと語っているが、人という言葉で人類という種を意味する。しかし、これらのテキストは、神が最初に人間をつくったときのこと、大地を造り、天を広げたとき、人類の最初の父母が造られたときのことを語っている。これらのすべての箇所で、この「コヘレトの言葉」に見られるように、同じ単語「アダム」という言葉が使われている。そして、最後にあげた「エレミヤ書」では、強意の定冠詞と一緒に使われている。ティラー氏はこの言葉が使われているすべての聖書箇所を列挙するとき、その点には触れていない。また、彼の目的にとっては、代名詞「彼ら」が使われていることはどうでもよいことである。「彼らは複雑な考え方をしたがった」。この表現は、神が最初に造ったときの種を語るのに適した表現である。神は種を創始するとき、種が複数の個体からなるように創造したからである。キリストは二つの性、男と女の関係について語るとき、続いていく世代に継続する関係として語っておられる。マタイによる福音書一九章四節。「創造主は初めから人を男と女とにお造りになった」。この男と女はアダムとエバを指す。

「真っ直ぐ」と訳される「ヤシャール」という語に対するティラー氏の批判も、同じように見当違いで公正を欠いている。この語がしばしば「真っ直ぐ」と訳されることから、彼は、道徳的行為者の性格を表現するために使われる場合、この言葉は道徳的正しさを的確に表さないと推論しようとする。[92] それなら彼は、英語の「真っ直ぐ」〈upright〉という言葉は、ときどき、そして元来の意味では、垂直に立っている〈right up〉ということを意味するから、道徳的行為者に適用されるとき道徳的性格を表すには適切でないというのであろうか。英語の場合には、そう言っても、あまり不合理ではないかもしれないが、ヘブライ語では不合理である。ヘブライ語では独特の仕方で、道徳的・精神的事柄を意味する語が外的・自然的事物から取られていることは、よく知られている。「ヤシャール」という語が、道徳的行為者や、その道徳的行為者の言動について使用されることは（私の数え違いでなければ）聖書では一一〇回あり、そのうちの百箇所が徳や道徳的正しさを意味する。[93] これには議論の余地がない。そして、その語は（もちろんティラー氏は、その語は一般的には道徳的性格を指さないと言うつもりであろうが）主に真の徳、あるいは外見的な徳と区別された意味での徳、つまり何らかの点で徳であるようだが神の目でみて真実の徳ではないものと区別された意味での徳を意味する。少なくとも八〇回、この意味で使われている。ヘブライ語のなかでこれほど重要な意味をもつ単語はほとんどない。したがって、ソロモンの書のなかでは、道徳的行為者の性格や固有性を表現しようとするとき、絶えずこの語が使われる（この語が頻繁に出てくる）。ソロモンが先の「コヘレトの言葉」七章で、道徳的正しさや真の徳と尊厳をもった性格を表現するためにこの語を用いていることには論争の余地がない。この文脈で賢人ソロモンが語っているのは人々の道徳的性格についてであり、彼が探求しているのは（一八四頁で認められているように）人類の堕落と悪化についてだからである。千人中一人も正しい性格、真に一貫して徳があり実直であるような人を発見できなかった。これは何と不思議な光景であろうか。しかしこのテキストでソロモンは、神を潔白であるとし、人間に責任を問うている。人間は最初そのようには創造されていなかったからである。人間は正しい性格をもって、（他のものと同様に）種として完全に善く造られた。真に徹頭徹尾、徳をもち、あるべき姿をしていた。しかし、「彼らは複雑な考え方をしたがった」。一八五頁で言われている通り、この表現は罪あること、道徳的に邪悪なことを意味する。人間のなかに発見した道徳的に悪を指すために使われたこの表現は、正しい人の反対に置かれているが、この表現は、ソロモンが正しい人という表現で最も真実で誠実な善のことを考えていることを示す。「複雑な考え方」と訳された言葉は、ごく普通には、巧妙なたくらみ、曲がった詐欺的な偽善の方法を表す。そうした態度は、善いことに関しては賢明であるが悪については、単純な人や敬虔な誠実とは正反対の性格である。「箴言」一二章二節で、賢人ソロモンは、真に善い人間を、神が非難する邪悪なたくらみをする人間と対比する。ソロモンは、手の込んだ欺瞞を身につけ、見かけの善さをもつ多くの人々を何度も観察してきた。しかし、透徹した目で見ると、本当に正しい人はきわめて少なかった。彼は言う。「ほとんどの人は自分の善を誰にでも語ろうとする、しかし、誠実な人を誰が発見できるだろうか」（箴二〇・六）。「コヘレトの言葉」のこの箇所で、ソロモンが「真っ直ぐ」という言葉で真の道徳的善を考えていたことは明らかである。

テイラー氏が「多くの複雑な考え方」の意味について解釈していることは、アダムが禁断の果実を食べたということが「複雑な考え方」の一つであるということを除けば、彼がこのテキストについて語っている他の部分と同様にたいして意味はない。人類の多くの欲望や腐敗は、非常に多様な仕方で現れても、すべて禁断の実を食べた罪の結果であるからである。その最初の背信によって人間が落ち込んだ巨大な堕落は、人間が傾斜していく多くの邪悪な生き方に現れる。したがって、これらはその最初の巨大な背信と堕落の結果であり証拠であると言ってよい。

第二節　私たちの最初の父母が、禁断の果実を食べたなら死ぬと警告されたときの死の種類について

テイラー氏は、「創世記」の最初の三章を考察して言う。「人に対しては、違反をすれば必ず死ぬという警告が与えられていた。……死とは生命を失うことである。死は生命の反対であるから、反対である生命の本質にしたがって理解されなければならない。さて、ここで警告されている死は、七節で神がアダムを造ったときにアダムに与えた生命と対立するものであるに違いない。これ以外のことは堅固な基礎をもたない推測にすぎない」（七頁）。

私は反論したい。「死は生命の反対であるから、反対である生命の本質にしたがって理解されなければならない」ということは正しい。しかし、だからといって、その死は生命の喪失以外の何も意味していないということ

になるのであろうか。悲惨は幸福の反対である。そして、聖書ではしばしば、悲しみは歓喜に対比させられている。しかし、だからといって聖書でいう悲しみは歓喜の喪失だけを意味すると結論してよいのであろうか。あるいは、悲惨には幸福の喪失または不在以上のことがないのであろうか。仮にそうであったとしても、つまり、ここで警告されている死が、七節で神がアダムを造ったときにアダムに与えた生命と対立するものだとしても、神がアダムを造ったときにアダムが置かれていた状態に対立するのは、完全で恒久的に望みがない悲惨の状態である、と私は思う。アダムがもっていた生命は、真に幸福な生命であったことは否定できないように思われるからである。この幸福は、完全な罪のない、創造者の好意、創造者の愛による幸福な結果とその証拠に取り囲まれた幸福である。したがって私は、アダムが完全な義の状態で幸福であったということは、既に証明されていると考える。生命をすばらしい幸福な状態として理解することが、聖書における「生命」という語の通常の意味に一致することは明らかである。アダムが造られたときに置かれていた生命と状態に最も反するのは、神の不快と呪いの下にある状態であり、それが悪い完全に希望がない悲惨の状態であることは明瞭に確認できる。しかしその状態は、導入として、現世的な死と身体の破壊を含むのである。

さらに、彼がこの項目で語っているどのことよりもはるかに明らかなことがある。不服従の罰としてアダムにもたらされるはずの死は、罰せられずにいた場合に服従の褒美として彼に与えられるはずの生命と対比させられていた。服従と不服従は反対である。そして、警告と約束は共に律法を行わせようとする強制力であるが相互に正反対である。約束された褒美と警告された罰は、相互に反対である。しかし、服従にとどまり続けたなら与えられたはずのアダムへの褒美である生命が、永遠の生命であったことを誰も否定しないであろう。したがって生命に対立する死は、(三九六頁でテイラー氏が判断する通り)彼の言葉を用いれば、「明らかに永遠の死、私たちが今経験する死とはまったくちがった死である」。もしアダムが堅忍不抜の服従によって、創造者と完全に神聖な一致を保ち、創造者の好意を享受し、永続する生命と幸福をえるはずであったなら、そして、これが生命の樹によって保証された生命であったなら、これと正反対の、不服従の場合に警告された死は、疑いもなく、神から切り離され、神の怒りを受ける状態のなかで、永続的悪と悲惨に引き渡されることであった。

そして、最も強い理由から想定できることがある。神が最初に人類を造り、すべての生物の自然の霊長である人類にご自分を啓示して、その道徳的統治の方法を告知したとき、つまり、神への服従が人間に期待されている義務であることを知らせ、「死」という名の刑罰を予告することによって、その義務をはたすことを強制したとき、……このような場合に、わたしは最も強い理由で想定できると思うが……、「死」という言葉で意味されていたのは、人類の罪に対して最も適切な刑罰である死のことであった。そして、神は聖書のどこでも、この「死」という名で、人間の罪に支払われる当然の報酬のことを語っており、神の教会においても最初からそう理解されていた。万一、違った解釈がなされるなら、奇妙なことである。神の律法が最初に与えられ、刑罰の警告によって執行されたとき、(神が各時代に人類に与えた啓示のなかで)人類の罪に対する当然の刑罰として「死」という名で語られて来たその大きな刑罰について何も言われていなかったら奇妙なことであったろう。そしても し、そのような場合に語られ警告された刑罰が、「死」という同じ名で語られながら、同じものでなく何か違った、はるかにつまらないものを意味すると理解しなければならないのだとしたら、これもまたおかしなことであろう。

しかし、聖書が一貫して人類の罪に対する報酬として語り、代々の教会の神の聖徒たちが、啓示が書き留められた最初から最後の時期まで、異口同音にそのようなものとして語っている死が、何であるかを、しばらく考察してみよう。新約聖書から始めたい。使徒パウロが「罪が支払う報酬は死です」(ロマ六・二三)と語るとき、テイラー氏は「これは永遠の死、第二の死、私たちが今死ぬ死とは大きくことなっている死を意味する」と語っている（三九六頁）。ところが、パウロは、この死を罪に対する正当な刑罰として語っているのである（ロマ七・五、八・一三、二コリ三・七、一コリ一五・五六）。これらのすべての箇所についてテイラー氏も、パウロが語っているのは、永遠の死のことだと考えている。また使徒ヤコブが罪の正当な報酬、結果であるとして、「罪は、それが終わるとき死を生み出す」と語るとき（ヤコ一・一五）、それについてテイラー氏が、永遠の破滅を意味すると受け取っていることは明らかである。また、使徒ヨハネは、テイラー氏と同じ意味で第二の死について語り、悔い改めの意志のない罪はすべての人を最期に死に導くと語っている（黙二〇・六、一四、二一・八、二・一一）。同じ意味で使徒ヨハネは、死という言葉を第一の手紙でも使っている。「私たちは、自分が死から命へと移ったことを知っています。兄弟を愛しているからです。愛することのない者は、死にとどまったままです」（三・一四）。同じようにキリストも、地上におられたとき、しばしば死と言う言葉をつかい、罪の刑罰と結果について語っている。「わたしの言葉を聞いて、信じる者は……永遠の生命を得、また裁かれることなく、死から命に移っている」（ヨハ五・二四）。テイラー氏自身の議論に従っても、キリストが語っている死は私たちが現世で死ぬ死ではありえない。それは、永遠の死である。永遠の生命と対比させられているからである。「これは、天から降って来たパンであり、これを食べる者は死なない」（ヨハ六・五〇）。「はっきり言っておく。わたしの言葉を守るなら、その人はけっして死ぬことはない」（八・五一）。「生きていてわたしを信じる者は誰も、けっして死ぬことはない」（一一・二六）。これらの箇所で、キリストが信者は現世での死に遭わないと言っているのではないことは明らかである。（マタ一〇・二九、ルカ一〇・二八も見よ。）昔の預言者たちも普通、死という言葉を同じ意味で使った。彼らは死を罪の当然の結末と償いとして語った。エゼキエルの預言にはその例が何箇所もある。「わたしが悪人に向かって『お前は必ず死ぬ』と言うとき」（エゼ三・一八）。原文では「死にながらお前は死ぬであろう」である。[94]……これは、神がアダムを警告するときに使った同じ形の表現である。私たちは同じ言葉に別のところでも出会う（三三・一八）。一八章四節では「罪を犯した者、その人が死ぬ」と言われる。次の箇所も同じ趣旨である。三章一九、二〇節、一八章四、五、一〇、一四、一七、一八、一九、二〇、二一、二四、二六、二八節、三三章八、九、一二、一三、一四、一九、二〇節。これらの箇所で、現世の死が言われていないことは明らかである。義人はそのように語られている死を死なないと絶対的に約束されているからである。「わたしの掟をことごとく守り、正義と恩寵の業を行うなら、必ず生きる。死ぬことはない」（一八・二一）。[95]（九、一七、一九、二二、三・二一も同様。）また、預言者エレミヤがこの語を同じ意味で使っていることも明らかである。「人は自分の罪ゆえに死ぬ」（エレ三一・三〇）。そして、預言者イザヤも同じ死について語っている。「唇の勢いをもって逆らう者を死にいたらせる」（イザ一一・四）。（また、六一・一六を二四と共に見よ。）ソロモンは、賢者や古人が使用したときのこの語の意味に最も通暁していたと思われるが、死を一貫して罪の当然の結果、償いとして語っており、この意味でのみ使っている。「慈善は命への確かな道。悪を追求する者は死にいたる」（箴一一・一九）。（一八・三二、一〇・二一、一四・一二、一九・一六、一一・一八、三二、五・五、六、二三、七・二二、二六、二七、九・一八、一一・一九、一五・一〇、一八・二一、二一・一六、一三・一三、一四も同様。）これらの箇所でソロモンが現世的死を語っていることはありえない。彼はそれをしばしば悪人への刑罰として語っており、刑罰を受けるとい点で義人はたしかに悪人から区別されるからである。たとえば、「正しい道には命がある。悪を求める者は死に至るまで悪を追求する」（箴一二・二八）。（一〇・二、一一・四、一三・一四、一四・二七、その他も同様。）しかし、私たちは同じ賢人ソロモンが、現世的死と現世的出来事一般については、善人悪人の区別なく等しく起こる（コヘ二・一四、一五、一六、八・一四、九・二、三）と述べているのを知っている。七章一五節の彼の言葉に注目すべきである。「善人がその善のゆえに滅びることもあり、悪人がその悪ゆえに長らえることもある」。ダビデも「詩編」で同じ意味で「死」という言葉を使っている。彼は死を罪の正当な報酬、結果として語る。「悪は悪人を殺すであろう」（詩三四・二一）。[96] ダビデは、これは確かであると語っている。「神よ、あなたは悪人をたしかに滅ぼされるでしょう」（詩一三九・一九）。[97] そしてダビデは、これを、悪人を義人から区別することだと言っている。「命の書から彼らを抹殺してください。あなたに従う人々に並べてそこに書き記さないでください」（詩六九・二九）。さて、モーセ五書で使われている「死」という言葉を見てみよう。そこは、アダムに対して警告の死が語られた聖書の部分である。このモーセ五書で、死が罪の正当な結果であり、定められた報酬であると語られるとき、その死は永遠的な死として理解されている。「見よ、わたしは今日、命と幸い、死と災いをあなたの前に置く」（申三〇・一五）。「わたしは今日、天と地をあなたたちに対する証人として呼び出し、生と死、祝福と呪いをあなたの前に置く」（同一九）。ここで語られている命が、「レビ記」一八章五節で語られている命と同じであることは疑いない。「わたしの掟と法を守りなさい。これらを行う人はそれによって命を得ることができる」。永遠の命ということで使徒が理解している命はこれである。それは「ローマの信徒への手紙」一〇章五節、「ガラテヤの信徒への手紙」三章一二節を見ると明らかである。……しかし、モーセ五書において罪のゆえに警告されている死が永遠の死を意味することは、テイラー氏が何度も述べている。「モーセの律法の構造では、律法の下にある者たちを死に従わせるようになっており、この場合の死は永遠の死を意味する」（ロマ五・二〇への注釈）。これは彼の言葉である。同じことを彼は他の多くの箇所で語っている。今引用したところで「わたしは、生と死、祝福と呪いをあなたの前に置く」（申二七、二八章）と語られるとき、疑いもなく、神が彼らの前で荘重に語られた祝福と呪いのことが言われている。二七章の終わりで言われる呪いの総括は「この律法のすべての言葉を守り行わない者はのろわれる。」である。これを使徒パウロは永遠の死を警告する言葉として語り、テイラー氏も認めている。[98] また、この意味でヨブとヨブの友人たちも、彼らは書き留められた啓示より前に生きており、宗教に関する彼らの語り方は古代からの伝承であったが、死については罪の報酬・結果として語った。

アダムへの警告で言われた死は永遠の死を意味していたという解釈に、この語のそのような使用法は比喩的であるということを理由に反対する人がいるかもしれない。もっとも、この比喩的使用は、「創世記」の最初の三章に出てくる物語で使われている他の多くの表現ほど比喩的ではない。たとえば「神は言われた『光りあれ』と」、「神は言われた『天蓋あれ』と」等々は、神がこれらの言葉を発声したように書かれている。「神は七日目に休まれた」は神が疲れて休んだかのようである。また、「二人は歩いている神の声を聞いた」と言われるとき、神が二本の足をもって大地の上を歩いているかのようである。アダムとエバについて「彼らの眼が開けて、自分たちが裸であることがわかった」と言われるとき、「裸」という語で有罪の意識の状態が意味されている、とテイラー氏は解釈する（一二頁）。しかし、そのように解釈された「裸」の意味は、今問題にしている「死」という語の意味よりも、はるかに通常の用法からかけはなれている。また、彼は、女の子孫が蛇の頭を砕き、蛇は彼のかかとを砕くという約束を、「メシアが悪魔の支配力と主権を破壊するとき、悪魔から軽傷を受けることである」と解釈する（一五―一六頁）。この解釈は、文章の意味を、語の通常の用法からかけはなれた比喩的意味で一杯にする。ともあれ、約束が比喩的表現でなされ、私たちの最初の父母に神が警告をしたとき、神が比喩的表現をして、なぜいけないのか。これらの章では、多くの強い比喩的表現が使われているからである。

しかし、もちろん、「死」という語、あるいはそう訳されるヘブライ語が、今解釈されたような仕方で使われたとしても、それを比喩的な意味で解釈する必要はまったくない。この語はその正しい本来の意味では、完全な悲惨や実体的な破滅を指す以外にないように見えるからである。ただし、この語はもっと外的で目に見えることを指すのに使われることがあった。私たちの言語にも、「心〈heart〉」「意味〈sense〉」「見解〈view〉」「発見〈discovery〉」「概念〈conception〉」「光明〈light〉」といった言葉が多くあり、これらの言葉は、「心臓」と呼ばれる身体の筋肉質の部分、「感覚」と呼ばれる外部感覚、「眺望」と呼ばれる視界、「掘り出しもの」と呼ばれる思いがけない発見物、「妊娠」と呼ばれる胎児の始まり、「光」と呼ばれる太陽光線を指すのに使われる。しかし、これらの語は、傾向、愛情、知覚、思考、また霊魂の現象や証拠といった、他のもっと精神的・内面的なことを指すのにも使われても、同じように問題ない。言語の使用法を支配している慣例では、前者を指すのと同じく後者を指す場合も、正当な意味を持っている。このことは、特にヘブライ語では普通のことである。また他のオリエントの言語でも同じく、外的な事物を指す語を、もっと精神的なものを指すのに使うことができ、むしろそちらの方が普通であるということがあると思う。たとえば、「息」を表すのに使われるヘブライ語の幾つかの単語は、そのような二重の意味を持つ。つまり「ネシャマー」は「息」と「霊魂」の両方を意味し、どちらの意味も通用する。「ルアッハ」は「息」あるいは「風」の意味で使われるが、「霊」の意味で使われることのほうが多い。「ネフェシュ」は「息」の意味で使われるが、「霊魂」の意味で使われることのほうが多い。同じように「レブ」は「心」にも「霊魂」にも使われるが、心臓の意味ではなく特に意志や感情を指すのに用いられる。「シャローム」という語は、「平和」と訳されるが、相互協約だけでなく、繁栄や幸福を表すのに使用しても構わない。「命」と訳される語は、身体の自然的生命を指すと同時に、感覚を持つ行動的な存在の、完全で幸福な状態を指す。どちらの用法も正しい。同じように「死」という語は、外界を感覚する機能、活動、享楽の破壊を意味するが、明らかに他の意味を持つ。それは、「完全な、明解で望みのない破滅と悲惨」という意味であり、ヘブライ語では、それは同じく正しい。

したがって、死は本来ただ現世の生命の喪失だけを意味するのだから、禁断の果実を食べてはいけないという警告として語られた死はそれ以外のことを意味していないという主張は、まったく根拠がない。また、神が女の子孫について語ったことは非常に比喩的であったが、アダムはそれを聞いて、警告されている死について救いがあることを理解できたのであり（テイラー氏自身一八頁でそう解釈する）、彼は警告されている死を重要な意味で理解した。特にアダムが考えたのは、現世的死は、もともとそれ自身が神の恩寵によって変えられなければ、暗い希望のない悲惨な状態への導入になるという見通しであったろう。この悲惨な状態は、死の暗い恐ろしい状況によって暗示されており、当然最も恐ろしい希望のない明らかな破滅を心に示唆するのである。

「死にながら、あなたは死ぬであろう〈あなたは必ず死ぬ〉」という句が、モーセの書では現世的死を指す意味で何度も使われている、という反論は説得力がない。既に述べたように、聖書のこの箇所にもっと近い似た箇所で、同じ句が永遠の死を意味するように用いられているからである。しかし、もちろん、そのような仕方で表現されているということからは、何も本質的な意味は引き出せない。ヘブライ語で、この語が何度も出てくるのは、現代語でこの語が強調されるのと変わらない。つまり、それは、対象の程度が大きいこと、それが重要であること、それが確実であること等を意味するにすぎない。これらのことを表し印象づけようと思えば、私たちは、単語に強調点を付加するのが普通である。ヘブライ人は事物を強調しようとするとき、そうする代わりに、単語を繰り返して重ねる。そうして、聞く者の心を捉えようとする。これは、ヘブライ語の聖書に少しでも親しんでいる人にはすぐ理解できることである。アダムへの警告のなかで死という語が重複的に使われているのは、その警告が荘重で重要な意味をもっているという以上のことを意味しない。しかし神は、断固として荘重に、永遠の死か現世的死かのどちらかを宣告することができる。したがって、警告が強調されているからといって警告が大いに尊重されるべきであるということ以上のことは何も推論できない。もっとも、この警告は限りなく重要であり、何よりも尊重されるべきなので、永遠の死への警告が強調されて語られているのだと考えることは許されよう。

第三節

ここでは、創世記の最初の三章の物語において、神がアダムとの関係で人類一般に関わっていると解釈すべき理由があるか、つまり人類一般は人類の最初の父祖に含まれているのか、禁断の果実を食べたなら死ぬという警告はアダムだけに向けられているのか、それともアダムの子孫にも向けられているのか、という問題が究明される

テイラー氏は、「あなたは確かに死ぬだろう」というアダムへの警告を繰り返しとりあげ、注釈を加え、結論として「ここにはアダムの子孫に言及する言葉は一言もないことに注意せよ」と述べている（七、八頁）。しかし、反対の見解が可能である。むしろ、神がアダムとエバに語ったことのなかには、意味や意図のなかに明らかに子孫が含意されていないような単語は一つもない。この警告のなかには、神がアダムとエバに語った「産めよ、増えよ、地に満ちよ、そして地を従わせよ」という言葉（一・二八）の場合と同様に、アダムの子孫への意図が語られている。ことがらとしては、アダムの子孫が含まれていると解釈できる。この警告は「見よ、私はあなたに種をつけるすべての草を与える……また、種のある果実をもつすべての樹をあたえる」（二九）等の言葉の場合と同じく、子孫を含意する。そもそも、神がアダムを創造しようとした時、神がその機会に語ったことはアダムだけでなくアダムの子孫を視野に入れていた。「私たちの姿に似せて人を創ろう。そして、彼らに海の魚を支配させよう……」（一・二六）。それ以上に注目されるのは、「あなたは塵に還る」（三・一九）という判決に見られるように、死の警告においてもアダムの子孫のことが言われていることである。テイラー氏もこの判決を「あなたは確かに死ぬであろう」という警告に対する執行を語る判決であると解釈する。そして彼も「あなたは確かに死ぬであろう」という判決をしばしばアダムの子孫を含むものとして語っている。しかし、さらに注目される

のは、彼自身がしばしば話題にするこの判決が、アダムの子孫を含むものとして語られているという事実である。つまり、この判決は、断罪であり、司法判決であるが、神はこの判決を、審判者の役割を果たす意味で、アダムの子孫を指して語り、アダムの子孫を現世的死に定めているというのである。もっともテイラー氏はここで首尾一貫していない。彼は同時に、死はアダムの罪の結果として、刑罰としてアダムの子孫にもたらされたものではなく、本質において最高の恩恵を人類に与えるための父の慈悲深い措置である、と主張するからである。[99]

私は、テイラー氏の言っていることを不当に非難したり、曲解しているのではない。彼は［創世記］第三章一九節の判決について次のように記して、それは第二章の警告の遂行を宣告していると言う。「一七—一九節で人間に語られる判決は、最初は人間を支えている大地に向けられる。土地は多くの有害な雑草で覆われ、耕作はたいそう骨が折れる。人は、死んで地に還るまで、辛い労働で食物をえなければならない。人は地から取り出されたのである。このようにして罪によって死がこの世界に入り込み、人は死ぬようになった。これは、第二章の警告に対応する」[100]。さて、もし前章の警告にしたがって人類が死ぬようになり必ず死ぬのなら、明らかにその前章の「あなたは死ぬであろう」という警告は、アダムだけでなく人類を視野にいれアダムの子孫を含んで語られている。当然である。テイラー氏自身、明らかにそう思っている。地に落ちる、塵に還るという判決の部分がアダムの子孫を含んでいたという点では特にそうである。その判決について「ここで私たちの最初の父母に下された判決によって、彼らの子孫である私たちも実際に同じ苦難と死に従属していることに注意せよ」と彼は言う（二〇頁）。「しかし、人間は、その長い歴史の時間を通じて、すべて死に従った、それゆえ、彼らはこの判決に含まれているにちがいない」（四二頁）。同じことを彼は他の多くの箇所で肯定する。その一部をいま取り上げてみよう。

警告に基づいて下された判決、そして（テイラー氏の言う）警告に対応した判決は、警告に含まれていた人々全員に及ぶ。含まれていない人々には及ばない。判決がある集団に下され、しかもいわば無際限に適用されるとしても、その集団の大部分が警告には含まれていないか、何も警告されていなかったとすれば、確かにこの判決は警告に対応していないし警告に基づいてもいない。しかし、もし判決が警告に対応するなら判決によって警告を説明してもよいであろう。そして警告が語られた相手である同じ人物に、しかも警告と同じ二人称単数で判決が下され、その判決が警告に基づき、警告に対応するなら、そして、その判決がアダムの子孫を含んでいるなら、警告も判決も共に、子孫の公的な長であり代表としてのアダムにくだされたのである。

さらにそこから、テイラー氏の教義に正反対の、もう一つの論点が引き出される。アダムの子孫を含んでいる判決は、アダム自身に対する刑罰としての死であるだけでなく、子孫に対する刑罰としての死である。警告の執行としての判決は、刑罰を目的にしているからである。警告は刑罰の警告である。神でも人間でも、優遇し恩恵を与えるであろうというような警告はしない。

神は人類に善いことをしようとして警告したと言ってもよいではないか、とこの著者の追随者たちが主張することがないように、私はこう言おう。テイラー氏は、神がすべての人類に対して語った判決を、人類への断罪として、司法的に宣言された断罪として、つまり神が人類に対して審判者として下した判決として語っている。それが法的措置であることを彼は多くの場所で肯定する。この判定が、アダムとエバの子孫である私たちを苦難と死に定めていると語る際、彼は、この判決を有罪とさだめる法的行為であると言っている。「有罪と定める法的行為は、彼を砕き、彼が取られた場所である大地へ戻すことを含意する」(二〇頁)。「聖書のすべての巻で、一つの有罪判定が記録されている。それはすべての人間に適用される。それは「創世記」三章一七、一八、一九節にある『あなたは塵である』という言葉である」(二八、二九頁)。四〇頁でも、同じことを語って言う。「すべての人間は断罪を受けている」。「判決、有罪の判決ということで、パウロが言っているのは、先に述べた死に定められているということである。彼はアダムの最初の違反の結果として人類に対して宣告された死の判決、一般的な死のことを考えている。神によって下された断罪は、死んでいる状態に対応し、実質的にそれに等しい」（二七、二八頁）。「多くの者、すなわち人類は神の裁判の判決によって死にさだめられた」（三〇頁）。「罪人とされたということは、死に定められたということである。……というのは、そのヘブライ語の単語は、裁判の判決で人を罪人にすることを意味するからである」（三一頁）。彼は、「ローマの信徒への手紙」五章一九節への注解で、「一人の人の不服従を理由として、人類は法的に罪人と定められた。すなわち審判者である神の判決によって死を受けることになった」と解説する。(101) また、多くの箇所で、同じことを繰り返して述べている。四八―四九頁で、「箴言」一七章一五節「悪い者を正しいとすることも、正しいひとを悪いとすることも、ともに主のいとわれることである」を引用した直後、それは裁決行為を意味すると注意をうながしていることが注目される。ところが、その直後に彼は、神ご自身がそうしたのは、有罪としたアダムの子孫を神はいつも無罪潔白であると思っているからだと解釈する。彼はこのように言っている。「すべての人間を有罪とする判定から帰結することは、すべての人間に死が訪れるということであり、それはアダムの違反に対して行われた神による裁決行為によるのである」。そして、非常に注目すべきことは、テイラー氏が「聖書では、正しいことであれ、有罪なことであれ、本人の行為以外の行為が、その人に転嫁され、その人のものと見なされることはない」と何度も主張することである（二七九、二八〇、二八三頁）。そう言いながら他方で彼は絶えず、すべての人類は、審判者である神の裁判の裁決によって罪人とされているということを肯定する。彼らはまさに有罪と判定されているのであり、裁判で罪人と確定され、アダムの罪に対する断罪を受ける。人類は、アダムに対して語られた「あなたは確かに死ぬであろう」という警告に合致するすべてのことを受けるのである。それなのに、彼はアダムの子孫は、警告には含まれていないと解釈する。子孫は完全に無罪潔白であり、完全にそのようなものであると言う。

テイラー氏がこのような矛盾に陥ったのは不注意から出た混同によるだけではないと私は思う。「ローマの信徒への手紙」五章の有名な箇所、特に「審判の場合には、一つの罪ごとに断罪がくだされる」(一六節)、「一つの違反によって断罪がすべての者にくだされる」(一八節)、「一人の人の不従順によって多くのひとが罪人とされた」(一九節)という有名な箇所について考察を回避したために、矛盾に追い込まれたのである。彼がこの不都合を糊塗するために次のように言うのも解らないでもない。「もし、警告が直ちにアダムに執行されたなら、彼は子孫を持たなかったであろう。したがって、アダムの子孫が存在する可能性が律法の警告のなかに含まれていたのであり、審判者の手のうちにあって審判者が適切だと思うように扱われる。そして、断罪のすべての者におよぶ根拠はそこにある」[102]。しかし、これは非常に軽薄な説明である。なぜなら、

一. 死ぬということと存在できなかったということはまったく違ったことである。たとえ、実際に犯された罪というようなものが存在しなかったとしても、神の意志によって存在できなかった数限りない存在できたかもしれないものがあったであろう。神が決定しなかった無数の可能な世界があり、無数の可能な住民がそのなかで生きることもできたはずである。しかし、そのことは、神がそれらの住民を死ぬように定めたということと同じであろうか。

二. テイラー氏は、「アダムの罪によってアダムの子孫が存在するかどうかが、その適切性を判断する審判者の手にゆだねられた」と述べる。[103] しかし、存在を神の手に委ねるためというのなら、何もアダムの罪や他の者の罪を必要としない。すべての被造物が将来存在するかどうかは、罪の存在に先立って、神の手の中にある。それゆえ、主権者である神の決定によって無数の存在可能なものが、アダムの罪とは無関係に、また他の罪ある存在とは無関係に、存在できないのである。アダムが罪を犯さなかったなら、無数のアダムの子孫が神の措置によって存在できなかったと考えること自体が、おかしな考えである。もし、アダムが罪を犯さなかったのなら、神は

アダムの子孫を最大限多く存在させる気になっただろうというような不合理な考えをする人がいるだろうか。つまり、その場合には、現在事実として死の宣告のもとにあり塵に還っていく個々の人間のことではなく、それ以外のアダムの子孫の誰かが存在することは不可能であったということを言っているにすぎない。

三．聖書のなかには、実際に存在したアダムの子孫と比較して、数え切れない多くの人々が、実際に存在できなかったということを含意する多くの記事がある。たとえば、存在したかもしれないアベルの子孫、洪水で滅びたすべての人々の存在したかもしれない子孫、また聖書に書かれている戦争や飢饉によって滅びた多くの人々の子孫、等である。そして、もしアダムへの警告が彼の子孫に及ぶということが、あったかもしれない存在を奪われたということ以外の意味でないのなら、これらの事例の方が警告の成就としては実際に起こっている死よりも相応しいことになる。また、それこそが審判者の判決によって執行された断罪と、その警告の結果起こったことに相応しいことになる。しかし、そのような見解は聖書のどこにあるのだろうか。自分の罪ゆえに絶たれ、それゆえに子孫を残せなかった多くの人について記述がある。そしてそれは、神の審判であり神の断罪の結果であると言われている。しかし、その審判が存在したかもしれない子孫に対する神の断罪の結果であると語られることがあるのであろうか。

四．この問題に関連してテイラー氏は、アダムに対して与えられた律法の警告について語る。この警告は将来存在するかも知れないアダムの子孫も従う律法であり、「すべての人を有罪とする根拠である」という。(104) しかし、ここで彼は、はなはだしく矛盾している。彼は前に引用した箇所で、聖書はすべての者に下される断罪については何も語っていない、語っているのは「創世記」三章にある、塵に還るという判決であると言っているからである。彼によるなら、アダムに警告として与えられた律法はその判決の根拠ではありえない。その判決が宣告される前に律法は完全に廃棄されており、その時には「存在していなかった」ので、死の判決をもたらすような影響力をもっていなかったからである。(105) 彼によれば、この判決はまったく新しい根拠によって、つまり、神の恩寵による新しい統治方式に基づいて導入されたのである。この点が、特に三八九―三九六頁で強調されている。塵に還るという判決は、律法の警告を根拠としてはいない。このような見解に立てば、それは有罪宣告とは言えないであろう。

五．そもそもティラー氏が想定する通り、すべての人間に下される死の判決が、アダムへの警告を根拠にした有罪宣告という思想に包括されるならば、その死の判決を刑罰として考えるのは当然である。律法の違反に付随する警告は、刑罰への警告でもあるからである。しかし、これを彼はまったく認めない。彼は判決で定められた死が刑罰であることを認めず、死はアダムの子孫への父なる神の好意、恩恵、愛の結果であると言う。アダムの子孫を有罪ではなく、無罪潔白であると見なす。彼の思考体系では、死は有罪判決とはいかなる点でも、まったく無関係になる。彼が想定するように、アダムの子孫が存在する可能性が、律法の警告に懸かり、審判者の判断にゆだねられており、また、すべての人を死に定める根拠であるとすれば、その考えには、この判決で人類に定められた死が悪であること、少なくとも消極的悪であるという考えが含まれている。存在しないことは消極的な意味で悪である。しかし、ここで彼は首尾一貫していない。前に見たように、彼は人類が死に従属したのは恩恵であると主張するからである。彼によれば、人類の定めとされた死は消極的悪、つまり存在が無くなるとか、善がなくなったり減少したりすることではなく、反対により幸福な存在になるための手段であるから善を増大させる。

このティラー氏の原罪回避論、あるいは「はぐらかし」は、問題をわかりやすくして矛盾をなくすどころか、かえって矛盾を増幅させる。

アダムに与えられた契約あるいは律法には死の警告が結びついており、これは人類の頭としてのアダムに与えられたものであって、アダムの子孫はアダムの中に含まれている。このことは、彼の他の主張から出てくるばかりでなく、「ローマの信徒への手紙」五章におけるパウロの言葉で平明に語られている。この部分がテイラー氏をこのような甚だしい矛盾に追い込んだのである。しかし、そもそも「創世記」の最初の三章に書かれた物語は、これ以外の解釈をゆるさず、直接この結論に私たちを導く。

「あなたは塵に還る」(創三・一九)という宣告は、その前の章の警告と同じ適用範囲をもっていないし、そこで律法の中核的呪いの執行が語られているのではない。もし律法の中核的呪いが執行されていたなら、その直前に与えられた減刑の宣告と矛盾していたはずだからである。とはいえ、明らかに、この判決は先の警告の履行であり、警告に含まれていた何かを目的にしている。判決は同じアダムに語られており、警告の言葉を伴い、単数形でアダムの子孫については言及をしないかたちで平明に語られている。しかし、結果と状況から、判決の言葉に子孫が含まれていることは明らかである。言葉は審判者の判決の形式で申し渡されており、審判者にとって好ましくないこと、非難されるべきこと、すなわち罪を有罪としている。アダムとアダムの子孫に対する判決は一体であり、同じ状況における同じ苦しみを定めている。両者が同じ言葉で、一緒に語られている。直接には、一人に対して語られているが、両者にとって同じ事であると推論してよい。テイラー氏は、同一の判決がアダムにとっては刑罰であり、アダムの子孫にとっては好意の約束である(六七頁)と言うが、そのようなことはない。

だが、彼はところどころで、神がこの判決で告発している内容を、アダムにとっても彼の子孫にとっても恩恵と考えていると解釈しているように見える。[106] しかし、ここで主として問題になるアダムの子孫、あるいは人類一般に限っていえば、彼は断固として、それは純粋に神の好意であると主張する。そうして、判決は好意の現れであり怒りの表れではないと考える。しかし、断罪の有様や状況をみて、アダムはどうしてそれを大きな恩寵の約束と理解することができただろう。神が復讐に燃え不快をあらわす非難の言葉を語り、アダムの犯罪のひどさを指摘し、ケルビムと燃える刀をともなって立っているのに、アダムは神が彼を欺いていると思うことができただろうか。これらの状況が、無罪潔白であった過去と比較して、より高次の好意を示し、父なる神の愛と親切を示す大きな祝福の約束であると、どうして考えられるのであろう。もしそれが真実なら、神のアダムへの言葉は次のように解釈されるはずである。「お前が悪いことをし、妻の言葉に聞き従い、私が食べてはいけないと命じていた樹から取って食べたので、無罪潔白であったときよりも私は、お前に親切にする。そして、今やお前に次のような大きな好意を与える。お前のために大地が呪われることなどである」。アダムはこのように語られたことを理解しなければならないことになる。まさか（これほど涜神的なことはないと思うが）神が、アダムを欺くために不快であるふりをし、意図とは反対のことを信じさせたと言うのではあるまい。それではアダムは欺かれて、彼の子孫たちに不条理で正義に反する一連の悪が降りかかること、完全に罪のない無数の人々がまったく不当にあつかわれることになるのを信じさせられたということになる。しかし、神の語ったこと、その語り方のなかには、モーセが説明している通りそうした素振りはまったくない。このとき、神は立腹し、被告人を断罪する。アダムは罪ゆえに正しく罰せられようとしている。その罪について神は語っているのである。

神がこの判決を言い渡したとき、アダムは、神がアダム自身だけでなくアダムの子孫を指していることをはっきり理解したはずである。もちろん神は二人称単数型で語っている。「お前が食べたので、……お前は、悲しみのうちに食べることになる。……お前が塵に還るときまで」。しかし、アダムは、「お前は必ず死ぬ」という警告が聞いたときと同じように、その宣告が彼の子孫にまで及ぶことを当然、理解したであろう。宣告は端的に警告とその結果に関係するからである。「それを食べるなら、お前は死ぬであろう」と警告されたので、判決は「お前は食べたので、死ぬであろう」と宣告するのである。そして、これを書き留めているモーセも、読者はそのように理解すると考えていたはずである。物事の起源を語る場合に、このような語り方がされることは多い。ある種類の最初の存在、人類の首長たちについて語ることによって子孫について語るという語り方は、アダムとエバに語られたすべての言葉だけでなく、鳥や魚について語られたこと（創一・二二）でも用いられている。後にノアに対して語られたこと（創九章）、シェム、ハム、ヤパテ、カナンに語られたこと（創九・二五―二七）でも同様である。同じように、アブラハムへの約束でも、言葉は、二人称単数であり、アブラハムに向けて語られているが、内容はむしろ主として子孫のことである。（創六・一二、一七・二〇）。イサクがエサウやヤコブに語ったことも同様である。二人称単数で語られているが、意味は子孫のことである。ヤコブのエフライムやマナセ、一二人の息子たちに対する祝福の言葉も同様である。

しかし私はさらに、一、二のことに注意したい。この二つは、アダムの子孫が、アダムと神との契約に含まれており、罪に対する警告も含まれていること、そして、アダムの罪の結果、生じた災いは、子孫に対して罰としてもたらされることを示している。

[一] このことは大地に対する呪いから明らかである。それは、呪いである以上、アダムと子孫に等しくあてはまる。それは判決の結果おきるのであるから、誰に対して執行されるにしても、祝福ではなく罰として起こる。テイラー氏は「呪いは大地に対して語られたが、女と男には語られなかった」と言う（一九頁）。そして、大地だけが呪われ、人は呪われなかったと強弁する（三二一、三二二頁）。呪いは、まるで生命のない、感覚のない大地が受けるだけであるかのようである。この呪いを、大地を通じて人間に向けられたものでないと考えるなら、「大地はあなたのゆえに、罰せられ悲惨になるであろう」という意味がなくなるであろう。彼は大地の呪いを有害な雑草に覆われることであると解釈する。しかし、こうした雑草は、その上に住む者がなければ呪いになるであろうか。また、住む者にとってその雑草が有害でなく役立つものなら、呪いではない。「申命記」二八章一七節で「籠もこね鉢も呪われ」と言われている。ここで「呪われているのは籠であって、籠の所有者への呪い

は何も言われていない。だから、それを所有者への罰であるとか、神が彼に対して不快を表明していると解釈する必要はない」と言うとすれば、冗談だと思われるであろう。恩恵をうけたり苦しみを受けたりする能力のない無生物が、呪われたり祝福されたりするであろうか。「出エジプト記」二三章二五節で「主はあなたのパンと水を祝福するであろう」と言われている。これについて「ここでは、パンと水が祝福されている。この食べ物は口に入ったが、口に対する祝福ではなかった」というような微細な区別を誰が論じるであろうか。神が大地に向かって発した呪いについてそのような区別立てをすることは、幾つかの点でさらに理屈にあわないことになる。神はこのことを説明するときに、それが「人のせいで」であるとはっきりと語り、この呪いが人間に向けられ、人間の問題であり、人間の過ちのためであると明言しておられるからである。その呪いから、彼の悲しみと苦しみが出てくる。「おまえは、悲しみのうちにパンを食べ、……おまえに向かって、アザミとイバラが生えてくるであろう」。神ご自身の言葉が、この呪いが向けられている対象を明示する。この言葉は「申命記」二八章一六節に対応するものであるが、それはずっと平明で明解である。「畑でおまえは呪われる」つまり、大地の上で呪われるのである。

もし宣告のこの部分が、人類への呪いや処罰の意図をもたずに発せられており、むしろ反対に、人類にとって大地の本質の変更を意味するものであったのなら、つまり、土地が楽園の甘い、誘惑する有害な果実ではなく、もっと優良な健康によい果物を産出するようになるために、あるいは死に至る熱病や永遠の死を結果する病気を予防したり治療したりする薬としてのイバラとアザミを産出するために、この宣言がなされたのなら、その場合には、その宣告は大地に対する祝福になり、呪いならなかったであろう。私がここで言っているのは、あくまで呪いや処罰の観念を持たずにこの宣告が発せられている場合には、ということである。しかし、それなら、むしろ次のように語られた方が適切であった。「おまえのために大地は祝福されるであろう。……私は、大地の中に幸福な変化を起こす。それは、お前のような虚弱で、誘惑に負けやすい生物が生存しやすい場所になる」と。

この出来事は、呪いを語ったとき、神がアダム自身とともにアダムの子孫たちのことを等しく視野にいれていたことを明白に示す。大洪水の前に、アダムの子孫たちのうち敬虔な者たちは、そのように理解していた。だからこそ、ノアの父ラメクは「主の呪いを受けた大地で働く我々の手の苦労をこの子は慰めてくれるであろう」と言って、その子をノアと名付けた」（創世記五・二九）のである。

［二］アダムの子孫は死の警告の対象に含まれていた。そして、私たちの最初の父母は、罪に堕ちたとき、つまり悪魔に禁断の果実を食べるようにと説得されたとき、悪魔が彼らとその子孫が共に罰せられ破滅することを狙って、それに成功したという事実を理解していた。アダムがその直後に妻に新しい名、エバ、つまり「生命」という名を与えたことがそれを論証する。アダムは、エバの子孫によって悪魔の計画をくじくことを考えていた。アダムは子孫を残すことを考えており、それは自分たちのためだけでなく、子孫のためであった。そのことによって蛇によってもたらされた死と破滅から解放されようとした。そのようにして救い出され生命を得るはずの人たちをアダムは生者と呼んでいる。アダムは神の言葉によって、解放と生命が女の子孫によって来るはずであるということを察知したので、「彼女はすべての生者の母である」と言い、彼女に新しい名を与えて「エバ」（生命）と呼ぶのである（創三・二〇）。

これが、アダムが妻に新しい名を与えたときの機縁であった証拠はきわめて大きい。救い主が彼女の子孫から出ることになるということは彼女の新しい誉れであり、少なくとも現在の彼女の状態では最大の誉れであった。新しい名前は、何かがある人物の誉れになるときに与えられるものであった。アブラハム、サラ、イスラエルの場合もそうであった。テイラー氏も（『鍵』二五五項で）、キリストに救われた者たちは「生きる者」（二コリ四・一一）と呼ばれると述べている。生者、あるいは、生きている者である。旧約聖書でも同様に、正しい者は生ける者という名で呼ばれている。「彼らを命の書から抹殺してください。義人とともに名を記さないでください」(詩六九・二八)。もし、アダムが、エバがすべての生きる者の母になるということで、ただ人類の母になるということだけを考えており、それだけの意味で生命という名を与えたとするなら、最初からその名を与えていてもよさそうである。その最初の時から、神は、彼らを結び合わせて祝福し「産めよ、増えよ」と語っており、彼女が不死の状態にあったときから、つまり生きていて、けっして死なない状態にあったときから、人類の母になるであろうということをアダムは想定していたはずだからである。しかし、その時、アダムは、女をただ「イシャ」という名で呼んだ。私は繰り返して言うが、その後、暗転して子孫を含めて彼らが死刑の宣告を受けると、その直後に、つまり、死滅する種の母であるにすぎず、彼女の過ちによってすべての世代が塵になるという恐ろしい展望に直面して、その直後に、アダムは女の名前を命［エバ］と変え、彼女をすべての生者の母と呼ぶに至るのである。たんに、人類の母になるという意味であるとすれば、その命名の行為がまったく説明できない。さらに、子孫に対する彼女の関係は、すべての人類の母であるということではなく、子孫の性質に関する関係であった。その質を視野にいれてアダムは新しい名前を与えた。その性質とは名前自体が表すとおり、生命である。しかも、もしアダムが単に自然的な死すべき生命を考えていたとすれば、そのような生命は女の子孫を動物から区別しない。生きている者という表現は、「創世記」の幾つかの箇所、たとえば一章二一、二四、二八節、二章一九節、六章一九節から七章二三節、八章一節、そして、聖書の他の箇所で他の生物に対しても使われているからである。さらに「生命」という名がエバの子孫の性質を意味していなかったとすれば、それはエバをアダムから区別しない。その場合には、すべての生者の母は、すべての生者の父と同じ意味であるからである。その点で、エバはアダムと比べて特に「生命」と呼ばれる資格があるわけではない。しかし、名前は区別するためにある。明らかに、アダムはエバに特別な性質があることに気が付いていたので、彼女に新しい名前を与えたのである。私は、アダムがエバの創造の様子を見て彼女に最初の名前を与えたと同じように、贖罪、つまり、彼女の子孫から出る贖罪主によって起こる、いわば新しい創造というべきことを見て新しい名前を与えたと解釈することはきわめて自然であると思う。そしてアダムがこの名を与えたのは、神が彼と子孫に対して宣告した呪いに対して、これが彼の慰めであったと解釈することはきわめて自然である。ちょうど、それはラメクがノアの名前をつけたいときに語ったことと似ている。「主の呪いを受けた大地で働く我々の手の労苦を、この子は慰めてくれるであろう」（創五・二九）。こうしてアダムは、最初の創造のときではなく、エバの子孫から贖罪主が出るという確信を得た直後にエバに新しい名を与えたのである。「創世記」三章一五—二〇節を見よ。

　さて、アダムが神の示唆を受けて妻に新しい名前を与えたことから私が推論した結果は、このとき神が語ったように、エバの子孫によって悪魔の邪悪な計画、つまり、女を誘惑する計画が打倒され失敗に終わるということであるが、アダムはそのことから、多くの人類が救済されると推論し、その者たちを生者というのである。人類は、老獪な蛇の邪悪な計画の結果から救い出され、悪魔が最初の親たちを罪に誘惑した結果もたらされた破滅から救われる。そうして蛇の彼らに対する計略は失敗し計画は挫折する。しかし、もし、死と悲しみが誘惑の帰結でなく、悪魔の悪意ではなく父なる神の愛の結果であり、悪魔が予想もできなかった神の自由で主権をもった恩恵であったのなら、悪魔の誘惑によって彼らの子孫に降りかかった死や破壊や災害は、何の意味があるのであろう。もし、エバの子孫の多くが彼女の子孫である救い主によって精神的・現世的死から救われるなら、私たちの最初の親たちを誘惑した悪魔の計画は、失敗したと言ってよい。もし、悪魔が警告の対象にアダムとエバの子孫が含まれていることを知らなかったとすれば、アダムとエバを罪に誘惑したとき、その罪の結果としてアダムとエバの子孫が死ぬことを期待することができたであろうか。

　警告それ自体が、彼が子孫を持つことと矛盾するのでアダムに語られた警告にはアダムの子孫のことは含まれていない、と言う人がいる。つまり、罪を犯した日に死ぬことになっているからである、というのである。それに対して私は、警告はアダムが子孫を持つことと矛盾していないと答える。二つの理由からである。

Ⅰ.「その果実を食べるその日に、あなたは死ぬであろう」という表現は、ヘブライ語の同種の用法に従えば、直後の死、あるいは事実の決定の後、二四時間以内に刑が執行されるということを意味しない。あるいは神がこの言葉で警告しておいた刑罰を執行する期限を設定しているのでもない。時は神の全権に委ねられている。この言い方は、ヘブライ語の用法では、次の二つのことを意味するだけである。

一.罪と刑罰の間の現実的連結。同種のことが「エゼキエル書」三三章一二―一三節にある。「正しい人の正しさも、過ちを犯した日には彼を救うことができない。邪悪な人の邪悪さついては、邪悪さから離れた日には彼は倒れない。また正しい人は……罪を犯す日に生きることはできない。しかし過去に犯した悪行の償いとして彼は死ぬ」。ここでは、彼が罪を犯した日には生きることはできず、死ぬと言われている。死刑がいつ執行されるかではなく、罪と刑罰の連結が語られている。今日の普通の語法では、このような連結は時の副詞「とき」で表現される。こんな風に言うことになるであろうか。「我が国の法律では、人はよい国民として行動していれば生きていられる。しかし、反逆者になるときには、彼は死ななければならない」。彼が処刑される日時や月は語られていない。ただ、犯罪と死の関係だけが言われている。

二.このような表現が意味するもう一つのことは、アダムは二回目の違反を待たずに、一回目の違反で死に定められるということである。禁断の果実を取って食べたのなら、彼は直ちに有罪になるのであり、その後、いかに禁欲しようと無駄である。この点では、この言葉はソロモンがシムイに語った言葉と同じ効力を持つ。「出て行ってキドロン川をわたるならば、その日にお前はきっと死ぬであろう」(王上二・三七)。その日に死ぬという意味ではなく、最初の違反によって次の違反を待つことなく、つまり、キドロン川にもういちど行くかどうかに関係なく、死ぬことになるという意味である。

Ⅱ．さらに、もしこの言葉が、彼が違反を犯した当日、二四時間あるいは一二時間以内に、あるいは即刻死ななければならないということを意味していたとしても、神がその日に罰のすべてを当日執行しなければならないということにはならない。アダムへの判決の多くの部分は直ちに執行された。そのとき彼は霊的に死んだのである。彼は無垢と原義と神の好感を失った。最高の意味で魂の命である聖なる原則を失うことによって彼の魂のなかに暗い変化が生じた。彼は当日、本当に破滅した。堕落し、惨めになり、救いようがなくなったのである。そのような霊的な死が警告の中で意味されている大きなことであることは既に論証されたと私は思う。その後、彼の身体と外的状態に起きた変化は、現世の死の始まりである。聖書では悲惨な外的災害は「死」という名前で呼ばれている。「この死を取り去ってくださるように神に懇願してほしい」（出一〇・一七）。アダムの霊魂だけではなく、身体もその日に破滅したのである。身体は美しさと活力を失い、貧相で朽ちゆく、死にゆくものになった。更にアダムはこれらに加えて、もっと恐ろしい意味で破滅した。つまり彼は律法の呪いの下に落ち、永遠の滅びの宣告を受けた。聖書の言葉で言えば、彼は死んだ。つまり、それは死の宣告を受けた状態に入った。テイラー氏も『ローマ書註解』において、この用法を説明している。聖書の言葉では、キリストを信じる者はただちに命を受ける。彼は死から生命に移されており（使徒ヨハネの言い方を用いるなら）「彼のうちには永遠の命が宿る」ようになる。しかし、それでも彼は永遠の生命をまだ完全には受け取っていない。その開始を受け取っているだけである。死ぬときに受け取る永遠の生命はずっと大きなものである。しかし、完全な形で受け取ることが相応しい時は、最後の審判まで来ない。天使たちが罪を犯したとき、処罰は直ちにあるところまで執行された。しかし、刑罰全体は世界の終わりの時まで起こらない。同じように、神のアダムへの警告でも、神は直ちに罰をすべて執行しなければならないということはない。したがって、アダムが子孫を残してはならないと決定される必要はなかったのである。神が確立し宣言した律法あるいは根本制度は、もし、人が罪を犯し子孫を持っているなら、彼と子孫は死ななければならないということを定めている。しかし、実際の子孫のあり方については何も定めていない。どのような子孫か、数はどれだけか、あるいは子孫がいるかいないかについては何も定めていない。これらのことは、すべて神の権限のなかにある。律法とその強制力が関知するところではないのである。

ここでテイラー氏の反論を検討しておくのがよいであろう。彼は、アダムが子孫を代表するという考えに、それではアダムにキリストよりも大きい栄誉をあたえることになると言って反対する。[107] つまり、それでは、もしアダムが堕落していなかったら、アダムの服従によって彼の子孫が永遠の生命を得ることになり、キリストによって救われる人々よりも多くの人々がアダムの服従によって恩恵をえるということになるというのである。少し考えてみれば、この議論が重要でないことが解ると思う。キリストの勲功の恩恵は、アダムが服従した場合に得られた恩恵よりもはるかに大きいからである。キリストによって救われたものたちは、キリストの勲功によって幸福になるだけではなく、アダムの罪と自分自身の罪、汚染と悲惨の限りなく恐ろしい結果から救われるだけでなく、清い幸福な状態へと導かれる。それは、あたかも無限に多い障害を潜り抜けるようであり、アダムの服従した場合にえられたよりも遙かに大きな尊厳と幸福と栄光に高められる。多分それは数千倍も大きいであろう。キリストの勲功が人類全体に及ぶこのような結果をもたらすに十分であることは、福音の伝達によって十分に証明されている。キリストの勲功に実際に与る人々の数がどれだけになるか、人類全体のどれだけの割合になるかは、将来の特別な栄光の時の成果を考えにいれなくとも、誰も予想できない。そして、アダムとキリストという二人の契約筆頭者の名誉は、単に試練を受けたからではなく、成功したかどうか、どのような善い結果があったのか、それがどのようにして得られたのかというところから来ている。キリストは人々との真の連帯によって恩恵を与え、人々と等価な犠牲によって人々を贖った。これに対してアダムの場合は、たとえ彼が服従したとしても、そのようにはならなかったであろう。

私はこれまで特に聖書の最初の部分でモーセが語ったこと、つまり私たちの最初の親たちについて、神の彼らに対する処遇、彼らと交わした約束と彼らの違反、そしてその結末について語ったことを考察してきた。全体的に見て、神が折に触れてアダムに語った語り方を考察するなら、そして特に先行する警告にも基づいてアダムの堕罪の後に発せられた死刑宣告に明らかに子孫が含まれていること、また彼のせいで大地に語られた呪いと、彼自身と子孫の悲しみのこと、彼が妻にエバという新しい名前を与えた理由と意味を考えるなら、それに加えて、世界歴史を通じて、彼らとその子孫に起こった出来事を考えるなら、私は、公平な立場で見る人には次のことは明らかであると思う。モーセの説明は十分な証拠をもって、すべての人類に神のことを理解させる。神がアダムと契約を結び、彼を公の人格として、また人類の頭として処遇したとき、彼によって彼の子孫も含めていたのである。そして、神の指示によって書かれたこの物語は、最初に啓示が書き留められた当初から、人類の現在の罪深い、惨めな状態の起源を私たちに理解させるために書かれた。その後に起こった、人類に与えられた神の驚くべき憐れみと恩寵の原因が何であったかを私たちが理解するためである。旧約聖書と新約聖書は、この恩寵の歴史を主題とする。これらのことは、曖昧に語られているのではなく、私たちが理解できるように明解に語られている。

以下、聖書の他の記事が「創世記」の最初の数章について私たちが今考察したことと、どれだけ合致するかを見ていくことにする。

第二章
聖書の他の箇所、特に原罪の教義を証明する旧約聖書の他の部分についての考察

原初の堕落は、聖書でしばしば語られる［人類の］邪悪さから十分に論証できる。邪悪さは人類に属するもので、あたかも人類という種に固有の性格のようである。たとえば、「詩編」一四編の二、三節で次のように言っている。「主は天から人の子らを見渡し、探される。目覚めた人、神を求める人はいないか、と。誰もかれも背き去った。皆ともに、汚れている。善を行う者はいない。ひとりもいない」。同様のことが別の箇所でも言われている（詩五三・二―三）。ところが、ティラー氏は言う。「聖霊はすべての個人についてそう言っているのではない。同じ「詩編」で聖霊は正しい者について語っているからである。五節で、神は正しい者たちの世代のなかにいる、と言っている」（一〇四、一〇五頁）。しかし、この考察は的はずれである。不正な人間が神の恩寵によって変えられ、その後に正しくなることを、いったい誰が否定するであろう。「詩編」の記者は、腐敗した人類から生まれたままの状態の人の子について語っているのであり、神から生まれ神の子になり、正しい者たちになった人のことを語っているのではない。使徒パウロはこの箇所を「ローマの信徒への手紙」三章一〇―一二節で、人類の普遍的堕落を証明するために引用しているが、彼は同じ章で、邪悪であると語られた同じ人物が神の正しさと恩寵によって正しくなることができると考えている。

「詩編」の他の箇所でも、邪悪さは、人類の、人の子のひとりとしての人間に属することとして語られている。したがって、四編三節では「人の子らよ、いつまでわたしの名誉を辱めにさらすのか。むなしさを愛し、偽りを求めるのか」と言われ、五七編五節では「わたしの魂は獅子の中に、火を吐く人の子らの中に伏しています。彼

らの歯は槍のように、矢のように、舌は剣のように鋭いのです」と言われ、五八編一、二節では「しかし、お前たちは正しく語り、公平な審判を行っているというのか、人の子らよ。いや、お前たちはこの地で、不正に満ちた心をもってふるまい、お前たちの手は不法を量り売りしている」と言われている。テイラー氏はこの箇所について言う。「イスラエルの中にはダビデの人柄と政治に不満を持つ強い勢力があり、ダビデはその人たちはしばしば、人の子と呼んでいる」（一〇五頁註）。しかし彼は、「詩編」の記者がイスラエルで最も邪悪な人々をこの名で呼んだ理由を問うたほうがよかったであろう。記者はなぜ人類に泥を塗るようなことをするのだろうか。これではまるで人の子という呼び方が最も邪悪な性格を表すかのようではないか。すべての人の子が例外なくそのような性格であり、善い者は一人もいないかのようである。正しい者が人の子と呼ばれる資格がなく、この世界に完全に正しく罪のない状態で生まれてきた高貴な人々と見なされないのは、おかしなことではないか。しかし、「詩編」の記者が、邪悪な者を人の子と呼んだ理由は、自然で解りやすい。それが適切な呼び名であるのは、人の子であること、つまり堕落して破滅した人類であることによって悪を招いているからである。「詩編」の記者もその理由を示唆する。五八編の最初で彼は言う。「しかし、お前たちは正しく語り、公平な審判を行っているというのか、人の子らよ。いや、お前たちはこの地で、不正な心をもってふるまい、お前たちの手は不法を量り売りしている……」。これについて私は、分析的に、順次語っていこうと思う。

これらの箇所と同じ趣旨の言葉が「箴言」の二一章八節にある。「人の道は曲がっており奇妙である。しかし、清い者のすることは正しい」。生き方が曲がっている者がここでは「人」という名で呼ばれ、清い者と区別されている。この表現はもしすべての人間が本性的に純粋で完全に無罪潔白ならば、絶対に認められない用法であると私は思う。そして曲がった奇妙な生き方をするすべての者たちは、人類の生まれつきの純粋さから離れている。この言葉は、当然、私たちを「人類は純粋ではないという」反対の見解に導く。悪は生まれつきの人類に属しており、清くなるのは後の行為によってである。生まれつきの汚染から救い出され、人類一般から区別される者もいる。この見解は「ヨハネ黙示録」一四章四節と表現と完全に一致する。そこで語られるのは、汚れていない清い、子羊に従った人たちである。彼らについては「人々の間から贖われた」と言われている。

「エレミヤ書」一七章五、九節は、こうした見解と一致する。五節で「人に頼る者は呪われよ」と言われ、九節でその理由が述べられる。「人の心は何よりもまして虚偽であり、絶望的に邪悪である。誰がそれを知り得ようか」。どんな心が、それほどまでに邪悪で人を欺く心だというのか。もちろん、前の節で言われた私たちが信頼してはいけない人の心である。それは「人」なのである。ここで言われている心が人を欺くものであるということが彼自身を欺くのか他人を欺くのかという違いは、今の議論を左右しない。「コヘレトの言葉」の九章三節に「生きている間、人の心は悪に満ち、思いは狂っている」とある通りである。キリストがペトロに語った言葉を考えよう。「サタン、引き下がれ。あなたは私の邪魔をする者。神のことを思わず、人間のことを思っている」（マタ一六・二三）。端的に言って、肉的であり虚しいこと、そして霊的で神的であることの正反対のことが、現状の人間の特徴である。同じことが使徒パウロの言葉でも考えられている。「相変わらず肉の人だからです。お互いの間にねたみや争いが絶えない以上、あなたがたは肉の人であり、ただの人として歩んでいる」（一コリ三・三）。そして「ホセア書」六章七節でも「しかし彼らは人であって、契約を破った」と語られている。これに加えて次の箇所を追加することができる。「それとも、聖書に次のように書かれているのは意味がないと思うのですか。『私たちのうちに住む霊がねたみをおこし……』」（ヤコ四・五）。「それは、もはや人間の欲望にではなく神の御心にしたがって、肉における残りの生涯を生きるようになるためです」（一ペト四・二）。しかし、特にも「ヨブ記」一五章一六節には「まして人間は、水を飲むように不正を飲むもの、憎むべき汚れた者なのだ。」と言われている。このことについては後で論じよう。

さて、このように書かれていることは、テイラー氏の見解でどのように説明されるのであろうか。聖書全体で人間について、そして人の子について書かれているこれらのことは不可解なことになる。もし、すべての人が生まれつき完全に罪がなく悪への傾きをもたないものであるなら、つまり、彼が「コヘレトの言葉」七章二九節を解釈して言うように、人類全員がアダムが創造された当初の状態と同じように正しい者として作られているなら、なぜこれほど頻繁に人が邪悪、肉的、よこしま、欺瞞的、絶望的に邪悪であると言われているのであろうか。逆から言えば、なぜ人の心は正しく清いとか、人の生き方は罪がなく神聖であるとか、真の徳と知恵を楽しむ者は人に相応しいことを経験しているとかいうことが、同じように同等の理由をもって頻繁に語られないのであろう。「主は天から人の子たちを見おろして、悟りがあり神を求める者がいるかどうかを確かめられた。完全に正しく清い者がおり、悪に傾く者が一人もいなかった」と言われていないのであろう。

悪をこの世の性質として描いている聖書の箇所も、既に取り上げた箇所と同じ意味のことを語っている。悪人でないとすれば、それは、この世から救いだされ、呼び出されている人であると言われる。たとえば、「世はあなたがたを憎むことができないが、わたしを憎んでいる。わたしが、世の行っている業は悪いと証ししているからだ」（ヨハ七・七）。「あなたたちはこの世に属しているが、わたしはこの世に属していない」（同八・二三）。「世は、この霊を見ようとも知ろうともしないので、受け入れることができない。しかし、あなたがたはこの霊を知っている」（同一四・一七）。「世があなたがたを憎むなら、あなたがたを憎む前にわたしを憎んでいたことを覚えなさい。あなたがたが世に属していたなら、世はあなたがたを身内として愛したはずである。だが、あなたがたは世に属していない。わたしがあなたがたを世から選びだした。だから、世はあなたがたを憎むのである」（同一五・一八―一九）。「彼らは地上から、人々の間から贖いだされた者たちである」（黙一四・三―四）。「世のためではなく、わたしに与えてくださった人々のために祈ります」（ヨハ一七・九）。「わたしは彼らに御言葉を伝えましたが、世は彼らを憎みました。わたしが世に属していないように、彼らも世に属していないからです」（同、一四）。「だから兄弟たち、世があなたがたを憎んでも、驚くことはありません」（一ヨハ三・一三）。「私たちは神に属する者ですが、この世全体が悪に染まっています」（同、五・一九）。これら箇所で、「世」という言葉で「人類の世界」、場所ではなく住民のことが言われていることは明らかである。世界について、それを愛する、憎む、悪いことをする、話す、聞く等のことが言われているからである。

徳や聖性の場合とは対照的に、邪悪さがしばしば人間自身のこととして語られているのも、同じことを示す。たとえば、人間の情欲はしばしば彼ら自身の心の情欲と言われ、悪行は自分自身の仕方で、自分の考えにしたがって、自分自身の心の想像力によって、自分の目に映る仕方で、自分自身のはかりごとにしたがって歩むこと等々として、語られる。これらのことは、邪悪さが、現状の人類の性格と本性に属する性質であることを意味する。たとえば、キリストは嘘を現状の悪魔の本性であるとはっきりと言っている。「悪魔が偽りを言うときは、その本性から言っている。自分が偽り者であり、その父だからである」（ヨハ八・四四）。

そして邪悪さが人類の本性の現状に属することは、人類を子ども時代において、あるいは子ども時代から邪悪であると語っている箇所からも論証できる。たとえば、「箴言」二二章一五節では「愚かさが子どもの心にあるのは当然である。しかし、矯正の鞭はそれを子どもから追放する」と言われている。「箴言」において賢者ソロモンが絶えず「愚かさ」を「邪悪さ」の意味で使っていることは明らかである。そのことは、この箇所で言葉使い自体が示す。道徳的な性格の愚かさだけが、矯正の鞭で追い出すことが相応しいものだからである。「当然である」と訳された語は、プールの『シノプシス』によると、密接な堅い結合を意味する。同じ単語が六章二一節でも使われている。[108]「それをいつもあなたの心に結びつけよ」。そして七章三節でも「それをあなたの指に結び、心の中の板に書き記せ」と言われる。三章三節や「申命記」一一章一八節でもこの語は、同じ目的で使用されている。「サムエル記上」一八章一節でも同じ動詞が使われている。「ヨナタンの魂はダビデの魂に結びつき、ヨナタンは自分自身のようにダビデを愛した」。しかし、もし子どもの心のうちに生まれつき備わっていないのなら、どうして邪悪さがこれほど堅く強く心に結びついているのであろう。子どもたちは、世間で長年生きてきた大人のように罪への習慣を形作る時間はなかった。

同じことが既に参照した箇所（創八・二一）でも指摘されている。「人が心に思うことは、若いときから悪いのだ」。ティラー氏が問題にしている、心が想像することの「ために」と訳すか、「よって」と訳すかは、事の本質を左右しない。(109) どう訳しても言われていることは、この通りである。「若いとき」と訳された語は、人生の開始時から始まる人間の前半生の全体を意味する。その派生形が誕生や存在の始まりを意味するのである。それは「ナグナール」つまり振り落とすということを意味する。たとえば、樹木が熟した実を振り落とす、あるいは植物が種を落とすというような場合である。子どもの誕生は、通常、樹木が実を産み、食物が種を産むようなこととして描かれる。したがって、ここで「若いとき」と訳された語は、英語で言われる若いという意味だけでなく、子ども時代、幼年時代を意味し、しばしば、その時期を指して使われる。次の箇所では、同じ語根から出た言葉が「子ども」の意味で使われている。「サムエル記上」一章二四、二五、二七節、「列王記上」三章七節、同一一章一七節、「列王記下」二章二三節、「ヨブ記」三三章二五節、「箴言」二二章六節、同二三章一三節、同二九章二一節、「イザヤ書」一〇章一九節、同一一章六節、同六五章二九節、「エレミヤ書」一〇章六節、「ホセア書」一一章一節。同じ語が「幼児」の意味で使われている箇所は次のとおりである。「出エジプト記」二章六節、一〇章九節、「士師記」一三章五、七、八節、同一二章二四節、「サムエル記上」一章二二節、同四章二一節、「列王記下」五章一四節、「イザヤ書」七章一六節、同八章四節。

ティラー氏は一二四頁の注釈で、「子どもの時から」というフレーズは長期間という意味であると解釈する。(110)

しかし、もし彼が「長期間」ということで人生の最初からということ以外のことを考えているとすれば、その解釈には根拠がない。彼が提出する議論にも彼の考えにもそのような根拠はないのである。彼が言及する二、三の箇所の言葉が文字通りの意味以外の意味を持っている形跡はまったく見あたらない。彼が言っていることは、通常のヘブライ語の意味から出たものではないことは確かである。しかし、通常のヘブライ語の用法に従った意味、つまり、初めからとか、人生の初期から、あるいは存在し始めてからとかいう意味であれば、「創世記」の八章と同じ言葉が使われている箇所は次のようにたくさんある。「わたしは年老いて、髪も白くなった。……わたしは若いころから今日まであなたたちを率いて歩んできた」（サム上一二・二）。ここでは元の言葉が同じである。「若いときからわたしはあなたにより頼んでいます。わたしは胎内からあなたによって取り出されました。あなたこそわたしを母の胎内から引き出した方です」（詩七一・五、六）。「神よ、わたしの若いときから、あなたご自身が常に教えてくださるので、今に至るまでわたしは驚くべき御業を語り伝えてきました。わたしが老いて白髪になっても、神よ、どうか捨て去らないでください」（同、一七―一八）。「わたしが若いときから、彼らはわたしを苦しめ続けたが、イスラエルよ、言うがよい。わたしが若いときから、彼らはわたしを苦しめ続けたが、彼らはわたしを圧倒できなかった」（一二九・一、二）。「若いときから苦労して身につけた呪術のすべてを使ってたちむかえ」（イザ四七・一二）。「呪文を若いときから身につけ」（イザ四七・一五）。「それは、あなたの若いときから今日まであなたに降りかかったすべての悪よりも大きな悪になるであろう」（サム下一九・八）。「恥ずべきことが祖父たちの労苦を私たちの若いときから食い尽くしてきました。私たちは若いときから今日まで主に対して罪を犯してきました」（エレ三・二四―二五）。（エレ三二・三〇、同四八・一一、ヨブ三一・一八、創四六・三四、エゼ四・一四、ゼカ一三・五、も見よ。）

ここから、ヘブライ語の用法に従えば、何かが若い時から続いているとか、あるいは幼年期について語られているときには、その表現は存在し始めた最初の時を含意すると理解すべきである。だから、「ヨシュア記」六章二一節では「彼らは全員を若者から老人まですべて滅ぼした」と言われる。ヘブライ語では「若いときから」という表現は、老若両方を含むという意味である。「エステル記」三章一三節、「創世記」一九章四節も同様である。

聖書では人類が「若いときから」邪悪な心をもっていると書かれている。同様に、他の箇所では「胎児のときから」とも言われている。「邪悪な者は母の胎内から迷い出て、生まれるとすぐに迷って嘘を語る」（詩五八・四）。見てとれるように、詩編の記者は、このことを邪悪な者、人の子らに属することとして語っている。その前で次のように語られているからである。「お前たちは正しい審判を行っているというのか、人の子よ。いや心の中でお前は悪事をはたらいている」。これと似た意味の言い方が「創世記」八章二一節にある。これを、彼の心が「想像すること」あるいは「考えること」は悪であると訳してもよいであろう。それから次に「邪悪な者は胎内から迷い出る……」と続く。次の句は「彼らの毒は蛇の毒のようだ」である。言われていることは明らかである。蛇の本質から言って蛇は毒を持っている。毒蛇はこの世に生まれるとすぐに毒を持つ。テイラー氏は言う。「一方で悪が増大し、他方で徳が定着することについて聖書が比喩的に胎内からそうであると言っていることは明らかである」（一三四、一三五頁）[111]。徳が増大する例として彼は「イザヤ書」四九章一節を引用する。「主は母の胎にあるわたしを呼び、母の腹にあるわたしの名を呼ばれた」。しかし、先入観を持たなければ、この箇所に、徳が増大する証拠や可能性の意味を見ることはできない。神が預言者を胎内から呼んだという「イザヤ書」四九章のこの記述は、テイラー氏が考えているような意味ではなく、存在の始めからという意味であることは明らかである。それは預言者エレミヤについて語られていることと同じである。「わたしはあなたを母の胎内に造る前から、あなたを知っていた。母の胎から生まれる前にわたしはあなたを聖別し、諸国民の預言者として立てた」（エレ一・五）。ここで、高度の徳のことが言われていないのは確かである。言われているのは、彼は存在し始めた最初に神によって預言者として聖別されたということだけである。他の仕方で理解するのは不合理であろう。それは、天使がサムソンの母について次のように言うとき、サムソンが人生の最初からナジル人として聖別されたという以外の意味を考えるのと同様に不合理である。「あなたは身ごもって男の子を産むであろう。今後、ぶどう酒や強い飲み物を飲まないように気をつけよ。その子は胎内にいるときから死ぬときまで、ナジル人として神にささげられているからである」（士一三・三―四）。この事例から、「胎内から」という表現は「若いときから」という表現と同様に、聖書では人生の始まりの意味で使われていることは明らかである。

　次の箇所は特に注目に値する。「どうして、人が清くありえよう。どうして女から生まれた者が正しくありえよう。神は聖なる人々をも信頼なさらず、天すら、神の目には清くない。まして、人間は水を飲むように不正を飲む者、憎むべき汚れた者なのだ」（ヨブ一五・一四―一六）。しかし、この箇所についてのティラー氏の解釈の仕方も注目に値する。[112] 一六節は、甚だしい程度の悪について強く平明に語っている。すべての言葉が最も強い形で語られる。「まして、人間は水を飲むように不正を飲む者、憎むべき汚れた者なのだ」。私は聖書の他の箇所で、これほどまでに心の邪悪さを強く表現した場所を思い起こすことができない。このうちの一つの部分でも、聖書の用法では、巨大な悪を意味するであろう。「まして、人間は忌むべきものである」、「人はなお一層汚れている」、あるいは「人は不正を飲む」というだけでそうなのである。しかし、これらすべてが「水のように」という句によって総括され、人間の悪にあつかましい貪欲さが含まれていることが表現される。不法はもちろん最も有害なものであるが、人はそれを、水を飲むかのように平気で飲む。普通の飲み物と同じように、喉が渇いたときに水を飲むように貪欲に飲むのである。その貪欲が聖徒たちを迫害し、そのことが人間の心の堕落の大きさを示すと詩編の次の箇所が語っている。「悪を行う者は知っているはずではないか。パンを食らうかのようにわたしの民を食らい主を呼び求めることをしない者よ」（詩一四・四）。そして最も大きな渇きは、動物の渇きとして表現されている（四二・一）。

さて、この箇所について、ティラー氏の軽薄な解釈を検討してみよう。「その上、神の清さにくらべるなら、水のように不正を飲む人はどれだけ忌むべき者、汚れた者であろうか。彼は多くの感覚的欲望にとりつかれ、快楽にふける。議論の趣旨はわかるであろう。現在の弱く肉体をもった状態で、人は神の前に清くあることはできない。なぜなのであろうか。アダムの罪のために罪によって懐妊して生まれてくるからであろうか。そういうことではない。最も清い被造物も神と比べれば清くないということである。まして、多くの弱さをもった死すべき人間のような存在は、清くない。ヨブと彼の友人たちは、私たちが今検討している教義を確立しようとしていたのではなく、それとはまったく無縁なところにいたことを証明するように私には思われる」（一四三頁）。このように、彼はこの聖書箇所を、人類は生まれつき完全に罪がないという彼の教義と調和させようとする。それは彼の論法の見やすい典型であるとともに、彼が言うところの「公平で公正な聖書解釈」の見本でもある。

この「ヨブ記の」聖書箇所では、人の心の邪悪さだけでなく、どのようにして人が邪悪になったかということも語られている。ただ人類に属するがゆえに通常の生殖によってそうなるのである。「人はどうして清くあることができるか。女から生まれた者が正しいことがあるだろうか」。ティラー氏は一四一、一四二頁で、女から生まれたという表現は人間をあらわす遠回しの表現であり、その言葉には人が清くなく正しくない理由を示す意図はないと解釈する。しかし、「ヨブ記」自体を解釈するなら、明らかにそうでないことが解る。女から生まれたことが清くない理由なのである。「汚れたものから清いものを引き出すことができましょうか」（ヨブ一四・四）ヨブはここではっきりと人が女から生まれることを語っている（一節）。女から生まれることが、人が清くない理由として語られていることは明らかではないか。これについて彼は次のように言う。「これは道徳的汚れとは関係がない。ただ普通の弱さを言っているのである……」[113]。しかし、その解釈は明らかに間違っている。次の章一四節で、女から生まれた人の汚れははっきり不義だと言われているからである。「どうして人が清くありえよう。どうして女から生まれた者が正しくありえよう」。そして二五章四節でも「どうして、人が神の前に正しくありえよう。どうして、女から生まれた者が清くありえよう。」と言われている。ビルダッドが語っているのは、人が正されなければならない道徳的清さのことである。彼の意図は、ヨブに道徳的な汚れを自覚させること、そして神の彼にたいする峻厳な審判において神が正しいことを納得させることであって、［ティラー氏が言う意味で］人間の生まれつきの弱さを悟らせることではない。

疑いもなくダビデもまた、このような意味の心の悪を語っている。「見よ、私は不法のなかで形づくられ、罪のなかで母はわたしを懐妊した」（詩五一・五）。「懐妊」と訳された語が懐妊を意味するか、養育を意味するかは議論の本筋には影響を与えない。テイラー氏は後者であることを証明しようと骨折り、「私は不法のなかでうまれ罪のなかで母は私を育てた」と訳するのが正しいと述べている（一三五頁）。もし人が罪のなかで生まれるということが既定事実であれば、罪のなかで懐妊するということが明示的に言われているかどうかを論じる必要はない。しかし彼は、「罪の中でうまれ」「胎内にいるときから違反者であった」といった表現を高度の悪の婉曲的表現であると頑固に主張する。しかし、多くの聖書の事例から、その反対のことが証明される。彼の主張するような意味の用法の証拠になるような文は一つも提出されていない。人によっては、平行事例として、ウェルギリウスの『アエネーイス』の詩を持ち出すことがある。そこで、ディードーはアエネーイスに対して次のように言う。

あなたの母はウェヌスとか、血筋の始めはダルダヌス、などというのはみんな嘘。そうではなくてこのような、不実な男は怖ろしい、カウカコスがそのむごい、岩の間に生み落し、ヒュルカニアなる虎どもが、乳房をあんたにあてがった、ものに必ずちがいない。[114]

ここで彼女がアエネーイスに語ることは、女神が彼の母ではなく、アンカイセスが父でないということではない。彼が岩山の中でうまれ、虎の乳で育てられたので、彼のうちの残酷さがあると言っているのである。しかし、これは［「詩編」の］平行事例としては似つかわしくない。恋の情熱にとりつかれ、嫉妬と失望の嵐のなかにあって、残酷な仕打ちを受けたと思いこんだ女にこれほど自然な言葉はない。恋人は女神の息子であるという名声を得ているからこそ、この言葉で彼女は、彼の人情のなさと冷たい心を強調するのである。彼の振る舞いは女神の子に相応しくない。名君である父親の子としても相応しくない。堅い非情な岩から生まれ、虎の乳を吸って育ったのでないなら、もっとましであったろう、と言うのである。しかし、この事例は、罪の中で生まれたというダビデの事例とどこが似ているのであろう。ダビデの場合、高貴なあるいは神を親として生まれたなどとは、本人も誰も言っていない。また高貴の生まれに相応しくないために、罪が一層深刻であるということでもない。罪の中で生まれたということを特異な事情として考える必要はダビデの場合にはない。彼は、長い間、自分のうちに巣くっている罪の力を常に経験してきた、そして、彼を潔白にする手段はあったが、そのことはむしろ罪が生まれつきのものであり、彼の本性に根ざすものであることを示す、と言っているのである。

テイラー氏は、神学者たちがこうした箇所あるいは他の箇所を原罪の証拠として取り上げることにしばしば反対して、そこにはアダムや彼の罪についての言及はないと言う。「ここにはアダムへの言及はまったくなく、それをほのめかす言葉もない。彼の罪が私たちにあたえる悪影響についても語られていない……アダムについても彼の罪の結果について一言も言われていない」、と彼は声を大にして言う。[115] また、彼は言う。「もし、ヨブとその友人たちが、ただアダムの罪だけから出てくる本性の腐敗という教義を知っていたなら、彼らはそのことを彼らが指摘する人間性の不完全さと汚れの原因として提出したはずである」。(116) この反論は、見当違いなしかたで繰返される。本性の堕落が語られるときにアダムの罪がはっきりと語られていないからと言って、本性の堕落はアダムの罪の結果ではないということは証明されない。旧約聖書で人類に降りかかるものとしてよく語られ、私たちの救い主が語っておられる死についても、「創世記」の最初の三章以後は、旧約聖書でも四福音書でも、アダムの罪が原因になる（テイラー氏はこれを認めているが）とは一切、語られていないのである。

これまで歴代のキリスト教徒たちは人類本性の道徳的堕落を信じてきたのではなかったか。その堕落の原因を彼らは、使徒パウロが「一人の人によって罪がこの世に入り込み、死は罪によって入り込んだ」と語った通りに理解してきたのではないのか。それを疑うとしたら、彼らは私たちの最初の父母についての歴史全体を疑うよりほかはなかった。アダムという名は、彼についての最初の話以後、聖書にはほとんど出てこないし、エバに至ってはまったく出てこないからである。そして、人類が最初に出現した具体的な事情については、アダムに関しても、エバに関してもこれ以外の記述はない。しかし、これらのことの永続的な最も見えやすい結果が、あらゆる時代の人類に見られ、その結果がしばしば聖書に語られているということで証拠は十分である。また、そのような結果が、歴史に入ってきた独特の仕方については、万物の起源について述べた聖書の始めに簡潔に紹介されていることで十分である。明らかに、聖書の偉大な著者［である神］は、「創世記」の最初の三章が、自然的道徳的悪が世界に入ってきたことの端的な説明として受けとられることを期待しておられる。アダムの罪、その状況、神の警告、アダムの過ちののちに語られた宣告の言葉、その直接的結果、それがアダムの状態を本質的に大きく変え、この世界の状態を大きく変えた。その状態は今も変わらず、アダムのすべての子孫に当てはまる。これらのことによって、私たちは、この罪にまみれた惨めな世界における災害と罪と死の発生の原因を十分に理解する。

私たちは誰もが、至高者〈神〉が私たちに教えてくださる教義について、私たちを信じさせるために個々に、何度、説明し理由を明らかにすべきかといったことを、神に対して申し上げるのは適切でないということを知るべきである。神が、その教義が神のみ心にかなう教義であるという証拠を示しておられるなら、私たちはその教義を完全に信用し服従して受け入れるべきである。気むずかしく拒絶すべきではない。神がどのような仕方で、何回、この教義の意味を個別に説明したかということは、私たちの思考や気分に合致することではない。悔い改め、神に立ち帰る罪人たちに対して、旧約聖書ではいったい何回の赦免が約束されたであろうか。神の特別な愛顧が本当に正しい人に対して、何百回も約束されてきたではないか。これらの恩恵は、はっきり言明はされていないがキリストによるものである。だから、これらの恩恵が、私たちが頼るキリストのおかげであるということは一つの教義であり、もしこれが真理であるなら非常に重要なことなので、神はキリストの功績がこれらの恩恵の理由であり根拠であることをはっきりと語るべきであったのではないか、というようなことを言うのは、キリスト教徒にふさわしいことではない。もし、神が、キリストの数々の功績が「人に与えられる」恩恵の根拠であることをご存じであり、それをできるだけ早く、もっと頻繁に宣言すべきであったのなら、そして、およそ神が、私たちが神を信じることを期待していたのなら神はそのように語るべきであった、というようなことを言うのは、キリスト教徒にふさわしいことではない。実際、あれほどまでに頻繁に、邪悪な人間に対して旧約聖書のなかで報復と悲惨が警告されているにもかかわらず、旧約聖書には、キリストがすべての悪人に対する処罰であると語っておられる来世の永遠の火は明解に語られていない。だからといって、それに異議をとなえ、もし神が実際にそのような刑罰を実際に考えておられるなら、神は理性が納得するように、それを平明に宣言すべきであり、合わせて四千年にわたって、このような人類全員にとってきわめて重要なことについて沈黙してきたのはおかしい。そのように語ることが、キリスト教徒に相応しいことであろうか。

第三章　原罪の教義を証明する他のさまざまな聖書箇所、主に原罪の教義を語っている新約聖書の箇所についての考察

第一節　「ヨハネによる福音書」三章六節と新約聖書の関連箇所の考察

キリストがニコデモに、私たちがなぜ生まれ変わらなければならないかという理由を語った言葉「肉から生まれたものは肉である。霊から生まれたものは霊である。」（ヨハ三・六）という箇所が、神学者たちによって原罪の教義を証明するものとして、これまで引証されてきたことには理由がある。神学者たちは、この場合の「肉」とは堕落した状態における人間本性を意味すると解釈してきた。しかし、テイラー氏は、「肉から生まれたものは肉である」という言葉を次のように説明する。「これは、自然の遺伝と繁殖によって生まれた身体と霊魂からなる人間のことである。あるいは自然状態における人の単なる身体構成や諸能力のことである」（一四四頁）。しかし、「肉」と「霊」は、新約聖書の他の場所でこのように対比させられる場合、この場所のように霊が神の霊によって産出されたといわれる場合、そして同じことになるが、キリストがニコデモに対して霊から生まれることを救いの条件として語っておられる場合、その一貫した用法が、神学者たちの見解の正しさを十分に裏付ける。たとえば、「ローマの信徒への手紙」七章、八章では、この場所と同じように、「霊」（プネウマ）と「肉」（サルクス）という用語が何度も対比して使われている。「律法は霊的（プネウマティコス）であるが、私は罪のもと

に売り渡された肉（サルクス）である」（七・一四）と語る。パウロが語っているのは、「私は身体と霊魂からなっており人間としての諸能力を持っている」というようなことではない。「私は自分のうちには、つまり私の肉には、善が住んでいないことを知っています」（一八節）と言う。自分が身体と霊魂から成っていることを嘆き、諸能力があってもこの人間の心身構造のせいでうまくいかないと主張しているのではない。また、この章の最後の節で「わたし自身は心では神の律法に仕えていますが、肉では罪の法則に仕えているのです」と言うとき、パウロが言おうとしていることは「私は神の律法に仕えていますが、人間としての諸能力を備えた、罪とは無縁な存在様式によって、罪の法則に仕えているのです」ということでもない。彼が八章の最初で続いて「したがって、今や、キリスト・イエスに結ばれている者は、罪に定められることはありません。……肉ではなく霊にしたがって歩む私たち」と語るとき、そして四節で「それは、肉ではなく霊にしたがって歩む私たちの内に、律法の要求が満たされるためでした」と語るとき、「人間の諸能力にしたがって歩まない者は罪に定められない」というようなことを意味していないことは当然である。そしてパウロが五節と六節で「肉にしたがって歩む者は、肉に属することを考え、霊にしたがって歩む者は、霊に属することを考え」とのべ「肉の思いは死である」と語るとき、それが「人間の構造と諸能力にしたがって歩む者は、人間の構造と諸能力のことを考え、それらのことを考えるのは死である」といったようなことを意味していないのは明らかである。また、彼が「肉の思いに従う者は、神に敵対しており、神の律法にしたがっていないからです。従いえないのです。肉の支配下にある者は、神に喜ばれるはずはありません」（七―八節）と語るとき、彼が言いたいのは「人間の諸能力と構造に合致したことを考えることは神に敵対する」とか「神の造ったままの正しい構造に合致する精神は、神の律法に従っていないとか、従えない」とか、「このような構造に従う者は神を喜ばすことはできない」というようなことではない。また「あなたがたは肉ではなく霊の支配下にあるのです」（九節）と言うとき、使徒パウロが言っているのは、「あなたがたは、身体と霊魂からなる人間本性と人間としての諸能力にしたがっていない」というようなことではない。きわめて明瞭なことであるが、パウロがここで肉と言っているのは何らかの腐敗した本性のこと、悪の傾向をもち、神の律法と聖なる本性に真っ向から対立する腐敗した本性のことである。したがって、その腐敗〈堕落〉した本性にしたがって存在し、行為し、考えることは完全に神とその律法に敵対する。神に服従することや神に喜ばれることとは完全に矛盾する。それは確実に死と破滅に向かう傾向である。また、この「ありかたをしている」とか「したがって歩く」とか「肉にしたがっている」といった表現が、腐敗した罪の本性に従うあり方、生き方をしているという同じ意味であることは明らかである。そして、霊に合致したあり方・生き方をしているということは、聖なる神の本性あるいは原理にしたがって存在し生きていることを意味する。また肉の思いを持っているというのは、悪い腐敗した心をもっているということであり、霊の思いをもっているというのは、徳のある聖なる心性をもっているということである。

キリストが「肉から生まれたものは肉である」（ヨハ三・六）と語られたとき、キリストは「肉」を単に一つの性質として考えてはおられない。一つの性質が生まれると言うのはおかしいからである。生まれるのは人格、人である。それゆえ、本性全体が腐敗している人が「肉」と呼ばれている。それは、腐敗した本性が「老人」とか「罪の身体」とか「死の身体」と呼ばれている他の聖書の表現法と一致する。他の場所では、「ローマの信徒への手紙」七章、八章の表現も、その用法に一致する。ここでは「肉」とは使徒の表現スタイルに従った、人格をあらわす比喩的な表現であり、それはロック氏も、ロック氏に従うテイラー氏も認めている。[117] テイラー氏は、彼は使徒パウロが六章、七章で罪を一つの人格として語り、比喩的に自分の内の二つの人格を区別し、肉を人格として語っていることに注目する。「なぜなら、私のなかには（つまり、私の肉のなかには）善いものがないことを知っているからである」。[118] そして、続く八章でもパウロはこの表現を用い、肉を人格として語っていることがわかる。六節と七節で、「肉の心」と「霊の心」と言い、あたかも肉と霊が別々の心を所有する二つの対立する人格であるかのように語っている。テイラー氏は、この「肉の心」（フロネーマ・サルコス）と「霊の心」（フロネーマ・プネウマティコス）を解釈して、ここで「肉」と「霊」という言葉によって、あたかも異なった対象が語られているかのように言っている。しかし、これは使徒の意図の誤解である。使徒パウロは肉と霊とを主体や行為者として語っているのであり、その行為者の中に使徒の言う「心」（ノエーマ、思っていること）がある。心の作用が向かう対象のことではない。同じ言い方が二七節に出てくる。「人の心を見抜く方は霊の心（フロネーマ・プネウマティコス）が何であるか知っておられます」。聖者の霊的本性の心は、神ご自身の霊の心と同じであり、神がその霊的な本性を分かち与え現実化している。この場合、霊は主体・行為者であって客体ではない。また、パウロは同様な意味で、「コロサイの信徒への手紙」二章一八節の「肉の思い（ヌース・サルコス）によって根拠もなく思い上がっている」という所で、「精神（ヌース）」という語を使っている。この行為者を使徒はしばしば「肉」と言っており、それは、まったく邪悪で、中に善いものが少しもなく、まさに完全に神とその律法に敵対し死と破滅に向かうものであり、霊に真っ向から対立する。キリストが、ニコデモに対して最初の誕生とともに生まれたと語っているのはこの行為者のことである。よくなるためになぜ新生が必要であるかという理由がそこにある。

パウロの議論で特に注目されることがある。彼は、「ローマの信徒への手紙」七章、八章で「肉」という用語をしばしば「霊」という用語と対比させて使っているが、それと彼の議論の他のことを合わせて読むと、彼が「肉」という表現、特に八章三節の「罪ある肉」という表現で、本性的に腐敗し罪である何かを考えていることは明らかである。「罪ある肉」ということでパウロは、その前後で、そして文書全体で言っていることと同じことを考えている。そして、キリストが「罪ある肉」と同じものになったと言われるとき、明らかにキリストが

「罪ある者とされ」、「私たちの身代わりとして呪われた」と同じことが考えられている。

「ガラテヤの信徒への手紙」五章でも、「ローマの信徒への手紙」八章の場合と同様に、「肉」と「霊」は対立している。「肉」は、罪のない正しい自然状態における身体と霊魂を持った人間性、あるいは人間としての構造と諸能力を意味しない。一六節で使徒は「霊の導きにしたがって歩みなさい。そうすれば決して肉の欲望を満足させるようなことはありません。」と語っている。ここで「肉」は悪い傾向、欲望、情欲のことである。そのことは続く言葉でいっそう強く示される。「肉の望むところは霊に反し、霊の望むところは肉に反するからです」。使徒が「肉」という言葉で語ろうとしていることをこれ以上に平明に語ることができるであろうか。それは本性としてとても悪いものであり、すべての善に妥協の余地なく対立する。そして、これらの言葉と後の言葉によって、パウロが依然として「肉」を比喩的に、欲望し、行為し、情欲を持ち、仕事をする人格あるいは行為者として表していることが注目される。そして、一九節から終わりまで、対立する「肉の業」と「霊の実」という表現が意味するのは端的に「罪ある本性の業」と「聖なる新しくされた本性の実」のことである。「肉の業は明らかです。それは、姦淫、わいせつ、好色、偶像礼拝、魔術、敵意、争い、そねみ、怒り、利己心、不和、仲間争い、ねたみ、泥酔等です。……しかし霊の結ぶ実は愛であり、喜び、平和、寛容、親切、善意、誠実、柔和、節制です」。パウロは「肉」という表現で、それ自体としては汚れもなく善いものだが、ただ抑制され適切な限度に抑えられるべき何かを考えているのではない。ただ抑制されるべきものではなく、破滅し尽くされるべき、完全な悪を語ろうとしている。「このような者を、その肉が滅ぼされるようにサタンに引き渡したのです。」（一コリ五・五）と語っている。私たちは情状酌量すべきでなく、必要以上に残酷だと考える必要はない。むしろ、肉は、十字架につけられるべきものである。「キリスト・イエスのものとなった人たちは、肉を欲情や欲望もろとも十字架につけてしまったのです。」（ガラ五・二四）と言われている通りである。

キリストがニコデモに語ったことを書き留めた使徒ヨハネも、「霊」という言葉で同じこと、つまり新しい神聖な本性を考えている。その新しい本性は、使徒ヨハネも、キリスト教徒の聖性の要諦である神の愛を原理として発現する。この神聖な本性は、キリスト教徒の聖性の要諦である神の愛を原理として発現する。「その掟とは、神の子イエス・キリストの名を信じ、この方が私たちに命じられたように、互いに愛し合うことです。神の掟を守る人は、神の内にとどまり、神もその人の内にとどまってくださいます。神が私たちのうちにとどまってくださることは、神が与えてくださった霊によって分かります」（一ヨハ三・二三―二四）と言われている。また、「私たちが互いに愛し合うならば、神は私たちの内にとどまってくださり、神の愛が私たちの内で全うされているのです。神は私たちに、ご自身の霊を分け与えてくださいました。このことから、私たちが神の内にとどまり、神も私たちのうちにとどまってくださることが分かります」（同四・一二―一三）。私たちの内の精神的原理は、いわば、神の聖霊の私たちへの分与によっているというのである。

プネウマ（霊）という言葉で言われているのは、神聖な本性であり、プネウマティコス（霊的）という形容詞で言われているのは、真に徳があり神聖であることである。「霊に導かれて生きているあなたがたは、そういう人を柔和な心で正しい道に立ち帰らせなさい」（ガラ六・一）。使徒は、その前の章の終わりで語ったことを承けて語っている。そこで彼は、「柔和」であることを「霊」の実であると言ったのであった。そして同じように、「肉的である（サルコノス）」ことは、罪あることと同じ意味である。「私たちは、律法が霊的なものであることを知っています。しかし、私たちは肉の人であり、罪に売り渡されています」（ロマ七・一四）。

新約聖書で、永遠の救いの条件を語る場合に、「霊」と対立的に使われる「肉」という言葉は、今日、俗な意味で「肉体の罪」と言われている放縦な肉欲、放蕩だけを意味していない。それは、身体との関係では最も遠く、きわめてとらえにくい思い上がり、悪意、嫉み等の罪全体を意味する。「肉の業」が列挙されている場所（ガラ五・一九―二一）では、偶像崇拝、魔術、憎悪などの悪徳が語られている。つまり、心の高ぶりは肉の働きの結果なのである。「肉の思いによって根拠もなく思い上がっている」（コロ二・一八）。ギリシア語では、「肉の心によって」である。このように思い上がり、嫉み、争い、仲違いが肉の業だと言われている。「というのは、あなたがたは相変わらず肉の人だからです。お互いの間にねたみや争いが絶えない以上、あなたがたは肉の人であり、ただの人として歩んでいるということになりませんか。ある人が『わたしはパウロにつく』と言い、他の人が『わたしはアポロに』などと言っているとすれば、あなたがたは、ただの人にすぎないではありませんか」（一コリ三・三―四）。このような種類の欲望は身体や外的感覚に基づいているのではない。満足をえるための身体や外的感覚をいっさい持たない悪魔自身が、こうした欲望を高度に持っている。

それでは、一般に腐敗や堕落、あるいは人間本性の堕落や罪が、どのようにして「肉」と呼ばれるようになったのだろうか。パウロは今引用した「あなたがたは肉の人であり、ただの人として歩んでいるということになりませんか。」という箇所で、手に負えない肉体的欲望を本質とする堕落ばかりを言っているのではなく、私たちを本当の理由に導いている。その本当の理由は、腐敗した罪ある本性が、まさしく人類、あるいはアダムの種族に属しており、あるがままの人類に生まれつき属するということである。「肉」という言葉は、旧約聖書でも新約聖書でも、現状の人類を意味する。すべての箇所を取り上げれば、冗長になるであろう。そこで新約聖書の僅かな箇所を参照するにとどめたい。「神がその期間を縮めてくださらないなら、誰一人として（どの肉も）救われない」（マタ二四・二二）。「人（肉）は皆、神の救いを仰ぎ見る」（ルカ三・六）。「あなたは子にすべての人（肉）を支配する権能をお与えになりました」（ヨハ一七・二）。（その他、使二・一七、ロマ三・二〇、一コリ一・二九、ガラ二・一六も参照せよ。）人間の精神は、神の霊から見捨てられるなら、ちょうど堕罪のときのように、そしてその結果、神の聖なる諸原則から見捨てられたときのように、それ自身で甚だしく腐敗し、まったく堕落して破滅する。こうして「肉」という言葉が「人」を意味するようになり、自然状態において堕落し破滅した人間自身を指すようになった。他方、「霊」という言葉は、神の聖なる原理、あるいは新しい本性を指すようになった。この本性は人のものではなく、神のものであり、神の霊が魂に内住し、流入し活きて働くことによって成り立つ。したがって、使徒にとっては、腐敗していること、肉的であること、人として歩んでいることは同じことである。聖書の他の箇所に書かれるように、「人間に属することを味わう」ことと、「腐敗を味わうこと」とは同じことである。また、既にみたように「人の子ら」という表現は「邪悪な者たち」を意味する。他方、「神のものを味わう」、「神の霊に属することを受けとる」という表現は、真の神聖、あるいは神的な徳を味わうことを意味する。

これらのことはすべて、「ヨハネによる福音書」三章六節の「肉から生まれたものは肉である。霊から生まれたものは霊である」というキリストの言葉の意味として私たちが考えたことが正しいことを証明する。キリストの発言は、人間の最初の誕生によって生まれるものは人間にすぎず、そのなかには神聖なものは何もないという趣旨である。それは、堕落し、罪のある、破滅した人間であり、まったく神の国に入るのに相応しくない者であり、神の国の神聖な幸福を味わうことのできない者である。これに対して、新しい誕生で生まれるものは、神の霊から生まれる、霊的な原理であり神聖な本質をもつものであるから、神の国の条件にかなう。これがこの発言の真意であるということを証明しているのは、これが新約聖書におけるキリストの霊について常時語られていることと一致するだけでなく、このような意味で解釈された言葉は、神の国に入るために人間がなぜもう一度、生まれかわらなければならないのか、その理由を適切に示すからである。この理由は、聖書の他のいたる所で示されているものであるが、救いのためには再生、回心、新しい心が必要だという趣旨である。この理由をこれまで強調してきた言葉でニコデモに示すことが、キリストの意図であったことは明らかである。

議論を先に進める前に、今のべてきたことから派生する一つの論点を考察しておきたい。

新約聖書で救いの必要条件を論じる際に、肉と霊が、相互に対立するものとして語られる意味を理解するなら、そこから、単に人間が本性的に堕落しているというばかりでなく、まるごと〈wholly、全体的に〉堕落していて、善いところがまったくないということが帰結する。もし、「肉」が最初の誕生時に人間が受けとる人間本性を意味するなら、「ローマの信徒への手紙」七章一八節に書かれているように、「そのなかには善いものは何もない」。それは、同書八章七―八節に書かれているように、神に敵対し、神の律法に従わない。「ガラテヤの信徒への手紙」五章一七節で「肉の望むところは、霊に反し、霊の望むところは、肉に反するからです」と言われている通りである。人は自然状態にある限り善いものを得られないばかりか、善くはありえないし、善いことをすることもできない。「ローマの信徒への手紙」八章八節に書かれている通りである。最初の誕生によって得た本性のなかには善いものは何もない。そこからは神へ真実に服従することは起こらない。もし、道徳的観点から見て、肉のうちに、つまり人間の本性や生まれつきの傾向のなかに本当によいものがあったなら、それを改良するだけでよい。しかし、聖書は、既に見たように、私たちがそのよいものに敵対し、それを破壊しないではいられない存在であるかのように書いている。そして別の箇所でパウロは、古い人間の修繕ではなく、それを脱ぎ捨て、新しい人を身にまとうこと、死の身体を善くするのではなく、そこから救い出されることを勧めている。彼は「だから、キリストと結ばれる人はだれでも、新しく創造された者なのです。」とのべている（これは、明らかに新しく生まれかわった人、という意味である）。「古いものは過ぎ去り（修繕されたのではない）、［まったく］新しいものが生じた」のである（二コリ五・一七）。

しかし、特に「コリントの信徒への手紙一」二章の後半と三章の最初を考察すると、このことがいっそう明瞭になる。そこでパウロは「自然の人」と「霊の人」について語る。「自然的」と「霊的」という言葉は、ちょうど前に「肉」と「霊」の対立として見たのと同じ仕方で対立する。パウロは二章一四―一五節で「自然の人は神の霊に属する事柄を受け入れません。その人にとって、それは愚かなことであり、理解できないのです。しかし、霊の人はすべてを判断します」と言う。単に、他の場所で「肉」と「霊」を対立させたのと同じように、ここで「自然」と「霊」を対立させているばかりではない。続く彼の議論は、彼がまったく同じ区別を考えていることを示す。自然の人と霊の人の違いを語った後、パウロは直ちにそれに続く次の章の最初のことばで、コリントの信徒たちに対して語っているからである。「兄弟たち、わたしはあなたがたには、霊の人に対するように語ることができず、肉の人に対するように語りました」。明らかに、直前の章でこれまで語ってきたことを承けながら、霊人と自然の人と語り、また「肉」を「自然」と同じ意味で使っている。使徒が「自然の人」ということで、肉的な罪深い状態にある人のことを語っていることは議論の余地がない。人は生まれた当初からその罪の状態にある。それにも拘わらず、現代の著者たちは、ありとあらゆる注解や批判をもちいて、この文言について別の意味を付加し、使徒が生まれながらの人間の罪ある惨めな状態について語っている一四節の教えを私たちから取り去ろうと努めている。テイラー氏は、「自然的生命に属する」（プシュキコス）という表現は、自分の行動の意味を感覚し、行動の秩序を考える動物としての人間を意味するという。[119] もし、彼がこの言葉の意味を外的な感覚と身体的欲望に限定しているなら、彼の考えていることは明らかにパウロの考えと一致していない。使徒が考えていることは、もっと精神的な悪徳、つまり嫉妬や争いなどのことであり、それは三章の最初の四節に出ている通りである。すでに見たように、そこでパウロは「自然的生命に属する」という言葉に替えて「肉的」という言葉を使っている。同じように、使徒ユダも同じ意味でこの言葉を使い、それを「霊的」あるいは「霊を持つ」という言葉と対立させている。「この者たちは、分裂を引き起こし、この世の命のままに生き〈プシュキコス〉、霊を持たない者です」（一九節）。その直前で彼が語っている悪徳は、おもに霊的な種類のものである。「こういう者たちは、自分の運命について不平不満を鳴らし、欲望のままにふるまい、大言壮語し、恩恵のために人にこびへつらいます」（一六節）。ここで語られる悪徳は、コリントの信徒に語られた悪徳と同じ種類のものであり、彼らに対して、「肉的であること」「嫉み」「争い」「分裂」が指摘されている。「私はパウロにつく」「私はアポロにつく」と言って「互いに傲慢になっている」状態である。また、同じ言葉が次の箇所にも出てくる。「しかし、あなたがたは、内心ねたみ深く利己的であるなら、自慢したり、真理に逆らってうそをついたりしてはなりません。そのような知恵は上から出たものではなく、地上のもの、この世のもの（プシュキケー）、悪魔から出たものです」（ヤコブ三・一四―一五）。ここでも、使徒ヤコブが語っている悪徳は、むしろ霊的な種類のものである。

したがって、概括的に言えば、「コリントの信徒への手紙一」二章一四節で、パウロが「自然的」人間について語るとき、生まれながらの堕落した状態にある人間という意味で語っていると考える十分な理由がある。使徒が言うには、人間はまるごと腐敗しており、真の徳と神聖、それらに属することにはまったく敵対する。それらに属することとは、新約聖書では通常は「霊的なこと」と言われ、ここでは神の霊に属することを指す。これらの言葉で言われていることは、人間は自然的状態にある限り、その他のあり方はできないということである。表現はきついが、「自然の人は神の霊に属する事柄を受け入れない」のであって、「その種のことを理解することもできず」、それらを味わう真の感覚を欠いており、それらの本質や素晴らしさを理解もできない。「それらは霊によって判断できること」だからである。そうした事柄は、自然内の原理によっては判断されない。それを判断する原理は、神の聖霊の恩寵によって導入された神的原理であり、自然的なことの一切を超えている。これらのパウロの言葉は、私たちの救い主の言葉と、かなりの程度、呼応する。「神は真理の霊を与えてくださるであろう。世は、この霊を見ようとも知ろうともしないので、受け入れることができない。しかし、あなたがたはこの霊を知っている。この霊があなたがたと共におり、これからも、あなたがたの内にいるからである」（ヨハ一四・一

七、一八)。

第二節 「ローマの信徒への手紙」三章九―二四節の考察

もし聖書が、すべての人類がキリストの贖罪の恩恵に与る前の最初の状態では邪悪であると書いているなら、人類は本性的に邪悪である。人の最初の状態は自然状態であり、自然状態に向けて生まれてきたことは間違いないからである。しかし、聖書は、すべての人類がそうだと言っている。

その趣旨にそった聖書の箇所について語る前に、注意しておきたいことは、このテキストが直接、子どもについて語っているのか、理解力を持ち自分の義務と状態を理解できる大人について語っているのかという問題は、当面の議論を左右しないということである。現状の人類が自分自身の道徳的状態を反省し認識する能力が芽生えるとすぐに自分自身が邪悪であることがわかるならば、それは、人類が生まれつき邪悪である証拠である。生まれたときに邪悪であるか、すぐにでも邪悪になる傾向を持っていたかどちらかである。どちらにせよ、たいした差ではない。どちらにせよ、人間が非常に悪い状態で生まれていることを証明する。前に証明したことであるが、聖書が人間について述べている多くのことから罪への傾向が論証される。しかし、ここでは、それよりももっと直接的なことを述べたい。聖書の証言を通じて、人類のすべてがその最初の状態において実際に邪悪な性格をもっているということを証明したい。

この目的のためには、「ローマの信徒への手紙」三章の九節から始まり二四節にいたるパウロの発言は、非常に内容豊富で明晰である。そこで、ここで何度も繰り返して使われている普遍的な用語をとり出すことによって全体を一つの明解な性格で特徴づけたい。パウロは、第一章の一六―一七節で、神の義によって、つまりイエス・キリストへの信仰による他、誰も救われないと述べた後で、その点を証明するためにすべての人間が本性的に邪悪であり、一切の正しさを欠いているということを証明しようとする。最初に第一章で彼が主張するのは、異邦人の悪である。第二章ではユダヤ人の悪を述べる。そこで問題を要約して結論的に次のように述べる。

「私たちには優れた点があるのでしょうか。まったくありません。既に指摘したように、ユダヤ人もギリシア人も皆、罪の下にあるのです。次のように書かれている通りです。『正しい人はいない。一人もいない。悟る者もなく、神を探し求める者は誰もいない。皆迷い、誰もかれも役に立たない者となった。善を行う者はいない。ただの一人もいない。彼らののどは開いた墓のようであり、彼らは舌で人を欺き、その唇には蝮の毒がある。口は呪いと苦味で満ち、足は血を流すのに速く、その道には破滅と悲惨がある。彼らは平和の道を知らない。彼らの目には神への畏れがない。』さて、私たちが知っているように、すべての律法の言うところは、律法の下にいる人々に向けられています。それは、すべての人の口がふさがれて、全世界が神の審判に服するようになるためなのです。なぜなら、律法を実行することによっては、だれ一人神の前で義とされないからです。律法によっては、罪の自覚しか生じないのです。ところが今や、律法とは関係なく、しかも律法と預言者によって立証されて、神の義が示されました。すなわちイエス・キリストを信じることにより、信じる者すべてに与えられる神の義です。そこには何の差別もありません。人は皆、罪を犯して神の栄光を受けられなくなっていますが、ただキリスト・イエスによる贖いの業を通して、神の恩寵により無償で義とされるのです。」（三・九―二四）

私が証明したいと思っていること、つまり、キリストの贖いの恩恵に与る前の最初の状態において人類は普遍的に邪悪であるということが、これ以上考えられないほど完全に厳密に述べられている。もし、これでは事態が明解に述べられていないというのなら、言葉の力ではこれが限界であるというほかはない。

テイラー氏は、文全体の意味を弱めるつもりなのか、パウロのこの箇所は詩編や他の旧約聖書から採られたものであるから、人類すべてのことを語ってもいないし、ユダヤ人全員のことですらなく、一部の者たちだけに当てはまると言っている（一〇四—一〇七頁）。多くの罪のない義人がいたが、同時に多くの邪悪で堕落した人たちの勢力があり、聖書のこの箇所はそうした人たちを指すと解釈すべきだというのである。これに対して私は次の三点を指摘したいと思う。

（一）この解釈に従うなら、パウロが旧約聖書から引用し、この箇所の随所で用いている言葉、この世全体が、ユダヤ人も異邦人も罪の支配下にあるという表現は、パウロの主張に合わないことになる。パウロは、彼の主張と結論のなかで、普遍的なことを指す言葉を使用している。「すべての者が罪の下にある」、「すべての口が閉ざされる」、「世界全体が有罪である」、「律法の業によっては誰も義とされない」。パウロは、この普遍性を確認するために旧約聖書から多くの普遍的な表現を選んでいる。たとえば、「正しい人はいない。一人もいない。悟る者もなく、神を探し求める者は誰もいない。皆迷い、誰もかれも役に立たない者となった。善を行う者はいない。ただの一人もいない。」という言葉を引用する（ロマ三・一〇—一二）。しかし、テイラー氏は言う。普遍性を表すこれらの表現は、パウロの主張にあわない。それらで表現されている普遍性は、使徒パウロが語っている普遍性ではなく、それに類したものでもないから、集団的意味でも個人的意味でも、普遍性を意味していない。世界のすべての民族も、その民族に属するすべての個人も意味せず「当てはまる人々は限られている」と彼は言うのである。そうなると、この箇所のパウロの主張は、「正しい者はいない、ひとりもいない、ということが当てはまるような正しい者は存在せず、悟る者もないということが当てはまる人もいない、等々」という意味になってしまう。[120] 言い換えれば、彼は、これらの表現はダビデやソロモンの時代の権力者たちのことと理解されるべきであり、その党派に限って普遍的に当てはまるというのである。そうすると使徒パウロは何を言っているということになるのであろうか。イスラエルのうちの悪人は悪人であるとか、特に悪い人たちが一部いて彼らは全員悪かったというような意味の普遍性が、どうしてパウロが証明しようとしている普遍性を証明することになるのだろうか。パウロは、ユダヤ人も異邦人も、全世界のすべてのものが邪悪であり、誰も言い訳はできず、肉的な人間の誰一人として自分の正しさによって義と認められることはないと主張しているのである。

この場合、ユダヤ人も他の民族と同じように邪悪になることがあるということを説得しようとして、千年前にイスラエルに悪い人たちの一派がいたことを示すテキストに言及しているのであって、その箇所にたまたま出てきた普遍性を意味する語句は、パウロは意識しておらず、イスラエルの邪悪な一派について書かれた記事に偶然的に出てきたにすぎないというような解釈は、パウロの主張を台無しにしてしまう。使徒の言葉をしっかり読んでみよう。そのような推測が、どんなに乱暴であるかはすぐに解る。特に、九節、一〇節の言葉と相互の関係を見るとよい。パウロは言っている。「すべての者は罪の下にある。正しい者は誰もいない。一人もいない、と書かれている通りである」。パウロがこれらの言葉を「詩編」一四編から引用する意図が、彼自身の普遍的真理を述べる命題を確認することにあったことは明らかではないか。しかし、テイラー氏の解釈からは、「正しい者は誰もいない、一人もいない」ということはパウロがその前で語った「すべての人は罪の下にある」という普遍性とは何の関わりもないということが帰結する。「イスラエルには正しくない人がいくらか、あるいは多くいた」という意味だとすれば、それは「正しい者は誰もいない、一人もいない」ということの確証にはならない。

（二） 旧約聖書のこの箇所を引用する使徒パウロの意図が、昔、彼らの民族のかなりの数の人々が邪悪であったということを、ユダヤ人に対して示すことに過ぎないと解釈するなら、それは、パウロがユダヤ人であれば誰も否定しないし疑いもしないことを証明しようとやっきになっていると解釈することになる。自己正当化に傾きやすく、自分たちの民族を他民族から区別して聖なる民族として栄光化するファリサイ派のユダヤ人でさえ、そんなことは十分に承知していた。彼らは公に彼らの「父祖たちは預言者を殺した」と告白しているのである（マタ二三・二九、三〇、三一）。使徒の目的がただ彼らの記憶を更新するだけであり、彼らの心を自分たちの民族の古い悪に向けさせ、（使徒言行録七章に出てくるステファノのように）彼らに同じ悪について罪があるという反省に導くことにすぎなかったのなら、なにも証明の必要はなかったであろう。聖書が悪人であると語っている箇所をあれこれ集めて、邪悪であると言われているのはユダヤ人であるということを確認する必要があるのであろうか。旧約聖書には強い党派の人々だけでなく一般に悪い人たちがいたことがはっきり明言されているのに、使徒はなぜ、そのような回りくどいことをしなければならないのか。悪人がいたことを証明することが目的ならば、ステファノのように一般民衆の悪行を思い出させた方がはるかに効果的であった。一般民衆は黄金の子牛を拝み、荒野にあっては四〇年間、全員が不信のなかでつぶやき反逆を繰り返したのである。そのことを言うためだけなら、パウロは「律法が命ずることは、何であっても、律法の下にある者たちに命じられている」というような間接的論法を用いる必要はなかった。[121]

（三）ダビデ、ソロモン、預言者たちの時代に悪人たちの強力な党派があったということとユダヤ人たちに信じさせることは、パウロの目的をテイラー氏が考える通りだと仮定しても、その目的には合致しなかったはずである。テイラー氏の見解では、パウロの目的はキリストがこの世に到来したときにユダヤ人も異邦人もともに大いに腐敗していたことを証明することだったからである。[122]

聖書のこの箇所に原罪の教義がこれほどまで明解に証言されているにもかかわらず、これをできるだけ避けるためにテイラー氏は、「使徒がここで述べているユダヤ人と異邦人という集団は、人類が二分される二つの大きな集団である、という。語られているのは集団であり、個人ではない。使徒パウロの意図は、この二つの巨大な集団がどちらも集団として律法によって義とされないということを証明することである。どちらの集団も腐敗しているからである。そのような意味で、両者ともに一般的に悪であるということしか言われていない」と言う。[123]この見解について私は、次の二点を指摘したい。

（一）このような解釈は、使徒パウロが使っている用語や言語にははなはだしく矛盾する。この解釈によれば、私たちは次の二つのうちの一つを考えなければならなくなる。

一つの道は、使徒が言おうとしているのは普遍性ではなく大多数のことに過ぎない、という解釈である。しかし、もし使徒が使っている用語が十分に普遍性を表していないとするなら、聖書で使われているどの言葉も十分な普遍性には届かないであろう。聖書の始めから終わりまで探して、この箇所以上に、完全で絶対的な普遍性を繰り返して言葉を重ねて強く注意深く記している箇所があったら示してほしいと思う。「彼らはすべて、……ことごとく、……誰もが、……この世のすべての人が」という表現に加えて、普遍性に例外がないことを示すために何度も否定辞が使われている。「自然的な人間は誰もいない、……誰もいない、……」。これは四回繰り返される。さらに「誰も」という言葉が追加される。

第二の道は、何らかの普遍性を承認したとしても、語られているのは集団についてだけだという解釈である。テイラー氏によると、こうした集団は二つ、すなわちユダヤ人と異邦人だけである。パウロがのべているのは人類を構成するこの二つの部分が邪悪であるということであるという解釈になる。しかし、このようなかたちで、普遍性をあらわす用語でたった二つのことだけを語り、同じことが両方にあてはまるということ以上のことは考えていないというような言語の使い方があるのであろうか。両足が不自由である人が「私の足は全部不自由だ。

すっかり弱ってしまった。どの足も強くないし、どの足も健康でない。どれも駄目だ」と言ったとする。その人は足のことだけでなく頭脳も弱ったと言っているのではないであろうか。パウロが「すべての口がふさがれ」と言うとき、二つの大きな集団のことだけを考え、それぞれを比喩的に口と言ったにすぎないのであろうか。[124]

さらにテイラー氏の解釈では、この聖書箇所で旧約聖書から引用されている普遍性を表す用語は、そのような二つの巨大集団ではなく、またそのどちらかでもなく、イスラエルの中の一部、特に悪人からなる不満分子を指している。[125] いずれにせよ、彼の解釈は、ことごとく不合理で一貫性を欠いている。

(二) もしパウロが巨大な集団の悪あるいは罪だけを語っているのなら、彼がここで論じている義認論は、そのような集団に関するものであるはずである。この二つの集団はともに有罪で邪悪であるから、パウロは邪悪である以上、律法の業によっては義と認められないと論じているはずである。そうでなければ、彼の議論はまったく意味がなくなってしまう。もし彼が、集団についてだけ有罪であるといっているのなら、議論は、集団は律法の業によっては義と認められないということになるであろうが、それは個人が正しいかどうかの判定とはかかわりのないことになる。ところが、それこそが、テイラー氏の主張なのである。[126] パウロはこの箇所と同じ書簡の他の部分で、人間が正しいかどうかを集団としてのあり方として語っている、と彼は言う。しかし、明らかに事実はその反対である。三章の二六、二八節は、よほどの強引な解釈をしない限り、個人が正しいかどうか以外のことを語っているとは考えられない。「今この時に義を示されたのは、ご自分が正しい方であることを明らかにし、イエスを信じる者を義とされるためです。……なぜなら、私たちは、人の義とされるのは律法の行いによるのではなく、信仰によると考えるからです」。あるいは「しかし、不信心な者を義とされる方を信じる人は、働きがなくても、その信仰が義と認められます」(四・五)。パウロが「詩編」から引用している六、七、八節は、彼が個人の義認について語っていることを示す。「同じようにダビデも、行いによらずに神から義と認められた人の幸いを、次のようにたたえています。『不法が赦され、罪を覆い隠された人々は幸いである。主から罪があると見なされない人は、幸いである』」。このダビデの言葉は「詩編」三二編にあり、特にダビデ自身のことを言っている。彼自身の罪の意識にさいなまれたこと、そして神に赦された喜びを語っている（詩三二・三、四）。

　そして、目下検討中の三章の段落において、パウロが個人の義認について語っていることは、彼が二〇節で参照している旧約聖書の箇所「律法を実行することによっては、だれ一人神の前で義とされないからです」という箇所からも明らかである。参照されているのは、「詩編」一四三編の「あなたの僕を審判にかけないでください。御前に正しいと認められる者は命あるものの中にはいません。」という言葉である。ここで「詩編」の記者は、集団としての一民族が正しいと判定できるか、あるいは世界を構成する二つの部分の一つが正しいと判定できるかということではなく、特定の個人の義を語っている。ここでパウロが個人の義認を語っていることは、この箇所が「ガラテヤの信徒への手紙」三章一〇、一一節とはっきり対応することによっていっそう明解になる。「律法の実行に頼る者は誰でも呪われています。律法の書に書かれているすべての事を絶えず守らない者は皆、呪われていると書いてあるからです。律法によっては誰も神の御前で義とされないことは明らかです。なぜなら、正しい者は信仰によって生きるからです」。この箇所が、「ローマの信徒への手紙」の三章の箇所と対応することは明らかである。主張されていることが同じであり、証明されていることも同じだからである。すなわち、すべての者が有罪であり、律法によって告発されているということが同じであるばかりでなく、旧約聖書の同じ言葉が「ガラテヤの信徒への手紙」の最初の論証に引用されている（二・一六）。その他多くの事実によって、パウロがこの二つの箇所で同じ義認について語っていることが示されるが、長くなるので省略する。

　これらの事実に加えて、テイラー氏の解釈は、また別の意味でパウロの議論を台無しにしてしまっている。パウロは律法をまもる行為によっては義と認められない一人の主体について語っているのであり、彼の議論はその主体が有罪であり、律法によって告発されていると言っている。もし、彼が考えていることが、たとえば何らかの集団が他の集団と同様に律法によっては義と認められないということであれば、彼の議論は内容のない的はずれなものである。しかし、テイラー氏の見解では、それでもおかしくないということになる。彼は、邪悪であり律法によって告発されていると言われているのは集団であると解釈し、その集団はユダヤ人と異邦人であるとしているが、律法の業なしに義と認められるとパウロが語っている集団は、そのどちらでもなく、キリスト教徒の教会、あるいは信者の集団である。それは新しい集団であり、新しく創られた新しい人である。この集団は義と認められる前には存在しなかったのだから、構成者である個人を考えなければ、過去に邪悪で罪の宣告を受けているということはありえない。ところが、個人が以前には一般に邪悪であったということがテイラー氏の理解には入っていないようなのである。彼によれば、ユダヤ人の中にも、異邦人の中にも一定の数の義人がいたはずだからである。[127] しかし、ユダヤ人と異邦人の中のその比較的少ない者たち、つまり両方の集団の選良が、新しく創造された集団〈教会〉のおもなメンバーであったということは、どうして解るのだろうか。

このように見ると、「ローマの信徒への手紙」三章についてのテイラー氏が述べている見解はことごとく空疎で理屈にあわないように見える。パウロがこれほど明瞭に言いたいことを表現しているのだから、彼の言葉に別の意味を読み込むことは不可能である。救い主キリストを除いて、人類のすべては、つまり人類に属するどの個人も初めの状態では腐敗し邪悪であるとパウロは言っている。

使徒パウロの書いたこの部分の考察を終える前に、注意しておくべきことがある。この箇所は人類の生まれつきの悪を明解、かつ十分に語り尽くしているが、それだけでなく、この生まれつきの悪が全体的で甚だしい悪であることを平明に語っている。パウロが旧約聖書から引用して語る意図は、次の三つのことを示すことにある。一．人類のすべては生まれつき腐敗している。二．誰もがまるごと腐敗しており、堕落してない部分はないほどである。三 彼らはすべての部分で腐敗の程度が甚だしい。このうち、第二の点、つまり誰もが全体的に、どの部分も腐敗しているということを言おうとしてパウロが旧約聖書からこれらの箇所を集めて引用していることは明らかである。これらの箇所では、霊魂が外的に行動するときのおもな肢体や器官のほとんどすべてが語られている。これらの表現で、手は（暗に）「彼らの両手は役に立たず、何も善いことをしない」と言われている。のど、舌、唇、口などの発声器官については次のように言われる。「彼らの喉は開いた墓、彼らの舌は人を欺き、唇の下にはコブラの毒があり、口は呪いと苦みに満ちている」。足については一五節で語られる。「彼らの足は、すぐ血を流す」。これらの表現は全体として、人は丸ごと、どの部分も腐敗しているということを意味する。多くの部分を列挙し、善いところが一つもないと言うことによって全体的腐敗が暗示されているだけでなく、真の理解も霊的な知識も、有徳な行為も、神を求めることもないということが言われている。理解力を持つ者は誰もいない。神を求める者は誰もいない。善いことをする者は誰もいない。彼らは平和の道を知らない。一般的に、（生まれたままの）最初の状態では、人間の中に真の信仰や宗教はないと言うことによって、人間の全体的腐敗が語られている。「彼らの目には神への畏れがない」（一八節）。また、これらの表現は、心の甚だしく絶望的な邪悪さを述べるために選ばれている。極度の悪がすべての部分にある。喉には「開いた墓」の腐臭があり、舌や唇には「欺き」と「毒蛇の毒」がある。口には「呪い」と「辛辣」がある。足に対しては「足はすぐに血を流す」と言われている。人間全体については、その生き方には「破滅」と「悲惨」があると言われる。これらの表現は非常に強い。すべての人類は腐敗している。すべての人はまるごと腐敗している。そして、すべての人は、甚だしく絶望的に腐敗している。このような強い表現が選ばれているのは偶然ではない。パウロは意図的に考えがあってそうしたのである。その意図は手紙の最初から、彼の議論の中にはっきりと見えている。

第三節
「ローマの信徒への手紙」五章六―一〇節、「エフェソの信徒への手紙」二章三節とその脈絡、そして「ローマの信徒への手紙」七章の考察

同じ「ローマの信徒への手紙」のなかで、キリストの贖いの恩恵に与るようにされているすべての者は、最初の状態では邪悪で、絶望的に悪であったことをパウロが示すもう一つの箇所は、五章六―一〇節である。

「実にキリストは、私たちがまだ弱かったころ、定められた時に、不信心な者のために死んでくださった。正しい人のために死ぬ者はほとんどいません。善い人のために命を惜しまない者ならいるかもしれません。しかし、私たちがまだ罪人であったとき、キリストが私たちのために死んでくださったことにより、神は私たちに対する愛を示されました。それで今や、私たちはキリストの血によって義とされたのですから、キリストによって神の怒りから救われるのは、なおさらのことです。敵であったときでさえ、御子の死によって神と和解させていただいたのであれば、和解させていただいた今は、御子の命によって救われるのはなおさらです。」

ここで、キリストが身代わりになって死に、彼によって救われた者はすべて、最初の状態では「罪人」「不信な者」「神に敵対する者」「神の怒りが向けられている者」であったと語られている。彼らは「無力」で、自己救済の能力はなく、その惨めな状態から自分の魂を救済することのできない者である。

ティラー氏は、パウロがここで言っているのは、「ユダヤ人と対比させられた異教徒達」のことであり、しか

も、異教世界に生きる特定の個人のことではなく、また、個人の状態のことでもなく集団としての異邦人のことである、あるいは集団として理解されてときの異邦人の惨めな状態であると言う。そして、「罪人」「不信」「敵」等の呼び方を用いてパウロは、異邦世界をユダヤ人から区別しようとしている、と言う。[128] 使徒たちの書いていることをこのような仕方で解釈することが、昨今流行しているが、そうした解釈では、原罪の教義についての明らかな証言が抜け落ちてしまうだけでなく、新約聖書の多くの部分が空洞化する。それゆえ、この点についてももっと具体的に述べておく必要があるであろう。

キリストと使徒たちの時代には、ユダヤ人の間で、そして特にファリサイ派のユダヤ人の間で、神の特別な民としての特権による誇りと自負心から、自分たちを他の民族よりも極端に高く見て、他民族を「罪人」「敵」「犬」等の名前で呼んで自分たちと区別する長い慣習が成立していた。自分たちの民族については（収税人や放蕩者を除いて）一般に「友」「愛護者」「神の子ども」と言った。彼らはアブラハムの子孫で割礼を受けており、モーセの律法は彼らの特権でもあり、異邦人から彼らを隔てる壁でもあったからである。

しかし非常に驚くべきことは、新約聖書、特に「ローマの信徒への手紙」を長らく研究してきたテイラー氏のようなキリスト教神学者が、強い思いこみをもってしまったことである。彼は、イエス・キリストの使徒たちも、ユダヤ人のそうした思い上がった褒められない傾向や思想を、同じくらいもっていたと考える。ユダヤ人のこうした傾向や思想が使徒たちの慣習となり、高ぶりと軽蔑の言語を使うようにさせ、パウロは特にそうだったというのである。これは多くの点できわめて不合理な想像である。

一．福音による統治方式の開始は、全体として、このようなユダヤ人の差別的で傲慢な言語に関係する一切のことを、まったく放棄し廃棄する志向をもっている。そのような慢心を排除し、そのような自慢の元になっている傲慢と自己肯定を破壊する意図をもっている。敵対意識を捨て、ユダヤ人と異邦人の間の壁を壊し、そこから一人の新しい人を創り、平和を実現することを勧めている。相互に軽蔑し「はなれておれ、私の近くに来るな、なぜなら私はお前より清いからだ」という心性を破壊し、反対に、謙遜と、相互尊重と、敬愛と普遍的な連帯を最も完全な仕方で確立しようとしている。

二・キリストは地上にあったとき、その活動全体を通じて、ユダヤ人たちのこのようなファリサイ的精神、行動、言葉と闘われた。ファリサイ的あり方は、習慣化した言葉つかいにあらわれていた。彼らは異邦人とローマに雇われた収税人を軽蔑し、公然と悪人とよばわり、自分たちを上等の人間だと思った。[129] 相手を「罪人」「敵」と呼び、自分たちを「聖なる神の子ども」と呼んだ。そして異邦人が隣人になることを許さなかった。これに対してキリストは、ファリサイ派の人々が自分たちを義人であると考え、他者を軽蔑して自分たちを収税人と同じ罪人と見なしていないことを非難した。キリストは、ファリサイ派ユダヤ人が「罪人」とみなしている異邦人や収税人に応対するときのご自身の態度と言葉でこの習慣と闘われた。[130] キリストは譬え話によってユダヤ人たちのこうした態度を批判し、弟子たちへは不信のユダヤ人にどのように対応したらよいかを教えられた。[131] ニコデモに対して語られたことも同じ趣旨である。ユダヤ人のなかには、異邦人の多神教から離脱することを「新生」と言う者がいたが、新しく生まれかわることは不浄の異邦人にとってのみならずユダヤ人にも必要である。アブラハムの子孫であるからという理由で自分たちは神の子であり、異邦人たちは生まれながら神の怒りの対象であると考えているユダヤ人に対して、キリストは彼らもまた「悪魔の子」であると言うのである。[132]

三・キリストの昇天に立ち会う以前の使徒たちは、このようなユダヤ人の思想・行動・言語を脱していなかったと考えなければならないが、ペンテコステの日に聖霊を注がれた後、あるいは少なくともコルネリウスの回心から始まる異邦人の召命がはじまった後、彼らは十分にことの本質を理解し、もはや異邦人を「不浄である」と言ったり、差別したりすることはしていない（使一〇・二四）。使徒たちの書簡が書かれたのはこの後のことである。

四．使徒たちのなかで、パウロほど、つまり異邦人への大使徒と言われるこの人物ほど、この問題の事情に詳しく、それを他人に教える機会をもった使徒はいなかった。パウロほど、今述べたユダヤ人の思想と言葉に反発して、ユダヤ教の教師やユダヤ教化したキリスト教徒に反対した使徒はいない。ユダヤ教化したキリスト教徒たちは、ユダヤ人と異邦人とを分ける壁を維持し、ユダヤ人を高めるために異邦人を無視していたのである。

五．使徒パウロは、「ローマの信徒への手紙」で、この問題を特に入念に述べている。彼は全力を尽くし、かつ最大の工夫をこらしてユダヤ教的なキリスト教徒をこの種の差別から引き離そうとする。彼らのうちに教育によって染みついた古い思想が残らないように、ユダヤ人を聖なる、アブラハムの子孫、友、神の子どもたちと呼ぶ一方で、異邦人を、罪人」、不浄、敵、等と呼ぶような思想、つまりユダヤ人と異邦人を大きく区別するような思想が残らないように努力した。彼はこの手紙の最初から、今、私たちが考察している第五章にいたるまでの部分の全体を通じ、ユダヤ教的なキリスト教徒に対して、そのような区別には根拠がないと説得し、ユダヤ人も異邦人も共に全員、絶望的に邪悪であり、誰も正しくない一人もそうでないことを証明しようとする。パウロは、彼らに三章九節でユダヤ人が異邦人よりもよいということはないと言い、同じ章の続く箇所でユダヤ人と異邦人の区別はないと言う。そして、義認と贖いに関しては、全員無力で手段を持たない者であると述べる。さらに議論を続けて、四章でキリストによって義とされた者はすべて彼ら自体は「不信な者」であり、アブラハムの子孫であるということはユダヤ人だけに限られないと説く。同じ議論が五章でも続いているが、キリストによる贖いと彼への信仰を論じるとき、パウロは、前の箇所から述べてきているように、自己救済ができない不信な者・罪人のためにキリストは死んだと述べる。そこで、いまや、「罪人」や「不信な者」という言葉でパウロが語っていることは、前の部分で述べたこととは違った意味で理解されねばならないであろう。それはユダヤ人と区別された異邦人だけを指すと解釈される。パウロは、自分が真っ向から対決している相手の、自己正当化をする思い上がったユダヤ教的教師の言語を採用することによって、異邦人の中にも同じものがあることを確認する。その同じものをパウロは手紙の始めから打倒し廃棄しようとして全力を傾けているのである。

ユダヤ人が自分たちを異邦人よりもよいと見て、自分たちを「神聖」と呼び、異邦人を「罪人」と呼んだ理由の一つは、彼らがモーセの律法をもっているということであった。彼らは律法を誇りにしていた。しかし、パウロは彼らに、律法は彼らを善くすることはできず、彼らを告発し、彼らをいっそう高度に悪質な意味で「罪人」にし、罪によって「死んだ」者にする機会になったと言う（七・四—一三）。この言葉は、「ヨハネによる福音書」五章四五節のキリストの言葉と一致する。

この場合、パウロはペトロに語ったときのように、そのような言語を使い、異邦人を罪人と呼び、ユダヤ人と区別しているのだ、と反論することはできない。パウロ自身が「ガラテヤの信徒への手紙」二章一五—一六節で説明しているからである。「私たちは生まれながらのユダヤ人であって、異邦人のような罪人ではありません。けれども、人は律法の実行ではなく、ただイエス・キリストへの信仰によって義とされると知って、私たちもキリスト・イエスを信じました」。パウロがここで、自己正当化をするユダヤ人たちが通常用いる、ユダヤ人と異邦人の区別に言及していることは事実であるが、その考えを採用するわけではない。むしろ彼はその区別に反対している。彼の言っていることはこうである。「私たちはユダヤ人として生まれ、生まれつき律法を誇り、律法によって正しくなろうと思い、自分の力を頼んで正しいと思って他人を見下げ、異邦人を罪人と呼んで差別してきた。しかし、キリストの福音によって教えられた今は、考えを改めた。私たちは今や、人は律法を守ることによって正しくなるのではなく、キリストへの信仰によってのみ義と認められることを知っている。キリストにあってはギリシア人とユダヤ人の区別はない。すべての人はキリスト・イエスにあって一つである」[133]。そしてこれこそ、パウロがペトロを非難する理由なのである。ペトロは、異邦人から身をひき、彼らと会食することを拒んだとき、ユダヤ人の自己正当化・差別、分離の精神と習慣を黙認した。ユダヤ人は、この精神と習慣によって、異邦人を罪人、不浄な者、聖なる民に近づくべきでない者として独特の仕方で差別していたのであった。

六．この箇所のパウロの言葉自体が、彼が使う「罪人」が、ユダヤ人と対立する異邦人の意味ではなく、道徳的に邪悪であるという意味であることを示す。その反対は、正しいとか善いとかである。この意味での罪人と義人の対比、あるいは区別は、次のように平明に語られている。「正しい人のために死ぬ者はほとんどいません。善い人のために命を惜しまない者ならいるかもしれません。しかし、私たちがまだ罪人であったとき、キリストが私たちのために死んでくださったことにより、神は私たちに対する愛を示されました」。「正しい人」ということで意味されていることが、パウロ書簡を通じて、あるいは新約聖書を通じて、そして聖書全体を通じて同じであることは疑いない。他人の身代わりになって死ぬ人がほとんど出ない正しい人や、誰かそういう人がいるかもしれない善い人が、ユダヤ人のことを意味すると考える人がいるだろうか。テイラー氏も、注解でそのようには言っていない。したがって、パウロがこの区別の一部として、ユダヤ人と異邦人の区別を考えていると想定するのは首尾一貫しているとは言えない。パウロ自身は、手紙の前の部分で、ユダヤ人が道徳的意味で罪人であった、正しい人の反対であったということを証明しようといろいろ苦労する。すべての者が罪を犯した罪人であり、したがって義（正しい）と認められない、つまり自分たち自身の正しさによって、正しい者として受け入れられることがない、ということを証明しようとする。

七．パウロがこの箇所でキリストが身代わりに死んでくださった罪人や敵について語るとき、異邦人のことだけを考えていないことを示すもう一つのことがある。彼は「私たちが罪人であったとき」とか「私たちが敵であったとき」と語って自分自身を罪人や敵のなかに含めている。

テイラー氏は「パウロは異教の状態にある異邦人について語っているが、異邦人への使徒であるために自分自身を異邦人と一体化させている」と何度か述べている。[134] しかし、それはありえない。父親が子どもたちに彼の子どもであることによって得ている恩恵を語るときに、「私たち子どもは」と語ったからその子どもたちの一人として身をおいていると考えるのと同じくらい馬鹿げている。医者が、患者たちを前に「私たち病人は」と語っても、医者は患者の一人ではない。パウロは異教文化から異邦人を救う異邦人の使徒であったが、だからといって自分を一人の異邦人と考えているはずはない。異邦人の使徒であるからこそ、異邦人であるはずはないのである。異邦人の使徒である彼は、異教文化から彼らを癒し救済する存在であるからである。それゆえ、特別な仕方で異邦人とは区別され、異教文化の状態に対立する。その対立する性質がまったくなければ、彼は異邦人の使徒には相応しくなく、異教文化からの救済者ではありえない。太陽の明るい光が暗闇からの回復能力をもつのはまさにその明るさのためであり、明るさによってそのような治癒力を持つのだから、太陽は暗闇と同等ではありえない。また、（これによってテイラー氏の解釈が、一層、強引であることがわかるが）この手紙でパウロは、ユダヤ人を異邦人から区別して語っているとき、はっきり自分をユダヤ人の一人であると言う。たとえば三章九節で「ではどうなのか。私たちには優れた点があるのでしょうか」と言っている。これは、私たちユダヤ人は異邦人よりも善いのか、という意味である。

　これに対する反論として、「かつて、私たちは、異邦人が好むようなことを行い、好色、情欲、泥酔、酒宴、暴飲、律法で禁じられている偶像礼拝などにふけっていたのですが、もうそれで十分です」（一ペト四・三）を引証して、使徒ペトロは異邦人と自分を同一視していると言うことはできない。使徒ペトロ（ちなみに彼は異邦人への使徒ではなかった）は、ここで自分自身を異邦人の一人だと言うのではなく、特にかつてユダヤ人であった者、改宗者や異邦人であった教会のメンバーのことを語っている。今や彼らはキリストの一つの身体を構成する者である。したがってペトロが「私たち」と言っているのは、異邦人の集団ではない。この集団の成員が回心以前に陥っていた悪行について語っている。すべての成員がここで語られているすべての悪徳にそまっていたというのではないが、それぞれ何らかの悪徳に関わっていたのである。同じような事例が、使徒パウロの「テトスへの手紙」の中にもある。「私たち自身もかつては、無分別で、不従順で、道に迷い種々の情欲と快楽のとりことなり、悪意とねたみを抱いて暮らし、忌み嫌われ、憎み合っていたのです」（三・三）。言われていることはきわめて自然である。使徒は、キリスト者たちの教会に向けて、教会について語っている。彼は教会の以前の罪を告白し、集団の一人としての自分について語っている。もちろん、彼自身が個人的には犯していない罪についても語っている。その中には、異教の偶像崇拝もあるが、それは異教徒出身のメンバーには当てはまっても、彼自身が属するユダヤ人出身のメンバーには当てはまらない。

英国の教会で、ある牧師が説教で自分もその一員である国民の罪を語るとき、「私たちは大いに堕落している。理神論、冒涜、世俗化した宣誓、好色、無節操……」と、一人称複数で語ったとしても、自分自身や聴衆の誰も理神論者ではなく、そこで言われた罪は犯していないかもしれない。しかし、そのように語ることは何ら不自然なことではない。しかし、英国の支配地域の一つ、たとえば、アメリカ植民地がすべてキリスト教を捨て理神論になって長い時間が経ち、また、誰もがキリスト教徒である英国で生まれ育ったある人が、アメリカ植民地に派遣され、理神論の愚かさと悪を論証し、彼らをキリスト教に回心させようとしたとしよう。この派遣された伝道師が、英国のキリスト教徒とアメリカの理神論者とを区別して、「私たちアメリカの理神論者たち、愚かで盲目な不信の輩」と言うことがあったとする。これならば、きわめて不自然なことになるであろう。

私たちが考察を続けてきた「ローマの信徒への手紙」五章と同じ目的を持つもう一つ記事は、「エフェソの信徒への手紙」二章三節の「ほかの人と同じように、生まれながら神の怒りを受けるべき者でした。」という箇所である。この箇所は、その趣旨を曲げようとするあらゆる試みにも出会ってもなお、正統派キリスト教徒と呼ばれている人々によって原罪の教義を最も簡潔に述べている箇所であると主張されている。原罪の教義が平明かつ十分に教えられているだけでなく、文脈を合わせて読むとたいへん豊かに説かれているのである。キリスト教徒は、最初の状態では「罪のなかで死んでいた」存在であるが、神の自由で「豊かな恩寵と愛」、そして「神の巨大な力」が奇跡的に展開されるなかで、死の状態から「突如として引き揚げられた」存在として何度も描かれている。

この「私たちは生まれながら怒りを受けるべき者でした」という言葉についてテイラー氏は次のように言っている。「使徒がここで述べているのは、怒りを受ける実子のことである。これは、養子とは違う家族の実際の子どもを意味する言葉から借用された比喩的な表現である。そのような実子を指すために、彼は生まれによって子どもである、と言う」（一一二―一一四頁）。この言い方の正しい意味は、実子であり、自然的血統で生まれたということである。しかし、彼は、これを「比喩的な用法」であるという。比喩的な用法であるということを確証するために彼が提出する平行事例は、使徒パウロがテモテを信仰における「自分の真の子」と呼んでいる事例であるが、これはむしろ、まったく比喩的ではない。パウロがここで元来の意味で「子」という言葉を使っていることは疑いないからである。「生まれた」という表現は、新約聖書では二つの仕方でしか使われない。一つは自然的であり、もう一つは霊的である。第一は、人間本性に向けて生まれることであり、第二は、信仰において、キリストにおいて生まれること、あるいはキリスト教徒になるということである。「信仰によるまことの子テモテへ」というパウロ表現が、どちらにあたるかは明瞭である。それは、パウロがコリントの信徒に向かって語ったことと同じ意味である。「福音を通し、キリスト・イエスにおいてわたしがあなたがたをもうけたのです」（一コリ四・一五）。「エフェソの信徒への手紙」二章三節の「生まれながらの」（フュセイ）という言葉を、ただ

「本当の」という意味だけで解釈するのは、まったく恣意的な解釈で、聖書全体のなかでこれを支持するものは何もない。「生まれながらの」（フュセイ）という言葉が、そのような意味で使われる箇所は新約聖書のなかにはないのである。[135]

テイラー氏が、このことを直視しまいとして主張するもう一つのことは、「自然」と訳される言葉が、時々、慣習によって造られた習慣、または獲得された本性を指すことがあるということである。しかし、これはこの語の本来の意味ではない。新約聖書の通常の用法では、この語が英語の「自然」にあたる意味を表すことは明らかである。ただ一箇所、他の意味で解釈する余地のある箇所がある。それは、「コリントの信徒への手紙一」の一一章一四節「男が長い髪であるのは恥であることを、自然そのものが教えていないでしょうか。」である。しかし、ここでも、私が思うには「自然」を本来の意味とはちがった意味で理解する理由は見あたらない。「自然そのもの」という用法で強調されることは、パウロは「慣習」ではなく、本来の意味での「自然」を考えているということである。昔からの慣習によって頭をかぶり物で覆うことが従属の象徴になったり、女性らしい身だしなみになったりすることは事実である。外的な行為や言葉を何かの記号とすることは慣習の結果である。しかし自然そのもの、つまりその本来の意味での自然は、男性が女性の徴として確立されている長髪で現れることは恥ずかしいことだと「教えている」というのである。父親が子どもや召し使いの前で、あるいは偶像の前で、頭を垂れたり跪いたりすることは恥であると自然が教える。その動作は慣習によって服従や屈服の象徴となっているからである。そのような光景は不自然なものであり、人間本性に反するものである。同じように自然は、女性があれこれの挑発的な言葉や振る舞いをすることは恥であると教えている。もちろん、そうした動作や言葉にみだらな意味を与えたのは慣習であるが。

この箇所の「自然に生まれた子どもたち」を、本来の意味以外の意味で理解することは、次の理由から特に不自然、不合理である。（一）「子」と「自然に」という言葉は双方とも、元の意味では誕生を意味する。「自然」（フュシス）という語は「生み出す」（フュオー）から派生した言葉であるから、樹木がつぼみや枝を成長させる場合のように「生み出す」という意味である。それから、「子」（テクノン）もまた、「子どもをもうける」（テクトー）から派生している。（二）生まれつきのことを表す語をここでパウロが使うとき、彼は「子どもたち」を表す語を、わざわざ変えている。不服従の子らを語っている前の節では、「息子たち」（フィオイ）を使い、ここでは「生まれた子」を意味するために「テクナ」を使っている。（三）パウロはここで、ある人々とくにユダヤ人の高ぶりに反対していると想定することは自然である。（エフェソスの教会は、ローマの教会と同様に、部分的にユダヤ人から構成されていたからである。）彼らは、生来の特権を誇っていた。彼らはアブラハムの子孫で、「ガラテヤの信徒への手紙」に出てくるように「生まれながらのユダヤ人」であった。パウロはこのような高ぶりに反対し、ユダヤ人は異邦人と同様に「怒りを受ける子」であると説いている。（四）パウロがここで「自然」という語を本来の意味で用いていることは、さらに明らかである。自然を恩寵との対比で使っているからである。彼はこの節で、自然のままのあり方、つまり怒りを受ける子という状態を述べた上で、次節で恩寵による状態がいかに異なっているかを指摘するからである。つまり五節で「恩寵によって、あなたがたは救われている」と言い、八節で「恩寵によって、あなたがたは救われている」と繰り返し言う。しかし、テイラー氏が考えているように、もし、「生まれながらの怒りの子」が「本当の怒りの子」であるという以上の意味を持たないとするなら、これらの節の意味の間に対立はないことになる。その意味で、彼らは「生まれながらに怒りの子」でありながら同時に「生まれながらに」救いの状態にある。彼らは真に、本当に、完全に救われた状態にあるということになる。

これらの言葉を文脈と合わせて読むならば、全体の記述は、私たちが生まれつき腐敗しており、私たちのうちにはよいものがないということを幾重にも証明する。この箇所を広い視野でみて、使徒の言葉と表現を強引に隠そうとしなければ、この箇所の意図は、キリスト教徒が自分のうちに、あるいは自分の状態のうちにもっている善は、どの部分も自然的なものではなく、自分自身から出たものではなく、すべて神の恩寵によっており、すべては神が与えたもの、神の働き、つまり神の力と自由で驚嘆すべき愛の結果であるということを強く確認することである。私たちのよい働きはどれひとつとして、私たち自身から発したものではない。むしろ、それらはすべて神の仕事であり、いわば無から創造されるようによい働きへと導かれた。キリスト教徒のなかのよき働きの最初の原理である信仰もまた神が与えたのである。それゆえ使徒パウロは、信徒たちを徳と神聖へと形作る神の業を、新しい創造になぞらえるだけでなく、死者からの復活になぞらえる。「罪の中に死んでいたあなたたちを蘇生させたのだ」（エフェ二・一）、「私たちが罪のなかで死んでいたときでさえ、神はキリストと一緒に私たちを生き返らせてくださった」（五節）。キリスト教徒がキリストと共に復活したと言うとき、パウロは前に述べていることを継承する。前章の後半で彼は、キリスト教徒になった改宗者に対して神が大いなる力を示したと語っている。すなわち、神がキリストを死者の中から甦らせたとき、神の力の偉大さは神の力に相応しい方で示された。したがって、この議論のどこでもパウロが言いたいことは、生まれたままの私たちには善いところはまったくないということである。死体に生命がないように、自然のままの人間には善いところはまったくない。善いところはすべて、善い働きはすべて、そしてすべてのことの原理である信仰は、完全に神の恩寵の贈与であり、神の巨大で全能の力のなせる業である。ここで使われている語句について、批評家たちがどれだけ細かい議論をして曲解しようと、通常の理解力を持つ人たちにこの事実を理解させるためには、この箇所を読んで書かれていることを理解するだけで十分であると私は思う。

テイラー氏はここでも、パウロが、「罪の中で死んで」おり、「生まれつき怒りを受けるべき者たち」であると語っている人たちは、異教の状態の中にある異邦人のことであると主張する。「私たちは生まれながら怒りを受けるに相応しい者であり、罪の中で死んでいた」と語るとき、パウロが自分自身をその者たちに含めるのは、異邦人への使徒であるがゆえにそうしているのだと言う。この解釈の不合理性は、既に述べたことから明らかであろう。しかし、既に考察したこととは別に、彼のように解釈することが特に不合理である幾つかの理由がある。エフェソの信徒たちの教会の大多数の構成員たちが異教徒出身であったこと、そしてそれゆえ、この書簡においてパウロが異教の状態にあった彼らについて語っていることは確かである。しかし、二章三節の言葉から、パウロが自分とユダヤ人を異邦人から区別して語っていることが明解に分かる。その区別は、しっかりと表明されている。過去には一般に異教文化のなかにあったエフェソの信徒たちに対して、彼らが罪の中で死んでおり、この世の習わしにしたがって生きてきたということを語った後、彼はその区別に基づき「私たちも皆、こういう者たちの中にいて……生まれながら神の怒りを受けるべき者でした」と語る。ここでまず、彼は人称を変えている。それまでは「あなた方」と二人称で語っていた。今や、文体を変えて、一人称で語る。明瞭な区別をした上で、そこには「私たちもまた」つまり、異邦人と同様に私たちユダヤ人もまた同類だというのである。人称が変わっただけではない。「もまた」という区別を示す小さな言葉が加わっている。もし、区別がなければこれは無意味であろう。さらにこの区別をいっそう際立たせるのは、区別を示す代名詞が加わっていることである。「私たちもまた、他の者たちとまったく同様に」と言われているが、生まれつきのユダヤ人、アブラハムの子たちであるという、ユダヤ人の異邦人に対する優越感を念頭に置いていることは明らかである。ユダヤ人は、異邦人は捨てられておりユダヤ人とは無縁であって、生まれつき神の怒りを受けるべきものと考えていた。これに反対してパウロは「私たちユダヤ人は、いくら区別立てして誇ろうとも、世界の他の人々と同様に、生まれながら怒りを受けるべき者たちである」と言う。パウロがそのような者たちに、ユダヤ人を含め、自分自身も含めている更なる証拠は、「彼らの中に私たちも皆いて」という発言中で、彼が使っている普遍性をあらわす言葉である。ユダヤ人たちは、悪がこの世界の常態であり、人類の一般的な姿であると考えたが、収税人や遊女は別として、自分たちは例外であると考えた。少なくとも、モーセの律法と父祖たちの伝統に忠実であったファリサイ派はそう考えたのである。これに反対してパウロが主張するのは、生まれながらの状態では彼らも他の人々とまったく同じく、誰もかれもが、「不服従の者たち」であり、「怒りを受ける者たち」であるということである。

また、もし異邦人への使徒であるがゆえに、パウロが異邦人の間に身を置いているというのなら、異邦人の状態をはっきり語っている同じ章の一一節で「あなたがたがかつて肉の状態でいたときのことを思い出しなさい」と言うときに、彼が異邦人の間に身を置いていないはどうしてか。なぜ、パウロはここで異邦人と自分を区別するのであろうか。「私たちがかつて肉の状態で異邦人であったときのことを思い出そうではないか」と言わないのであろう。また、パウロはなぜ、宛先の人々の異邦性を語るとき、ほとんどどこでも、一人称ではなく二人称あるいは三人称で語るか、またはユダヤ人と自分を区別するのであろうか。同書簡のなかで、たとえばここと同じ趣旨で区別がなされている一章一二節、一三節でも、「それは、以前からキリストに希望を置いていた私たちが、神の栄光をたたえるためです。（異邦人たちが呼ばれる前に、キリストを最初に信じたのはユダヤ人であった。）あなたがたもまた、キリストにおいて、真理の言葉、救いをもたらす福音を聞き」と語って、人称を変え、「もまた」という区別の小辞が加えられている。第二章の以下の箇所、一一、一七、一九、二二節でも同様である。二二節では、区別をする小辞が使われる。「キリストにおいて、あなたがたも共に建てられ、霊の働きによって神のすまいとなるのです」。（三・六、四・一七も見よ。）同書簡だけでなく、他の書簡でも同様である。たとえば、「ローマの信徒への手紙」一章一二、一三節、一一章一三、一四、一七、一八、一九、二〇、二一、二二、二三、二四、二五、二八、三〇、三一節、一五章一五、一六節、「コリントの信徒への手紙一」一二章二節、

「ガラテヤの信徒への手紙」四章八節、「コロサイの信徒への手紙」一章二七節、二章一三節、「テサロニケの信徒への手紙二」一章五、六、九節、二章一三、一四、一五、一六節を参照。

私は「ローマの信徒への手紙」七章についてのテイラー氏の解釈が、パウロの真意に合致しているとは少しも思わないけれども、その解釈を検討することに特別反対する理由もない。その検討によって、原罪の教義がよく論じられないわけでもないからである。もっとも、テイラー氏が解釈において反対していること、つまり、パウロは自分自身の立場で語ったり、本当のキリスト者のあり方を述べたりしているのではなく、律法に支配されているユダヤ人の状態を語っているのだという見解を一応、容認した上での議論になる。そのような仮定に立った上でも、この箇所の議論の流れは、誰もが律法の支配下にあり、人類のうちのすべての人が肉的であり、キリストによって解放される以前の最初の状態では、罪の支配に売り飛ばされているということを証明する。というのも、パウロの意図が誰にとっても律法が命を与える十分な条件にならないことを証明することであったことは明らかだからである。このことが示されるのは、彼が八章三節で「肉の弱さのために律法がなしえなかったことを、神はしてくださったのです。つまり、罪を取り除くために御子を罪深い肉と同じ姿でこの世の送り、……」という記述から結論を引き出す時である。[136] テイラー氏は、ここで語られていること、つまり「律法は肉の中では弱いから、生命を与えることができない」ということが人類のすべての者について当てはまると考えている。[137] パウロは「肉の中では弱い」という理由を挙げているだから、ここで「霊」と対比させられている「肉」が、議論の先行する部分である前の章で、彼が「肉」と呼んでいること（五、一四、一八節）、および「肢体の法則」（二三節）、「死の身体」（二四節）と言っていることと同じことを意味するのは明らかである。この章を通じて、この肉こそが、結論部（八・三）で述べることと同様に、律法が生命を与えない大きな障害であり理由であるとして、パウロが強調することである。[138] 肉こそが、結論部で、律法が人類に生命を与えない理由として挙げられている。同じ理由、同じことが、同じ議論の前半で現れている。そこで挙げられている理由が、肉の状態にあるということ、肉的であり、罪の支配に売り渡されているということである限り、最後の部分は結論であり、それまでの議論が前提になっている。それゆえ、使徒パウロの議論を全体として見るなら、このような状況が、律法が人類に生命を与えることのできない理由であると理解するのが正しい。結論的に言えば、人類はすべて肉の中にあり、肉的であって、罪の支配に売り渡されている。そして、キリストによって解放されるまではそうである。結論的に言えば、人類のすべては最初の原初の状態では非常に罪深い。そのことが証明されているのである。

第四章　「ローマの信徒への手紙」五章一二節から終わりまでの部分の考察

第一節　テイラー氏のテキスト解釈にふれて

以下に記すことはパウロの有名な箇所についてのテイラー氏の解釈に関するものである。注目すべきことが述べられている。

Ⅰ．テイラー氏は、この場所で、「死」ということで言われていることは、現世の生命が消滅し、塵に還るときに私たちのすべてが遭遇する死以上のことではないと強く主張する。五章一二、一四、一五、一七節で言われていることはそれ以上のことではない（二七頁）。彼は、パウロは同じ主題について議論を続けているから、それは明らかに間違いないことだと言う。この段落はその主題について語っているのだから、パウロがそれ以上のことを言っているはずはない、というのである。しかし、もし、テイラー氏が別のところで語っていることを信じるなら、それは違ったふうに解釈されるはずである。彼は、次の章の最後の節の中の「罪が支払う報酬は死です。しかし、神の賜物は、私たちの主キリスト・イエスによる永遠の命なのです」という言葉について、「この箇所での死は、今日、私たちが死ぬ死とは大きく違っている。それはイエス・キリストを通じて与えられる神の賜物である永遠の生と対立するから、それは明らかに永遠の死、第二の死、肉に従った生の後に経験する死のことを意味する」と語っている（三九六頁）。しかし、私たちが考察している「ローマの信徒への手紙」五章の箇所は、アダムによって導入された死と、キリストによって来た生命とに関する記述であるから、この段落の結論として最後の節に出てくる死は、次の章の最後の節に「こうして、罪が死によって支配していたように、恩寵も義によって支配しつつ、私たちの主イエス・キリストを通して永遠の命に導くのです」と言われているのと同じ意味で、永遠の命に対立する。したがって、テイラー氏自身の議論によっても、この箇所で言われる死は、明らかに私たちがいま死ぬ死とは大きくことなっている。それは、イエス・キリストを通じた永遠の生命と対立した、永遠の死、第二の死を意味する。しかし、これはテイラー氏が『ローマ書註解』のなかで一二節から始まると言っている段落の一部なのである。したがって私たちが彼に従い、また彼の著書の多くの部分の推論を認めるなら、「間違いない証拠」に反する明解な証拠が出てくる。つまり、パウロが同じ主題を扱う箇所全体を通じて、死ということで考えているのは明らかに、間違いなく、私たちが今この生が終わるとき死ぬ死以上のことではない。ところが、この箇所のある部分では、死ということで、私たちが今死ぬ死とは大きくちがったこと、永遠の死、第二の死が意味されているということになる。

一四節でパウロが現世の死を特別に顧慮して「アダムからモーセにいたるまで死が支配していた」と語っているのだから、この箇所の以下の部分でもそれ以上のことを述べていない。テイラー氏がもっと首尾一貫して、これを「間違いない」とのべていたほうがよかったが、ともかく、彼はこの点で確信を持ちすぎている。これが明らかで間違いないというのなら、キリストが「ルカによる福音書」一三章五節で「言っておくが、あなたがたも悔い改めなければ、皆同じように滅びる。」と語られたとき、「滅びる」という言葉で、その前の話に出てくるシロアムの塔の倒壊で死んだ人々の死以上のことを意味していなかったということになる。また、「生命」という言葉でキリストが現世の生以上のことを意味していないということになる。「自分の命を得ようとする者は、それを失い、わたしのために命を失う者は、かえってそれを得るのである。」（マタ一〇・三九）という一文のどの部分も、最初の部分でキリストは特に現世の生を言っておられるという理由で、現世の死しか意味しないことになる。(139)

実際は、パウロが「死」という言葉によってここで言おうとしていることは、「ローマの信徒への手紙」の前後の箇所や他の書簡で言っていることと同じである。それらの場所でパウロは死を罪の結果として語っている。つまり、パウロだけでなく聖書のいたる箇所が罪の正当な報酬と罰として語っている死の全体は、現世的死と霊的・永遠的死の両方を含んでいる。もちろん、議論の個々の部分ではパウロは適宜、その全体のうちのある部分を特に顧慮している。聖書が義の報酬として語っている生命は、幾つかの部分を含んだ全体である。その中心をなすものは、身体の生命、霊魂と身体との結合、最も完成した感受性、霊魂と身体の活動と喜びである。同様に、聖書が罪の罰として語っている死は、身体の死、霊魂の死、そして両者の永遠的、感覚で知られる完全な破壊と悲惨を含んだ全体である。「ローマの信徒への手紙」五章の議論において、パウロが死という言葉で語っているのは、この全体的な死である。もっとも、文によって別の部分をより大きく取り上げているということはあるが、言葉の意味を変えているわけではない。言葉の広い意味に含まれる幾つかのことに目を向けることは、言葉を異なった意味でつかうことと同じではない。たとえば、「人」という言い方や、ある人の固有名は、全体を表す名称であり、霊魂と身体のさまざまな部分を含んでいる。そして誰かが、ジェイムズやジョンのことを話している中で、彼は頭がよく美男子だと言ったとすれば、「人」という言葉のなかで、文の前半では、霊魂の方に目を向けており、後半では身体の方に目を向けている。しかし、言葉の意味を変えているわけではない。「ヨハネによる福音書」の二一章七節で「ペトロは裸であった」と言われ、同じ物語の後の箇所で「ペトロは嘆いた」と言われている。最初の命題では、身体が着目されているが、後の命題では霊魂が着目されている。しかし

「ペトロ」という名の意味自体が変化したわけではない。また、現在考察している箇所におけるパウロの「死」という語の使い方について言えば、彼が一般的な意味で死の全体を罪が支払う報酬であると言っているという想定に立てば、罪の正当な罰である死がアダムの罪の結果として人類に入り込んできたということを明らかにするために、この世で見えていて、事実として人類に及んでいることが分かる罰の部分を取り上げ（一四節）、そこから人類のすべてが罪の正当な罰である罪の全体に晒されていることを推論している、と解釈することはきわめて自然である。目に見える現世での死はその全体的死の一部であり、全体についての目に見える象徴である。そして（神の恩寵によって変更されないかぎり）それは、大きな最も恐ろしい部分への導入にすぎない。

Ⅱ．この箇所のテイラー氏の説明は、「一人の人によって罪がこの世に入り込んできた」という最初の言葉を無意味にする。そこまでパウロが熱心に説き続けてきたことは、どのようにして世界全体に、つまり世界の至る部分に、ユダヤ人にも異邦人にも罪があふれ、全員が死と有罪宣告に晒されるようになったかということである。この最初の言葉で、そのことを語ろうとしていることは明らかである。この悲惨な出来事は一人の人、いや最初の人によってもたらされた。世界が罪で満ちていること、世界が死で満ちていること、この二つは人類の利益に深く関わる巨大な悪しき事実である。またそれは、驚嘆すべき事実に思えるので、これまで至る所で人類のなかの思慮深い人々を引きつけてきた。彼らはしばしば「悪はどこから来たのか、道徳的悪と自然的悪はどこからきたのか」（後者は主に可視的死である。）と問うた。したがって、パウロがここで、これらの悪がどうしてこの世に入ってきて、現に見るように世界に蔓延したのかということを言おうとしていることは明らかである。しかし、テイラー氏の解釈では、この問いは「アダムが違反を始めた」ということ以上の意味ではなくなる。(140) これでは、パウロが言っていることは、たまたま最初にだれが罪を犯したかということにすぎず、このような悪がどうしてこの世に入りこんできたのか、アダム自身だけでなく世界の誰もがこの疫病に感染するようになったのかを説明しない。「一人の人によって罪がこの世に入り込んできた。罪によって死が入り込んだ」というパウロの言葉の意図は、どのようにしてこの世の一人の人に悪が及んだということではなく、どのようにしてこの世の状態を変える悪が到来したのかということを語ることであった。その言葉だけではっきりしないというなら、直後の言葉がそれを示す。「死はすべての人に及んだのです。すべての人が罪を犯したからです」。「罪が世にある」という表現でパウロはアダムの最初の違反という一つの事例だけではなく、罪が世界に広がり、地上の他の住民のなかに広範に連鎖的に広がっている悪であること言っている。それは次節の「律法以前にも罪はあった」という言葉から明らかである。それゆえ、罪がこの世に生じた次第を語るとき、あるいは同じことであるが、罪がどのようにしてこの世に入ってきたかを説明するとき、パウロは、一つの事例に罪が入ってきた次第を考えているのではない。

もし、テイラー氏が言うように、アダムの罪がその汚染と罰の点で、アダム自身だけにおよび他の人間に及ばないのならば、「一人によって罪がこの世に入り込んできた」ということは適切でなくなるだろう。それはちょうど、人類がどうしてアメリカに到来したかを研究しているとき、大昔にフェニキヤの船が座礁し、一人の乗組員がこの大陸に流されたが、上陸するとすぐに死んでしまったことを捉えて、「この男によって人類はアメリカ大陸に来たのだ」ということが適切でないのと同様である。

さらに、テイラー氏が言う意味では、一人の人、つまりアダムによって罪がこの世に入り込んできたということも真実ではなくなる。違反を最初にしたのはエバでありアダムではなかったからである。「一人」ということで彼は、キリストの姿に似たアダムを理解している。したがってエバの違反ではなくアダムの違反ゆえに、堕罪の後の人類に死刑が宣告されたことは明らかである（創三・九）。パウロがアダムについて語っているとき、エバを含めて考えていると解釈するのは不合理であるように見える。「一人によって」という表現を何度も強調して使っているからである。

Ⅲ．テイラー氏は因果を表す不変化詞に注意を払っていない。たとえば、「罪による〈by〉死」（一二節）、「一人の人の罪によって〈through〉多くの者が死んだ」（一五節）、「一人の罪によって、その一人を通して死が支配するようになった」（一七節）、「一人の罪によってすべての人に有罪の判決が下された」（一八節）「一人の人の不従順によって」（一九節）である。これらの因果を表す不変化詞は、何度も繰り返し使われているので、私たちがこの議論を無意味にするつもりでないなら、一人の人の罪の影響による何らかの結合や依存性を示す、あるいは、結果としてそうなる傾向を示しており、それに「よって」来たという表現になっている。しかし、テイラー氏によれば、どのような実在的依存関係も影響もありえない。一つの行為が人類全体を死すべき存在にするというような自然的影響の関係はない。彼は関係を自然的影響としては認めないが、もう一つのまったく別の角度から、神の恩寵の行為という意味において説明しようとする。特別な好意と親切心から神は人類を、苦労と死の支配下に置いたと解釈しようとする。また、アダムの違反が人類全体に及ぶのは、その道徳的影響によってでもない。したがって事態を道徳的に説明することはできない。彼は、人類はそのような仕方ではいささかも悪に晒されていないと考えているからである。また、この事態は、法的にも罪にまったく依拠していない。あるいは、先行する神がアダムと交わした法によって罪と結合するのではない。彼の主張では、「食べたその日に、あなたは死ぬであろう」という警告には子孫への言及はないからである。[141]そして彼によるなら、人類に死が来たのはアダムとの法的設定によるものではない。死の宣告は、そのような契約が無効になり廃棄された後であるからである。また、この帰結が、罪がもつ死への何らかの傾向によるものではありえないことも明らかである。この結果は好意から出た恩恵として、その結実としてのみ到来したからである。他方、罪はこのような神の恩恵に対して自然的傾向も道徳的傾向も持たない。アダムの罪は作用因でもなく、誘因でもなく、自然的・道徳的・法的原因でもなく、起動因でもない。アダムが園で［禁断の実以外の］他の果実を食べたことが原因にならないのと同様である。死という結果が罪に対して持つことができる唯一の現実的関係は、時間的な関係、すなわち前後の関係である。そして、事柄を精密に調べると、全体の筋書きは、結局次のようになる。アダムが禁断の実を食べて罪をおかしたのち、神は善意から、アダムが無罪潔白であったときにも増して大きな恩寵を与えた。アダムの罪は、ペグーの王や中国の皇帝の罪と同じく私たちには関係がない。(142)

IV. パウロが、アダムの罪によって人類に降りかかったとここで語っている死が、罰ではなく、もっぱら恩恵として来たと考えることとは、パウロの全体の趣旨と意味とは、まったく食い違う考えである。そのように考えれば、パウロが、罪の結果と、キリストの恩寵と義の結果の間に置いている対比はまったく無意味になる。この段落では両者は徹頭徹尾、相互に対立するのであり、反対の原因から出た反対の結果である。一方は、違反の正当な結果であり、他方は、無償の賜物である（一五、一六、一七、一八）。ところが、テイラー氏の理解の仕方では、そのような対立はなく、両方とも恩恵であり、無償の賜物になってしまう。それは、親切な父親から処方された大がかりな一種の薬であり、敵から身を守るために友人から与えられた盾であり、よい食べ物が無償であたえられることと等しい。しかし、アダムによって到来した死は、キリストによって到来した生命と幸福に対立する。前者は罪の結果であり、罪の審判の結果であるのに対して、後者は神の恩寵の結果だからである（一五、一七、二〇、二一）。ところが、彼によれば、両者ともに恩寵から来ている。アダムの罪によってではなく、神の無償の親切と愛によって、死は人類に到来したのである。彼は、死はアダムの罪をきっかけ〈occasion、機会、誘因〉にして到来したと言う。（しかし、すでに見たように、この機会は他に影響しない機会である。）本当の原因は神の恩寵である。したがって本当の原因はまったく善い。ところが、この見解は、「ローマの信徒への手紙」七章一三節のパウロの教えに真っ向から衝突する。「それでは、善いものがわたしにとって死をもたらすものとなったのだろうか。決してそうではない。実は罪がその正体を現すために、善いものを通してわたしに死をもたらしたのです」。ここでパウロは、善いものが死の本当の原因であるというような考えを退け、罪が死の本当の原因であり、善いものは機会にすぎないと書いている。しかし、テイラー氏によれば、反対のことが真である。最高の意味で善いもの、つまり神の愛や恩寵の約束が死の本当の原因であり、罪は機会に過ぎないと言われるのである。

しかし、本題に戻ろう。アダムによる死と、キリストによる生命と幸福がここでは対比されている。後者は善いものとして、前者は悪いものとして語られる。一方は、義の結果であり、他方は罪の結果である。一方は服従の結果であり、他方は反逆の結果である。一方は、神にとって喜ばれ受け入れられることの結果、神から与えられる好意の実であり、他方は、神にとって不快であり憎むべきことの結果、神から与えられる嫌悪の実である。前者が人の義認から来るのに対して、後者は人の断罪から来る。しかし、テイラー氏の見方では、これらのどの点でも対立はない。ここで語られている死は、悪として到来するのではなく、悪い原因から来るのでもなく、悪い作用因や誘因から来るのでもなく、人への神の嫌悪の証拠として来るのでもなく、まさに神の恩恵の結果なのであって、好意が原因であるという点ではキリストの到来と同様なのである。つまり、人に対する義認の行為が目指すことと同様である。彼は、「義認」という言葉をそのような意味で理解し説明している。両者ともに好意から出た恩寵であり慈悲の実例だからである。彼は何度も強調するが、「神が好意をもって、慈悲によって、危険、苦しみ、災害から私たちを救い出す時には、あるいは祝福や特権を与える時には、どのような場合も、聖書的な意味と言葉の用法によって、義認と呼ばれる」[143]。

何よりも重大なことは、テイラー氏が書いていることが、最も大きい根本的な対立を無意味にし破壊するということである。その対立は、第一のアダムと第二のアダムとの対立であり、この箇所全体の焦点をなす。死は前者によってもたらされ、命と幸福は後者によってもたらされる。しかし、テイラー氏によれば、死と命の両方ともキリスト、第二のアダムによってもたらされる。両者とも、キリストの恩寵、義、服従によっている。「創世記」の三章一九節で神が人類に宣告した死は、アダムによるというより、もっと適切にはキリストによる。彼によるなら、その宣告はアダムとの契約の最後に発せられたのではない。宣告が発せられる前に、その契約は破棄され、横にとりのけられ、もはや効力をもっていなかったからである。数頁に亘って彼はそのことを主張する（三八九―三九五頁）。彼は言う。「アダムとの契約はアダムが罪を犯したとき、ただちに無効になった。神がアダムに死の宣告をした直前に恩寵が導入されたのである」（三八九頁）。そして、三九五頁で彼は「人類が今や支配されている死は、「恩寵の契約」のもとに置かれている」と言い、三九六頁では「神の配慮のなかで、死は今やこの光のなかにある。アダムに死の宣告がなされる前にそうなったのである。したがって、死は罪に対する正当な法的罰ではない」と言う。彼はしばしば、死はただ恩恵と利益として到来したと主張する。彼が言うには、死はキリスト、第二のアダムによってもたらされた「恩寵の契約」の中にある。彼自身の言葉を用いれば、キリストは恩寵に満ちているので、「福音のすべての恩寵は、神の子において、神の子によって私たちに配給される」[144]。「聖書に書かれていること全体の流れからいえば、神のすべての慈悲と愛、福音のすべての祝福は徹頭徹尾、キリストにおいて、キリストによって、キリストを通して、特に彼の血によって贖いによっている。これ以上明らかなことはない」[145]……このことは、キリスト教徒の間では論争の余地はない。」と彼は言う。それなら、アダムとキリストの間に立てている差異と大きな対立についてパウロが論じていることの全体はどうなるのか。パウロは、死はアダムによってもたらされ、永遠の命と幸福はキリストによってもたらされたと言っている。二人のアダムの間のこのような大きな区別、そこで主張されている他のすべての対立と差異の事例、たとえば、罪と義の効果、服従と不服従の結果、違反と無償の恩寵、審判と恩寵、有罪宣告と義の宣告の間の対立と差異は、何の意味ももたなくなる。パウロが苦労してのべている議論の全体は、これらの事象において非常に大きく重要な区別と対立があるということを示そうとしているが、それらの区別は人類の二人の頭から出たものである。ところが、そのパウロの議論は、戯言であり、矛盾の集積であるということになってしまう。

V．テイラー氏自身の教義は、一三節、一四節の「律法が与えられる前にも罪はこの世にあったが、律法がなければ、罪は罪と認められないわけです。しかし、アダムからモーセまでの間にも、アダムの違反と同じような罪を犯さなかった人の上にさえ、死は支配しました。」という発言におけるパウロの趣旨であると彼が考えていることをまったく無意味にしてしまう。

彼の考えでは、ここでパウロが証明しようとしていることは、死あるいは人類の可死性はアダムの罪によってのみ到来したのであり、個々の人間の罪によって到来したのではないということだけである。モーセの律法以前には、アダムの子孫に対して個人の罪の報いとして死を与えると警告する律法は存在しなかった。しかし、律法が与えられる以前の長い期間、アダムの子孫の死、あるいは可死性は存在した。それゆえ、死は、個人の罪に対して死を与えると警告する律法によって到来したものではありえない。したがってまた、アダムの罪以外のことによって到来したということはありえない。[146] この考えに対して、わたしは次のように言おう。

一．パウロが考えているとテイラー氏が想定すること、つまり、アダムからモーセにいたるまでの期間、人が個人的な罪によって死に晒されることを定めた神の律法は存在しなかったという見解は、真でなく、パウロ自身の教えにも合致しない。

第一に、それは真ではない。当時も、人間の心に書き込まれた自然法が存在したのであり、それによって個人の罪は死に定められたからである。個人の罪の結果として罪人の死と破壊を定めた神の掟があって、モーセ以前にもそれはよく知られていたということは、「ヨブ記」の多くの箇所から明らかである。そこでは、罪と罰の連結が明解に語られており、その点はモーセの律法と変わりはない。たとえば、「ヨブ記」二四章一九節では「暑さと乾燥が雪解け水をも消し去るように、陰府は罪人を消し去るだろう。」と言われる。(二〇、二四、三六・六も見よ。)「神は悪しき者の命を保つことなく」(三六・六)、「通りかかる人々に尋ねなかったのか。彼らの残した証を知らないのか。悪人の命が保たれているのは、破滅の日までである。彼らは怒りの日の前に引き出されるであろう」(二一・二九―三二)。「彼は墓の前に引き出されるであろう」(三二節)。[147]

第二に、モーセの時代やその後の時代、神の律法が啓示された場所や時において、人が個人の罪によって死に定められるような律法が存在していなかったというのは、この書簡におけるパウロの教えと整合しない。「律法(すなわち啓示された律法)なしで罪を犯した者たちは、律法なしに滅びるであろう」(ロマ二・一二)。しかし、モーセの律法、あるいは何らかの啓示された律法を持たない者がどうして死に滅びる定めになるのか、ということをパウロは一四、一五節で示す。つまり、そのような者たちも自然法を持ち、その自然法によって彼らも罰の宣告を受けるのである。「たとえ律法を持たない異邦人も、律法の命じるところを自然に行えば、律法を持たなくとも、自分自身が律法なのです。こういう人々は、律法の要求する事柄がその心に記されていることを示しています。彼らの良心もこれを証しており……」(一四―一五節)。彼らの良心は、律法が命じる義務だけではなく、律法以前に語られた罰も証する。律法なしに犯した罪も罰をうける。すなわち彼らも滅びなければならない。この点をめぐりパウロは一章三二節で、特に異邦人について次のように明言する。「異邦人は、神の審判を知っており、このようなことを行う者は、死に値することを知っている」。テイラー氏は、しばしば、律法のことを「正しさの規則」と呼ぶ。モーセの律法の支配下になかった罪人を死に定めるこの正しさの規則を、彼は次のように解説する。「異邦人も、神が人間本性のなかに埋め込んでいた正しさの規則を知らなくはなかった。この規則はこのようなことを行う者たちが死罪に相応しいことを示していた」[148]。そして彼自身、アダムとモーセの間に生きたアブラハムが律法の支配下にあり、恩寵の約束がないなら彼も罰を免れる希望をもちえなかったと考えている（ロマ四・一五について、『ローマ書註解』）[149]。

こうして、この箇所のテイラー氏の解説によると、パウロは、結局、死はアダムの罪だけに由来し、各人の罪によって到来したものではないということを証明するために、ここで丁寧に大がかりな議論を展開していることになる。各人の罪に対して死を宣告する律法が与えられる以前に死は到来しているからである。わたしは、彼が明解で強力であると考えるこの議論は実質のない影の部分を見ており、議論の基礎自体が真でない、と言いたい。[150]そのような律法が、定まった効力をもつ啓示において実際に語られていなかったということは些末な議論である。それでは、啓示された律法によって警告しなければ、神が個人の罪に対して現世の死を与えることがないと考えているかのようであり、啓示された律法によって警告しなければ永遠の死を与えることはないと考えているかのようである。ノアの時代に生きた邪悪な人々は永遠の死に処せられた。そのことは「ペトロの手紙一」三章一九、二〇節に記されている。またテイラー氏も人類のすべては個人の罪によって永遠の死に晒されていると考えている。彼は「罪はその変わらぬ本性から死に導く」と言っている。そう言うくらいならば、神はアダムからモーセにいたる間に犯されたどのような罪に対しても、神は罰しないこともできた、なぜなら、罰を警告する定まった啓示律法は存在していなかったからである、と論じた方がよかったであろう。ここで、彼が、アダムの罪によって死がこの世に入り込んだと同じ意味で、ノアの洪水前の罪によって寿命の短縮と加速が起こったと考えていることは正しい[151]。しかし、洪水前のこの出来事は普遍的なことであったが、そのことに対する啓示された律法は、どこにあったのであろうか。神は、啓示された律法がなくとも、この出来事を、他人の罪を契機として、直接責任のない人類全体に及ぼすことさえできた。それならば、まして、啓示された律法がなくとも、良心が死に値すると告げている各人の罪に対して神が死を与えることに何の不都合があるだろうか。

二、テイラー氏の理解によれば、アダムからモーセに至る期間、個人の罪を正当に死罪とするような啓示された律法あるいは自然の律法がまったくなかったのだから、モーセの律法の規定は、ここでの議論に関してはまったく不適切で意味を持たない。パウロが証明しようとしているのは、現世の死、つまり私たちが現在経験している死はアダムによって到来したのであり、個人の罪を罰することを警告した何らかの律法によって到来したのではないということである。死はモーセの律法が存在する以前からあったからである。彼によれば、モーセの律法は個人の罪に対して死を警告した唯一の律法なのである。いや、モーセの律法すら、それが存在していた時、個人の罪に対してそのような現世の死を定めていたのではない、と彼は考えている。モーセの律法が個人の罪に対して警告している死は、既に見たように、永遠的死のことである、と彼は何度も言っているからである。永遠的死は私たちが現世で死ぬ死と本性的にまったくことなると彼は明言する[152]。これについても、既に考察した。

こう見てくると、テイラー氏がパウロのような霊感豊かな著者の議論と考えていることは、見当違いもはなはだしい。彼は、パウロは、この種の死が、それを警告する律法によってもたらされたものではないことを証明しようとしていると考える。この種の死は、まったく性質を異にする他の種類の死を警告する律法が存在する前に生じているからである。しかし、モーセの律法が与えられた時を基準とし、この時、個人の罪に対して罰をあたえるという警告が始まったかのように考えることが、パウロの意図にどれだけ合致するであろうか。アダムからモーセまでの時期を指定することがパウロの意図だったのではない。アダムからダビデの期間や他の期間を指定することもパウロの意図ではなかった。テイラー氏は、モーセの律法が既に与えられている現在でも、人類の死、あるいは私たちが現世で死ぬ死は律法から来たのではなく、ただアダムによってもたらされたと主張する。[153] もちろん、現世的な死が律法によって来たのでないなら、その死が律法によって警告されていないことは自明である。

三．仮に、テイラー氏が言う意味で、この議論が、死が各人の罪によって来たのではないということを証明していると認めたとしても、パウロのおもな論点、すなわちアダムの罪がなければ死は到来しなかったという論点を証明するには力不足である。神が与える他の数多くの恩恵と同様に、死が神の主権的な慈悲によって来たと考えることもできるからである。もし、彼が考えているように、死が罰としてではなく、災害としてではなく、ただ神の好意によって来たというのなら、いったいどのような取り決めや啓示された言葉の必然性によって、好意から出た他の処遇ではなく、ことさら死が与えられたのであろうか。特に、ノアの洪水以前の人々の罪によって洪水の後、世界にもたらされた寿命短縮という大きな利益と比較して死の方がより大きな優遇である理由は何か。このようにして、彼の説明に従うと、パウロの議論はどんどんつまらないものになっていく。言葉の真の力と意味を欠いた、空虚で不適切な語法に変えられてしまう。

Ⅵ．ここでパウロは、恩寵の結果という観念を用いて、アダムとは正反対の原型であるキリストによって私たちが得ている巨大な恩恵について語っている。この非常に豊かな恩寵は、私たちがキリストによって得ている恩恵がアダムによってもたらされた被害を補償してあまりあるということにとどまらない。私は、キリストによる恩恵については、アダムが来るべき人の原型であり、キリストによる恩恵はいわばアダムによる苦しみに対応するものであって、アダムによって我々が被った被害を償うものであったと考える。このことは、一五、一六、一七、一八、二〇、二一節に見られるように、神の自由な恩寵の結果として語られている。テイラー氏によれば、これはアダムにおいて人類が失った生命を回復することである。そして彼は、キリストによる生命の回復が恩寵によることであると考え、それを「神の自由な賜物」、「律法を立てた者の恩寵と恩恵」であると言う。彼は、この回復に接し、「恩寵の言語に尽くしがたい豊かさ」に驚嘆する。

しかし、テイラー氏の教えからみれば、この恩恵は、恩寵ではさらさらなく、単なる正義の行為でしかない。それは、無罪潔白な人類から苦しみをとりのぞくことにすぎない。通常、人類に、そして（既に考察したように）幼児にも到来する死は、きわめて積極的な災害である。その災害を、完全に無罪潔白な者にもたらし、そのままにしておき、何の補償もしないということは、全地の審判者である神の義と矛盾する。このように説かれる。しかし、それなら、（テイラー氏の表現を使えば、）人間性を普遍的にひどく破壊する死が無罪潔白な人類に与えられた後、補償と救済が与えられるというのは、喜ばしい恩寵といえるようなものなのだろうか。[154] 人間性を普遍的にひどく破壊する死は、神にとって罪がどれだけ忌まわしいものであるかを見事に証明する。少しも災害に値しない人々をこのような衝撃的な破滅から救い出すことは、恩寵とはいえない。テイラー氏は「私たちが、アダムの罪によって神とのコミュニケーションを失うのは不当である」と言う。もし、それが不当であるなら、身体と精神の巨大な苦痛と苦悩ののちに、私たちが生命を失い無になって、何も回復されないというのも不当である。それでは、神とのコミュニケーションや他の善いものを永遠に失い、苦痛のほか何も残らないからである。パウロは、この箇所全体を通じて、アダムの違反の結果としての死を罪への審判と断罪のなかで現れるものとして描き、これに対して救いと命はキリストによって恩寵と神の自由な贈与として到来したと述べている。しかし、テイラー氏の考えの枠組みでは、アダムによって到来した死は、恩寵によって、偉大な恩寵によって来たのである。それは大きな恩恵であり、父の愛と親切によって命じられたものであり、「恩寵の契約」に基づいている。しかし、キリストによる救いと回復は、恩寵ではまったくないのである。こうして、事態はまったくあべこべになり、パウロの見方・考え方の枠組みはひっくり返され、めちゃくちゃにされている。

Ⅶ．テイラー氏は、ここで使われている「審判〈judgment〉」「断罪〈condemnation〉」「義認〈justification〉」「義〈righteousness〉」といった語を、非常に不合理な仕方で説明する。

最初に、「審判」「断罪」の二つについてテイラー氏が考えている意味を検討しよう。彼は、しばしば、この断罪を「裁判の裁決」、「有罪の宣告」と呼んでいる。しかし、彼の解釈の枠組みでは、その司法的宣告はまったく罪のない者たちに対して下された判決なのであり、彼らは、裁判官の目から見て、有罪の判決を出すときでも有罪ではないし彼らに過失は何もない。この裁判は、既に確立している律法や正しさの規則なしに恣意的に判決を出している。死を警告するような律法や規則はその前には存在していないからである。そうした規則があったと主張する人はいない。あったのは「その樹の実を食べると、必ず死ぬであろう」という言葉だけである。そして、この言葉に関してテイラー氏は、アダムの子孫については何も言われていないと主張する。したがって、語られた断罪はアダムの罪を理由とする死刑判決であり、そのような結果を導くような律法があったわけではない、と言う。しかし、これはパウロの意図とは合わない。それだけでなく、もっと重大なのはこの裁判の宣告は災害であるような結果を導かず、災害ではなく、むしろ大きな恩恵に導く断罪であるという主張である。

ところが、パウロは「審判」と「断罪」という言葉を他の場所でも使っている。彼にとっては、これらの言葉は、普通の意味しかもっていない。テイラー氏のような意味でパウロがこれらの言葉を使うことはない。また、新約聖書のどの箇所でもそうした用例は存在しない。「ローマの信徒への手紙」の別の箇所で、パウロはしばしば、ここと同じ用語と言い回しで「断罪」について語っているが、今言われたような意味ではない（二・一、二、三。これらの節で六回、また一二、二七、三・七、八・一、三、一四・三、四、一〇、一三、二二、二三）。これは誰の目にも明らかであろう。この章に前半に目を向けると、ここでのパウロの議論は、断罪について語っており、罪のない者に対する恩恵について語っていない。これは明白である。神は私たちを嫌っているのであり、妥協の余地はない。神は私たちを犯罪者、罪人、敵とみなし、怒りの対象にしている。私たちはキリストによってその怒りから救い出される。それは、六、七、八、九、一〇、一一節に見られる通りである。

私たちが取り上げている段落の議論自体を見て、言語と語り方から何かを判断してよいならば、どこをみても、パウロはこの「審判」と「断罪」という言葉を、主体に責任がある罪と罰を前提とした意味で的確に使っていることがわかる。パウロは、罪との関連で断罪を語っており、罪によってもたらされるものとして死へと定める断罪を語っている。死は最も恐ろしい悪であり、死刑は、現世の目に見えるもののなかで最も恐ろしい悪のように見える。審判と正義の執行の中に現れるこの死は、恩寵や恩恵、また好意から出る贈り物や恩恵とは対極にある。そして、罪と犯罪、違反と背反が、断罪と死刑の根拠とであることが一〇節にわたって、つまり段落全体のどの節でも、一つの例外もなく、繰り返して語られている。

「義認」と「義」についてのテイラー氏の解説も、同じく不合理である。彼は、一八節の「義認」と一九節の「義」を、すべての人、実際に善人・悪人を問わず、信者・非信者を問わず、すべての人類に適用されるものと理解する。神の最悪な敵にもそのままで、神が愛する者にも罪を負っていない多く者にも同じく適用される。つまり、この二つの語の意味は、終わりの日に普遍的な復活で実現されることと同じということになる。[155] これは非常に恣意的な曲げられた意味である。これらの言葉は、新約聖書のいたるところで使われているが、そのような用法の事例は使徒達や福音書記者が書いたもののなかには一つもない。「義とする」「義認」「義」といった語は、神から人間に向かって使われる場合、ただ特定の人々、特別に好まれた人々が持つ特権という意味でしか使われない。特にパウロは、新約聖書の他の記者から抜きんでて、これらの語を多く使っているので、彼の言葉づかいを理解する機会は十分にあり、彼がこれらの語をどのような意味で使っているかはよくわかる。テイラー氏が解釈するような意味で、これらの語を使っている箇所はなく、そうしようとしている形跡もまったくない。特にパウロは、この手紙でこれらの語を多用する。義認は、手紙のこれまでの部分の主題であった。それは前の数章の大きな主題であり、この章でも先行する箇所の主題であったが、そこで、これらの語が繰り返して使われている。そして「義認」という語は、いつでも、罪人であった信者に特有なことを指して使われ、何らかの和解や罪の赦しを含意し、世界の残りの者たちにはない神の近くにいる特別な特権を含意する。テイラー氏の『ローマ書註解』における説明にあるとおり、この語は頻繁に使われている。パウロは最初からここに至るまで、ずっと同じ「義認」と「義」について語り続けてきたと解釈するほかはない。パウロがここで語っている「義認」と「義」は、手紙の先行する部分で語ってきたとまったく同じ意味で語られている。彼はそれまで一貫して、罪、神への不従順、神への侵害との関係で、義認ということを語ってきた。それはここでも変わらない。彼はこれまで無償の恩寵としての義認について語ってきた。それはここでも変わらない。彼はこれまでキリスト・イエスにある義を通じての義認について語ってきた。それはここでも変わらない。

この章の前半に目を向けると、手紙の残りの部分で語られた同じ意味で「義認」が語られていることがわかるはずである。そして、テイラー氏もそのことは前提にして解読に取り組んでいる。それは、依然として信仰による義認であり、以前は罪人であった者たちの義認である。和解にともなう義認であり、神の愛が心に豊かに注がれている者たちに特別に与えられている義認である。パウロは、この箇所に先立って信仰を通じた恩寵による義認について論じてきており、彼がこの教義の正しさについての証拠として強く主張してきたこと、つまり、人類が原初の状態で普遍的に罪の状態にあるということが導入となって五章後半の議論に繋がっているのである。そこでパウロはどのようにして人類全体が罪に陥り惨めになったのか、そして神の恩寵とキリストの義を必要とするようになったのかを証明する。したがって、パウロが同じ「義認」についてここでも語っているという以外の解釈は、愚かな曲解である。

また一八節「一人の正しい行為によって、すべての人が義とされて命を得ることになったのです。」で使われている普遍的表現についていえば、ここで、普遍的贖罪についての、レモンストラント派と反レモンストラント派の論争と、彼らの解釈の違いに立ち入る必要はない。[156] たとえアルミニウス派が解釈するような意味で考えても、すべての人を義と認める無償の恩寵は、信じて悔い改めるという条件つきである。しかし、テイラー氏の解釈では、それは文字通り万人に、信じて悔い改めるか、そうでないかに関わりなく無条件に与えられる。その解釈は、ここで使われているパウロの普遍的表現から引き出されるものではない。彼も、「すべての人」という普遍性をあらわす表現におけるパウロのおもな意図は、キリストの与える恩恵がユダヤ人だけでなく異邦人にも及ぶということを示すことにあると考えている。[157] そして彼は、「多く」と「すべて」はここでは同じ意味であると考えている。しかし、多くの者に与えられるとパウロが言っている恩恵が人類全体に及ばないのは明らかである。特に一五節の「恩寵の賜物は、多くの人に豊かに注がれるのです」という箇所の豊かな恩寵についてはそうである。

この豊かに溢れる恩寵について彼は次のように説明する。「この溢れでる豊かな恩寵は、新しい恩寵の配給の道筋をつくり、輝かしい光明の源泉、手段と動機を与えた」。[158] しかし、いったい誰が、人類全体がこの新しい光やその他のことにすでに実際に与っていると主張するのであろうか。ヨーロッパの人々が来る前に、アメリカ大陸に住んでいた多くのインディアンたちは、その恩寵に与っていたのであろうか。テイラー氏は、受け入れる気持ちがある者すべての者にとって無償で与えられるという意味であると考えている。[159] 私たちが（通常の聖書の言い方を用いて）キリストにあるすべての者はキリストの服従が獲得した恩恵を得、アダムにあるすべての者はアダムの不従順の結果を被ると考えるなら、将来出現すべきはずの人の原型としてアダムと、アダムの反対型としてのキリストが完全に対応することが、いっそう明らかになる。聖書は信者たちのことをキリストの種あるいは子孫と呼んでいる（ガラ三・二九）。アダムの子孫が生まれによってアダムに基づくように、信者たちは恩寵によってキリストに基づく。一方は、生まれによって最初のアダムに基づき、他方は、霊によって第二のアダムに基づく。このことはパウロが述べていることと完全に一致する（一コリ一五・四五―四九）。霊的な子孫のことをパウロは、しばしば、「キリストの身体」と表現する。この箇所でキリストの服従によって義とされたと言われている「多くの者たち」は、疑いもなく、一二章五節で言われている「多くの者たち」と同じ人々である。「私たちは多くの者であるが、一つの身体である」。一〇章一七節でも同じことが言われる。また、「ローマの信徒への手紙」四章一八節でも同じことが言われるが、その箇所は「創世記」一五章五節を念頭においている。

テイラー氏は、「人によって死が来たのだから、人によって死者の復活が来たのである。アダムによってすべての者が死ぬように、キリストによってすべての者が生きるのである」（一コリ一五・二一―二二）という箇所に基づいて、パウロが、「ローマの信徒への手紙」五章で、アダムによって到来した死と断罪について語るときも、ただ私たちがこの世の人生の終わりに全員が経験する死のことだけを考えており、キリストによって到来した義認と命を語るとき、パウロは終わりの日の一般的復活のことだけを考えている、という彼の解釈が確認されると強く主張する。しかし、彼の議論は、もっぱら二つの前提に依拠していることが見て取れる。第一は、「コリントの信徒への手紙一」一五章でパウロが言っている復活は、義人と不義の人の双方を含んだ、人類全体の復活のことである、という前提である。第二は、「ローマの信徒への手紙」五章で語られている、アダムの罪とキリストの服従の正反対の結果は、「コリントの信徒への手紙」で言われていることとまったく同じであり、それ以上でも以下でもない、という前提である。しかし、このどちらの前提も、それを正しいと考えなければならない根拠を欠いている。

一．ここで語られている復活が、義人と不義の人の両方の復活であるとすべき証拠は何もない。むしろ、それに反する多くの証拠がある。悪人の復活は新約聖書では、めったに語られないし、復活という語の意味に含まれることはまれである。悪人は復活しても永遠の死のもつ悲惨と闇を増大させるだけだから生命に呼び出されるに相応しくない者と見なされている。したがって、「マタイによる福音書」二二章三〇節、「ルカによる福音書」二〇章三五、三六節、「ヨハネによる福音書」六章三九、四〇、五四節、「フィリピの信徒への手紙」三章一一節等に見られるように、普通は「復活」ということで、生命と幸福が考えられている。テイラー氏が、「ローマの信徒への手紙」八章一一節についての注釈で述べているように、聖徒は「復活の子」と呼ばれる。[160] これが、パウロが「コリントの信徒への手紙一」一五章二一、二二節で語っている生命と幸福への復活であることはきわめて明瞭である。先立つ三つの節にそれが出ている。「そうだとすると、キリストを信じて眠りについた人々（すなわち聖徒たち）も滅んでしまったわけです。」（一八節）、「この世の生活でキリストに望みをかけているだけだとすれば、（復活と永遠の命への希望がないなら）私たちはすべての人の中で最も惨めな者です。」（一九節）、「しかし、実際、キリストは死者の中から復活し、眠りについた人たちの初穂となられました」（二〇節）。キリストが先駆者であり初穂であるのは、キリストに属する者たちに関してだけである。彼らは、キリストの後に続き、復活の栄光と幸福に与るのである。キリストは断罪されるために復活する者たちの初穂なのではない。この思想は、直後の節にも現れる。「ただ、一人一人にそれぞれ順序があります。最初にキリスト、次いで、キリストが来られるときに、キリストに属している人たち」（二三節）。同じことが、二九、三〇、三一、三二節で言われていること、三二節からこの章の終わりまで全部合わせて二三節で言われていることによっても明らかである。パウロがここで語っていることが、栄光の身体をもった栄光への復活についてであることは明白である。それは、ちょうど、小さな種がまかれて芽吹き、美しく繁茂した樹木になるのと似ている。彼は、復活した身体に栄光の差があることを天体の間の差になぞらえて語っている。彼が論じている復活は、朽ちない、栄光の、力ある霊的身体への復活であり、第二の人、霊的・天的アダムの似像への復活である。そのとき、朽ちる身体が朽ちない身体をまとい、死すべき身体が不死の身体をまとい、死は勝利に飲み込まれ、聖徒たちは最後の敵である死に輝かしく勝利するのである。テイラー氏にとっても、ここで語られている復活は、ただ義人についてのみのことである。五三節と四二節で「朽ちないものを着て」、「朽ちないものに復活し」と言われているが、彼は「聖書では、これらは悪人にはけっして当てはまらない」と言っているからである。[161] したがってパウロがここで「アダムにおいてすべての者が死んだように、キリストにおいてすべての者が活かされるであろう」と言うとき、彼は「私たち全員がアダムにおいて死に、私たちの身体は朽ちる不名誉な弱いものの中に蒔かれているが、キリストにおいて私たち全員が（つまり、私が語ってきたキリスト教徒が）第二のアダムと同じかたちになる。」と言いたいのである。「私たちは、土からできたその人の似姿となっているように、天の属するその人の似姿にもなるのです」（四九節）。これが、二一、二二節の意味を明解に説明し、確定する。

二．「ローマの信徒への手紙」五章で語られた第二のアダムが与える恩恵が、「コリントの信徒への手紙一」一五章で語られる復活と正確に（内容が過不足なく）同じである証拠はない。この二つの箇所で、死と対比させられている恩恵が同じ様式のものであるという証拠は何も存在していない。永遠の生命に向けての復活は、第二のアダムによってもたらされる救いと幸福の全体ではないが、その主要なこととして含まれている。聖徒たちの栄光の復活は、しばしば、聖徒たちの救いの時として、また贖いの時として、選び・栄光・償いの時として語られる（エフェ四・三〇、ロマ八・二三、ルカ一四・一四、二一・三八、二テモ四・一、九、コロ三・四、一テサ一・七、ヘブ九・二三、一ペト一・一三、五・四、一ヨハ三・二、など）。それ以前に与えられていた救いと幸福のすべては、聖徒たちに与えられる巨大な報酬の前兆にすぎない。それゆえ、最初のアダムによってもたらされた死と破滅に対抗して与えられる救いの完成は、「ローマの信徒への手紙」五章で述べられたことと同じ趣旨である。テイラー氏も「身体の復活は、しばしば、私たちの永遠生命の開始として語られる」と述べている。(162)身体は最も重要な部分なので、しばしば、救い全体を代表するものとして語られる。

「ローマの信徒への手紙」五章で語られる、義認、義、正しさ等のことが、断罪に向けて復活することを含意しているかのように考えることは、聖書に根拠がないばかりか理性にも反する。そこで、巨大な恩恵として語られるこれらのことは神の恩寵と無償の贈与として語られており、それは、最も完全で無限の災害とは、最高度の意味で正反対であるからである。この事実を消し去るために、テイラー氏は、全員の復活がそれ自体では巨大な恩恵であるが、神の善意を悪用する執拗な罪人の罪と愚行によって災害になったと言う。しかし、アダム以降の圧倒的多数の人類は、この善を悪用する機会を持たなかった。その善は知らされていなかったからである。人は、受けてもいない親切、約束されてもいない親切を、悪用することはできない。復活は神の啓示によってのみ知られ、それを喜んで受けることができる者は比較的少ない。したがって、闇の国で死ぬ悪人は、たとえキリストによって復活させられたとしても、彼らにとって死は呪いとして来るのであって祝福として来るのではない。それは何らかの通達、許可、約束ないし申し出に基づいて、つまり、彼らの要求を正当化したり、彼らが知ることのできる何らかの根拠に基づいて来たりするのではないからである。それは無限の災害としてやってくる。そのとき打つ手はない。

Ⅷ．この段落に出てくる「罪人」「罪を犯した」という表現について、テイラー氏は、とんでもなく乱暴な解釈をする。「一人の人の不従順によって多くの者たちが罪人になった、という言葉によって言われているのは、一人の人の不従順によって、多くの者が死に従属し、神の審判の行為の対象になったということに他ならない」。(163)

また彼は同所で「死ということで人類全体に共通した死と可死性を意味することは確かである。」と述べている。一二節の「すべての者が罪を犯した」という言葉について、彼は「すべての者が罪人になったということは、すべての人類が苦難の状態に引き入れられたということである」と解説する。これについての私の見解は次の通りである。

一、テイラー氏がこのような解釈を正当化するおもな根拠は、旧約聖書で「罪」がさまざまな事例で、「苦難」の意味で使われているという事実である。これに対して私は、こう言いたい。「ハタハ」という語が、罪と罪の清めの捧げものの両方を意味することは事実であり、この語と他のヘブライ語の語が、罪、不法、邪悪を表しながら、原因と結果の換喩によって、不法の結果や不法への罰を表すことがあることも事実である。しかし、これらの語が、罪への罰の概念や永続的な苦しみとして語られるのは、罪に対する罰や神の罪に対する怒り、あるいは有罪判定が考えられている場合、また、罪の償いが要求されている場合だけである。それゆえ、彼が取り上げているどの用例も彼の目的には合致しない。ロトがソドムの不法の中で滅亡しないためにソドムを離れるようにと命じられたとき、それは火の中で滅亡しないようにという意味であったが、その火災はソドムの不法の結果であり不法に対する罰であった。火災がソドムに罰として到来したのでなければ、ソドムの不法の責任の結果でなく、神が彼らの罪を憎んだ結果ではなく、神の住民への好意の表れであるとするなら話は別である。しかし、テイラー氏は、まさにこの神の好意の表れを、人類の死に関しても想定するのである。死は恩恵として導入されたのであり、「恩寵の契約」に基づいていると言う。特に不法がロトに帰せられ、神が「お前がこの都市の不法のなかで滅亡することのないように」と言わずに「お前の不法のなかでお前が滅亡することのないように」、あるいは「罪を犯したり罪人とされたりしないように」というような表現が使われていたなら、話はまったく変わっていたであろう。しかし、この表現は明らかに、語られている不法をロトから取り除き、他の主体つまり都市ソドムに当てはめている。ティラー氏が取り上げている別の箇所、「エレミヤ書」五一章についても、まったく同じことが言える。アビメレクがアブラハムに「わたしがあなたにどんな罪をおかしたというので、あなたはわたしとわたしの王国に大それた罪を犯させようとしたのか。」（創二〇・九）と語ったのは、アビメルクが、サラに対して行ったことが原因になって、神の怒りをかっているのではないかと恐れた、または、自分がしようとしていることゆえに神が怒っている、そして、自分に罪を転嫁するかもしれないと恐れたからであることは明白である。これは、災害が刑罰であるという観念がなく、神の嫌悪が少しもないところで、何らかの災害を「罪」と呼ぶのとは、まったくちがっている。そしてティラー氏が註に引用するすべての箇所で、罪の罰が考えられており、罰でないような苦しみが考えられていないのは明らかである。また『補論』（二八四頁）で言及されている箇所について言えば、ティラー氏の目的に最も合致しそうな箇所は、「創世記」三一章三九節と「列王記下」七章九節である。前者では、ヤコブが「野獣に引き裂かれたもの、アノヒ、アチャテナー」と語っているところをティラー氏は、あえて「私は罪人であった」と訳する。しかし、「私は、それを償った」と訳すのが正しい。その動詞の「ピエル形」は「償う」という意味である。平明な意味は「私はそのことの責任を負った」。したがって償いをしなければならなかった」ということであり、償いをしなければならないのは、私の失策と不注意によって失われたものであると解釈される。これは、過ちの前提なしに起こる苦しみとはまったく違うことである。後者の箇所で、皮膚病の患者たちが「この日は良い知らせの日だ。私たちが黙って朝日が昇るまで待っているなら、罰を受けるだろう」と言っている。ヘブライ語で「ウメツアヌ、グナオン」つまり「私たちは不法になるだろう」ということは、私たちが何らかの怠慢によって罰を受けることになるということである。他の箇所でも「不法が明るみにでる」といった表現が使われている。これが、過ちなしの、過失を前提としない苦しみでないことは明らかである。ヒフィル形の動詞「ヒルシャング」が、罪や過失をその罪を犯した主体に帰すること以外の意味で用いられることはないであろう。「箴言」の一七章一五節「悪い者を正しいとすることも、正しい人を悪いとすることも、ともに、主のいとわれることである」という箇所で、「ヒフィル形」の分詞が「断罪」の意味で使われている。テイラー氏は、これを自分の論旨に合うかのように考え、「ローマの信徒の手紙」のこの箇所で、神自身が「義人」あるいはまったく罪のない者を「断罪」しているとパウロが語っていることを証明しようとする。しかし、パウロが「すべての者が罪を犯した」と言うときに使う「罪をおかす」という動詞は、どの箇所でも、彼のいうような意味で、苦しみの状態に引き入れられるという意味では使われず、罪に対する罰あるいは、神の嫌悪から出ているという意味以外では使われない。まして、もっぱら神の愛の結果、あるいは「最高度の」恩恵であるような状態を表すことはない。[164] また、この動詞がこのような意味で使われる事例は聖書全体を見わたしても見あたらない。

二．旧約聖書に、テイラー氏が考えるような「罪をおかす」と「罪人」の用法があったとしても、そのような用法は、明らかに新約聖書の言葉とは明らかに異なっている。どこかに、そのような用法の箇所が一つでもあるであろうか。特にパウロが書いたもののなかに、そのような意味の文言があるだろうか。パウロはたくさん書いているので、「罪」、「断罪」、「罰」、「死」、「苦難」についてのパウロの語り方はよく解る。パウロは、新しい契約について他の誰よりも多く書いている。彼はしばしば「断罪」について語っているが、どこでそれを「罪人にされる」という仕方で表現しているであろうか。特に、罪がないのに有罪になる、あるいは罪を負わせる、罪の贖いをするというようなことを意味する用法に近づいている箇所があるであろうか。「罪を犯す」という動詞を使い「人が罪を犯す、または犯した」と語っているにもかかわらず、その表現で意味されていることが、「司法行為によって」有罪判決を受けた者が恩寵の処遇に基づいて大きな恩恵を受けようとしている、ということ以上でないとすれば、これほどパウロの言語から遠いことはない。パウロは随所で「罪」と「罪人」という語を使っている。しかし、「罪人にされる」という意味で使っている箇所がどこにあるというのであろう。パウロは書簡のなかで、よく現世的な「死」と永遠の「死」について語っているし、また、あらゆる種類の「苦難」について、現世の苦難も将来の苦難についても語っている。しかし、いったいどの箇所で、これらの苦難を「罪」と呼び、罪のない者を「罪人」と呼び「彼らは罪を犯した」と言って、その表現で、苦難の状態に入ったということを言おうとしているのであろうか。もし、パウロはユダヤ人であったからヘブライ語の言い回しに馴染んでいて、一つの段落でそのヘブライ語に特有な言い方を何度も繰り返しているというのであれば、彼の書いたものの他の箇所で類似のことが起きていないのはおかしいではないか。しかも、そのようなヘブライ語に特有な表現は、旧約聖書でも比較的まれなのである。そして特に不可解なのは、ヘブライの語法に最も馴染んでいるはずのユダヤ人だけを対象として書かれた「ヘブライ人への手紙」で、パウロが同種の語り方をしていないということである。また、キリストはなぜ、そのような言語を使っておられないのか。キリストは、ユダヤ人の間に生まれ育っており、ほとんどすべての説教をユダヤ人に対して行った。さらに、（ルカを除いて）ユダヤ人として生まれ育った新約聖書の他の著者たちが、どうして、そうした語法を用いなかったのか。彼らのうちには、特にユダヤ人の利益のために書いている著者がいたのではないか。

どのように自由に大胆に解釈しようが、「罪人〈ハマルトロス〉」「罪を犯す〈ハマルタノー〉」「審判〈クリマ〉」「断罪〈カタクリマ〉」「正しくする〈ディカイオオー〉」「義認〈ディカイオーシス〉」など、同根で同じ意味の語を、パウロはこの書簡や他の書簡で頻繁に使っており、また、ここの箇所と同様、キリスト贖いや人類の一般的罪、罪人たちの断罪、キリストによる義認、罪の結果の死、キリストによる生命への復活等について語るときにそうであることは注目に値する。どの箇所でも、これらの語はテイラー氏が解釈するような意味では使われていない。しかし彼は、この箇所［ロマ五・一二］では、これらの語には特別な意味が込められている、と言うのである。新しい言葉がパウロのために造られたというのなら、それは明らかに異例なことである。実は、テイラー氏の解釈によって、新しい言葉が、原罪の教義を述べたパウロの明晰で精確な証言を逃れるために、パウロの語ることの中に無理矢理導入されているのである。

三．この箇所で、そのような意味を「罪」という言葉に付加するのは、パウロが他の場所で語っていることと言語的に合致しないばかりか、この箇所のパウロの言語とも矛盾する。この箇所でパウロは、「罪」や他の語を、しばしば「侵犯」「不従順」「違反」などと同じ意味で用いている。同じ事を幾つかの名で言っていることは明らかである。どれを使っても同じことを意味する。それは一目瞭然である。これらの語は、同じ段落で一七回も使われている。おそらく聖書全体を眺めわたしても、短い紙幅のなかで「罪」ないしそれに類した語が、これほど頻繁に使われている箇所は発見できないであろう。こられの語は、それが出てくるすべての事例で、「道徳的悪」の意味で使われているのであり、（解釈をみる限り）二箇所を除いてテイラー氏自身もそう考えている。その二箇所では、原罪の教義の明らかな証拠を避けるために、どうしても別の意味が発見されねばならない。そして、パウロは、主体のうちの道徳的悪を含意したり、想定したりすることのない、まったく違った意味でその語を使っていると考えねばならない、というわけである。

ここで注目すべきことは、「死」という語は段落全体で同じ意味で理解されなければならないとテイラー氏が主張していることである。これはパウロが同じ主題を論じているのだから、もちろん正しい。しかし、そのように言う彼が、パウロが同じテーマを論じている箇所の用法とは違った意味で「罪」という語を使っていると、やすやすと考えてしまうのはどうしたことか。一つ例を取り上げてみると、一二節には「このようなわけで、一人の人によって罪が世に入り、罪によって死が入り込んだように、死はすべての人に及んだのです。すべての人が罪を犯したからです。」と書かれている。ここで彼は、文の終わりの「罪を犯した」という言葉に含意される

「罪」について「罪」の意味からまったくそれていることを考えている。この「罪」という言葉は、同じ議論と同じ主題について語られているだけでなく、同じ文の前半で二度つかわれ、後半は結論であると同時に説明でもある。従ってまた、続く文で二回使われている用法とも違う意味を考えている。ここでパウロが、同じ主題を続けて述べていることは疑いない。次の文、一四節でパウロは同じ「罪を犯した」という動詞を用いているが、テイラー氏の解釈でも、それは道徳的悪を犯したという意味なのである。その後一九節で、パウロは「罪人たち」という言葉を使っているが、テイラー氏はこれについても異なった意味を考えている。それは、思いもよらない、はなはだしく強引な解釈であり、一つの段落の中の、あるいは同一の文の、一つの語の意味をあちこちで変化させたりしなければできない解釈である。しかも、この章の前半でも、同じ書簡の先行する部分でも、次の章でも、その後の八章でも、この書簡の最後まで、同じ用法が維持されているにもかかわらず、この『ローマ書註解』の著者は、そのどの箇所でも、この語が本来の意味では使われていないというのである。[165]

しかし、私たちは一二節を検討するだけで十分であり、それ以上先に進む必要はない。この節の後半でパウロが罪という語で言っていることは、前半と比較してみると、はなはだ解りやすい。一方が他方の答えになり、死後の句が前半の句の解説になっているのである。「このようなわけで、一人の人によって罪が世に入り、罪によって死が入り込んだように、死はすべての人に及んだのです。すべての人が罪を犯したからです」。「罪」と「死」が前半で語られ、後半でも語られている。同じ文の二つの部分は呼応する。したがって、二つの部分で「罪」と「死」によって同じ事態が語られていることは明らかである。

更に、ここでテイラー氏は、「罪を犯す」ことを、「死」の苦しみに陥ることであると解釈するが、この説明も乱暴で理屈にあわない。パウロはここで再三、「罪」と「死」を区別しているからである。一方を明解に結果として、そして他方を原因として語っている。二一節で「罪が死によって支配したように」と語られ、一二節で

「罪が世に入り、罪によって死が入りこんだ」と語られる。そして、この明解な区別は、「死」と「侵犯」（一五、一七節）の区別や「侵犯」と「断罪」（一八節）の区別と同様に、議論全体を通じて保たれている。

四．私たちは、パウロが他の場所で、また、今取りあげている議論の別の箇所で「罪」「罪を犯した」という語をどのように使っているかということの検討は省略したいが、テイラー氏の解釈では、これについても非常に不合理な結果になるであろう。

テイラー氏の解釈に従うと、次のようになる。私たちは「罪を犯した」と語られているが、それは能動的動詞によって私たちが行為によって罪を犯したかのように言われているだけである。しかし、本当は行為によって罪を犯したのではない。私たちが受動的に罪人にされ、罪人と見なされるということを、比喩的な表現でそういっているにすぎない。さらにまた、実は私たちが受動的に罪人になるとか、罪人にされるというのでもない。神はそういうことをなさらないのであって、これもまた比喩的・文彩的な表現であり、意味するところは、私たちが断罪を受け、あたかも罪人のような扱いを受けるということにすぎない。もちろん、本当に断罪を受けるのではない。神はけっして罪のない者を有罪と判決することはないからである。したがって、これもまた比喩的表現なのである。断罪のようである、ということである。あたかも刑罰であるかのような、恐ろしい悪である死に引き渡される。しかし、実際には、恐ろしい悪、あるいは何らかの悪に引き渡されるのではない。本当は、利益、巨大な恩恵といってよいようなことに引き渡される。そして、死を刑罰あるいは災害として描くとき、別の非常に大胆な比喩的表現が使用されている。私たちが引き渡されているのだから、それは悪であるはずはなく罰であるはずはなく、むしろ、災害に見えたとしても、実は純粋に恩寵と愛による最高度の恩恵であるからである。このように解釈される。こうして、私たちは、比喩的表現を次々に増幅させ、そのすべてを「罪を犯した」という一語に集積させることになる。このような仕方で、パウロの語法が解釈される。ただ「比喩的表現」のみが残る。

現実についての比喩的表現ではなく、比喩的表現についての比喩的表現である。これは、現実についての表現ではなく、すでにそれ自身が何か他のものについての比喩的表現であるものについての表現である。さらに、この何か他のものも、それ自体比喩にすぎず、非常に回りくどい比喩である。最も恐ろしい悪も反対の最高の善を意味することができるというのだから。結局、私たちは、比喩を表す比喩に出会うのであり、比喩の比喩も非常に遠い比喩を表すから、意図されている事象を非常に曖昧にしか表さない。しかし、このような解釈の仕方では聖書のどの箇所も理解できないのではないだろうか。また、私たちの意図に合うように、このような自由奔放な解釈を聖書に当てはめるなら、一切の論争を聖書に基づいて決着する見通しはまったくたたなくなるのではないか。もし、パウロが実際にこの場所でそのような風変わりな仕方で語っているのだとすれば、その用法は、聖書全体のなかで類例がないばかりか、どのような著作にも多分ない特別な用例になるであろう。これは、よく難解で暗示的な表現が使われることがある、たとえ話、幻の記述にも、預言にもないような用法であり、また、奔放な表現がなされ、大胆な比喩が期待されている演劇や詩の表現にもない用法である。ところが、それがこの有名な書簡の中にあるというのである。この書簡でパウロは新しい契約の管理者として福音の教えを語っている。しかも、彼は神の真理を昔なじみの比喩の覆いなしに、最も簡明な言葉で語ると断っているのである。さらにまた、その議論はまったく教育的、説得的であって、パウロは明らかに、語ろうとしている教義を理性と事柄の本質に即して、さまざまな表現を駆使し、あたかもすべての側面を残さず考察するかのように、自分の意図を読者に正確に伝えようとしているのである。ティラー氏も言っている。[166]「この使徒は、主題についてすべての部分を説明しようと細心の注意を払っており、説明していない部分をまったく残していないと言って良いと思う。この部分でこれ以上厳密で注意深く語れる人は彼以外にいない。例外的に説明を必要とするような文については、彼は注釈を加えている」。私は、パウロの注意と正確さがこの箇所に最もよく現れている、と思う。パウロのこれほどよく読みとれる箇所はほかにはないとすら思う。記述は具体的であり、明瞭で正確である、あらゆる側面から事柄を精査し、繰り返し教えを述べて、語ろうとしていることを明確にしている。

第二節
「ローマの信徒への手紙」五章の注目すべき箇所と、そこに見られる原罪の教義の証拠についての省察との関連、展望、意味についてのいくらかの考察

この注目すべき段落と、同書簡の先行する部分の議論との連関は、曖昧でもなく難しくもない。また、遠い関係でもない。それは、書簡の最初から述べられてきたことを一通り見るだけで、そして、もちろん直前の箇所を見るだけでも明瞭に理解できる。この書簡の先行部分においてパウロは主に、ユダヤ人と異邦人を含めたすべての人類の罪深さと悲惨を論じていた。彼は特に、同じ章の先行部分で、自然状態における人類の堕落と破滅について語ってきたのである。人類は罪人であり、神に反する者、敵であるので、神の怒りの対象になっている。強いみは何もない。この巨大で忌まわしい出来事がどのようにして起きたのか。このような普遍的な罪と破滅がどのようにしてこの世に生じたのか、ということを彼が考えようとするのは当然である。とりわけユダヤ人は、原罪の教義を承知していながら、その教義の意味や論理的帰結に対して強い偏見を持ち、自分たちには関係していないと考える。この点で、彼らは普遍的な罪、ならびに人は生まれつき神の怒りの対象になっているという教義に偏見をもち、アブラハムの子孫であるがゆえに、自分たちを生まれつき神聖で神に好まれていると考えている。パウロがこの書簡の先行部分で最も力を込めて説得しようとしている相手は、このユダヤ人たちである。彼らは、異邦人同様に生まれつき罪深く、怒りを受ける者たちである。ユダヤ人に関する限り、この指摘をしたこと

はきわめて適切であったと私は考える。パウロの意図は、ユダヤ人たちの目を、彼らの祖先を他の民族の祖先から分ける父祖アブラハムから、ユダヤ人と異邦人に共通な人類共通の祖先である父祖アダムに移すように説得することにあった。そして、アダムから、罪と破滅、あるいは死が派生して人類に及んだという教理を論じ始めるとき、パウロが個別状況に特別の注意を払ったのは当然である。彼はユダヤ人と異邦人の両方に対して書いていたからである。ユダヤ人は、誇り高い自己評価の偏見のなかで育てられ、生まれつき神聖な民族であると思っており、他方、異邦人はこうしたことについてはまったく教育されていなかった。

また、パウロはこの書簡の書き出しから、そして特にこの章の前半で、すべての人類の救いが、無償の神の恩寵に絶対的に依存していることを証明しよう努めてきた。この恩寵の偉大さを彼は特に二つのことによって証明する。（一）人類の普遍的な腐敗と悲惨。これは、先行する章のすべてに書かれており、この章では六、七、八、九、一〇節に出ている。（二）信じる者たちが受ける恩恵の大きさと、彼らが望むことのできる栄光の大きさ。それについては、特にこの章の一、二、三、四、五、一一節に書かれている。そして、私たちが検討しているこの箇所でも、一二節から終わりまで、神の恩寵、つまり同じことであるが、キリストにおいて信者たちが受けとる、恩恵、生命と幸福の大きさを教えるという同じ目的を追求する。ここでパウロは、「神の恩寵」「恩寵の贈り物」「恩寵の充溢」「恩寵の支配」と言っている。そして、同じ二つの議論で恩寵の自由と豊かさを描いている。一つの議論は、人類の普遍的罪と破滅である。すべての者は罪を犯した。すべての者が死と審判と断罪に生まれながらにして晒されている、ということである。もう一つの議論は、受けとった恩恵の途方もない大きさである。それは最初のアダムに由来する悲惨に比べて遥かに大きい。したがって、ここで強調されている、アダムの反対型としてのキリストによって私たちが得ている恩恵が、恩寵でなく、生命の回復にすぎないと考えることは、パウロの意図とはまったく合わない。その場合の生命は死罪を受けることが当然であるような生命ではないからである。

さらに、パウロが、義と認められ命を得るためには、人類全体がキリストの贖罪と義に大きく絶対的に依存するということを述べ、救い主の大きさを誉め称えようとすることは、この書簡の最初からパウロの意図に入っていることが見て取れる。彼の心は、そのことに夢中であり、救い主の偉大さを伝えることがこの書簡全体の主題であるかのように見える。そして、それが同章の先行する部分で語られたことであった。それは、すべての人間の罪と破滅から始まる議論であった。そして、彼は明らかに一二節から終わりの部分でも同じことを論じている。つまり、前の部分で論じた同じ義認と義について語っているのであり、別のことを論じているわけではない。パウロがキリストによって私たちが、本来の姿に復興させられ、正しくされ命を与えられるということを十分に述べようとするとき、彼が、アダムによる私たちの堕落、罪、死、そして破滅について考察し、キリストとアダムという、人類の二つの対立する頭〈首長、代表〉の共通点と相違点、双方の対立する影響がどのように伝わるかを考察しているのは当然である。

こうして、この箇所が正統派神学者たちの理解してきたように理解されるなら、その全体が、この章の前の部分、ならびにこの書簡の先行する部分の全体と、自然で理解しやすい明らかな連結を持つことになる。パウロがそれまで語ってきたことの意図と明らかに一致する。また直前に語られたこととの関係も確立される。直前の二つの節で語り始められたことは、キリストによる義認、和解と救いであった。ここからパウロは直ちに、反対の事態、すなわち私たちがアダムによってどのようにして罪と死を得たのか、という考察に移る。パウロのこの議論を真の平明な意味で理解するなら、この関連を発見するために厖大な学識や深い批評眼を必要としない。しかし、テイラー氏の言う意味でこの箇所を理解しようとすれば、そうした関連はすっかり見失われて、批評能力や識別技術が必要になる。そうした批評能力や識別技術は、これまでの神学者を超えており、少なくとも彼らのものとは違っている。あるいは、関連を見いだすためには、他の人々が見ることのできない遠い何かを見る能力が必要になるのである。

この箇所におけるパウロの一般的な意図を示すためには、これまで考察したことで十分であろう。しかし、それ以外に、幾つかの表現のなかで当時の状況での特殊なこと、つまりユダヤ人の気質や思想についてパウロが述べようとしていることがあるように見える。パウロは手紙の先行する部分の数カ所でそれに言及してきた。特にユダヤ人は、自分たちのモーセによって与えられた律法について非常に迷信的で過大な観念を持っていた。モーセの律法が、神が人類と関係するときの最初の大きな唯一の規則であり、人類の義認と断罪を支配し、罪と義のすべてがそれにしたがって判定されるかのように思い、異邦人と人類の心のなかに記された自然法をまったく考慮していなかった。その結果、自分たちの特殊法をその目的を超えて限りなく重視するに至った。彼らは律法を誇り、この特権によって他のすべての民族から区別され、律法が与えられたことが彼らを聖なる民、神の子とするかのように考えた。パウロは彼らのそのような考えをはっきり指摘する（二・一三、一七―一九、またこの章全体を通じて）。彼らはモーセの律法の目的を、義認の唯一の規則と手段であると考え、律法の行うこと、特に割礼に信頼を置いたのである。それについては三章に書かれている。しかし、異邦人については生まれつきの罪人、神の怒りを受けるべき者とみなした。彼らは割礼を受けていない親から生まれており、律法とは無縁であり、モーセの律法を知り、それに帰依してユダヤ人に改宗し割礼を受けることをしていないからである。異邦人が邪悪で罪人と見なされるのは、要するにユダヤ人になってユダヤ人のように生きていないからである。[167] パウロは、ユダヤ人のこのような考えを二章の一二―一六節で端的に指摘し、その誤謬に気が付くように説得した。そしてここでも、五章一二、一三、一四節で、同じ事を指摘する。これによって私たちは、これらの節の真意をいっそう明確に理解することができる。議論の主旨が明解になり、議論全体で使われている論争的表現の意味が明解になるのである。

テイラー氏は、これらの節におけるパウロの議論を、誤解している。（これらの節は、既に述べたように、彼の解釈ではまったく無意味になる。）彼によれば、パウロが主として証明しようとしていることは、死、あるいは可死性が人類にもたらされたのは、個人の罪の結果ではないということである。そして、パウロはそれを、個人の罪に対して死罪を予告する律法が存在しなかったときも死の支配はあったということから証明しようする、というのである。アダムの罪によって死が世界に来たということは、もちろん律法が存在しない以前に死があったということを含意する。しかし、パウロはそれを証明しようとしているのではない。パウロの論点は明らかに、義と義認と永遠の生命への資格が、キリストによって到来したと同じように、罪、ならびに死と破滅がこの世界に到来したのはアダムの罪によるということである。この点を確認するためにパウロは、こう考える。アダムが罪を犯したそのとき以来、これらのこと、つまり罪、破滅が世界に普遍的にくまなく行き渡った。それはモーセがユダヤ人に律法を与えるはるか以前のことであり、まだ律法は存在していなかった。

パウロは言う。罪が世界に入り込んできたのは一人の人によるのであり、この人は全人類の父祖である。この事実は、ユダヤ人に相応しい教訓である。彼らはモーセの律法を持っていることを理由に、自分たちを聖なる父祖アブラハムの子孫であると思っている。他方で彼らは、他の民族はアブラハムの子孫でないという理由で生まれつき不浄な罪人であると見なす。そのユダヤ人たちをパウロは、族長よりも前の祖先、つまりアダムのもとに連れて行く。アダムはユダヤ人と異邦人の共通の父祖である。ユダヤ人も異邦人もこの罪を犯した父祖の子孫なのである。アダムから、罪と汚染が全人類に広まったのである。それを証明しようとするパウロの議論は、ユダヤ人たちを、きわめて簡潔に直接説得する。つまり、アダムの時以来、死は平等にすべての人類に到来し、それゆえアブラハムの子孫も、他の世界の人々と共に死にしたがっている、というのである。事実そうであった。それは、ユダヤ人の誰もが知っていることであった。しかも、(身体の破壊で始まり、現世で起こる)死は、罪に対する当然の刑罰であると、ユダヤ人は常々教えられていた。「創世記」のアダムの物語によって、最初の罪への警告が語られたことが教えられ、律法と預言によって絶えず教えられていた。これは既に考察した通りである。

パウロは次のように論じる。モーセの律法以降に異邦人の間に存在した罪は、律法が与えられるずっと前から世界に存在した。アダムの時から世界中に普遍的に存在した。これは、端的に、ユダヤ人が彼らの特殊法について誤解していることを示す。すべての人類のための、最初の普遍的な義と審判の規則は、モーセの律法よりも古い、人間本性が始まったときの別の律法、つまり自然法なのであり、それは、人類の最初の父祖とともに、また彼とともに全人類にとって確立されていた。それは、禁断の果実を食べるなと命令する実定的な規則であった。この規則は、アダムが自然法を遵守するかどうかを試すために与えられた。その自然法の主要な法則は神と神の意志を最大限尊重することであったからである。そしてパウロは、もしモーセの律法が審判の最高の規則であり、それ以上の先行する神の規則が確立していなかったのであれば、モーセの律法が与えられる前には、人類は一般に罪人として断罪を受けなかったであろう、と論じる。(なぜなら「律法がないときには罪を負わせることはできないからである」。)しかし、実際には断罪を受けているように見える。それ以前にも「死は支配しており」、アダムの時代からそうだからである。

パウロは、この書簡と「ガラテヤの信徒への手紙」で、ユダヤ人の持っている律法に関する偏見に反対して、二つのことをユダヤ人に説いていると見てよいであろう。(一)モーセの律法は、契約、つまり彼らが実際に義と認められる方法となることを意図して与えられていない。(二)モーセの律法は、人類一般を、そして特に異邦人たちを断罪する最高の普遍的規則あるいは法ではない。パウロは、この二つの点を似通った論法で論証する。

［第一に］パウロは、モーセの律法が、人類が義認を得る契約ではないことを証明する。契約はもっと古く、アブラハムの時に確立されており、アブラハム自身も、その契約によって義と認められているからである。彼はそのことを特に「ガラテヤの信徒への手紙」三章一七―一九節で論じている。また、「ローマの信徒への手紙」四章一三―一五節で同じ議論を用いている。［第二に］彼はまた、モーセの律法は人類一般、特に異邦人を断罪する最重要な〈prime、根本の〉の律法ではないことを証明する。証明法は、同じく、最重要な律法はモーセよりずっと前、アダムの時に制定されているという理由によってである。さて、これらのことはユダヤ人たちを律法の正しい観念に導くはずである。モーセの律法は、義認の方法として意図されたものではない。また、原初の普遍的な有罪審判のための規則でもない。その二つに後で付加されたものである。後者に付加されたのは、違反が増すためであり、前者に付加されているのは、義認の恩恵を予め教え、恩寵が増すためである。

この議論の最初の三つの節、特に一三節、一四節のさまざまな句の目的と関連が曖昧で解りにくい大きな原因は、パウロが二つのこと（密接に関連してはいるが）を、同時に視野に入れているという点にある。彼はその二つのことを明らかにしようとして書いている。それは、このパウロの書簡に親しんでいる者にとっては奇妙なこととは思われないであろう。パウロは、この書簡の最初から述べてきた最重要なテーマ、すなわち、ただキリストの義によっただけ義とされるということを具体的に説明しようとする。彼が示すのは、私たちが元々、罪ある惨めな状態にあり、アダムからその罪と悲惨を引き継いでおり、私たちが第二のアダムであるキリストによって救われ、義とされるということである。しかし、同時に彼は、この教義と相容れない、民族や律法についてユダヤ人たちが持っている愚かしい堕落した観念を反駁しようとする。彼は、ユダヤ人の観念に反する次の二つのことを同時に確認しようとする。

（一）私たちの生来の道徳的状態を決定するのは、アダムとの自然的関係であり、アブラハムとの関係ではない。それゆえ、アブラハムの自然的子孫であるということは、私たちを神の目から見て神聖なものとしない。私たちは罪あるアダムの子孫だからである。また、アブラハムの子孫でないという理由で異邦人が罪人であるのでもない。ユダヤ人も異邦人も等しくアダムの子孫であるがゆえに罪人なのである。

（二）モーセの律法は、人類にとっても最重要な一般法ではなく、人類を断罪し罪人と定める審判の規則でもない。より高次の古い普遍的な法との関係で、人類が置かれている状態が、人類一般を神の目から見て罪人と定め、罪人であると告発する。この見解は、多くの点で、使徒パウロの意図にかなっている。特に、ユダヤ人たちが、有罪判定の最高の規則である律法が万人に与えられたものであり人類共通のものであること、そして、すべての者が、ユダヤ人も異邦人も、共通の父祖の律法違反によって断罪を受けているということを知ったならば、神が定めた義認の方法が人類すべてに拡大して等しく適用されていること、そして、私たちはメシアのおかげで義認を受けるのであるが、そのメシアが、アダムと同様に、全員の頭〈代表〉、すなわちユダヤ人と異邦人の頭として任命されていることを、もっと容易に、自然に理解するようになったであろう。

ユダヤ人を反駁しようとする使徒パウロの意図は、「というのは、律法が現れる前に罪はあったが、律法がないときには罪と認められなかった」という一三節に一番よく表れている。

「アダムの違反と同じような罪を犯さなかった人の上にさえ」という表現の重要性について言えば、テイラー氏の解釈では、指示されていることが正しくないばかりか、すでに証明した通り、たとえ正しいとしても無意味になる。しかし、彼のこの解釈は非常に強引であり不自然である。彼によると、「アダムの違反と同じような罪を犯さなかった人の上にさえ」という表現で意味されているのは、罪の行為の類似性ではなく、違反された命令の類似性でもなく、また、罪の状況の類似性でもなく、命令の状況の類似性、すなわち警告を伴っていることである。これでは、罪の類似性と言うには、あまりにも遠い関連である。さらに、そのような意味であれば、この表現は、パウロが前の節で述べた同じことを不必要に、不適切に、不器用に繰り返しているだけだということになる。パウロは、すでに前の節で述べたことを終えて、議論の別の段階に入っているはずだからである。（テイラー氏の理解に従えば）使徒パウロは前の節で、死は個人の罪のよって到来するのでない、つまり、個人の罪の代償として死を警告する律法以前に、死は存在していたのだから、そのとき犯された罪は、個人の罪の代償としての死を警告する律法に違反したということではない。こう語った後で、パウロは議論のこの部分を終えて、「それにもかかわらず、死はアダムからモーセに至るまで支配した」という次の段階に進む。そして、奇妙に不自然な仕方で、元に戻り、「アダムの違反と類似の仕方では罪を犯さなかった者たち上にも」、つまり、個人の罪の代償としての死を警告する律法に反していない者たちの上にも、死は支配したと言って、以前よりも曖昧なかたちで同一の主張を繰り返す。これではまるで、パウロが次のように言っていると同じことになる。「律法以前に罪を犯した者は、個人の罪の代償としての死を警告する律法に反していない。違反の罪を犯すことができる、そのような律法は、当時は存在していなかったからである。それにもかかわらず、当時も死は支配していた。個人の罪の代償としての死を警告する律法に違反してはいない者さえも死に支配された」。後半の言葉は、前提に何も付け加えていない。その前で述べられたことの説明にもならず、むしろ、その意味を曖昧にし、解りにくくしている。この接続詞（カイ）は、このような仕方で使われた場合は、付加を意味しており、議論を何らかの意味で前進させる意味合いがある。つまり、この接続詞に続く後の表現は、前に述べたこと以上のことを意味するか、同じことをもっと十分に、簡明に、強調して表現しようとしているのである。しかし、付加することもなく、強調もなく、単なる繰り返しにすぎない場合に、この接続詞で二つの節をこのように結合するとすれば、それは、異常であり、非常に馬鹿げたことになるであろう。

私は、この節について通常なされている解釈でなぜ満足できないのか、その理由が分からない。つまり、「アダムの違反と類似の仕方では罪を犯さなかった者たち」とは幼児のことを指していると普通は解釈されている。幼児は、アダムと共に罪を犯しているが、アダムと同じ仕方で、つまり個人意志で違反しているのではない。それとも、この解釈はあまりに古すぎて、あまりにありきたりであるからいけないとでもいうのであろうか。パウロが手紙を受けた人々は、パウロが語っている期間、特に［ノアの］洪水のときに、おびただしい数の子どもが幼児期に死んだことを知っていた。パウロがその幼児のことを念頭においていなかったとしたら奇妙なことである。テイラー氏が考えているような視野でパウロが考えており、ただ死は個人意志による罪によって到来したのではないということを証明しようとしているだけだと考えるのは奇妙である。証明の目的がそれであれば、人類の多く部分をしめる者［幼児］が、個人としては罪を犯していないことは誰もが知っているから、幼児について語ることが証明に直接役だったはずである。テイラー氏のように、遠回りをして曖昧で不確かなことを持ち込むよりも、この方がずっと明解な証明になったであろう。彼は、次のように論じる。神は、明解な啓示された取り決めなしに、個人の罪を理由として人類全体に死をもたらそうとはしておられない（もちろん、個人の罪は存在するが）。そして、アダムからモーセに至るまで、そのような啓示された取り決めは存在しなかった、と彼は述べる。この主張にははっきりした証拠があるわけではない。そこから彼は、したがって死はアダムの罪を機会として到来しただけであり、アダムの罪を理由として、その罰として到来したのではない、と推論するのである。この推論は、非常に曖昧で解りにくい。

もし、パウロがここで、個人意志によって罪を犯していない人たちのことを語っているのだとすれば、その人たちを「アダムの違反と類似の仕方では罪を犯さなかった者たち」と言っていることには何の不思議もない。人々がアダムと似ている点は、二通りに解釈できる。一つは、アダムの「似姿」で生まれているということ（創世記五・三）である。もう一つは、アダムと同様に、神の契約または律法を破っているということである。「彼らはアダムと同様に（ヘブライ語原典でもラテン語訳ウルガータでもそうなっている）契約を破った」（ホセア六・七）。幼児は前者の類似性を持っているが、後者の類似性は持たない。したがって、パウロがアダムのただ一つの罪の行為によって幼児たちが罪人になったと推論したとき、幼児が同じ種類の罪の行為それ自体を反復したのではない、と考えたのはきわめて自然である。そして、当時のユダヤ人やキリスト教徒の言語の状態では、その意味を伝えるのに、これ以上の言葉を持たなかったのであろう。今、この議論で使用している「個人としての」〈personal〉とか「実際の」〈actual〉とかいう形容詞はたぶん、後の時代、現代になってからの用法なのである。

さて、パウロがこの表現によって幼児のことを言っていると解釈するなら、モーセの律法が与えられる以前でも死は支配していたと語ることは、いっそう彼の目的に適っている。ユダヤ人は、自分たちの律法を理由に、他の民族を罪人として見下していたからである。自分たちは律法を持っており、特に割礼の律法によってユダヤ人になっている。割礼の律法は、最初アブラハムに与えられモーセによって完成された。割礼を受けていなければ、法的に汚染されており聖なる特権に与る権利をもたないとされた。ユダヤ人の考えによれば、この律法により異邦人の幼児は汚染されており神から忌避されている。異邦人の幼児は割礼を受けておらず、割礼を受けていない両親から生まれているからである。しかし、パウロは世界の諸民族はユダヤ人の律法によって生まれつき罪人であり幼児のときから罪人であるというユダヤ人の観念に抗して、アダムの罪によって罪人なのだという。幼児は割礼の律法が与えられる以前から、そして、自分自身が実際の罪を犯す前から罪人として処遇されていると言うのである。

これまで述べてきたことで、これらの三つの節における使徒パウロの真の意図と意味が示されたことを私は願っている。もう一度、簡潔に次のように易しく注釈してみよう。

「このようなわけで、一人の人によって罪が世に入り、罪によって死が入り込んだように、死はすべての人に及んだのです。すべての人が罪を犯したからです。」（ロマ五・一二）

（注釈）[168] 私がこれまで主に強調してきたこと、すなわちこの世界の中にある悪、人類の一般的な邪悪さ、罪と破滅に接し、かつまた、それと反対の善、ただキリストよってのみ与えられる義認と命を見ると、私は両者が導入された仕方に類似性をみないわけにいかない。一人の人によって、私がこれまで語ってきた一般的堕落と罪が世界に到来し、また罪による有罪宣告と死が到来したからである。そして、このおそるべき罰と破滅は、巨大な業の律法によって人類すべてに到来したのである。この律法は最初から人類の最初の父祖の権限において人類と結ばれたものであるが、この律法に関する彼の一回の違反によって、すべての者が、神の前で罪人になり、最終的な破滅に直面するのである。

「律法が与えられる前にも罪は世にあったが、律法がなければ、罪は罪と認められないわけです。」（同一三）

（注釈）このようにして世界が罪に染まり、有罪になったことは明らかである。ユダヤ人たちが考えているように、モーセによって与えられた彼らの律法が人類の義と審判の普遍的な規則であり、異邦人たちがその律法から外れており、割礼を受けていない者たちであるから、世界の諸国民は構造的に罪人で不浄である、というのではない。モーセの律法が与えられる以前でも、偉大な審判者［である神］は、アダムが最初にあった業の律法に違反したことによって発生した堕落と罪を理由として、人類を全員罪人と見ていたからである。このことは原初の義の普遍的規則が、モーセの律法ではなかったことを示す。もし、そうであれば、モーセの律法が与えられる以前は、罪の責任は問われなかったはずである。何ら律法が存在しなければ、罪が問われることはないからである。

「しかし、アダムからモーセまでの間にも、アダムの違反と同じような罪を犯さなかった人の上にさえ、死は支配しました。実にアダムは、来るべき方を前もって表す者だったのです。」（同一四）

（注釈）しかし、その時、罪が転嫁され、人間がアダムから発生した罪と堕落によって審判者によって罪人と見なされ、その罪ゆえにその当然の罰である死に定められたということ、このことについて私たちは分かりやすい確証を持っている。それは事実の中に現れている。つまり、すべての人類は、モーセの律法に先だつ全期間において現世の死にしたがってきた。この現世の死は、罪の当然の報いである完全な破滅の、目に見える導入であり、類似現象であった。この現世の死は、アダムと同じような仕方では罪を犯すことができなかった幼児たちにも及んだ。当時、幼児は、アダムのように個人として罪を犯してはいなかった。また、幼児がモーセの律法によって割礼を受けていないとか、割礼を受けていない両親から生まれたとかいう理由で罪に染まることはありえなかった。

さて、全体を考察して、私は次のように言いたい。この段落（ロマ五・一二以下）、特に一三節、一四節には、二、三の意図がはっきりしない表現があるが、議論の一般的立場と意味は、曖昧ではなく、むしろ非常に明解である。そこで説かれているこの特別な教義も明解である。パウロは細心の注意と努力を払って、この教義を解りやすく述べ、彼が検討している問題点を正確に解決しようとする。そして、彼の議論は、議論の一部が他の部分の部分を解説するように組み立てられている。原罪論の議論の全体は、この書簡の他の部分と明解に関連し、前の部分で述べられたことを承けている。

原罪の教義は、ただ説かれているだけではなく、きわめて平明に、明解に丁寧に説かれている。この教義は、ほとんどすべての節において、明示的に、あるいは暗示的に主張されている。節によっては何度も語られている。それは最初の一二節の「一人の人によって罪がこの世に入った」という表現に十分に含まれている。その含意は、罪は世界中に遍く行き渡ったということである。パウロは、これを詳細に論じてきた。そして（これは些末な、そしてあまり重要でない指摘になるが）最初に創られた人が、最初に罪を犯し、その後、他の人々が罪を犯したことを論じてきた。つまり、多くの人々が同じ瞬間に一緒に罪を犯し始めたわけではない。この節の後半「罪によって死が入り込んだように、死はすべての人に及んだのです。すべての人が罪を犯した（犯すようになった）からです。」という言葉が示すように、世界の審判者のから見れば、アダムの最初の罪において、すべての者が罪を犯した。何らかの種類の罪を犯したというばかりでなく、すべての者が、罪の正当な代価である死と究極的な破滅に至るような罪を犯したのである。同じ教義が更に一四節で二回説かれている。ここで、この教義の証明として考察されていることは「アダムの違反と同じような罪を犯さなかった人の上にさえ、死は支配しました。」ということ、つまり、個人の意志による行為によって罪を犯さなかった人の上にも死は支配したということである。それゆえ、彼らも、アダムから発生した罪と汚染によって、アダムの罪の結果として死に晒された。また、そのことが、「アダムは、来るべき方を前もって表す者だったのです」という言葉でもう一度語られる。類似性はこの状況の中にある。つまり、私たちがアダムの罪から、罪と罰を引き継いでいるのと同様に、私たちはキリストの服従によって義と生命の報酬を得ている。それはパウロ自身が説明することである。同じ原罪の教義が、一五節でも「一人の罪によって多くの人が死ぬことになった」と、はっきり語られている。また一六節でも二回語られる。「罪を犯した一人によってもたらされた」、つまり、断罪と罰が人類に到来したのはアダムによる。そして、「一つの罪で有罪の判決が下された。」という言葉でも語られる。一七節でも平明に十分に語られる。「一人の罪によって、その一人を通して死が支配するようになった」。同じように一八節で「一人の罪によってすべての人が有罪の判決を下された」と言われる。一九節でも非常に簡明に「一人の人の不従順によって多くの人が罪人とされた」と言われる。

これだけ書かれているのだから、パウロが使用しているすべての重要な用語の意味は確定できる。これらの用語は新約聖書のあらゆる場所で頻繁に使われ、特に、新約聖書で非常に大きな場所をしめるパウロの書簡で非常に多く使われている。この手紙の特にこの章の議論の導入部で何度も使われていること、そして、このパラグラムのなかで一つの文が他の文に投げかけている光りによって、その意味は十分に確定される。つまり、「義認」「義」「有罪宣告」そしてなによりも「罪」という用語が原罪論との関係で持っている意味が確定される。その上、新約聖書の至る所で、またパウロの書簡の至る所で、この罪という用語が絶えず使われており、特にこの書簡、この章の前半で使われ、同じ段落で何度も繰り返して現れる。明らかにそこでは、一二節の終わりと一九節において意味が限定されている。パウロはさまざまな同義語「違反」「罪過」「不服従」といった語と組み合わせて、「罪」という用語の意味を確定する。さらに、それが、原罪反対論者が「有罪宣告」とか「死」といった用語で説明していることとはまったく違っていることは論争の余地がない。一二節の「罪が世の入ってきた」という言葉の意味は、次節の「罪が世にあった」という類似の表現によって確定される。ここで何度も語られているが、「一人の罪によって」すべての者に死と有罪宣告がもたらされたという表現でパウロが言っていることは、一人の罪が人類一般の罪と汚染に波及するということであり、その意味は（既に何度も指摘したが）この議論の結論部の二〇節の言葉で確定される。「律法が入り込んできたのは、罪がましくわわるためでありました。しかし、罪が増したところには、恩寵はなおいっそう満ちあふれました」。これらの言葉が明瞭に示すことは、一人の違反であった「罪」が、全員の罪になったということである。パウロが「律法が入り込んで来たのは、罪が増し加わるためでありました」と言うとき、その意味は、単に個人としての罪が増し加わるということであるはずがない。そうではなく、アダムの罪が、その有罪性、腐敗した影響、邪悪な結果において、人類一般に波及して、まし加わるのである。その関係は、樹木の根と枝の関係に似ている。(169)

これはこの聖書箇所が与える原罪の教義の確かさを確証する証明であり、どのような技巧もこれを他の意味に曲解することはできない。この聖書の箇所の意味を曲げ、曖昧にするために、原罪論の反対者は、何と多様な技巧を弄しているであろう。反対者は、この段落が邪魔なので、聖書が自分たちの思想に合致する言葉を語るようにと強制しているかのようである。表現が何と不自然で、語句がどれだけ自信過剰であることであろう。何と奇妙な演説が発明され、強引にパウロの口に押し込まれていることであろう。その後、その話がパウロから出たかのように、厚かましく世間に押しつけられている。しかし、私たちは神のおかげで、パウロが語るそのままの言葉を知っている。それだけでなく、それと比較すべき同じ書簡の残りの部分や他の書簡を所有している。読み合わせてみれば、パウロの語りたいことは非常に強い光りのなかにあるから、反対者たちが投げかけようとする人工的な霧によって蔽い隠すことはできない。

また、アダムの罪の結果について語っているこの箇所を、聖書のなかで最も曖昧な箇所として描きだし、この箇所を理解するために、まず、もっと分かりやすい箇所を探し出そうことが必要だというのは、聖書とその読者を愚弄するものである。この偉大な使徒は原罪論に関わるこれらの事柄を、最も平明に、詳しく、正確に、はっきりした目的をもって述べている。原罪論は、キリストの贖罪と、そして私たちがそこから救い出される罪と悲惨とに関連づけられている。キリスト教の教会が今日まで、この箇所を、原罪論を最も明解に十分に述べた箇所であると見なし、その明晰な意味を他の聖書箇所の解読の手だてとしてきたことが不合理であったかどうか、その判定は今や読者に委ねられなければならない。

この箇所［ロマ五・一二―二一］は、一般に非常に解りやすく十分に述べられており、アダムから発生した本性の堕落も、アダムの最初の罪の転嫁についても、明解に説かれている。実際、アダムの一つの違反の転嫁は、最も直接的に頻繁に述べられている。私たちはここで「一人の罪によって死がすべての者に及んだ」こと、一人の罪においてすべての人が罪を犯した（ということが含意されている）ため、処罰に定められていることを確信する。そして、「一人の罪によって」、「一人の不服従によって」、「一つの違反によって」、「すべての人が有罪である」、「すべての人が死んでいる」、「多くの人が罪人とされた」等々、と繰り返して言われている。ここではまた、パウロが「一人の罪によって世に罪が入った」と言うとき、原初の堕落が説かれているが、それは（既にのべたように）明らかに、パウロがその前で詳細に述べている普遍的な堕落、悪、罪責を視野に入れて語られているのである。

第三部

聖書がキリストの贖罪について述べていることのうち、原罪の教義について私たちに与えられている証拠について考察する

第一章　贖罪の本質から獲得される原罪の証拠

テイラー氏の見方に従うと、人類の非常に多くの部分が、キリストの贖罪を受ける対象にはなっているが、まったく罪に関わらない状態で生き、そして死ぬ。彼らは責任を問われるような罪を犯したことがなく、将来も罪を犯さない。また、刑罰の対象になることも刑罰に処せられることもない。人類のその部分とは、幼児期に死ぬ者たちのことである。彼らもキリストの贖罪の対象になる。キリストが彼らを死から救い出すからである。あるいはキリストの義によって、彼らは義と認められる。キリストの神への服従によって彼らは義とされ、「ローマの信徒への手紙」五章一八節、一九節の意味で、復活の身体に与る。このようにして、人類のすべてがキリストの贖罪の対象になるが、幼児期に死ぬ者についていえば、彼らは完全に罪がなく処刑もされない。キリストによって復活の資格を得ている。他方、罪を犯した者たちについてはどうか。テイラー氏は、彼らもある意味で、キリストの死によって罪とその罰から救われていることを認めている。

さて、このような見方が、聖書が語るイエス・キリストによる贖いの説明と一致するかどうかを調べてみよう。

I．聖書に描かれたキリストによる贖いの記述のどこを読んでも、キリストが贖いをしに来られた相手は全員罪人であるという思想に導かれる。キリストの救いは贖わなければならない負債や悪に関係しており、その罪は全員の中にある。全員が罰にあたいする。キリストは「イエス」という名を持っていた。つまり、救い主を意味する名が、神から特別に、じきじきに与えられていたのであるから、そこで考えられている救いは、当然、神の救いの全体であり、その一部ではない。キリストは、一部の者だけを救いに来られたのではない。さらに、彼に与えられたこの名は、彼が人々を罪から救いだすということを表現している（マタ一・二一）。キリストの救いの大いなる教義は、「キリストは罪人を救いのためにこの世に来た」（一テモ一・一五）ということ、「キリストも、罪のためにただ一度苦しまれました。正しい方が、正しくない者たちのために苦しまれたのです」（一ペト三・一八）ということである。「ここに、神の愛が私たちに（キリストを与えることによって神の愛の受益者一般に対して）示されました」。「神は、独り子を世にお遣わしになりました。その方によって、私たちが生きる者になるためです。……私たちの罪を償うためです」（一ヨハ四・九―一〇）。キリストによって贖われた者たちは皆、罪から贖われたということを語っている箇所は、このほかにも多く挙げることができるであろう。キリストご自身の言葉によって、もし罪人でないような人があるなら、そういう人々は贖い主であるキリストを必要としないと私たちは考える。健康な者に医者はいらない（マコ二・一七）。そして、キリストによる神の憐れみのまっとうな対象になるには、人々はまず罪の状態にあるのでなければならない。「ガラテヤの信徒への手紙」三章二二節で「しかし、聖書はすべてのものを罪の支配下に閉じこめたのです。それは、神の約束が、イエス・キリストへの信仰によって、信じる人々に与えられるようになるためでした」と言われている通りである。「ローマの信徒への手紙」一一章三二節の趣旨も同様である。[170]

これらのことは、動物犠牲についての聖書の教義によって強く裏付けられる。旧新約両聖書が告げるように、動物犠牲がキリストの死の原型であり、罪の代償としての犠牲であることは、聖書では明確である。人々の罪が前提になっており、人々の罪の償いとして犠牲が捧げられる。パウロの考えでは、キリストによって永遠の遺産を受けるためには、遺言者が死ななければならない。血を流すことがなければ、罪の赦免はない（ヘブ九・一五など）からである。そして、キリストご自身が、彼の血がもたらす恩恵を語り、聖晩餐の制定にあたって契約の血という思想を用い「これは、罪が赦されるように、多くの人のために流されるわたしの血、契約の血である」

（マタ二六・二八）と語っておられるのである。ところが、テイラー氏の見解では、遺言者の死によって、罪を赦される必要がなかった多くの者が永遠の遺産を得ることになる。

Ⅱ．聖書が描くキリストの贖罪は、当然の報いである破滅からの救済である。しかも、たんに、あれこれの個別のことに関しての贖罪ではなく、神の人類への愛の結果としての贖罪であると記述している。「神はその独り子をお与えになったほどに、世を愛された。独り子を信じる者が一人も滅びないで、永遠の命を得るためである」（ヨハ三・一六）。この言葉には、人類はこの救いがなければ、当然、滅びなければならない者たちであるということが含意されている。だが、もし、彼らが滅ぼされるに値する者でないなら、救いの必要性はないではないか。ここで語られている破滅が、当然の報いである破滅であることは明瞭である。ここでその破滅は、神が怒りのなかでイスラエルの反逆の子たちに送って、反逆分子たちがかみ殺された毒蛇による破滅に例えられているからである。同じ主張が、その章の最後の節にはっきり現れている。「御子を信じる者は永遠の命を得ているが、御子に従わない者は、命にあずかることがないばかりか、神の怒りがその上にとどまる」。あるいは、とどまり続ける。含意されているのは、すべての者が一般的に神の怒りのもとにあり、全人類のうちでただキリストと人格関係のある者たちだけが、この怒りを取り除かれ、永遠の命が与えられるということである。それ以外の者たちは、神の怒りの対象であり続ける。同じことが「ヨハネによる福音書」五章二四節で説明され確認される。「わたしをお遣わしになった方を信じる者は、永遠の命を得、また裁かれることなく、死から命へと移っている」。死から命へ移っているということが含意するのは、それ以前は全員が死の状態にあったということである。彼らが死の状態にあるのは、有罪宣告によってであり、それが正当な有罪宣告なら、それは受けて当然の有罪宣告である。

Ⅲ．テイラー氏の見方をとると、結局次のようになる。キリストの贖罪は、贖罪の対象となっている多くの人々にとって罪からの救済でないばかりか災害からの救済でもなく、したがっていかなる種類の悪からの救済でもない。幼児が贖いを受ける死については、幼児たちは災害としての死に従属するのではなく純粋に恩恵である死に従属する。死はアダムを通じて告発された予告や呪いとして来たのではない。アダムとの契約はすっかり破棄されているので、（ティラー氏によれば）人類に対する死の支配力は、死の宣告が発せられる前は一切ない。それゆえ罪のない人類に対して当てはまる苦労と死は、別の契約すなわち「恩寵の契約」に基づいているということになる。苦労と死は、この新しい経路を通じて、もっぱら悪ではなく益として到来する。したがって、人々は手当や治療をする必要がない。病気ではないからである。キリストがそこから人々を救い出そうとしているはずの死でさえ一種の予防治療にすぎず、最大の恩恵の一つなのである。［しかし、それなら］人々が治療を必要としていると語ること、そして彼らをすばらしい治療から外そうとする医者について語ること、あるいは幸福な治療から救い出す治療をすると語ることは愚かである。もし死が益であるのに、それをキリストが復活を得てそれを益に変え給うからであると言うのなら私は問いたいと思う。死の事実は何も変わっていないし、その事実とは異なる死が正当であるとも言えないのに、死を恩恵に変えたということは何を意味するのか。幼児は、災害としての死に遭うことは出来なかった。死を災害として受けるべきではなかったからである。（神にこういうことの責任を負わすことのないようにしたいが、）まったく落ち度のない哀れな被害者に災害を与え、その上で、災害から救済する贖罪主を与えるというようなことは、誰であっても、してはならないことである。

しかし、キリストの「恩寵の契約」に基づいて、最初に死、あるいは死の必然性が人類に対して祝福として来たのではないことは明らかである。キリストと恩寵が人類を死に従属させたのではなく、キリストが来られたとき人類は既に死の支配下にあった。「一人の方がすべての人のために死んでくださった以上、すべての人も死んだことになります」（二コリ五・一四）。「人の子は、失われたものを捜して救うために来たのである」（ルカ一九・一〇）。何らかの状態からの救済者を与える恩寵は、その対象者が恩寵と救済よりも以前の状態にあることを前提にする。その状態が最初から恩寵によって導入されているわけではない。テイラー氏の考えでは、死の判決や断罪は存在するはずがないので、そこから救済する救済者も必要ない。判決自体が、真の意味では、まったく善いことであるから、罪のない者たちにとって、見かけの悪が廃止され実体のないものにされなければならない。そうして、判決自体が実際には救済者になる。そして、この判決から救い出す他の救済者は必要ない。彼が強調することは、「アダムの罪の結果として私たちにもたらされたものは何もない。いかなる意味でも、種類でも、程度でも。それは創造の時に、アダムに語られた最初の祝福と相容れないからである。アダムが創造者の手から創造された瞬間に語られた、神の祝福、愛、善と完全に一致するものしか与えられていない」[171]。もし、これが真実なら、キリストが私たちを救い出さなければならない悪や災害はまったく存在しない。存在するとしたら、私たちは、神の善、愛、祝福に合致したことの外へ救いだされなければならないことになる。

Ⅳ．テイラー氏の考えにしたがうと、幼児だけでなく成人にとってすら贖罪は必要なく、キリストは無駄死にしたことになる。キリストの贖罪によって、アダムの罪の結果から救い出される必要がないだけでなく、自分の罪とその悪い結果から完全に自由になる必要もない。神は別の十分な手当をしているからである。つまり、神は全人類に対して、義務を果たし罪を避ける十分な能力を与えている。彼は、また次のようにも言う。「義務を果たす十分な能力がないときには、そうする義務はない」[172]。全世界の至る所で人類は、神が求めている義務を遂行する十分な能力をもっており、神はそうする能力のないことを人類に要求することはないと、私たちは確信をもって結論してよい、と彼は言う。別の場所では「神は神が期待する義務に見合った能力を与えている」とも言う。そして「悪と誘惑への私たちの傾向は、恒常的によく抵抗するには強すぎるので、……私たちはある程度、罪を犯すことを避けられない。絶えず目を光らせていても、私たちの欲望と欲情が突出してくる」という『人類の破滅と回復』の思想を嫌悪する。[173] これらのことは、人間は生まれつきの能力で罪を避け、罪から完全に自由になり、罪の結果から自由になる十分な手段を持っている、ということを示唆する。だが、手段が十分であるのなら、もはやそれ以上の手段は必要ない。したがって、キリストが死ぬ必要はないわけである。彼が三四八頁で言っていることは、そうしなくてもよいのに、人類が更に罪を犯すような状況に人類を置き、最終的に悲惨にするのは、神の不義になるということを意味する。したがって、キリストとその贖罪なしに、そして恩寵なしに、正義だけで、私たちが自分の力で、罪と悲惨から自由であることができる十分な条件になる。

もし人類のすべてが、世界中で、少しも罪を犯すことなく、遺漏なく義務を遂行する十分な能力を持つとすると、律法による義を獲得する十分な能力があることになる。すると、パウロが言うように「キリストは無駄死にした」ことになる。「もし義が律法によって来たのなら、キリストは無駄に死んだことになる」（ガラ二・二一）。冠詞なしに「ディア・ノムー」と言っているから「律法によって」あるいは、彼がこの句について説明しているように、正しい行為によってである。[174]「もし、キリストが、彼の死がなくても律法自体の効力で達成された、あるいは達成可能であったことを達成するため死んだのであれば、神の恩寵の邪魔をするか、恩寵を無用にしていたであろう」と、テイラー氏がこの箇所の意味を説明しているがその通りである。[175] したがって彼自身の教義から最も明瞭に出てくる帰結は、キリストは無駄に死んだということ、神の恩寵は無駄であるということである。「万一、人を生かすことができる律法が与えられていたとするなら、確かに人は律法によって義とされたでしょう」（ガラ三・二一）とパウロは言っている。つまり（これもまたテイラー氏の意味にしたがってであるが）もし、人が現在の状態で完全に達成できる十分な能力を持つような律法があったとしたら、確かに人は律法によって義とされたはずである。テイラー氏が、律法が生命を与えない理由として考えているのは「それ自体が弱いからではなく、私たちの肉の弱さ、現在の状態における人間本性の弱さによる」ということである。[176] しかし、彼は

「私たちはすべて恩寵の穏やかな配慮のなかにあり、その恩寵が私たちの病弱を酌量している。」と言う。私たちの「弱さ」という表現で彼が言いたいことを推測すれば、人間本性の弱さであり、それが律法が生命を与えない理由であるということである。しかし、そこに働いている、私たちの病弱を酌量する恩寵とはどういうものであろうか。（彼の理論によれば）正義自体が、その恩寵を絶対的に必要とするというが、そもそも神の正義は、私たちの義務を私たちの能力に正確に釣り合わせていたはずではなかったのか。

さらにまた、テイラー氏は次のように言う。人間のうちには自分自身で罪を避ける十分な能力があるのだから、キリストの贖罪は、人が罪を犯し始めること、罪の行為に入ることを防ぐために必要なのではない。しかし、自分自身の愚かさによって悪い欲望や情念の支配下に入ってしまった後に、人間を解放するために必要である。[177] これに対しては、そうであれば、人々はそうした彼らにとって強くなりすぎた習慣や情念から救われる必要がある、と私は答えよう。もっとも、彼の原理によれば、その解放は、罪からの救済ではない。私たちにとって克服できない強すぎる情念が働くとき、それは必然的であるからである。そして、「避けられない」必然的悪は道徳的悪ではありえないと彼は強く主張する。たしかに、強い情念は悪い習慣的行為の結果であるから、悪の結果と言えるが、人はそれでも、自由で、悪い習慣を避ける力を持っている。さて、彼に従えば、悪い原因だけが罪であり、不可避的な結果は悪ではない。彼は断言する。「すべての結果の原因だけが、それが産出した、あるいはそこから出てきた結果に責任がある」[178]。そして、この原因である罪についても、人は救済者を必要としない。人は自分のうちに罪を避ける十分な力をもっているからである。したがって、彼の見解から出てくる論理的帰結は、人類の誰一人として、子どもも大人も、徳を持つ程度に関わりなく、ユダヤ人であっても異邦人であっても、キリスト教徒であろうとなかろうと、救い主を必要としないということである。実に、彼ら全員について「キリストは無駄に死んだ」ということになる。

すべての時代の全人類が義務を果たす十分な能力をもっており、自分の力で罪からの完全な自由を獲得できるが、神は彼らが罪を犯すであろうこと、また彼らが罪をおかした後、キリストの死が必要になるであろうことを見通しておられた、と言う人がいるなら、私は答えよう。パウロが今述べた箇所（ガラ二・二一、三・二一）で言っているように、律法による義がそもそも不可能でなかったなら、神は御子を人類に与える必要はないと判断されたであろう。生命を与えることができる律法があったのなら、キリストによる別の救済方法は採られなかったであろう。このことは、引証した箇所から見るかぎり、テイラー氏自身の見解と一致するように見える。彼もまた「もし、キリストが、彼の死がなくても律法自体の効力で達成された、あるいは達成可能であったことを達成するため死んだのであれば、それは、神の恩寵の邪魔をするか、恩寵を無用にしたことになる」と語っていたからである。[179]

V. テイラー氏の見解の論理的帰結は次のようになる。キリストの贖罪は、罪とその結果からの救済にとって不必要であるばかりでなく何の役にもたたない。それは世界の罪を減らす傾向を持たない。神の力によって、キリストあるいは彼の贖罪を通じて徳や神聖が心に注入されるというような思想は、テイラー氏の観念とまったく相容れないからである。[180] 彼にとっては心に縫い込まれた徳というようなものは、仮にあったとしても徳ではないであろう。それは私たちの意志、選択と意図の結果ではなく、神の力の主権的行為の結果だからである。[181] それゆえ、彼がしばしば説明するように、キリストが徳を促進しようとして行うことは、私たちの才能、知識、利益、手段、動機を増大することだけである。[182] しかし、罪はまったく減らない。どうしてか。「私たちの義務は、私たちの能力によって測られる」と彼は言う。子どもは能力が少ないから、少しの義務しかない。多くの能力を持つ者より、罪を犯す可能性が少ない。より多くの能力を持つ者は、それに釣り合った多くの義務を要求される。[183] もしそうなら、五の能力がある者が五程度の義務を果たすために失敗する可能性が高いのに対して、一の能力しかない者は、一程度の義務を果たすだけであるから、ずっと有利である。より多くの利点、手段、動機をもちながら罪を犯す人は、義務と能力と釣り合っているので、それだけ罪が大きい。それゆえ、テイラー氏の原則から次のことが論理的に帰結するであろう。キリストの贖罪に含まれている大きな恩恵と能力を使っても、よい機会、罪と罰からの自由の可能性は増さず、罪悪感は減らず、義務を果たす可能性も増さない。キリストの贖罪があってもなくても同じである。すべてのこと、罪の回数、程度、深刻度、要求されている義務のすべてを天秤にかけて計算してもそうである。したがって、人々は罪から贖われていない。何らかの価値がある義務を遂行する新しい手段もない。こうして、キリストの偉大な贖罪はあらゆる点で、幼児にとっても大人にとっても無駄になる。

第二章

原罪の教義の証拠は、贖罪の適用について聖書が教えていることから明らかである

原罪の教義が真理であることは、聖書が状態の変化として語っていることから明白である。聖書はその変化が、救い主が支配する王国の、精神的で永遠的な祝福に与るために必要であると言っている。

神の国に与るためには、まず、誰にとっても、再生、あるいは新生が絶対に必要である。「はっきり言っておく。人は新たに生まれなければ、神の国を見ることはできない」（ヨハ三・三）。テイラー氏は、この言葉が罪への自然的傾向の状態からの変化であることを認めようとしていないが、それでも、ここで語られている新生が「神的な生命、真の神聖の生活において自然的能力を正しく使用し適用する」ようになることを意味すると考えている。[184] また「これらの徳と宗教の習慣を達成することによって、真のキリスト教徒、神の子の性格が獲得されるのであり、それは「正しい行為を新しく身につけることである」。[185]

しかし、聖書で言われている「新生」が何を意味するかを理解し、そこから新生に必要なことを推論する最も確実で安全な方法は、別の用語や言い方で、明らかに同じ変化を語っている聖書箇所を相互に照らし合わせることである。そうすると次のことが解る。

Ⅰ．生まれ変わり、あるいは「新生」という表現で、精神の状態の変化が語られていることは明白である。聖書は、その変化が真の「悔い改め」と「回心」の結果として起こると語っている。私は、悔い改めと回心をまとめて扱う。聖書がそうしているからである（使三・一九）。また、端的に同じことを意味するからである。「メタノイア」（悔い改め）という語は、精神の変化を意味する。「回心」という言葉は罪から神へと変化すること、つ

まり神へ向き直ることを意味する。そして、これが「再生」と言われていることと同じ変化であることは、次の事実が証明する。（ただ、「再生」という語は、特に精神が受動的であるときの変化を指す。）

「悔い改め」と「回心」において精神が経験する変化を通じて、永遠の特権を受けるために必要な、真のキリスト教徒の性格が得られる。「だから、主の面前から再生の時代がやって来るとき、自分の罪が消し去られるように、悔い改めて立ち帰りなさい」（使三・一九）、と語られている通りである。[186] 生まれ変わりについても、状況は同じである。それはキリストがニコデモにお語りになったことから明らかであり、それはテイラー氏も認めている。

悔い改めと回心を通じて精神が経験する変化は、救いをもたらす信仰が達成される過程である。「神の国は近づいた。悔い改めて福音を信じなさい」（マコ一・一五）。新生、あるいは神から生まれることも同様である。「ヨハネ福音書」で次のように言われている。「しかし、言は、自分を受け入れた人、その名を信じる人々には神の子となる資格を与えた。この人々は、血によってではなく、肉の欲によってではなく、人の欲によってでもなく、神によって生まれたのである」（ヨハ一・一二、一三）。

キリストは回心について「はっきり言っておく。心を入れ替えて子どものようにならなければ、決して天の国に入ることはできない。」（マタ一八・三）と語っておられるが、新生についても、ニコデモとの会話のなかで同じように語っている。

今引用したところに書かれているように、この回心で経験する変化によって、人々は幼い子どものようになる。生まれ変わりによっても同じことが起こる。「あなたがたは、朽ちる種からではなく、朽ちない種から、すなわち、神の変わることのない生きた言葉によって新たに生まれたのです。……生まれたばかり乳飲み子ように、混じりけのない霊の乳を慕いもとめなさい」（一ペト、一章末、ならびに二章始）。「マタイによる福音書」一八章三節でキリストが語りかけている弟子たちは既に回心していた、ということは反論にはならない。すでに回心していたにしても、だからといってキリストが彼らに回心の必要を述べるのは適切ではないということにはならない。弟子たちは自分でその回心を経験し、回心を確かめる必要がある。同じようにキリストは弟子たちに「悔い改め」の必要を宣言しておられる。「あなたがたも悔いあらためなければ、皆同じように滅びる」（ルカ一三・三、五）。

人々が「悔い改め」で経験する変化は、洗礼によって外に向かって表示される。そこで、しばしばそれは「悔い改めの洗礼」と呼ばれる（マタ三・一一、ルカ三・三、使一九・四、二・三八）。同じように、生まれ変わりや新生もまた、洗礼によって表示される。それは、「だれでも水と霊によって生まれなければ、神の国に入ることはできない」（ヨハ三・五）、「この救いは、聖霊によって新しく生まれさせ、あらたに造りかえる洗いを通して実現したのです」（テト三・五）といった表現から明らかである。人々が悔い改めと回心で経験する変化が、生まれ変わるときに経験する変化と同じであることを証明することは、これ以外にも多くのことが言えるが、ここではこの考察で十分であろう。

II．新生のとき、そして悔い改めと回心のとき、人が経験する変化は、聖書が「心の割礼」と言うことと同一である。それは、以下のことから容易に見て取れよう。

生まれ変わりにおいて徳と神聖の習慣が獲得されることは、すでに証明された。それは、教会が告白している通りである。心の割礼についても同様である。「あなたの神、主はあなたとあなたの子孫の心に割礼を施し、心を尽くし、魂を尽くして、あなたの神、主を愛して命を得ることができるようにしてくださる」（申三〇・六）。

生まれ変わりは、人々が真のキリスト教徒の性格を得る機会である。それは明らかであり、教会が告白している通りである。「心の割礼」についても同様である。生まれ変わりによって人々は内面的にユダヤ人になる、あるいは霊的なキリスト教的な意味でユダヤ人になる（これは、真のキリスト教徒であるのと同じことである）。ちょうど昔の改宗者が肉の割礼によってユダヤ人になったのと同様である。「外見上のユダヤ人がユダヤ人ではなく、また、肉に施された外見上の割礼が割礼ではありません。内面がユダヤ人である者こそユダヤ人であり、文字ではなく霊によって心に施された割礼こそ割礼なのです。その誉れは人からではなく、神から来るのです」（ロマ二・二八、二九）。

心の割礼が回心、あるいは罪から神に帰還することであることは「立ち返れ、イスラエルよ。……割礼を受けて主のものとなり、あなたたちの心の包皮を取り去れ。（エレ四・一―四）、ならびに「心の包皮を切り捨てよ。二度とかたくなになってはならない。」（申一〇・一六）から明らかである。

心の割礼は、人が悔い改めで経験する心の変化と同じ事である。それは「もし、彼らのかたくなな心が打ち砕かれ、罪の罰を心から受け入れるならば」（レビ二六・四一）といった表現に見られる通りである。

人々が生まれ変わり、悔い改め、回心において経験する変化が、洗礼によって表示されることは既に論じた。心の割礼によって生じた変化も、洗礼によって表示される。心の割礼が、その昔には外的な割礼によって表示された内的な割礼であることは誰も否定しないであろう。また、今や新しい契約のもとで、内的・霊的な洗礼、あるいは心の浄化が外的な洗浄、あるいは洗礼によって表示されていることを否定する者はいないであろう。しかし、霊的な割礼と霊的な洗礼は同じことである。両方とも「肉の身体を脱ぎ捨てる」ことであり、それは「コロサイの信徒への手紙」二章一一―一三節に書かれている通りである。「あなたがたはキリストにおいて、手によらない割礼、肉の身体を脱ぎ捨てるキリストの割礼を受け、洗礼によって、キリストと共に葬られ、またキリストを死者の中から復活させた神の力を信じて、キリストと共に復活させられたのです」。

Ⅲ．この内的な変化は、「生まれ変わり」や「心の割礼」と呼ばれ、悔い改めと回心のなかでもたらされるものであるが、しばしば霊的な復活と言われていることと同じである。それは罪に死に義に生きることとして記述される。

このことは、今引用した「コロサイの信徒への手紙」二章で、最もわかりやすく語られている。「あなたがたはキリストにおいて、手によらない割礼を受け、……洗礼によって、キリストと共に葬られ、またキリストを死者の中から復活させた神の力を信じて、キリストと共に復活させられたのです。肉に割礼を受けず罪のなかにいて死んでいたあなたがたを神は、神はキリストと共に生かしてくださったのです」。

同じ事が「ローマの信徒への手紙」六章三―五節にも出てくる。「それともあなたがたは知らないのですか。キリスト・イエスに結ばれるために洗礼を受けた私たちは皆、またその死にあずかるための洗礼を受けたことを。私たちは洗礼によってキリストと共に葬られ、その死にあずかるものとなりました。それは、キリストが御父の栄光によって死者のなかから復活させられたように、私たちも新しい命に生きるためなのです……」。「このように、あなたがたも自分の罪に対して死んでいるが、キリスト・イエスに結ばれて、神に対して生きているのだと考えなさい」(一一)。

さらにここで引用された言葉と全体の文脈から分かることがある。この霊的復活は、人々が神聖な習慣と神的な生活に入ることによって起きた変化である。テイラー氏はこれを新生によって獲得されると言っている。

新しい神的生活に霊的に復活することを「新生」と呼ぶことは聖書の言葉遣いに合致する。聖書では「復活」は、「生まれること」と言われているのである。したがって「詩編」二の「お前はわたしの子、今日、わたしはお前を生んだ」という言葉がキリストの復活に適用される(使一三・三三)。「コロサイの信徒への手紙」一章一八節でも、キリストは「死者の中から最初に生まれた者」と言われる。また「ヨハネ黙示録」一章五節でも「死者の中から最初に生まれた者」と言われる。聖徒たちは、回心あるいは霊的な復活のなかでキリストと共に復活し、キリストと共に生まれる。「私たちを新たに生まれさせ、死者の中からのイエス・キリストの復活によって、生き生きとした希望を与え、また、あなたがたのために天に蓄えられている、朽ちず、汚れず、しぼまない財産を受け継ぐ者としてくださいました」（一ペト一・三―四）。この財産とは神の国のことであり、キリストのニコデモへの言葉によれば、人々が新生によって得るものである。また、聖なる者とされた者たちが受け継ぐこの財産は、真の回心によって獲得されるとも言われている。「それは、彼らの目を開いて、闇から光に、サタンの支配から神に立ち返らせ、こうして彼らがわたしへの信仰によって、罪の赦しを得、聖なる者とされた人々と共に恩寵の分け前にあずかるようになるためである」（使二六・一八）。ローマ書一章四節への注釈で、テイラー氏自身、今取り上げた「詩編」二について語っているので言及しよう。彼は、この言葉が新約聖書でキリストの復活と高挙に適用されていることを考察した後、次のように言う。「生まれるとは新しい幸福な状態を意味することに注意せよ。子とはその状態に入れられた者である。この意味で、善人は神の子どもと言われる。彼らは永遠の生命に向けて復活した子である。そのことは、パリンゲネシア、つまり、再生、新生、あるいは生まれ変わりという言葉で表現されている」。

それゆえ、聖なる者たちが神的生命に導き入れられること、聖書で語られている霊的復活が、キリストが神の国を見るためにすべての者に必要であると語っている生まれ変わりと同じことであることは明白である。

Ⅳ．人々が新生において、心に割礼を受け、悔い改めて回心し、霊的に死者の中から復活するときに経験する変化は、聖書が「心と霊を新しくする」、あるいは「新しい心と霊とを与える」と語っているときに意味されている変化と同一である。

この変化が救いのために必要であると語られていること、これまで考察したように、再生、回心等によって起こるこの変化において真の徳と聖性、真の聖徒の性格が達成されること、したがって、変化は同じであること、こうしたことについてこれ以上ここで述べる必要はない。それは今も昔も自明なことである。それらが同じことについての異なった表現であることは、言語表現をたどれば明らかである。悔い改め（メタノイア）、あるいは心の変化は、新しい精神あるいは、新しい心と霊に変えられることと同じである。回心は、心の方向転換であり、心を変えることと同じである。別の心、新しい心、新しい霊が生じるのである。新生は新しく生まれることである。新しくなること、新生児になるようなこととして記述されている。この場合、ただちに本質的に新しくなるのが身体であるとは誰も思わない。新しくなるのは精神、心あるいは霊である。したがって霊的復活は霊の復活であり、新しい存在と生活を始めることであるが、それは、精神、心、霊に関することである。したがって、これらのすべての用例は、その簡明な意味に従えば、新しい心を持ち、霊において新しくなることである。

ニコデモは、神の国を見るために、あるいはメシアの王国の特権を享受するためには、人は新たに生まれなければならない、というキリストの発言に驚いた。そのとき、キリストはニコデモに「あなたはイスラエルの教師でありながら、こんなことが分からないのか。」と言った。つまり、「あなたは、律法や預言書に書かれていることを教える教師として立てられた者である。それなのに、聖書でこれほど明解に語られていること、メシアの王国の祝福に与るために必要であると私が語っている変化についての教えをまったく知らないのか」というのであろう。しかし、「エゼキエル書」三六章二五―二七節の預言がなければ、キリストはこのことを特に指摘はしなかったであろう。そこで神は預言者の言葉を通じてメシアの王国の時代について語っている。「そのとき、私は清い水をあなた方に注ぎ、あなたがたは清くなるであろう。……私はあなた方に新しい心をあたえ、あなた方のうちに新しい霊を置くであろう。……そして、私の霊をあなたがたのうちに置くであろう」。ここで神は、水で洗われ、神の霊を受けて、新しい心と霊を持つことを、メシアの王国の特権を享受する神の民の資格として語っている。これは、キリストがニコデモに語った、水と霊による生まれ変わりの教えとよく似ている。同様の預言が

「エゼキエル書」一一章一九節にもある。

さらにまた、生まれ変わり、新生、そして聖霊による刷新は、同じこととして語られている。「この救いは、聖霊によって新しく生まれさせ、新たに作りかえる洗いによって実現したのです」（テト三・五）。

V．きわめて明白であるが、新生、精神的に死者の中から甦ること、命を新しくされること、新しい心を受けとること、霊において革新されること、これらのことは、古い人を脱ぎ捨て、新しい人を着ると言われていることと同じである。

これらの表現は同じ意味であり、同じことを簡潔に語っている。キリストが生まれ変わりについてお語りになるとき、二つの誕生が前提になっている。第一の誕生と第二の誕生、古い誕生と新しい誕生である。そして生まれたものは人と呼ばれる。そこで、最初の誕生で生まれたものは古い人、第二の誕生で生まれたものは新しい人である。第一の誕生で生まれたものは（キリストの言葉で）「肉」である。これは肉的な人であり、使徒パウロが「第一の人」と呼ぶ、地上のアダムに似て生まれた人である。新しい誕生で生まれたものは霊、あるいは霊的で天的な人である。この人は、第二の人、新しい人であるキリストから生まれた人であり、生き返らせる霊から、天の主から生まれ、新しい創造の始まるとなる。新しい誕生において、人々は（既に見たように）新たに生まれた赤子になることとして描かれるが、それは、新しい人になると同じ意味である。

また、キリスト教への回心者の霊的復活について聖書が語っていることは、古い人を脱ぎ捨て新しい人を着るということと同じ意味であることは言うまでもない。「ローマの信徒への手紙」六章で、回心者は死んでいく者として、キリストと共に葬られると言われている。六節で、その意味が「古い自分がキリストと共に十字架につけられ、罪に支配された体が滅ぼされる」ことだと説明されている。そして一四節では、この変化における回心者は新しい生命に挙げられることとして語られている。十分、明解である。結局、パウロは、回心における霊的な死と復活について語るとき、古い人を十字架にかけ葬り、新しい人を立ち上がらせることと同じ意味であると言っている。

霊的な割礼、霊的な洗礼、霊的な復活、そのどれもが、古い人を脱ぎ捨て新しい人を着ることと同じ意味であることは明白である。それは、「コロサイの信徒への手紙」二章の一一、一二節で語られている。「あなたがたはキリストにおいて、手によらない割礼、つまり肉の体を脱ぎ捨てるキリストの割礼を受け、洗礼によって、キリストと共に葬られ、また、キリストを死者の中から復活させた神の力を信じて、キリストと共に復活させられたのです」。ここで、霊的割礼、洗礼、復活、このすべてが、人々が肉の罪の体を脱ぎ捨てる同じ変化を指すことは明らかである。それはパウロの言葉では、たとえば「ローマの信徒への手紙」六章六節に出てくる「古い人を脱ぎすてる」と同じ意味である。「古い人は十字架につけられ、罪の体が滅ぼされる」。そして、古い人を脱ぎ捨てることは、罪の体を脱ぎ捨てることと等しい。それは「エフェソの信徒への手紙」四章二二―二四節、「コロサイの信徒への手紙」三章八―一〇節に出てくる通りである。

テイラー氏が認めるように、「新生」は、「徳と宗教と真の神聖の習慣を獲得すること」である。そのことは、「古い人を脱ぎ捨て、新しい人を着る」、「堕落した古い人を脱ぎ捨て、……神に倣って義と真の神聖において創造された新しい人を着なさい」（エフェ四・二二―二四）と語られる変化にも、当然当てはまる。

明白なことであるが、古い人を脱ぎ捨てるということは、心と精神を新しくすると同じことである。それは事柄として明らかである。パウロの言葉遣いでは、霊は「人間」と呼ばれる。つまり「内的な人」とか「隠れた人」と呼ばれる（ロマ七・二二、二コリ四・一六、一ペト三・四）。それゆえ、古い人を脱ぎ捨てるということは、古い心を取り去ることと同じであり、新しい人を着るというのは、新しい心と霊を受けとるということである。事実、新しい人を着ることについては、新しい霊を受けること、あるいは霊において新しくされることとして語られている。「古い人を脱ぎ捨て、……あなたの心の霊において新しくされ、新しい人を身につけ……」（エフェ四・二二―二四）。

これらのことから明らかになることは、「古い人」と「新しい人」に関するテイラー氏の説明が、不合理であり、聖書の証拠とひどく矛盾するということである。[187] あたかも、そこでは個人に関わることは何も言われていないかのようである。「古い人」とは「異教徒の状態」を指しており、「新しい人」とは「キリスト教的状態」、あるいはキリスト教信者の状態、あるいはユダヤ人と異邦人からなるキリスト教「信者の全集団」を意味する、という。テイラー氏が示す唯一の材料は、パウロがキリスト教会を「新しい人」と呼んでいる箇所（エフェ二・一五）があるということだけである。聖書において、旧約聖書でも新約聖書でも、集団、民族、人民、年などが比喩的に人として語られることがあるのは事実である。特にキリストの教会は一人の聖なる人格として描かれる。そして、一人の聖徒や信者として語られることがある。また「子」、「神の子」（出四・二二）、「神の僕」（イザ四一・八、九、四四・一）、「神の娘」「キリストの花嫁」（詩四五・一〇、一三―一四、黙一九・七）と呼ばれることがある。けれども、このことからこのような呼び方が、個人ではなくいつでも一般に神の教会や大きな集団を指すと理解することは合理的であろうか。いずれにせよ、聖書の多くの場所で使われている、「古い人」、「新しい人」という表現が、外的な宗派や神の待遇の観点で区別された、異邦人やキリスト教徒の大きな集団を指すと理解することほど不合理なことはない。この場合、テイラー氏が他の人々の著作について次のような習慣があるのを不当であると非難していることを指摘しておいてもよいであろう。「彼らは聖書からわずかの断片を取り上げて、それを真理の基準や原則であると誤解しているが、それは啓示全体の意味にまったく反するものである」[188]。

Ⅵ．私はもう一度、確認しておく。新生、霊的に死から立ち上がって新しい生命の状態になること、私たちのうちに新しい心を創造されること、霊において新しくされること、古い人を脱ぎ捨て新しい人を着ると表現される変化を経験すること、これらのことはすべて聖書で「新しく創造される」、あるいは「新しい被造物」になると言われていることである。

ここでは、多くの他の証拠について述べるのは差し控えて、これらの表現がまったく等価であることを注意するだけにとどめたい。これらの言い方の幾つかは当然、明白に同じ結果を示す。第一の誕生において、私たちは創造され存在するものになる。このとき、人間全体が存在するようになる。つまり神によって、霊魂が創造され、続いて私たちの身体が驚くべき仕方で形成される。したがって、新生児は新しい被造物である。同じように、人が生まれ変わるとき、人は再び創られる。その新しい誕生において新しい創造がある。そこで人は新生児になり、新しい被造物になる。つまり、復活において新しい創造がある。人が死ぬと、第一の誕生あるいは創造において形成されたものは破壊される。死者が生命に甦ると、創造者あるいは生命の作者の強力な力が、再度働いて、人は新しい存在、生命、創造を経験する。だから、新しい心を与えることは「清い心を創造すること」であると言われるのである（詩五一・一〇）。ここで「創造」と訳した語は、「創世記」の最初の節に出てくる語と同じである。そして、私たちが聖書で新しい創造について読むとき、新しいと言われている被造物は人間である。天使とか獣とか他の被造物ではない。それゆえ、「新しい人」という言葉は「新しい創造」という言葉と明らかに同じ意味である。古い人を脱ぎ捨て、新しい人を着ることが創造の働きによって起こるとはっきり言われる。「古い人とその行いを共に脱ぎ捨て、造り主の姿に倣う新しい人を身につけ、日々新たにされて、真の知識に達するのです」（コロ三・九、一〇）。「滅びにむかっている古い人を脱ぎ捨て、心の底から新たにされて、神にかたどって造られた新しい人を身につけ、真理に基づいた正しく清い生活を送るようにしなければなりません」（エフェ四・二二―二四）。これらのことは、「コリントの信徒への手紙二」五章一六節の次の言葉の意味を、完全に裏付けている。「キリストと結ばれる人はだれでも、新しく創造された者なのです。古いものは過ぎ去り、新しいものが生じた」。

全体について、以下の考察ができるであろう。

一、アダムの人種から通常の生殖によって生まれたすべての者にとって、新しく生まれなければ神の国を見ることはできない、ということは最も確かな真理である。これは、異邦人についてあてはまるだけでなく、ニコデモのように神の民であると信じている人々から生まれた者、そして、肉から生まれたすべての者にあてはまる真理である。「ヨハネ福音書」三章三節―一一節のイエスの言葉で、最も明解に言われている。また、「コリントの信徒への手紙二」五章一七節で「キリストと結ばれる人はだれでも、新しく創造された者なのです。」と言われていることからも明らかである。

二、このことと、前に証明したことを併せて考えれば、人類の誰にとっても最も確かなことがある。それは、その人の心の気質と傾向が、悔い改め、回心、心の割礼、霊的な洗礼、罪に死に新しい聖い生活において変化することがなければ、キリストにと人格的に結ばれ、神の国を見ることもないということである。古い心が取り去られ、新しい心と精神が与えられ、古い人を脱ぎ捨て、新しい人を着ること、古い事物が過ぎ去りすべてが新しくされることがなければ、キリストと人格的に結ばれ、神の国をありありと経験することもない。

三、これらの状況と、聖書がその本質として語っていることは、すべての者がこの世界に道徳的に汚染された状態で生まれて来たということを、明らかに含意する。霊的洗礼とは、道徳的汚れから清められることだからである。(エゼ三六・二五を、使二一・一六、ならびにヨハ三・二五と比較せよ。)したがって、再生し、新生のために洗い清められれば、邪悪な状態からの変化する(テト三・三、四・五)。再生をすれば人々は清められたと言われる(一ペト一・二二、二三。一ヨハ二・二九、三・一、五もみよ。)すべての人が、最初の自然的状態では罪人である。罪人でなければ、彼らは悔い改め、回心、罪からの転換、神への帰還を必要としないであろう。また、すべての人が最初の状態では、「石の心」を持っているように見える。聖書は古い心をそのように呼んでいるからである。その古い心は取り去られ、新しい心と新しい精神が与えられる（エゼ一一・一九、三六・二六）。そして、人間の本性は、生まれたままの状態では、幻惑的な情欲にしたがって腐敗しており、それ自身の発意では、邪悪な行為しかできないように見える。聖書は古い人の性質をそのように述べており、その古い人が脱ぎ捨てられたとき、人間は精神において刷新され、新しい人を着ることになると言うからである（エフェ四・二二、二三、二四、コロ三・八、九、一〇）。要するに、人間の本性は、その生まれたままの状態では、罪の身体であるから、それは破壊され、死滅し、葬られ、二度と復活してはならない。古い人は、人々が霊的な復活をとげるとき十字架につけられる存在として描かれている（ロマ六・四、五、六）。このような本性、このような罪の身体を、私たちは、霊的な革新をすることによって脱ぎ捨て、替わりに新しい人を着て、霊的な割礼を受けるのである（エフェ四・二一、二二、二三）。

今や読者は、ご自分で判断されることであろう。聖書がキリストの贖罪の適用として語っていること、また本当の究極的な幸福を得るために必要な本性の変化として語っていることは、原罪の教義の正しさを明解に証明するるのではないか。

第四部

さまざまな反論への回答

第一章　自分で選択した行為でもないのに、人間が罪の中に生まれ、選択の余地なく罪人であると考えるのは、罪の本性と矛盾する考えであるという反論をめぐって

原罪論への反論は、原罪論を擁護する個々の議論に対してなされているが、そのような反対論については、それらの議論を考察するときに既に論じた。ここで私が考察しようとするのは、ここまで、まだ注意を払っていなかった反対論である。

テイラー氏が最も強く主張することは、アルミニウスやペラギウスに由来する自由意志の観念である。それによれば、道徳的善悪には意志の自己決定が必要である。もし私たちがこの世に罪深い堕落した諸傾向で汚染されて生まれてくるなら、罪は私たちにとって生まれつきのものになる。もし生まれつきならば、必然的になる。必然的であるなら、罪ではないし、何か私たちに責任があるものでもない。それは、私たちの落ち度ではない。どうしようもないものである、とテイラー氏は言う。また、罪は私たち自身の選択から出るのでなければならない、等々と言う。[189]

一般的に言えば、このように、道徳的行為者にとって意志の自由が本質的に必要であり、徳と罪の存在に必要であるという思想は、ペラギウス派やアルミニウス派やその傾向がある神学者たちのすべてが、正統派神学と論争するとき、よく強調する論点である。この自由意志の観念ほど、彼らの宗教観のなかで基本的なものはない。この主導的論点をどう決着させるかという点に、この種の神学者たちと私たちの間の論争のすべてが懸かっている。とはいえ、本書でこの問題を考える必要ないと思う。この思想のおもな論拠とそれを支持する議論について

は、この問題を扱った近著のなかで、ことごとく論じてあるので、読者はそれを参照していただきたい。[190] 今日、流行している自由意志論は、十分に理解され、徹底的に吟味される必要がある。そうしなければ、原罪を巡る論争と宗教の重要な論点を巡る他の多くの論争に終止符を打つ見込みが立たないからである。私としては、今述べた当代の神学者たちが、意志の自己決定力を本質とする特殊な自由の観念が道徳的行為者にとって必要であると主張でき、反対論との論争のなかでその観念を貫徹できるのなら、彼らは難攻不落の城を持っており、そこに引き返しさえすれば、原罪、恩寵の主権、選び、贖罪、回心、聖霊の効力、救済する信仰、聖徒たちの堅忍等の原理をめぐって、改革派の神学者たちとどんな論争をしても負けることはないと思う。しかし、同時に私は思う。それは理神論者も共有する強力な城なのではないか。彼らの自由の観念によって打倒された偉大な教義は、聖書で簡明に何度も教えられている教義であるからである。とはいえ、私は、キリスト教の原理、あるいは改革派の宗教が、そうした自由意志論が確立される可能性によって、またそれに対抗する適切で完全な反論がなくなるというような事態になるとは、まったく心配していない。既に述べたように、読者には私が書いた本をよんでいただけばよいのであって、ここで、この論点に立ち入る必要はないであろう。

ここでは、原罪の教義への反論のなかでテイラー氏がおかしている明らかな矛盾だけを指摘することにしよう。すでに引用した幾つかの箇所で、彼は、罪は私たち自身の選択から出ているはずである、と言っている。もし、選択から出たものでないのなら、それは私たちにとって必然的であるから罪ではない。それは私たちの落ち度ではなく、責任を問われる筋合いのものではない。したがって、すべての罪の責任は、私たちの選択に帰せられる。私たちの選択が罪の原因である。つまり、彼は言う「すべての結果について原因だけが、生み出した結果に責任がある」[191]。さて、この思想には幾つかの明白な矛盾が含まれている。［第一に］テイラー氏は、私たちの選択から出たことでなければ、何事も罪ではなく罪の本質を持ち得ないと力説する。ところが、彼は、悪いのは結果ではなく、原因だけであると言う。それゆえ、原因である選択、これだけが責任を問われ、罪の性質を持つ。選択の結果は罪の性質を持たない。こうして、およそ選択の結果以外の何事も罪ではありえない。選択の結果は罪ではなく、その原因だけが責任を問われる。

〔第二に〕、罪を生み出す選択、あるいはそこから罪が出てくる選択こそが罪である。これは、「原因だけがすべての責任を問われる」という彼の言葉に含意されているばかりでない。テイラー氏ははっきりその選択を誤りだと言い、邪悪であると呼び、そこから堕落と腐敗が出てくると言っている。(192) さて、選択そのものが罪であるとすると、罪である選択から出たもの以外は罪でなくなる。ところが、罪である選択は、先行する別の選択から出るのでなければならない。そうでなければ、彼が、罪の本質として絶対的に必要であると考える要件は確保されない。その要件とは、罪は、私たちの選択から生じたものであり、私たちに必然的に生じるものではない、という要件である。しかし、罪ある選択自体が先行する選択から生じるのであれば、先行する選択も罪でなければならない。それは罪の原因であり、もっぱらそれだけが責任を問われる。しかし、先行する選択が罪であるなら、それは必然的に起きたのであってはならない。それも同じように先行する選択行為から出ていなければならない。忘れてはならないが、「私たちの選択から出たものでなければ、罪ではない」からである。こうして、私たちは連鎖をさかのぼり、最初の意志行為、最初の選択行為にたどりつくことになる。そして、これは確かに罪ある選択であるはずである。それは一連の悪の原初的原因、最初の原因であるからである。したがって、彼によれば、「それのみがすべての責任を問われる」はずである。ところが、彼によると、それは「罪ではありえない」なぜなら「それは私たち自身の選択から」あるいは、先行する私たちの意志から出たものでない。それは、この想定に従えば、最初の意志行為であるからである。それゆえ、その最初の意志行為は必然的であるほかはない。それについては私たちの選択が原因になっていないのである。

二三二頁で彼は言っている。「アダムの罪は彼自身の不服従の意志から出た。したがって、彼自身の罪だけでなく、すべての人の罪や世界の罪のすべてが不服従の意志から出ているはずである」。しかし、この場合、アダムは罪を犯す前に「不服従の意志」を持っていなければならなかったように見える。原因は結果よりも先でなければならないからである。しかし、不服従の意志自体が罪である。それでなければ不服従とはいえないであろう。しかし、問題は、人々はどのようにして「不服従の意志」をもつようになったのかということである。これが世界のすべての罪の原因だからである。それは、人間の選択なしに必然的に生じるものではありえない。もしそうなら、それは罪ではなく、そこには不服従はないからである。それゆえ、その不服従の意志も別の不服従の意志から出たものでなくてはならない。このようにして無限に〈in infinitum〉前の意志が問われる。もしそうでないなら、不服従の意志から出たものでない何らかの罪が世界に存在することになるが、これはテイラー氏の独断的主張と相容れない。

［第三に］四四二頁で、彼は言っている。「罪ある傾向がなければ、アダムは罪を犯すことができなかった」。ここで彼はその傾向自体を罪であると言い、罪ある行為が出てくる原理であるとする。別の場所では、彼は、不服従の意志について語り、そこからすべての罪が出てくると言っている。そして、「律法がすべての罪の潜在的諸原理に届く」ことを認める。つまり、律法は潜在的諸原理を禁止し、処罰の警告をしていると言っている。さて、彼によれば、この潜在的罪の諸原理、つまり罪ある諸傾向なしに、罪ある行為はありえないが、どれひとつとして、罪ある選択から出ているものはない。出ているとすれば、大きな矛盾をはらむことになる。想定されて通り、それらは罪ある選択が出てくる元にある諸原理であり、そこからすべての罪ある意思行為が出てくる。それらなしに罪ある行為はありえない。それゆえ、すべての罪ある行為が出てくる元になっている、最初の潜在的

諸原理、諸傾向は、罪である。それにもかかわらず、それらは罪ではない。それらは悪い選択から出ていないからである。彼によるなら、そのような選択なしには「何事も罪ではない」。

テイラー氏は、神学者たちの会議で主張された命題、「人は生まれつき完全に腐敗している、等々」という命題に対して、このような正反対の考えを主張すべき大いなる証拠があると考えて、「生まれつきの罪は存在しない。神学者たちの会議で言われたこの命題は誤りである、とためらいなく言う」と語った。(193) しかし、彼にとっては、これほどの自信をもって会議の命題を誤りであると言う前に、公平に判定する人々が、彼の主張の矛盾を見て「テイラー氏の説は誤りである」とためらいなく断言すべきだと思うことがないように、もっと注意深く自分の主張に矛盾がないか検討した方がよかったであろう。

第二章　人間本性は生まれつき腐敗しているという教義に対する反論、すなわち、人間が罪において存在を始めたと考えることは、人間を存在させた造り主が、堕落を造り出したと考えることになる、という反論ついて

人が罪ある堕落の状態で生まれてくると考えることに対する反対論の中で、テイラー氏が強調する議論は「そのように考えれば、私たちの本性を胎内で造った作者〔神〕に人間本性の罪ある堕落の責任を負わせることになる。また、私たちの本性が最初から堕落していた、しかも最悪の意味で堕落していたと信じることは、私たちを直接創造した神に対してきわめて不当なことである」というものである。[194]

これに対して私はまず言いたい。テイラー氏はこの大きな反論を取り上げるにあたって、論争相手の教義にもともと属していないことを論争相手が主張している、と想定している。特に彼は、原罪の教義は、「自然は何らかの実体的な影響力、つまり何らかの手段を介して人間本性に注入されたものによって腐敗したのでなければならない」という考えを含んでいると想定する。「それは人間精神の選択に由来しない何らかの性質であり、私たちの霊魂の生まれつきの構造、能力と傾向を変質させる汚れ、色づけ、あるいは感染である。[195] その罪と悪の傾向は、胎内で胎児のときに植え付けられたものである」[196]。しかし、実のところ、私たちの教義は、そのような考えを含んでいないし、そのような考えを導かない。自然の罪ある腐敗、そして何よりも生来の人間の心の完全な堕落を説明するために、何らかの実体的な原因や、神あるいは被造物から来る影響によって、人間本性に悪い性質が注入され、植え付けられたと考える必要はまったくない。また、人は心の中に「悪の泉」というような、何ら

かの実体的なものを持って懐妊され、生まれると考える必要もない。私は、事柄の本質を少し注意して見れば公正な探求者には十分わかると思う。そもそも、まず、善の原理がなく、善の原理を与え維持する神の影響力が働かないなら、自己愛、自然的欲求といった（罪のない状態の人間のなかにあった）通常の自然的原理はそれだけでは必ず腐敗し、心は全体的に腐敗するので、肯定的な影響力を発揮できない。事実、それがアダムの堕落の後に起きたアダムとその子孫の本性の腐敗である。アダムの子孫はアダムにおいて罪を犯し、アダムと共に堕落した。

人間の状況は簡潔には次の通りである。神が人間を最初に創ったとき、神は人間の中に二つの種類の原理を植え付けた。一つは下位の原理で、自然的といってもよい。自己愛、欲求、情熱等の単なる人間本性の諸原理である。これらの諸原理は人間の生まれながらの性質に属し、この原理を用いて人間は自分の自由、名誉、快楽への愛を発揮する。聖書はこれらの原理を、「肉」と呼ぶことがある。これらの諸原理と並んで、上位の諸原理がある。それは霊的で、神聖で神的な原理であり、神の愛に包括される。この神の愛のなかで、「人間のうちに」神の霊的な似像、人の義と真の神聖が成立する。これを聖書は神的本性と呼んでいる。これらの諸原理は、ある意味で超自然的といってもよい。[197] これらの原理は、単なる人間本性に含まれるのではなく、そこから必然的に派生することなく、人間本性と区別することのできないような下位の諸原理を超えているからである。また、これらの上位の原理は、人間の神との結合と交わりに直接に依存しており、神の霊の神的コミュニケーションと影響力の結果として生じるからである。これらの「上位の」原理が取り去られ、人間本性がこれらの原理から見放された場合でも、人間本性は依然として人間本性ではある。聖書は、これらの神的原理を肉と対比し、霊と呼んでいる。これらの上位の原理は、心のなかで王座に着き、絶対的な支配を維持するために与えられている。他方の原理は完全に従属するために与えられている。そして、事態がその通りであれば、万事がすばらしい秩序、平和で美しい調和にあり、それぞれに相応しい完全な状態にある。

このように支配する神的原理は、人間本性の尊厳・生命・幸福・栄光である。人が罪を犯し神の契約を破り、神の呪いを受けたとき、この上位の原理は心を去った。実にそのとき、神は人間を置き去りにした。これらの原理の基礎であった神との交わりが完全に断たれた。神的な住者である聖霊が、その宮を見捨てたのである。人間が反逆者となり、神の怒りと呪いを買った以上、神が人間との交わりを維持し、好意をもった恩寵の生命的影響を注ぎ、人間とともに人間の中に住み続けるということはまったく不適切であり、神が確立した契約と制度とも相容れない。それゆえ、上位の神的原理は、ただちに働きを止めた。そうして、灯火が取り去られたとき、家の中の光が消えた。人は暗闇、恐ろしい腐敗と破滅のなかに置き去りにされ、残ったのは霊なき肉だけである。仕えるために与えられていた自己愛や自然的欲望といった下位の原理は、それだけ取り残されたので、当然のことながら、支配原理になった。そのことの直接的結果は、致命的な混乱であった。すべてが逆さまになり、忌まわしく恐ろしい混乱の状態が続いた。人はすぐに、自分自身を最高のものとし、私的な愛着と欲望の対象を最高のものとして、神の座を奪った。これらの下位の諸原理は、家のなかの火のようなものである。よく言うように、火はよい召し使いではあっても、よい主人ではない。その場所に止まっていれば役に立つが、それが家全体を所有しようとすれば、すぐにすべてを破壊してしまう。人の名誉欲、ばらばらの関心、私的な快楽、それらは今までは神への愛と神の権威と栄光への敬意にしたがっていたが、今や人は、神の名誉や法を無視して、これらのものを奔放に追求するようになった。人のなかに残っている神的なものへの真の尊敬がなくなったからである。その結果、人は神の栄誉と法に反するときでも、一致するときでも、同じようにこれらのものを追求するようになった。神はそれでも厳格に最高の尊敬を要求し、これらの下位の情欲を、目的に完全に従属する限りで満足させるように、つまり、神の神聖と名誉と法が命じる規則と限界に一致する限りで満足させることを命じておられたが、今や、自己愛の力に完全に屈した人の心のなかに敵意が生じる。そして、絶えず、神に逆らう戦いが続く。いったん、臣民が合法的な主権者を否定し、王位を狙う者を押し立てるとき、正当な王との戦いが生じないわけにはいかない。人の心の欲望や堕落した傾向が、この元々の欠陥のある状態からいかに自然に出てくるかを示すことはたやすい。禁断の果実を食べたことによって起きた心の全体的堕落を説明することはたやすい。禁断の果実を食べたことは罪の一行為であって、神が人の心に悪を入れたり、悪い原理を植え込んだり、腐敗した汚点を注入して、堕落の作者になったわけではない。ただ、神が神に相応しく、忌まわしい悪に駆られ反逆する人から手を引き、人間の自然的諸原理に委ねられたということ、これだけで人間が完全に堕落し、神へ罪を犯し続けるようになったことの説明はつく。

　そして、神がアダムの本性の中に何かの悪を植え付けたり注入することがなくても、アダムの本性が堕落したように、アダムの子孫の本性についても同様のことがいえる。アダムを子孫の頭〈代表〉とし、両者を一体とする処遇（既に見たように）によって、神はアダムの子孫も、「アダムにおいて全員罪を犯した」という取り扱いをする。それゆえ、神が彼らの共通の頭から精神的な交わりと恩寵の命の影響を断つと、すべてのメンバーに同じ事が生まれるとともに起こる。彼らはこの世に単なる肉として生まれ、自然的で下位の原理の支配下に全面的に入る。そして、アダムと同じように完全に堕落する。

　さて、この件での神の振る舞いは、ただ影響力を断ったということである。その影響力がないために本性が堕落したのであるから、神は罪の作者ではない。しかし、この点については『自由意思論』において私が論じたことを参照してほしい。[198] しかし、そこで述べたことに加えて、ここでは次のことを述べておく。もし仮に、神が罪を防止するために必要な恩寵の影響力を断つことによって罪の存在を容認したことが、それ自体で、神が罪の作者である理由になるというのなら、その結論は、ティラー氏が主張することにもついて回るであろう。彼はしばしば、神は人間を勝手にさせることによって、人間を邪悪な情欲に引き渡したと言うからである。[199] さて、仮に、罪の継続、その増大と拡大が神の措置の結果であるとする。神は、このような場合に罪を犯さないために必要な恩寵を与えなかったが、罪の継続と拡大の作者であるわけではない。とすれば、アダムの種〈人類〉における、罪の存在についても同じことが言えるのではないか。人類の罪は、罪を防ぐために必要な恩寵を与えなかった神の措置の結果ではあるが、神が罪を存在させた作者であるわけではない。

さて、自分自身ですでに罪を犯した人を罪に引き渡すだけなら、神は罪の作者ではない。人がいったん自分で罪を犯した以上は、人は罪を犯し続け、罪はますます習慣的になるが、それは自然の成り行きであるからである。そのような議論には次のように答えよう。自然の過程のなかで最初の腐敗が起きたと主張する人たちに反対して、テイラー氏は力を込めて、「神なしの自然の運行は無にひとしい」と論じていたはずである。彼は「自然の筋道が、神が放っておくなら、神の関与なしにそれだけで作用する能動的原因である」という思想を退けている。彼によれば、「神の行為から切り離されたとき、自然の筋道は原因でも何でもない。……自然の運行法則の筋道がそれだけで動いていくということは、運行法則の筋道が原因もなしに生じるのと同様に絶対に不可能である」。[200] この強い発言はテイラー氏のものである。それゆえ、罪の習慣が同一の個人のなかで継続していくことを説明するとき、また、繰り返される行為の結果として存在するこのような習慣を説明するとき、彼は、アダムの子孫の本性の堕落を説明するときには不合理であるとして退けた同じ原理に頼る他なかった。習慣が良くても悪くても、いったん成立した以上は、継続していくこと、あるいは、行為の繰り返しの結果、習慣が確立されること、このことは神が確立した自然の筋道と自然法則によっている。

アダムの子孫が聖性を欠いて堕落した本性をもって生まれてくることは、確立された自然の運行法則による。それは、特定の個人がいったん罪を犯した後、堕落した傾向を継続することが、自然の運行法則によるのと同じである。また、アダムが聖性を失ってから、聖くない堕落した状態を継続するのが自然の運行法則によるのと同じである。確立された自然の運行法則にしたがえば、アダムの子孫はアダムから出ているので、いわばアダムの中にいるようであり、彼と一体である。ちょうど樹木の枝が、自然の法則の筋道にしたがって樹木から出て樹木のなかにあり、樹木と一体であるのと同様である。あるいは（彼自身が、選んでときどき用いている比喩を使えば）「ちょうどドングリが樫の木から出てくる」のと同様である。[201] 私は、自然の運行法則の筋道に従えば、ドングリと同じように芽も枝も樫の木から出てくると思う。神がその全能の力によって胎児の霊魂を創ることは事実である。また、彼がよく述べているように、神は直接的支配力によって、子宮のなかに胎児の身体を創ることも事実である。[202] しかし、神はどちらのことも自然の法則によって行うのである。最近の学問の進歩によって、自然の法則が、テイラー氏が言うように自然の創造者の働きについての確立された秩序にほかならないことが証明された。発生の際に霊魂を直接つくるという神の直接行為はあるにしても、それは自然の創造者である神が既に確立した方法と秩序によって行われる。樫の木の芽あるいは実の場合も、また、ある人がいったん存在を始めてから存続を続ける場合も同様である。子どもの霊魂を存在させる神の直接行為も、自然の他の働きにおける神の行為と同じように確立された秩序に従う。樹木に欠けている良い性質が、枝や実にも欠けているのは自然の確立された秩序に適っている。心のなかに善い道徳的性質を持たない人物が新しい原因が働くまで、その性質を持たないままでいることは自然の秩序に適っている。まして、アダムは人類の頭〈代表〉であり、多くの枝が出てくる巨大な樹木の根であるから、元々、そこに義が欠けていたのであれば、枝に義が欠けているのは自然の確立した運行法則の筋道と秩序に適っている。この場合に「自然」という言葉を使うのを嫌い、継続して起こる事象の「構造」あるいは「確立された秩序」という言い方をしても、現在の議論の性質をまったく変えないであろう。「自然」という呼び名が議論の余地なく認められているなら、それは神の知恵によって決定され限定された、出来事の方法や秩序以外のことを意味しないからである。

もし、原義が欠けているという状態が、自然の確立された法則の筋道にしたがっているのなら、聖性の原理が神の恩寵によって回復されたとき、どうして、それが子孫に伝わらないのか、と反論する人がいるなら、自然の創造者の神的法則とやり方は、神の思うままに、神の叡智によって決定されるのだと答えよう。恩寵は人類に新しい制度として導入された。自然界の頭〈代表〉として、また最初の創造の作者としての神の、最初の制度に基づくものではない。それは遙かに高度な制度なのである。この制度では、キリストが樹木の根になっており、枝は精神的種子である。そして、キリストは新しい創造の頭である。これについては、ここで特に述べる必要はない。

しかしここで、私がアダムの子孫の本性の堕落を、もっぱら自然の法則によると考えているわけではないということに注意してほしい。それはまた、神の正しい審判によって起きているのである。しかし、その場合でも、アダムの子孫が最初の義を欠いて世界に生まれてくることは、アダムが最初に義を失って後、義を持たずにいたことと同様に、自然の法則によるということは相変わらず正しい。アダムが聖性を失って以来、聖性を持たず、救い主によってそれを回復されなければ持たないままでいたことは、自然の作者である神によって確立された事物の自然の結果であるばかりでなく、罪に対する刑罰の結果でもある。アダムが反逆者になった後、神がアダムから手を引いたのは正当な審判であった。神は今やアダムから、以前はアダムが受けていた聖霊の影響を引き揚げたのである。そして、まさにこのことが、人類のあらゆる自然的枝［子孫］に当てはまると私は思う。すべての枝が共通の根とともに罪を犯していると見なされる。神は罪ゆえに正当にも影響力と霊的交わりをすべての枝から断つのである。しかし、これらのことが起こる方式と秩序については、次章でさらに論じよう。

総じて言えば、人間が生まれつき腐敗しているという教義に対する大きな反論、つまり、原罪論によるなら、私たちを創造した神に腐敗の原因があることになるという反論には、説得力がない。人間が悪しき行為によって悪徳の習慣を形成した後に、自然の運行法則にしたがって、悪いままであり、善を欠いていたとしても、人間の生存の原因であり自然の運行法則の継続の原因である神が、人間が悪を続けている原因であるということはならないからである。テイラー氏は「神はご自分が憎むものを創造しない。言葉の意味に照らしても、神はそのようなものを創るのを憎むからである。」と言っている［（四一二頁）］。しかし、もしこれが適切な議論であるなら、「神は憎むべきことが存在し続けることを容認しないであろう。言葉の意味にてらしても、神はそのようなことが存在し続けることを憎むからである」と言うこともできるであろう。わたしは、言葉自体が（同じ程度に）そのような推論を可能にすると思う。したがって、同じ意味で、彼がこのテーマについて語っている残りのことも、「創って広める」という言葉を「続ける」という言葉に置き換えるだけで不合理であることが証明される。彼の推論を次のように真似てみても不当ではあるまい。「神が最初の決定、あるいは継続の法則にしたがって、私たちを存続させるのであれば、それは神が憎んでいる状態にある私たちを存続させることであるから、実際には事態を悪化させる。なぜなら、それは、神の知恵に欠陥があるか、神が自分の決定や法則によって自分自身の行為を制約していると考えていることになるからである。つまり神は思う通りに行動できないのであって、いつでも望まないこと、嫌っていること、私たちの場合にはいけないと非難することを自ら継続していることになる」。片方の推論が弱いのなら、他方の推論も同様に弱い。

しかし、それでもなお、神が自然の定まった運行法則にしたがって、自分の過ちから堕落した人の心の堕落を同一の個人の中で継続させていることと、神がアダムの罪の結果、人々が自然の運行法則にしたがって堕落して生まれてくるようにしていることには違いがある。アダムの行為は私たちには関係なく、私たちが責任を問われる筋合いはない。このように言う人があれば、それは、今私たちが論じてきた原罪論に対する反論とは議論の筋がちがうと答えよう。検討してきた議論は、原罪の原因は神にあるのかということであった。しかし、神以外の行為者に原因を求めるのなら、自然の運行法則と私たちの存在の原因である神だけに、私たちの腐敗した状態に責任があり、罪の創始者であると主張することはもはやできない。ここで新たに出された疑問は、神がアダムの罪の結果として、私たちを罪の状態に置いているという処遇が正当であるか、アダムの罪の責任をアダムの子孫に負わせるのが適切かということである。この問題を次に取り上げよう。

第三章　アダムとアダムの子孫は同じでないのだから、アダムの罪をアダムの子孫に負わせることは不正で不合理である、という大きな反論を考察し、神はアダムの罪を彼の子孫に負わせているが、アダム自身に対するよりも遥かに少ない程度でそうしている、という説を併せて短く考察する

アダムの罪の責任を彼の子孫に負わせること［罪の転嫁説］に反対する主要な反論をいっそう明晰に考察するために、私はまず、アダムの最初の罪を転嫁するという教義を正しく記述することができるように、前提になる幾つかのことを述べ、次に、反対論がかまびすしい、この教義の合理性の証明に進みたい。

神がアダムとの契約の中で行った交渉のどの段階においても、アダムの子孫は常にアダムと一体であると見られている。このことをしっかりと心に留めておけば、この問題についてより明晰な認識に導かれると私は思う。（アダムの子孫をアダムと一体として見ることの正当性については、後で語ることにする。）神はアダムと直接、交渉しているが、アダムは全集団の頭であり、樹木全体の根であった。そして、アダムとの交渉において、神は、すべての枝をあたかもすでに根に宿っているかのように扱った。

アダムとアダムの子孫が、樹木と枝に似た関係で、あたかも共存しているかのように存在してきたゆえに、罪も罰も、そして心の堕落もアダムに訪れたと同様に、彼の子孫に訪れた。もちろん、アダムが、頭〈代表〉あるいは全体の根として、直接神と交渉し、行為し、結果を受けるという立場に由来する違いはある。その点を除けば、交渉のすべての過程、根の変更は、個々の枝において同時に起こるのである。アダムとその子孫の一体性あるいは同一性が前提されている以上、それは当然の帰結である。

それゆえ、アダムの子孫はこの世に、「アダムの罪」と「堕落した心で生きている罪」という二重の罪責を負って生まれてきたと考える人は、事実をよく捉えていないと私は思う。人が存在し始めるときに霊魂に受ける罪は一つで単純である。それは、原初の背信であり、人類が最初に神に逆らった罪責である。この罪責と、心の最初の腐敗あるいは心の腐敗から出た罪責とは、神から見て二つのこと、別々に責任を問われることではない。もちろん、心の腐敗あるいは堕落した状態から出た罪責は、その後確立された原理となり、心の働きに現れてくるから、別個の、追加的な罪責とみることもできる。しかし、アダムの子孫として堕落した傾向をもって生まれてきたということから出る罪責は、アダムの最初の罪から出る罪責と区別できない、と私は考える。というのは、アダム自身においても区別できないからである。アダムの心の最初の罪への悪い傾きは、彼の最初の罪の行為と区別されない。むしろ、その中に含まれていた。彼の犯した外的行為は、その中の心と同様に彼のものであり、あるいは彼の心の悪い傾向から出た行為と同様であった。アダムの犯した罪は二重ではなく、二つの区別される罪ではなかった。一つは心と意志の悪であり、もう一つは心に原因がある外的行為の悪というのではなかった。彼の罪はすべて彼の内面から出たものである。その内面がなければ、身体の運動は生命のない道具の運動にすぎない。彼の罪の本質は心の邪悪さであり、その傾きは、彼が犯した行為のすべてに十全に現れる。

アダムの心の堕落した傾向は二つの観点で考察できる。（一）彼の心のなかに悪い傾向が最初に生じ、最初の罪の行為となり、完全な違反の根拠になった。（二）その後、心の悪い傾向が継続して、神がアダムを見放したことによって確立された原理になり、それがアダムの最初の違反に対する罰になった。確立された腐敗は、継続的に作用し、彼の魂に罪を累積させた。

同様に、アダムの子孫においても心の堕落は二つの観点で考察できる。最初に彼らの心に堕落した傾向が存在することは、アダムの最初の罪に参加していることとは別の、彼らに属する罪とは見なされるべきではない。それは、いわば根と枝とが構造的に一体であることに起因して、アダムの罪が樹木全体へ汚染して拡大するようなものである。あるいは、種の頭の罪がそのメンバーに遺伝し、頭の最初の行為がメンバーの心に絶えず共振して起こるかのようである。（このことは、神が罪の作者でなくても起こるのであり、そのことについては前章で述べた。）しかし、アダムの子孫の心の中に原理として確立された本性の堕落は、後の働きの中に現れ、最初の背反への結果としての罰に参与し、新しい罪を生む。アダムの子孫が罪を犯したとき、彼の心に悪い傾向があるということ、つまり最初の父祖の罪を肯定するような傾向があるということを、彼自身が完全に肯定する。あるいは、彼自身、その罪に完全に同意する。私は、アダムの子孫の心に邪悪な傾向があることは、最初の罪の転嫁の結果であると見なしてはならないと思う。それは罪を犯すときのアダム自身の心の同意が、罪の転嫁の結果でないのと同様である。自然の秩序から考えて、罪の行為は自分自身への罪の転嫁の結果ではなく、それに先行する。もちろん、アダムの最初の反逆が、根と枝の関係によってアダムの子孫への悪い傾向として波及し、悪い傾向の共存となったということは、世界の聡明な創造者がアダムと子孫との間に打ち立てたこの根と枝の結合の結果である。しかし、それはアダムの罪の子孫への転嫁の結果とは言えない。いや、アダムの場合と同様に、罪はその転嫁に先行する。心の最初の堕落と罪の転嫁は共に、その確立された結合の結果であるが順序がある。悪い傾向が最初であり、罪の責任を帰することは結果である。アダム自身の場合もそうであった。[203]

心の悪い傾向が最初に存在を始め、ついにアダムが全面的に罪に同意するようになった。このことから、神がその悪い傾向の作者であるということは論理的に導かれない。その点では、父親であれ、子どもであれ同様である。アダムの心に悪い傾向が最初に生じたことは、神の許可によるものであった。神は聖霊の影響を与えることによって、それを断固阻止することもできたが、実際には霊の影響を与えることを控えた。ここにある奥義を推測することは自由だが、キリスト教信者なら、たとえそれまでのアダムが潔白であったとしても、この神の行為が神の聖性と義に合わないとは言わないであろう。根と枝は一体であり、神の叡智によってそうなっている。一体であることによって根の変化はすべての枝とともに共存し、対応する変化をもたらす。したがって、アダムが禁断の果実を食べたときに彼の心に生じた悪い傾向と等価の傾向がアダムの子孫にも生じる。神はこれについて、前章で見た通りそれを阻止する影響力を行使しないという仕方で関与するだけである。

さて、大きな反論は、このような非常に重要な事柄において、アダムと子孫が一体であるから、同じ扱いを受けなければならないという、この包括的処遇の合理性に向けられている。アダムが罪を犯したので、子孫はアダムの不従順の結果、必然的に罪人になり、同じ堕落した傾向をもって生まれてきた。アダムの子孫はアダムの最初の罪の行為の共犯者のように処遇されている。私には、このような処遇には合理性と正義がないというテイラー氏の憤りと非難のすべてをここで再現する余裕がない。読者は彼の本を参照されるがよい[204]。どのような辛辣な表現で言われているにしても、主旨はアダムと彼の子孫は一体ではなく、まったく別の行為主体であるということである。しかし、アダムと子孫を一体として扱う神の包括的処遇に向けられた強い非難に対して、私は次の諸点を述べておきたい。

I．平明な事実を否定しても意味がない。それは、人類全員の状態に関する、アダムの子孫であれば誰一人として例外のない事実であり、最も明らかに認識される事実である。この事実から、神が、アダムの背反とその無限に深刻な結果について、実際にアダムとその子孫を一体として処遇していることが解る。人類に属するすべての個人が生まれて来るこの世界の状態では、（道徳的行為者として生きるなら）神の聖なる律法を犯さないわけにいかず、それゆえ永遠の破滅に向かうことが当然である[205]。これは、これまでの議論で十分に論証され認識されてきた。このような事実は、神の定めと処遇による。罪によって、アダムは、現世の災害と悲しみ、現世の死と永遠の破滅に直面した。これは、教会で告白されている通りである。そして、その結果、アダムの子孫はこの世に生まれてくると必ず一定の結果に直面する。つまり、恩寵がないなら、人生の悲しみ、この世での死、永遠の破滅に直面するということも信じてよい。したがって、私たちは神が事実として彼らを一緒に、一体として扱っていることがわかる。もし、神がアダムの罪の結果が、アダムの子孫の幸福に関して最も重要でしかも彼らの永遠の関心に関わることについて、アダムの結果と同じように現れることを命じているのなら、神はアダムとその子孫をこの点で一体として扱っている。事柄には難しいところがあるが、事実を見れば難点を克服する道がみえる。何らかの解決を発見するか、私たちの無駄口を閉ざして理解力の弱さ小ささを認めるか、どちらかである。同じような事例は他にもたくさんある。神の創造の働きと摂理のなかに、明瞭な否定できない事実があっても、それに伴う出来事や状況の理由が、私たちの理解力を超えている場合がある。しかし、先に進もう。

II．反対者の反論で主張されている難点自体を考察しよう。問題は結局二つになる。第一は、このような包括的処遇は、アダムの子孫のためにならないということである。第二は、一体でなくまったく別のものを一つとして見るという間違いを含むがゆえに、不適切であるということである。

第一の問題は、このような重大事においてアダムを子孫の道徳的な頭として立て、子孫をアダムと一体として扱うことは、子孫のためにならず、彼らの不利益になるということである。これに対して私は、それは違うと答えよう。このような包括的処遇は、個人がそれぞれ個人的に責任を負った場合に比べて、アダムの子孫にとって不法・有害であったり、災いに導くものではない。この処遇は、それ自体では正反対の傾向を持ち、幸福な結果を伴う可能性が高い。従って、むしろ、この包括的処遇は創造者の善性を現す。次のことを考えるべきである。

（一）アダムに与えられていた自然的能力を考えれば、子孫が（それぞれ）単独に立った場合と同じ位の確率で、彼が試練に耐えて服従する可能性があったと考えるのが合理的である。そして、アダムとその子孫は体系的に結ばれ一体であり、アダムは公人として、あるいは共通の頭〈代表〉として立っていたのであるから、アダムとこの関係にあるすべての者は、アダムが堕落した場合に彼の不服従の結果を受けたように、アダムが服従したなら、その服従の恩恵に必ず与っていたであろう。

（二）各人が一人一人責任を問われるよりも、このような方式の方が幸福な結果になる傾向が大きかった。それは二つの理由からである。（1）アダムは子孫よりも、注意深くある強い動機を持っていた。彼自身の永遠の利益ばかりでなく、子孫全体の利益が彼に懸かっていたからである。（2）試練にあったとき、アダムは、完全に成人した状態にあった。したがって、最初の父祖を、全員を代表する者として指定することは、人類が生殖によって広まっていくことを考えれば、神の善性に相応しい措置であった。その生殖の仕方では、彼らは最初、幼児の状態で生まれ、ゆっくりと成長するので、しばらくの間は子どもの状態にあり道徳的な行為者に成った後でも、比較的に不完全であるからである。彼らの最初の父祖がしてくれたようには自分の責任を負うことができない。

そうした事情があるにもかかわらず、課題を課せられれば、自分の手で永遠的利益を得ることを選ぶはずである、と自信たっぷりに言う人がいる。そういう人には、他人よりも自分が信頼できるというぬぼれは、明らかになっている事物の真の本性や傾向を変えることはできない、と答えるだけで十分である。また、この包括的処遇は、あらゆる場合に人類にとって有害であったという反論も正しくない。このような包括的処遇があっても、幸福な出来事が与えられたという利益がまったくなかったわけではないからである。この［アダムとその子孫の］連結は、他の出来事を一切不可能にする措置ではなかった。

（三）包括的処遇を行う神の善性は、次のことに現れる。すなわち、そもそも神が主権者として恩寵によって私たちを待遇せず、ただ正義に基づいて、正義が要求することだけを行ったのであれば、神はアダムとその子孫全員に、いつでも完全に服従することを命じたであろう。その場合、服従は例外をゆるさず、永遠の死が刑罰であったはずである。そして、神は服従に積極的な報償を与えるという約束なしに、服従を要求することもできたはずである。完全な服従は、誰もが創造者に負っている負債であり、創造者が人に払うべき負債ではない。正当な負債を返済する以上に、誰も負債者に支払う義務はない。アダムとの包括的処遇はまさに最高の処遇であった。アダムが辛抱強く服従を続ける結果は永遠の幸福な生命であり、この全体的処遇の枠内にあるすべての者に及ぶものであった（生命の樹というのはその象徴である）。アダムの不服従の結果としての永遠の死も同様である。

第二の問題。さて、アダムと彼の子孫を一体として処遇するこの包括的処遇は、人類の利益を損なうから合理的でないとは言えないことが明らかになった。この包括的処遇に対する反論で残っていることは、誤りという意味を含む不適切さ、および事物の真の本性との矛盾である。一体ではなくまったく別のものを一体として見、それ自体として真と考えられないことを恣意的な集団的処置で真とすることはできない、という反論である。

この反論は、どれだけもっともらしくとも、実際には誤った前提と、私たちが被造物の関係について「同じ」や「一体」ということで持っている間違った観念に基づいている。そして、この反論が持つ見かけの説得力は、過去の存在との創造された同一性、あるいは一体性が一般に、宇宙の至高の作者であり支配者［である神］の最高の構想と法則にどれだけ依存しているかを、見損なっているところから出ている。

存在するものは、最も単純に考えればまったく別個のもので、非常に多様である。しかし創造者が確立した法則によって、何らかの点で、また何らかの目的に関して結びあわされ、そのために一体であるかのようになる。たとえば、樹齢数百年の大きく成長した樹は、最初に地から出てきたときの芽と同じ植物である。芽から継続して成長し、数千倍もの大きさになり、最初のものとは大きく変わった形態になった。たぶん、一つの原子も同一ではないであろう。しかし、それでも神は確立された自然法則にしたがって、それが一体であるように、多くの同じ性質と重要な特性を継続的に与え続けて来た。これらの観点と目的に向けて一つの結合体をつくることは、神の意向であった。それゆえ私たちは対象を一体としてみる。あるいはまた、四〇歳の男の身体は、この世に生まれてきた幼児の身体と一体であり、そこから成長したものであるが、今や異なった実質から構成され、多くの部分が多分、（数百回まではいかなくても）何回も変化してきている。しかし、神は自由に打ち立てた自然の運行法則にしたがって、ある一定の仕方で、その身体が幼児の身体と連続し、同じ生命、同じ感覚、同じ特徴を備え、多くの同じ性質を備えることによって、霊魂と一体であるようにしたのである。これらの目的を視野に入れて神から見れば、両者は一体である。また、人間の身体と霊魂は、これとは違った異なった仕方で、異なった目的に向けて一体である。それ自体として見た場合には、両者は、本性的にこれ以上考えられないほど違っている。しかし、神が自由に打ち立てた非常に特異な体系、あるいは自然法則によって、両者は強く結びつけられ、多くの重要な点で一体となっている。見事な連携ができあがっている。そのような特異な仕方で両者は同じ人間の異なった部分となっている。しかし、両者の間の結合と連携が存続するのは、神の自由意志と神が意図した体系にしたがっている限りなのであり、その存続には制限がある。

さらに、創造された知性存在の人格同一性の問題に触れるなら、人格同一性の本質が、ロック氏のように、すべて「意識の同一性」にあると論じることはできないが、意識の同一性がその本質的な要素であることは否定できない。しかし、同じ意識と記憶が、部分的な重なり合いの連続を通じて、一定の主体に属するとき、それがただ神が作った基礎に基づいていることは明白である。[206] 過去に起きたことの記憶と観念が存続しなければならない必然性はないが、創造者の自由な体系によって同一性が成立する。もし、同一の意識の持続を説明するのに、そのような体系に言及する必要はない、魂の本性だけで十分に説明できる、つまり、自然の運行法則にしたがって霊魂は過去の観念と意識を持ち続ける、と主張する人がいるなら、考えてみよう。誰がその本性を霊魂に与えているのか。また、先に考察したところでテイラー氏が自然の運行法則について語っていることを思い出そう。彼は「自然の運行法則はそれ自体能動的な原因であって、神が手を離しても、それだけで運行法則する」という考えを否定し「自然の運行法則は神の行為意志から切り離されれば原因でも何でもない」のであり、「自然の運行法則がそれ自体で継続していくことは、運行法則がそれ自体を産出するということと同じく、絶対に不可能である」と言っている。[207]また「すべての存在の元である神だけが、すべての自然の結果の唯一の原因である」とも言っている。ここで、ターンブル氏が「自然法則」について語っていることを考察しておこう。彼は、アイザック・ニュートンの言葉を引いて次のように言っている。[208]「これらの法則に実質と効力を与えるのは、第一原因である精神の意志である。この意志が諸現象を産出する作用因なのであって、その結果、現象はこれらの法則と類比的に、これらの法則と調和し合致するように、そして法則にしたがって起こるのである」。そして彼は言う。「同じ原則が、自然哲学だけでなく、道徳哲学に関わる事象でも通用しているに違いない」[209]。

これらのことから明らかに帰結することは、意識の同一性はまったく自然法則に依存しており、したがってまた神の主権的意志と行動に依存するということである。それゆえ、人格の同一性、そして過去の罪の汚染と有罪性が同一の人格の中に広がるということは、神の任意な連結〈constitution、構設〉による。たとえ、意識の同一性だけでは人格の同一性は構成されず、さらに実体の同一性が必要だと考える場合にも、そのことは言える。もし人格の同一性のために、少なくとも、同一の意識が必要であり、それが神の至高の体系によっているなら、人格の同一性は神の至高の体系に依存するということになるからである。

そして、創造された実体自体が、異なった瞬間からなる持続を通じて同一であることについては、「昨日も今日も永久に同一である」と言われる第一存在「である神」の独立した絶対的同一性のようなものして考えるなら、大きな誤りをおかすと私は思う。むしろ、創造されたものが異なった時点を貫いて同一であるのは、他に依存した同一性にすぎないと論じることができる。それは、「万物において働く」神の自由で最高の体系的構設によっている。神は万物を創造し、万物を最初に存在させただけでなく、絶えず万物を保存し、存在させ続けている、という一般に考えられている真理から、そのことは言えるであろう。このことは、かなり重要なので、ここで少しばかり注意深く観察しておくべきである。最初に、神が絶えず直接的な支配力によってすべての被造物を維持しているということは明白なのかどうかを問い、その上で、その帰結を考察しよう。

被造物の存在が依存的な存在であり、それゆえ、それは結果であって、何らかの原因があるはずだと考えるなら、神が直接的力で作った実体のすべてを維持していることは明らかであろう。その場合、原因は、同じ実体が先に存在していたということであるか、創造者の力であるかのどちらかである。しかし、前者ではありえない。たとえば、現在の月の存在は、その前の瞬間の月の存在の結果ではありえない。前の瞬間に存在していたものは能動的な原因ではなくまったく受動的なことであっただけでなく、それ自体が時と時間の中にない原因は、時と場所の中に結果を産出することはできないからである。何ものも、それが存在していない時間と場所で作用することができないことは明白である。月の過去の存在は、現在の月の存在する場所と時には存在しない。時間に関してみると、現在が存在し始めると過去のものは完全に消滅する。そうでなければ過去ではない。過去の時点が存在を止めてはじめて現在が始まる。共存はしない。二〇年前に存在を止めた時点と変わらない。また、運動する物体の粒子の過去の存在は、その時に存在した場所以外の場所では、結果を引き起こすことはない。現在の時点におけるその物体の存在は、過去の時点の場所とはまったく異なった場所にある。このことから、何らかの創造された実体が、過去の存在の結果であるということはありないということが推論されると私は思う。ある結果、または依存的な事物の（いわゆる）存在が、異なった場所や時に成立しているとき、どれだけ相互に近接していても共存しているとはいえない。それゆえ、その存在は、空間と時間の部分がまったく離れている場合と同様に異なった結果によるものである。前の時点の存在は、次の瞬間、あるいは空間の部分の新しい存在の原因ではありえない。それは、何年も前のはるか隔たった場所の存在が原因にならないのと同様である。原因になるとすれば、時間と空間の懸隔を埋める存在がなければならない。それゆえ、創造された実体の存在は、次々に継起していく瞬間において、神の直接的行為、意志、支配力の結果でなければならない。

その推論はよくない。創造された実体の現在の存在を生み出すために神の直接的力は必要ない。現在の存在は事物の本性に従った過去の存在の結果である。一旦、存在が与えられた以上は、確立された自然の運行法則だけで存在は続く。そのように言う人がいるなら、私は、それを認めよう。しかし、創造された事物における自然とは何であるか、確立された自然の運行法則とは何であるか、を銘記してほしい。すでに考察したように、「自然は神の行為から切り離されれば何ものでもない」。テイラー氏が言うように「すべての存在の源泉である神がすべての自然的結果のただ一つの原因である」。父親は、自然の運行法則にしたがって子どもをもうける。樫の木は自然の運行法則にしたがってドングリを産む。あるいは芽を出す。つまり、自然の運行法則に従えば、樹の幹がまずあって、その後に新しい現在の存在が続く。どの場合にも、新しい結果は先行する結果に続いて起こる。ただ、確立された法則、自然の定まった運行法則による。自然は神が自由に設立した連結にしたがって、神の直接的な作用を継続することができるだけである。それゆえ、彼が強調するように、自然の運行法則によって先行する親や樫の木が存在した結果として生まれた子どもやドングリは、実は神によって直接創造されたといってよい。したがって、創造された個々の人格や事物は、それぞれの瞬間において神の継続する創造の直接的結果である。これらのことから、神が被造物の存在を維持しているということは、継続的創造、すなわち神がそれぞれの瞬間において無から被造物を創造していることと完全に同じことである、と確かに言えるであろう。もし、被造物が存在し続けることがまったく神の保持によるなら、存続させる神の力が新しく働かなければ、被造物はたちまち無に帰するであろう。神は事物の存在を維持していると言いながら、同時に、いったん事物が存在した後は、神から援助を受けなくても存続していくと言う人がいれば、私はその人がいっている意味がわからない。維持する必要がないのに神が事物を維持していると語るとすれば、それは何のためであろうか。神の助力がなくても、つまり神が維持する力や影響をまったく引き揚げてしまっても、事物がそれ自身で存在し続けるのなら、継続すて存在するために神に依存していると語ることは何の意味があるのであろう。

今、考察したことから出てくる帰結は、次の通りである。神が被造物を維持し、過ぎゆく時間のなかで存在させているということは、それぞれの瞬間において無から直接創造していることに等しい。この瞬間に事物が存在するのは単に部分的に神によるのではなく、全面的に神により、先行する存在には少しもよらないからである。結果を生み出すという点で、先行する存在が神と共同して、一部の結果を生み出すという考えは、全部を生み出すというのと同様に愚かである。したがって、先行する存在は、影響や扶助の点では何の働きもない。神は、あたかも以前には何もなかったかのように、無から結果を生み出すのである。この結果が最初の創造と違う点は、状況の違いだけである。最初の創造以前には、創造の行為もその結果も存在しなかった。これに対して、その後は、神は確立した秩序のなかで、先行する行為と結果にしたがって存在を与えるのである。

さて次に、これらの結論が私の論証に対して持つ意味を考察しよう。もし造られた実体の存在が、継起するそれぞれの瞬間において完全に神の直接的力の結果であり、最初の創造が何もないところからの創造であったと同様に、先行する存在によっていないとすれば、その瞬間に神の力によって存在するものは新しい結果である。そして単純に絶対的に考察すれば、それは、過去の存在と似ていたとしても同じものではない。一定の確立された方法にしたがって出てきたものである[210]。そしてこの場合、創造者の任意の体系的構設に依存する同一性以外の、同一性は存在しない。創造者は叡智に満ちた決定によって、新しく継起するこれらの結果を結びつけ、一つとして処遇している。それらを固有性、関係、状況といった仕方で連結し、私たちもそれを一つとして扱うように導いている。私がこれを「任意の連結」と呼ぶとき、私が言いたいことは、それが神の意志だけにもとづく措置であるということである。神の意志は神の叡智だけに基づく。この意味で、自然の運行法則全体とそれに属するすべてのもの、法則や方法、恒常性や規則性、連続や過程のすべては、一つの「任意の連結」である。この意味で、この世界自体とそのすべての部分の存続と、存続の様式は、完全に一つの「任意の連結」に依存している。今しがた音や光、色や抵抗、重さ、思考、意識、その他の依存的事物があったからといって、それらが必然的に次の瞬間にもあるとは言えない。すべての依存的存在は絶えず流れのなかにある。いったん流れ去れば、二度と戻ってこない。瞬間ごとに更新される。ちょうど物体の色が、一時いっとき、それに注がれる光によって更新されるように。そして、光が太陽から出てくるように、万物は絶えず神から出てくる。「神の中で私たちは生き、動き、存在している」。

こうして、厳密に考えるなら、異なった時点を通じて存在する被造物の同一性というようなものは存在しない。神の至高の連結による以外に同一性は存在しないことがわかる。そうすると、私たちが検討している反論は、アダムとその子孫を一体として扱うという神の体系的処遇に反対していたことになる。一体でないものを取り計らいで一体とすることはできないから、それは真理に反すると思いこんでいるのではないか。私には、この反論は誤った前提に基づいているように見える。この種の事柄では、神の取り計らいこそが事物を真にするのではないか。この反論は、被造物は同一性を持っており、それゆえ、過去の存在から性質や関係が出てくると考えている。神の体系的取り計らいに基づく一体性とは別に、それに先だって、そのような一体性があると想定する。これは明らかに誤りである。反対者も認めている事象から、そのことは十分証明できる。したがって、反論は成立しない。

被造物にはさまざまな種類の同一性と一体性が見いだされる。異なった仕方、観点、程度、目的にしたがって一つなのである。その差異のうちの幾つかは考察した。すべての種類がすべての観点において神の体系的計らいによって秩序立てられ、まとめられている。異なった時間と場所に存在する事物が、創造者によって、ある観点で一つのものとして扱われ、別の観点で別物として扱われる。連携の仕方もさまざまである。しかし、万事は、すべての存在と働きの源泉である神の至高の意向に沿っている。

今まで述べてきたことからとくに次のことが明らかになる。一体性によって、過去の悪から出る汚染と罪が拡大するのであるが、そうした一体性はすべて、神が創った仕組みに完全に依存する。このことが、そしてこのことのみが、二〇年あるいは四〇年前に犯した犯罪の結果、個人の魂に残った罪と悪の汚点が、今も残り、世界の終わりまで残っていくことを説明する根拠である。このことが、過去の行為の意識といったものの持続、良くも悪くも習慣が持続することを説明する根拠であるはずである。人格の同一性に属するすべてのことも、このことに依存する。そして、主体が一つであるかのように、過去から、自然的あるいは道徳的な、性質、固有性、関係が伝播、派生し、持続していくとき、それは、他ならぬこの根拠に基づいている。

他の被造物について、結合や一体性を、任意の目的、連携、結果に合わせて創立した神が、アダムとアダムの子孫の間に、連結を確立してはいけない理由はまったくないと私は信じる。樹木の根から芽や枝が出るのちと同じようにアダムから子孫が出てくるのであるから、アダムと子孫は義と報酬についても、義の喪失とその結果の腐敗と罪責についても、一体として扱われる。[211]

すでに述べたように、被造物の中にあるあらゆる一体性は、そこから性質や関係も派生するのであるが、神が任意に定めた連結によっている。神の叡智によって支配されているという以外に理由はない。これらの連結に働いている叡智は、二つの点で顕著である。第一に、他の法則や連結と見事に類比し調和している。第二に、このような連結によって達成される善い目的や有益な結果である。それゆえ、これでもまだ、アダムと子孫との連結の措置に対して反論があるとすれば、これらの点で、この連結の効果が十分に賢明でないという論旨になるであろう。しかし、宇宙の主であり創造者である神が創った法則や体系的処遇の美と叡智を判定しようとすることは、何という傲慢であろうか。特にこの連結がよく考えられたものであることは、今のべた二つの点においても、その叡智は容易に見て取れるはずだからである。低次の生命界のシステム全体によって支えられ維持されている、他の連結や法則との類比は、幾重にも見いだされる。生命界のすべての部分は、どのように展開しても、種の最初の存在から派生する。それは、根であり源泉である。それぞれの部分は、種の本性や能力に適したすべての固有性や性質を最初の存在から引き出している。派生したものは（偶発的なものを除いて）原初にあったもの以上の完成をもたない。アダムの子孫が、アダムが喪失した原初の義をもっていないことも、人類の本性に関係する他の法則や定めと類比的である。そうした法則によれば、人類がアダムから繁殖を始めたときアダムの中にあったどのような本性についても、アダムの子孫がアダム以上の完成をすることはない。

この連結は他の多くの点でも適切であり賢明である。たとえば、それは次のことにも現れている。人類の繁殖に関して神が定めた様式が、自然に人類を結びつけ、多くの点で一体化し、人々を自然に社会、交際、相互依存の密接な関係に導いた。そうして、万物が同じ道徳的状態において自然に一体化となるようにしたのである。ある人は完全に無罪潔白で神聖であるのに、他の人々は堕落して悪であるというように、甚だしく異なった状態に置いたのではない。救済者を必要とする人と必要としない人がいたり、ある人は完全な幸福の状態であるのに、他の人は公然と有罪になり完全で永遠の悲惨に定められていたりするのではない。ある人はこの世の巨大な災害にさらされているのに、他の人は悪を知らずにすべての苦しみを免れているというのではない。そのように状態が非常に多様であるということは、自然的で必然的な連結と人類の世界の避けられない状況に合致しない。現状では、全員が同じ血統であり、全地の面に住み統合し融合して社会をなし、この世界の自然的共通善と悪とに与っている。

テイラー氏は、悲しみと恥は、ただ個人の罪に当てはまると主張する(212)。そして、悔い改めも個人の罪に当てはまると述べていた。これに対して私は、言葉の使い方が非常に恣意的であると言いたい。人々がこの世に持ち込んだ汚染と罪責によって、人々の心が神の前で悲嘆と屈辱の念でいっぱいになるのは不合理ではない、と私は思う。人々が近い関係にある他人によって為されたことを恥じるというのは決して珍しいことではない。特に、彼らの心の傾向が十分に共感しあっているとき、神の眼にさらされるなら、そのようなことが起こるのは非聖書的ではないと私は確信する。

これまでの考察から次のことが明らかになった。人類が最初の背反の罪に参与しており、その罪が現実と資格において彼らの罪であるということを不合理で不可能であると判断する確実な根拠は存在しない。その結合は、宇宙の体系全体の創造者によって確立された人類世界の根と枝の現実的結合によっている。それゆえ、背反の罪はたんに神がそれをアダムの子孫に転嫁したからではなく、本当に彼ら自身の罪である。彼ら自身の罪であるがゆえに、神はその罪の責任を彼らに転嫁しているのである。

アダムとその子孫の間に確立された結合ゆえに、彼らの間の関係は、アダムの種族に属する個人の間の関係とは非常に異なっている。個人間の関係には、そのような［神によって］構成された結合はない。子孫と他の祖先との間の関係にもそれはない。それについては、「エゼキエル書」一八章一―二〇節に書かれている。そこで神は、「先祖が酢いぶどうを食べれば子孫の歯が浮く」という格言についてのユダヤ人の用法を非難し、今後はこの格言を用いないように、そして、もし、息子が父親の悪を見たなら、それを心から謙め、回避し、自分自身は正しくあるようにと命じている。「子は父の罪を負わず、父もまた子の罪を負うことはない。正しい人の正しさはその人だけのものであり、悪人の悪もその人だけのものである」。否定されているのは、他人の罪責と罰の共有である。他人とはアダムの種族に属する別個の部分である。そのような場合には明らかに、祖先の悪の非難だけがあり、承認は存在していない。成人になって自分の行為に責任を負うようになり、父の悪を心から認めず、それを非難している、正しい人は、その批判と不正を避けることを理由に罰せられることはない、と明言されている。この言葉が語られた状況、その意図と意味は、アダムの子孫がアダムの背反の罪を犯しているということについて、これまで考察してきたことと矛盾しない。それは、「レビ記」二六章三九節の「生き残った者も、敵の国々で自分の罪のためにやせ衰え、更には先祖の罪のために、彼らと同じようにやせ衰える。」というモーセの制度のもとでの神の方法に対して不満の声があがっていた状況であった。他の平行箇所も、外的な審判について語っており、最も警告されているのはそのような外的な審判である。その制度（それは外的・肉的な契約というべきものであったが）の下では外的な審判が強調され、特に人民の苦しみは、エゼキエルの時代でも、マナセの罪への審判であった。それはエレミヤを通じて神が語ったこと（エレ一五・四）であり、エレミヤの告白とも一致する。「父祖は罪を犯したが、今は亡く、その咎を私たちがおわされている」（哀五・七）。

ここで言われていることは、福音という恩寵の制度が導入されたことと深い関係がある。それは、この箇所を「エレミヤ書」三一章二九、三〇、三一節と比較することによって強く確認される。この恩寵による処遇によって、神が人類を処遇する際の正しさがいっそう明確になった。悪人の最終状態を決定する、神の審判の方法が明示されたのである。特定の祖先の行為によって裁かれるのではない。それぞれの個人が、自分自身の悪い心、罪深い本性や習慣的行為によって裁かれる。人類一般の本性の腐敗、また、人類が原初の共通の背反に同調し、それに参加しているということを論じることは、この箇所のエゼキエルの意図ではなかった。

総じて、これまでの議論で使われた哲学、あるいは（こちらの呼び名を好むのであれば）形而上学を好まない人がいたとしても、事実として現れており否定できないことを適切に考察し、この宇宙の状態や運動が、万物の至高の創造者であり主である神が作った体系に依存していることを尊重するなら、普通の謙遜と冷静な判断を持った人は、神の義に反する決定的な判断を語ることを慎むであろう。神は、ご自身の事柄について説明なさらない。神の方法は、測りがたい。アダムから子孫に至る堕落と罪責の継続については、神の聖なる言葉に、非常に明解に説かれている。このことは、あらゆる時代のあらゆる人類の経験によって十分に確認される。「もし、それが正しいなら」「もし聖書がそのようなことを教えているなら、聖書は何の役にもたたない」「理解するだけでは、理解したことにならない」「このように罪のない被造物を呪うことができるなら神は何者なのか」「キリスト教徒よ、これがお前たちの神なのか」などといった放言を黙らせるには、これで十分であると思われる。

ここで、(アダムの最初の罪の転嫁について語ってきたこの章への補足として)、二人の神学者の見解について述べることは場違いではないであろう。[213] 彼らの見解は、アダムの最初の罪の「部分的転嫁」について語っており、英国の非国教徒の間でかなり注目されているからである。

彼らのうちの一人は、この罪は実際に幼児に転嫁され、幼児は本当の刑罰にさらされるが、その罰はアダム自身の場合のような永遠の罰ではなく、現世的死、あるいは霊魂消滅という程度の罰である、と考える。アダムは直接の当事者であるから、彼の子孫よりも無限に大きな責任を問われる。これに対して私は、神がアダムの罪の結果のすべてではなく、その僅かな一部の責任を負わせるという説は、人の想像力を慰めるだけであると言いたい。哀れな幼児がアダムの罪のために苦しみ受けるということは、この世でしばしば起こることであり、この苦しみが死と魂の消滅に終わることも少なくない。これだけを考えることは、アダムの罪のために子どもが永遠の悲惨を経験していると考えるより想像力には容易である。しかし、理性が納得するわけではない。ある人によって犯された罪を、個人としては罪を犯していない他人に全部、罪の責任を負わせることを禁ずる理性の規則がないなら、部分的に罪の責任を負わせることを禁ずる理性の規則もない。（もし理由があるとしても）理性が反発するのは罪の転嫁ということに対してであり転嫁されることの量や程度ではないからである。行為をした人から、その罪の責任を、行為をしない人に及ぼすことに反対する強力でよい理性の規則が存在するのなら、同じ本質をもつすべての転嫁を禁じるはずである。アダムの罪を子孫に罪の責任を負わせることに反対する理屈の説得力（もし、説得力あったとしての話だが）は、アダムと子孫が一体でないということにある。しかし、その反論は、責任の全体に対してだけでなく部分的責任を問うことにも当てはまる。アダムの子孫は、アダムと同じ存在でないことによって、なされたことの責任に少しも参与しない。アダムの子孫は、アダムの行為に全体的に責任がないなら、部分的にも絶対的に責任がない。ある人の罪を、まだ生まれていない他人の責任として数えることが全体的に正当であることを否定する理由がないのなら、どうして、部分的に責任を転嫁して罰することができるのであろう。もし、こうした議論が成立するのなら、二つの議論の差異は、次のことだけであろう。アダムの罪のために幼児に大きな刑罰を与えるのは、大きな不正行為である。比較的小さな刑罰を与えるのは、比較的小さい不正行為である。しかし、比較的小さくても、その行為が、不正行為であることには変わりはない。

これと似た具体例をあげて説明しよう。私がある人に金を貸しているとき、その金を私が隣人の一人から取り立ててはいけない理由は、その債務者と彼は別人であるからである。彼らの関心、利益、固有性はまったく異なっている。もし、この議論が正しいなら、彼から負債を取り立てることは、全額でも一部でも不正である。もちろん一部より全額を取り立てる方が、より大きな不正である。しかし、全額を取り立てる方が、より真実に確実に、不正行為であるということではない。[214]

もう一人の神学者は、アダムの罪の転嫁は真実に存在しており、したがって、幼児は罪のない者とは見なされない、と考える。[215] しかし、存在しなかった状態よりも来世の幼児の状態をもっと悪くすることは、神の完全性に合わないと考えているように見える。しかしそれだと、アダムの罪の転嫁の重要な点が、部分的にも全体的にも、放棄されていると私は思う。そこでは神が個人としては無罪潔白なアダムの子孫に、何らかの償いをすることなしに、つまり善とのバランスを取らずに、悪をなしているのは正しくないと考えられているからである。つまり、その場合、子どもの状態は、無罪潔白な状態で正義に適っている場合に求められるのと同じくらい善くなるはずである、と依然として考えられているのである。考えられていることは、ただ、子どもは本当の刑罰にはさらされていない、アダムの罪のゆえに、神の正義に対して負債を負っているわけではないということである。もし、子どもが実際に負債を負っているなら、正義は必ず子どもから何かを取り立てなければならず、償いは必要ない。子どもの状態を善くする何かを与える必要はない。それは、本当に無罪潔白な者が正義において要求できる状態である。[216] もし、子どもが何らかの罰を受けるべきであるのなら、正義がその苦難の代価として子どもに報いる必要はない。何らかの善を与えて償いをし、悪を帳消しにして、全体的に善と悪が均衡し、さらに善が勝るようにする必要はない。裁判官が、ある人から、いくらかの金銭を、返済の約束なしに取り立てる命令をするのが不正であるのは、その人が一切、財産を没収されるべきでないからである。

一貫した判断をする人なら、アダムの最初の罪が子孫に転嫁されることを認めていながら、子孫が罪人として、真に罪がある怒りの子として見られることを認めないことはできない。そのことはきわめて明白であると私は思う。また、一貫した判断をする人なら、アダムの反逆の悪の全体、あるいは少なくとも反逆行為の本質がかかわるすべてのことが転嫁されることを認めるはずである。その反逆は、神が立てた契約の完全な侵犯であり、人類に属する個人が、神と個別に契約を結び、直接的な反逆によってそれを自分自身で犯すことと同じことなのである。

第四章　他の幾つかの反対論を考察する

テイラー氏は、アダムの子孫が、神の祝福を没収されてこの世に生まれ、アダムの罪によって神の呪いの対象になっているという考えに対して、ノアの洪水の後の世界の復興のとき、神がノアとその子孫を祝福しており、その祝福が、アダムを創造のときの「産めよ、増えよ、地に満ちて地を従わせよ。海の魚、空の鳥、地の上を這う生き物を全て支配せよ。」という祝福と等価であるか、それ以上のものであったと言って反対する。(217)

この見解に対して、私は以下のことを反論として述べておく。

一．既に証明されたように、アダムの罪に対して発せられていた警告のなかには、現在の生命をしばらく続けていくこと、あるいは人類の繁殖を続けることと矛盾することは何も出てきていない。また同じ趣旨になるが、この警告のなかには、警告がアダムの子孫に及ぶという理由で、彼らが現在の生活が続くかぎり現世の祝福を享受することと矛盾することは何も出てきていない。つまり、アダムが最初に創造されたときに神が語った祝福はまったく否定されていなかった。注意しなければならないのは、神がアダムを造り、服従の試練の前に語った祝福は、アダムが服従したなら与えられたはずの祝福と同じではない。その時、取りやめになった祝福は、永遠の生命の祝福である。もし、アダムが試練に耐えて面目を維持したなら、その後のアダムに対して、その祝福が保証されたであろう。神は審判者として、そのような報酬をアダムに与えたはずである。神はもちろん、その気であれば、アダムに与えた生命と現世での祝福を即刻奪うことができたであろう。しかし、アダムに対して以前に語られた祝福は、アダムが試練によって得ることを期待されていたことと同じではない。この祝福は、試練の結果が明らかになるまでは保留されており、忠誠が確認された後、その忠誠への報酬として審判者としての神から語られるべきものである。警告があったにもかかわらず、堕落してしまった人類にそのような祝福を語ることは、（贖罪がなければ）確立されていた取り決めに反することであった。しかし、試練によって保留された祝福、つまりアダムの忠誠にかかっていた祝福ではなく、その前の種類の祝福（これは一定の期間続くはずであったが）を与えることは、不都合ではない。

二　アダムの子孫が未だに、繁殖と他の生物への支配という現世的祝福を享受し続けているのは、アダムの子孫が、禁断の果実を食べることを禁止した警告の対象に含まれていない証拠ではない。それは、アダム自身が堕罪の後、繁殖と他の生物への支配と富を享受するという祝福を続けて得たということが、アダム自身が、子孫ともどもその警告の対象に含まれていない証拠でないのと同様である。

三　神がノアとその子孫に語った祝福は、新しい根拠によって与えられた、つまり堕罪以前にアダムに与えられた恩寵、約束や啓示とは異なった神の処遇、つまり、イエス・キリストにおいて確立された「恩寵の契約」に基づいていると考えるべき証拠がある。この神の処遇の目的は、アダムの罪によって到来した呪いから人類を解放し、それまでの祝福よりも大きな祝福を与えるということである。この祝福は、後にアブラハムとその子孫に語られた場合と同じ基礎に基づいて、ノアとその子孫に語られたものであって、内容的には霊的な利益と現世的利益の両方を含んでいる。ノアはその名前を父親ラメクから預言を通じて得た。ノアとその子孫によって、人類はアダムの罪によって到来した呪いから解放されるのである。「彼は、主の呪いを受けた大地で働く我々の手の苦労を、この子は慰めてくれるであろう、と言って、その子をノア（慰め）と名付けた」（創五・二九）。この預言の視野と意図（これはもちろん、「創世記」三章一五節の観点と同じであるが）にしたがって、祝福が洪水の後、ノアに語られている。これが、この祝福が「恩寵の契約」とイエス・キリストの贖罪を通じて与えられた証拠である。この祝福は犠牲によって獲得された。つまり、ノアが捧げた犠牲のかぐわしい香りを神がかいだ結果、神が人類に対して持った好意の効果として与えられた。そして、「ヘブライ人への手紙」が明らかにするように、古い犠牲はただキリストの犠牲との関連を持つ場合だけ、神の好意を得ることができた。さて、ノアとその家族が、残りの世界を破壊した神の怒りから奇跡的に救われたこと、そして、世界自体が破滅状態から回復されたかのようであったことは、キリストによって到来した大いなる救いを指し示す出来事であった。神が、何らかの目覚ましいかたちで民を現世で救済すること、あるいは低迷した惨めな状態から救い出すことを機縁として、キリストの贖罪による世界の大いなる霊的な再興を新たに示唆することは、よくあることである。(218) 神は現在の状態の人類一般を、イエス・キリストの贖罪を機縁にして、それがなかった場合とは違った仕方で処遇する。というのは、救済する慈悲の対象であるかぎり、彼らは、忍耐と恩寵を得るときがあり、数え切れない現世的祝福を受けているからである。使徒が言うように（使一四・一七）、それは、神が罪ある人間と和解できるということの証言であり、神を求めるように人を促す証言である。

ノアの子孫が一般に他の生物への支配の祝福に与っているという意味にとどまらず、ノア自身とノアと同じ信仰を獲得した彼の子孫全員がキリストを通じて、罪のなかった時のアダムよりも高い意味で他の生物への支配を獲得している。ノアは捧げた犠牲の香りによって祝福を得たのであったが、ノアの子孫は「恩寵の契約」によって神に対する王や司祭とされており、キリストと共に支配し、すべてのものが彼らのものになっているからである。「詩編」八編によれば、彼らはキリストと共に、地上の動物、空中の鳥、海の魚を支配している。この「詩編」の言葉をパウロは、キリストの世界支配として解釈する（一コリ一五・二七、ヘブ二・七）。ノアの子孫の大多数と一人一人が、このような被造物へのより名誉ある支配に与る日が近づいている。ノアを通じて地上のすべての家族は祝福されるようになる。また、この祝福がずっと後の時代に完全に実現すると考える必要はない。

それは「神はヤパテを大きくし、シェムの幕屋のなかに住むようになるであろう」という言葉に表現されたヤパテの場合と同様である。

しかし、ノアの子孫が、アダムの罪のよって到来した呪いを取り除く偉大な救済者によって祝福を得たことは、彼らがもともと自然の状態で呪いの下になかったことを意味しない。人間が恩寵によって祝福を得ていることは、生まれつき呪いに晒されていない証拠ではない。むしろ、その反対を立証する。もし彼らが呪いをうけてしかるべき存在でないなら、呪いを取り除き、彼らを神との良好な関係におくために恩寵や贖いにたよることはないであろう。

テイラー氏が原罪の教義に強く反対するもう一つの反論は、原罪論は私たちを存在させた神の善性を見くびっているというものである。私たちは、私たちの存在を神の善意から出た大きな贈り物として感謝して受けとり、それを神の気前のよさの最初の基本的果実とみなすべきである、という。

この議論に対して私は次のように答えよう。

一、この議論は、論争の余地のある一つのことを真理であると想定しており、その基礎の上に建てられているので、論点先取を犯している。議論が拠って立っているその想定では、神が最初につくった状態、そして、その状態から堕落した私たちの最初の父祖と、私たちが本当に一体であるとは見なされていない。もし、実際にアダムと一体であるなら、私たちは、人類全体が最初に創られたときの神の偉大な善意を認め、幸福な状態にあり、永遠の幸福を確立する機会に恵まれていたこと、その状態を自分たちの背反によって悪化させてしまったことを認め、へりくだって、自分たちが恩義をわすれて善き創造者に反逆したことを認めるべきである。たしかに私たちは、ダニエルやネヘミヤの時代のイスラエルの民と同様に（あるいはそれ以上に）そうすべきである。彼らは神がはるか昔に父祖たちに巨大な善をほどこしたことを認め、父祖たちが犯した罪を恥じて告白し悲しんだ。

（「ダニエル書」九章、ならびに「ネヘミヤ書」九章を見よ。）

二．アダムによって過去になされたことが何であっても、彼が罪を犯しても犯さなくても、人類を悲惨な状態におくことは神の善性と合わないという考えがテイラー氏の反論に含まれているなら、私は次のように答える。アダムと一体と見なされるべき子孫が存在することが正しく命令されているなら、アダムの子孫を刑罰の対象とすることは、もはや神の善性に反するものではない。それは罪を犯した一人の悪人を罰の状態においておくのと同じことである。存在させることも存在を続けさせることも、共に神の力と意志の仕事である。両者ともに人間の現在と未来の祝福の基礎である。そして、アダムと一体とみなされるべき子孫が出ることが命じられたということ自体が不当であるというのなら、それは論点の先取りである。

三．テイラー氏が、神が直接的な力で存在させ、次に永遠の破滅に晒されることがわかっている悲惨な存在［である人間］を新規に存在させることは、どのような場合でも、神の善性に反すると言うのなら、むしろ、彼自身の見方が神の善性に反する。神は終わりの日に（身体に新しい存在を与え）、多くの死人を、ただ永遠の破滅を受けさせるためにだけ復活させるからである。

四．私たちは生まれながらに罪深く、悲惨な者であるが、私たちには神を祝福する十分な理由がある。神はイエス・キリストによる恩寵の処遇〈dispensation〉のもとに私たちを存在させている。この恩寵によって、私たちは幸運にも罪と悲惨から救いだされ、言葉にあらわせない永遠の幸福を得ている。しかし、私たち自身の邪悪な傾向によって、私たちはこの慈愛を無視し濫用して、そこから利益を得ることに失敗するのであるが、だからといって感謝しなくてよいということにはならない。それはテイラー氏の心情にも合致する。「世界全体が悪に染まっており、僅かの者しか救われないからと言ってそれが何なのか。人は邪悪で感謝を知らず、神の気前のよさを濫用しているからといって、感謝しなくてよいのであろうか。……私たち自身の悪い傾向が私たちを引き留めているると想定しよう。(福音の光の下で近づくことのできるはずの幸福を求めないように引き留めていると しよう。)……キリスト教世界の全体が悪に染まっており、僅かなキリスト教信者だけが救われるのだとしよう。それだからといって神に福音を感謝できないということになるのであろうか。」とテイラー氏は言っている。[219] これほど光栄ある恩恵による幸福を、求めて得ることを妨げている悪い傾向が、私たちに生まれつきのものであっても、これらの傾向自体が私たちの過ちや罪であれば、結論はまったく変わらない。したがって、これらの傾向を私たちの罪でないというのは依然として論点先取なのである。彼が主張する幾つかのことをまとめると、そこから帰結するのは、人間はほとんど正しくなる見込みがないような状況に生まれても、自分が存在することに感謝する理由があるということであろう。たとえば特にキリストが到来する前に異教徒として生きていた人はそうである。彼は、すべての人間は生きていることに感謝する理由があると主張しながら、集団として見られた異教世界は罪に死んでおり、自分たちの力では救われず、それゆえキリスト教の救済措置を必要とすると考えているからである。それだけではない。キリスト教世界は、今やついに同じような嘆かわしい状態に陥っており、私が先に述べたように、新しい救済措置を必要とするとテイラー氏は考えている。世界は一般に昔だけでなく今日も、罪に死んでおり、自力救済の力はない。それゆえ、この世界に生まれてくる者は一般に、新しい救済措置が来るまでは、滅びる可能性が高い。しかし、それにもかかわらず、彼は誰もが存在していることに感謝する理由がある、と言うのである。いや、それ以上のことである。彼の教義によれば、確実に悲惨な結果になる状態に生まれてきたことを神に大いに感謝する理由があるということになると私は思う。神が終末の日に悪人を復活させることについて、彼は、それ自体キリストによって獲得された巨大な恩恵であり、キリストを通して与えられる神のすばらしい恩寵であると考えている。そして、もしそれが神もすばらしい恩寵の結果であるなら、たしかに、人はその恩寵を感謝すべきであり、神を褒め称えるべきである。それゆえ、私たちが主張する原罪の教義は、胎内に人間を創ったときの神の善性を損なうことがない。それは、神が墓の中から悪人を復活させることが、神の善性を損なうことがないというテイラー氏の説と同様である。

テイラー氏が、原罪の教義に反対するときに用いているもう一つの議論は、聖書が審判の日の過程について語っていることである。聖書によれば、審判者は、人々を一人ずつ、別個に扱い、一人一人を、その人がしたことに応じて、そして神が彼に与えた能力と才能を改善した程度に応じて裁く。[220]

しかし、この反論は、この公の審判の目的あるいは意図を考慮するなら成り立たないであろう。人間が行う裁判の目的のように、神が人々の本質を調べ上げたり、相応しい刑罰や報酬を定めたり、神のうちで定まっている正しい判決を言い渡したりことが、この審判の目的ではない。人々がどのような人間であるかを、人々の良心に対して、そして世界に対して明らかにするためなのである。審判の日は、神の正しい審判が明らかになる日と呼ばれている。このために、神は証拠や証明を利用なさるであろう。しかし、人間がしていることこそ、人の心（心はすべての邪悪さの座である）の邪悪さの証拠、つまり本性の腐敗とそれに加わる汚染と罪悪の適切な証拠である。

神の公の審判が特に目的とすることは、人々を適切、完全に、そして公然と区別することであろう。相互に区別し、続いて、永遠の報いのために分離をすることであろう。そして、この区別は、それぞれ個人がしたことによって明らかになるであろう。

最後の日に、神の完全な審判によって裁かれ、公然と区別されるとき、二つのことが人々について確定される。それは人類の間に成立している二つの実在的区分である。（一）状態の区別。これは第一の巨大な区別であるが、これによってすべての人類は正しい人（義人）と悪い人（悪人）に分けられる。（二）第二次的区別。正しい人も悪い人も、正しさと悪さの結果の程度によって一般的に区別される。さて、審判者はこの二重の区別を明らかにするために、個人が行ったことにしたがって人々を裁くであろう。しかし、審判の日に、アダムが罪を犯したか否か、人がアダムと一体として見なされ、アダムの罪に参与しているかどうか、この点は、今述べた区別にはまったく影響しない。

一．第一に明らかにされるのは、人類の世界全体の義人と悪人という大区分に関する、それぞれの人の状態であろう。あるいは比喩的な表現では、「麦」と「毒麦」、「キリストの支配にしたがう者たち」と「悪魔の支配に従う者たち」の間の区別である。悪魔は背信者たちの頭〈代表〉であり、キリストは復興と回復の頭である。審判者はこの区別を明らかにするため、人々が身体を持っていたとき行ってきたことによって人々の心を判定するであろう。悪い状態の者たちの邪悪な行いは、そのような状態に属する一般的なことがらを適切に公示し、邪悪さの証拠、あるいは証明になるであろう。そして特に、彼らの行為は、大きな偽り者、背信者の頭の支配に属することを証明するであろう。そのとき、彼らは彼らの本性の甚だしい腐敗を示し、心が普通の背信に完全に同意していることを示すであろう。そして、彼らの心は、大いなる救済者であるキリストに心から服従することによって背信を破棄することはけっしてないであろう。審判者はまた、正しい者たちの善き行いをキリストの贖いへの関心を示すものとして用いるであろう。そうして、彼らの真心が、救済者と彼の義を受け入れ、救済者に固く結びついていることが明らかになるであろう。このようにして人の心が行為によって証明されるとき、行為の真の性格を明らかにするため、行為の状況が必ず考慮されなければならない。その人の才能、機会、有利な条件、理解、動機等々である。

二．明らかにされるもう一つのことは、義人であれ悪人であれ、個々人が同じ一般的状態で共通であること以外の、二次的善悪の程度によって決められる二次的区別である。悪が生み出す結果の程度は、背信者と敵たちの集団全体の罪と腐敗に追加される。そして、キリストの義と功績に与っていることは、万人の誠実な信仰によって示されるが、個人の善と善い結果の程度とは、キリストの義と功績との関係では、二次的善である。この善の程度についても、個人が行ったことが、状況、機会、才能等と合わせて、証拠となるであろう。

アダムの罪による一般的な背信の本質と深刻度、ならびに、偉大な回復者であるイエス・キリストによる贖いの本質と完全については、その双方が、これらは人が判定を受ける永遠的状態に多大な影響を及ぼすとはいえ、どちらも人々が裁かれる終わりの日の主題にはならない。終わりの日の主題は、人の状態が開示されることであり、状態が明らかになることによって人々が相互に区別されることだからである。それが終わりの日に行われなければならないことであり、そのとき宗教一般の偉大な真理が明らかになる。すなわち、神の本性と諸々の完全な性格、人類は、人類の創造者であり保全者である神によって存在していること等々が明らかになるのである。これらの真理は、人が判定を受ける永遠的状態に大きく影響するであろう。人間の悪の罪を重い事実とし、キリストの義と人々の個人としての徳を明らかにするためにも、それらの真理が考慮されなければならない。しかし、それらは一般的で、人々の利害に平等に関係するので、個々の人間の審判には属さないであろう。

テイラー氏が、アダムの罪の転嫁に対して強く反対するもう一つの理由は、「聖書において、行為は、もちろん、個人に負わされ〈転嫁され〉、個人の責任とされるが、その行為は自分自身の行為以外のものではない」ということである。[221] 同じ箇所で彼は、これらの言葉が用いられている聖書の沢山の箇所を挙げて、これらの箇所は彼が聖書のなかに見いだすことができるすべてである、と言っている。[222]

しかし、私たちはここではその議論全体に関わるのではなく、罪の責任を負わせること〈転嫁〉、あるいは罪ある行為の責任を負わせることだけを議論するつもりである。現在の論点に関わる部分は、神が個人の罪について罪の責任を負わせるという意味で聖書の中でしばしば使われる言葉が、アダムの罪の責任を負わせる場合には使われていないという指摘である。しばしば使われる、と言う。何度、使われているのか。たった二回である。テイラー氏が取り上げた、神が個人の罪を他人に負わせていると見られる箇所のうちの、たった二箇所である。それは、「レビ記」一七章三、四節と「テモテへの手紙二」四章一六節である。そうすると議論は、結局、「罪の責任を負わせる〈imputation〉」という語は、神が罪の責任を負わせる場合に、聖書のなかで二回使われており、どちらの場合も、アダムの罪の転嫁を意味しておらず、どちらの場合も個人の罪を意味するから、アダムの罪は子孫に転嫁されていない、という趣旨になる。しかし、注意すべきことは、二つの箇所のうちの一つ、つまり「レビ記」一七章三、四節では行われた行為ではなく、行われなかった行為についての罪の転嫁が語られているということである。「イスラエルの人々のうちのだれかが、宿営のうちであれ、外であれ、牛、羊、あるいは山羊を屠っても、それを臨在の幕屋の入り口に携えてきて、主の幕屋の前で捧げ物として主にささげられなければ、殺害者とみなされる。彼は流血の罪を犯したのであるから、民の中から絶たれる」。明解に殺人の罪について個人に罪の責任が負わされ、彼はそれゆえ死刑に処せられ、あたかも彼が人を殺したかのように厳しく罰せられる。「イザヤ書」六六章三節によれば、ある場合には、不法な仕方で動物の血を流すことは、人を殺した場合と同じように罪に問われる〈転嫁される〉。

しかし、この二つの箇所で「罪の責任を負わせる〈impute〉」という語は個人の罪に適用されており、行為の主体である人に適用されている。そして、さらに一〇箇所でそうである。つまり、テイラー氏が挙げているすべての箇所でそういえるにもかかわらず、この「罪の責任を負わせる」という語がアダムの罪ついては明示的に使われていないからといって、アダムの子孫に罪の責任が負わせられていないと言えるのであろうか。聖書ではしばしば使われている「罪の責任を負わせる」という語が、高ぶり、不信、嘘、窃盗、抑圧、迫害、近親相姦、姦淫、獣姦、偽証、偶像崇拝、その他、多数の道徳的悪に適用されていないからといって、それらの罪の責任が問われることがないと言えるのであろうか。

二つの可能性しかない。〔第一の可能性は、〕これらの罪については明示的に「罪の責任が負わせられる」とは言われていないけれども、他の語が、これらが転嫁されることを明瞭に含意しており、それは、転嫁されると明示的に言われていることと等しい。そうであれば、アダムの罪の責任を負わせることについてもその通りである。「罪の責任を負わせる」という語が言おうとしていることは、他の言葉で明解に言うことができる。それは「罪の責任を負わせる」という語が使われる場合と同じであるか、それ以上によく表現される。この語の代わりに使われるそれらの言葉は、この語の内容をよく説明することができるからである。これが事実であると私は思う。「罪の責任を負わせる」という語はアダムの罪については使われていないけれども、「すべての者が罪を犯した」と言われている。子どもについては、アダムの罪によって彼らが罪を犯したのでなければ、この言葉は当てはまらない。また、「彼の不従順によって多くの者が罪人になった。」と言われ、「その罪によってすべての者の上に審判と断罪が下った。」と言われ、このことによって語られているのは「死（罪の報酬）がすべての者に及んだ。」ということである。これらの言葉は、「罪の責任を負わせる」という語の意味を十分に説明し、実際に主張されている論点を明晰に示す。

〔第二の可能性〕もしそうでないとしたら、前に述べたこれらの個人の罪、高ぶり、不信等のついて次のように言われるであろう。この「罪の責任を負わせる」という語が使われていないからといって、それらが罪ある者に負わせられていないことを意味するわけではない。この語自体は滅多につかわれないからである。罪の責任を負わせるという事態が、明確に意味されている百の場合のうち一度、あるいは五百のうちの一度しか、使われていないからである。アダムの罪についても、このことは同じように当てはまる。

もしかすると、テイラー氏は、ワッツ氏が言っている「道徳的行為ができる能力が備わる前に、子どもたちが不正の原理と罪の種を発見する」という考えに対抗して、反原罪論を展開しようとしているのかもしれない。[223] すなわち、テイラー氏は「子どもは謙遜、柔和、無罪潔白の原型である」（マタ一八・三、一コリ一四・二〇、詩一三一・二）という。

しかし、これを極端に敷衍すると、これらのテキストから理解できることは、子どもが消極的徳に関して勧告される模範にすぎなくなる。罪の行為と結果に関しては無罪潔白、罪の有害な結果に関しては無害、そこから生じる柔和と謙遜のイメージ、またそれに伴う心の自然的な優しさ、畏れ、自尊心、両親や他の年長の人々に対する従順と信頼、これらのこと以上ではないことになる。もしそうならば、勧められていることは「鳩」の徳の模範以上のものではない。鳩は無害な動物で、柔和さと愛の徳を持っているように見える。テイラー氏の教義にしたがっても、そのことが言われているだけである。彼の体系は、子どものなかに積極的徳とか、徳の傾向とかを認める余地をもたないからである。彼は（既に考察したように）「思考」と「反省」の結果でなければ徳ではないと主張する。しかし、子どもの中には積極的な徳を生み出すような思考も反省もありえない。子どもはまだ「道徳的行為」を行うことができないのである。テイラー氏が語る子どもとはそのようなものである。だが、積極的行為や悪徳に有害な効果があるのに対して、幼い子どもが、消極的徳を持ち、あるいは、積極的行為や悪徳の有害な結果に関して罪がないからといって、その子どもたちの本性が腐敗していないということにはならない。子どもたちの本性が腐敗していても、彼らが道徳的行為を行うことができるようになるまでは、積極的な悪い行為について責任を問われないことに何の不思議もないからである。若い毒蛇は、悪い行為ができなくとも、そして今のところは無害であるように見えても、悪い本性をもっている。

テイラー氏や他の人々が、原罪論に反対して論じているもう一つの点は、「原罪論は人間本性を蔑視している」というものである。(224)

彼らはこの問題について熱弁をふるっているが、あたかも子どもたちの感情や気まぐれに対して説教しているかのようであり、大人相手に合理的な議論をしているようには思えない。この教義が、丁寧に説明されていないと言わんばかりである。私は、この教義が気に入らない人々がいることは承知している。自分たちにとって心地よいことでなければ聞く耳をもたない非常に傷つきやすい（と言ってもよいだろう）人がいる。この教義は、人間本性の高貴な能力や、その仕事、人間が享受できる神に与えられた幸福や魂の不死をけっして軽蔑していない。そして、人間の現在の道徳状態について悪口を言っているという批判について言えば、この不名誉な状態が実際に罪を犯している人類に当てはまることは否定できないと私は思う。これが人類の生まれつきの状態ではないと考えるのは、論点先取にすぎない。もし、私たちがこの世に生まれてきたときに本当に罪の状態にあり、その結果、悲惨であるのなら、この病を発見し明らかにしようと努力する人は、私たちに対して友としての役をはたす。これに対してこの病を私たちから隠そうと努力する人は、友としての役を果たしていない。その結果、治癒を妨げる。この病は、手遅れにならないうちに治癒されないと、ついには恥と永続的な軽蔑を受けるに至り、完全に治療不可能で破滅的な状態になる。

原罪論に対するさらなる反論は、前のものと似ている。それは、「原罪論は私たちのうちに同胞に対する悪い見解を生み、悪質な憎しみ合いの関係をつくり出す傾向がある」という反論である。

これに対して私は次のように言いたい。私たち誰もが罪を持ってこの世に生まれてくるということが本当であるなら、そのことを心底、承認するとき、私たちは謙虚になるであろう。しかし、実際に私たちに属する罪と罪責を認めず、真実の姿よりもずっと善いと思いこもうとするなら、愚かなうぬぼれと高慢に陥るであろう。そして、理性によって、経験によって、神の言葉によって明らかなことは、この高慢こそ、世界に広まっている争い、憎しみ合い、悪意の根源であるということである。これに対抗する気質と態度を養う上で、謙遜ほど有効なものはない。原罪論は、他人を自分よりも悪いと考えないことを教えている。原罪論が教えていることは、私たちは全員、生まれつき、悲惨な救いのない状態に置かれた仲間だということである。この事実は神の憐れみが啓示されるとき、私たちを相互にいたわり合うようにする。慈愛、忍耐、我慢強さ、優しさ、許す気持ちといった好ましい心の傾向を促進する上で、私たち自身が非常に無価値であり惨めであり、神の憐れみと忍耐と赦しを無限に必要とすることを自覚し、その神の憐れみを得る希望をもっていることほど大きな力になるものはない。人間が生まれつき腐敗しているという教えは悪意を促進するというのなら、テイラー氏の教えは、なぜ悪意を促進しないと言えるのであろう。彼は、人類一般が非常に邪悪であり、必然ではなくて自由意志でそうなっていると教えているからである。自由意志で邪悪になる場合でも、人間は恨まれても仕方がない状態になる。彼自身の教えにしたがっても、それ以外の結論にはならないのである。

原罪論に対する別の反対意見は、「原罪論は、安心と喜びを妨げ、憂鬱な暗い気持ちにさせる」というものである。

これについて私は簡潔に次のように言おう。疑いもなく、人間が実際に罪を犯し、何をしても、神に嫌悪されていると想定してみよう。何らかのきっかけで彼らの目が開かれ、彼らが非常に愚かでなければ、その事実を反省して悲しみに至るであろう。そうなるのが当然である。この場合、彼らは悲しみに包まれ、罪ある行為を心から止め、神に還るまでそうするであろう。しかし、この教義には、慰めや溢れる喜びを妨げるものは何もない。彼らの心には、すべての罪を完全に投げ捨て、心と自分のすべてをキリストに捧げ、キリストのよる福音の救済の道に合致しているという慰めと溢れる喜びがある。

そのほかに、自分の本性に邪悪さが含まれていると説くことは、人間を罪に駆り立て、不正を行うようにさせるという反論がある。原罪論は、罪が生まれつきのものであり、それゆえ必然的で避けられない、と教えているからだ、というのである。

しかし、罪が私たちに生まれつきであるということを教えているこの教義が、同時に、罪は生まれつきであるからといって軽くなるのではない、と教えているのなら、それはけっして罪を奨励しない。それは、テイラー氏の、慣習で固められて強くなった罪の習慣は「いかんともしがたい」という教えが、常習的になった悪を奨励しないのと同様である。[225] 原罪論が、敢えて病の状態を無視し強情に病の状態にとどまり続けることを奨励しているかのように言うことが理にかなっているであろうか。この教義は、治療に向けて病気について知らせ、その病が本当で致命的であることを示し、この病が自分では治療することのできないものであることを教えている。そして、人を回復させる十分な力をもった偉大な医者であるキリストのところに行くようにと指示する。しかし、人間の生まれつきの無力や無能に反対する議論、つまり、罪に止まることを奨励するとか、あらゆる手段を尽くす努力をくじくとかいう議論への、もっと詳細な回答については、私が『自由意志論』の中で、これに関して詳しくのべている箇所を参照していただきたい。

テイラー氏は、原罪論への反論として、特に次の考えを熱心に述べている。もし、原罪論が真であれば、子どもを産むことと不法なことになるだろう。彼は言う。「もし、自然の生殖が世界にあらゆる罪と悪を避けがたく運び込む手段であるなら、それ自体が罪で不法なことである」。[226] この議論に説得力があるとすれば、その説得力は、「確実に罪と悪の存在の手段や契機になるものは、それ自体罪であるほかはない」という命題にかかっている。しかし、私は彼がこの命題やその帰結を十分に考えぬいていないのではないかと推測する。もし神が悪魔や悪に最終的に身を委ねてしまった者たちを存在させ続けているなら、そのあと、最も憎むべき忌まわしい悪が永遠に連続することになることは間違いない。しかし、いったい誰が、神がそれらを存在させていること自体が罪であると言い、冒涜の罪を犯そうとするであろう。同所で彼は、「私たちが罪の中に生まれる以上、生まれることとは罪である」と言う。（多分、ここで彼は生まれるということを能動態で考えているのであろう。）しかし、この見解を支える証拠はないし、「何かが罪の中で維持されている限り、それらを存在させていくことは罪である」という見解を支える証拠もない。もしこの場合合理的なものがあるとすれば、一番強い見解は後者であろう。彼も述べているように、親は存在の創始者ではないのに対して、神は真に存在を継続させている者だからである。サタンと多くの者たちを存在させていることが神の意思として知られているならば、最も確実な結果は、悪魔的な世界、地獄のような悪に満ちた世界が続くことであるが、神の叡智ある聖なる目的のために、人類の世界が続き人類が繁殖していくことも神の啓示された意志の一部であり、合法的な結婚によって結ばれた両親はその意志にしたがっているのである。彼らの子どもは、罪のなかでこの世に生まれてくるが、永遠の神聖と幸福を受けることができる。これは子どもたちにとって無限の恩恵であるから、両親は、その恩恵を受ける希望をもってよい十分な理由がある。彼らは、信仰によって救い主を通して子どもたちを神に委ね、主の養いと訓戒のなかで子どもたちを育てる。上に述べられたような揚げ足取りに対しては、このことが十分な答えになると私は思う。

もう一つの反論は、原罪の教義は、もしそれが重要な教義であるなら、聖書のなかでもっと頻繁に、もっと明解に語られていてもよさそうだという主張である。テイラー氏は、彼の著書の随所で読者に対して、聖書全体のなかで原罪論を教えているように見える箇所は非常に少ない、と述べている。これについて私は先に見解を述べたが、ここで更に述べたいことがある。原罪論についてのこれまでの擁護論をしっかりと読んできた読者は、ここで、このような反論に根拠があるかどうか、自分で判断してほしい。旧新約聖書のなかに、この偉大なキリスト教神学の信条を、否定することの出来ない証拠で示す十分な数の箇所があるかどうか、また、それは聖書のなかで十分明解に教えられている教義でないかどうか。私は、啓示された教義で原罪論ほど明解に教えられている教義は、他にあったとしてもきわめて希であると思う。実際、それは旧約聖書よりも新約聖書でより明瞭に説かれている。しかし啓示宗教のほとんどの重要な教義についてもそうであるから、驚くにはあたらない。

しかし、仮に、この教義が聖書のなかでまれにしか説かれていなかったとしても、実際に神の言葉によって私たちに告げられた証拠があるなら、そのとき、私たちがなすべき事は、神の言葉を信じ、神の教える教義を受け入れることである。そうしないで、神に何度もそれを語るようにと要求するとか、神がもっと頻繁に語らない理由にこだわり、神の教えを受け入れようとしないこと、また、私たちが求めるほど明解に述べていない理由をせっかちに神に求めることは私たちが採るべき態度ではない。このような態度を取るなら、たとえ筋道が合理的であったとしても、昔、サドカイ人たちが将来の復活を否定したように、自分の思想でキリストに逆らうことになある。キリストはサドカイ人に、「あなたたちは聖書も知らず、神の力も知らない」と非難した。〔227〕つまり、復活があって、その復活が、動物としての生命、肉欲的満足ではなく、霊的な喜びに至る道であるということを聖書自体から理解していないと非難されたのである。サドカイ人は、この教義は非常に重要であるから、もし真理ならば、聖書でもっと頻繁に、もっと明解に語られていてもよいはずだ、と言い張ったのかもしれない。そして、神の教会〈民〉が、彼らにとって無限に重要なことについて僅かな曖昧な示唆を与えられるだけで、置き去りにされているというようなことがあるはずはない、と言い張ったかもしれない。そして、彼らは、モーセの書に書かれている神の呼び名、つまりアブラハム、イサク、ヤコブの神という名から推論して、キリストの語られることを軽蔑して拒絶したかもしれない。キリストと口論して、モーセは神の心と意志を人々に教えるために遣わされてきたのであるから、もしその教義が正しいのなら、その教義を、条理を尽くして平明にそして何度も教えるべきだったのであり、人々をこれほど重要な教義について無知のままに置いておくことはなかったはずだと、抗弁したかもしれない。

聖書の大きな目的の一つは、神の存在の仕方を世界に教えるということであり、それについてこの世は、啓示がなければ、まったく知ることができなかった。そして、神が無限の存在であるということは一つの重要な教義であり、聖書で十分に教えられている。しかし、この教義は、聖書のなかで原罪の教義ほど、はっきりと、そして詳細には説かれていないと私には思われる。それゆえ、ソッツィーニ主義者たちはあら探しをして、神の遍在と全知を否定する。[228]ペラギウス主義者たちが、原罪論を否定するのと同様である。

テイラー氏は、四福音書のどれをとっても、キリストは原罪の教義について一言も語っていない、と特に強調して言う。もし、この教義が正しいなら、非常に重要であり、また贖罪の偉大な教義と密接に関連するのだから、福音書のどの頁でも強く語られていいてしかるべきである、という。[229]

　これに対しては次のように言うことができるであろう。四福音書で語られていることを見ると、キリストは、人間がすべて最初の状態では、罪に染まり、悲惨であるということを含意することを絶えず語っておられる。たとえば、キリストは「健全な者は医者を必要としない。必要とするのは病人である。」と語っておられる。[230]また、「人の子は、失われたものを捜して救うために来たのである」と語り、また、すべての者が「心を入れ替えて子どものようにならなければ、決して天の国に入ることはできない」と言われる。[231]また、ピラトスが犠牲の祭壇に血をまぜた者たちと変わらず、すべての者が罪人であって、「悔い改めていない者は、誰もが滅びた」と言われる。[232]また、キリストはすべての者に罪の赦しを求めて神に祈るよう命じておられる。[233]また私たちが神から許されることが必要であるということを、すべての者が隣人から受けた被害をゆるすべきであるという理由として語った。[234]また、地上の親は、自分たちの子に対しては親切であるということがあるにせよ、本質的には悪であると教えられた。[235]また、肉的で腐敗しているということが、人間の本質であると教えておられる。[236]弟子たちに野獣よりも人間を警戒しなさいと語られた。しばしば、この世は悪であり、世の働きは悪であって、真実と神聖に反し、キリストを憎んでいると言われた。[237]つまり、キリストは、すべての者が甚だしく言い表すことができないほどに罪に染まっており、債権者である神に巨大な負債を負っていることを平明に語られたのである。[238]

　そして、キリストは、ニコデモが教えを請いに来たとき、ニコデモに対して、原初の完全な堕落の教義を端的に語っていなかったであろうか。それは「ヨハネ福音書」三章一節から一一節について私たちが既に考察したことから読者が判断すべきことである。さらに、キリストは説教の中で、人々に人間の本性の腐敗に気づかせるために最も効果的な方法を用い、彼らに教義を自分に当てはめてみるという効果的で実践的な知識を与えた。特に神の聖なる厳密な律法、その適用範囲と霊的な性質と恐るべき警告を教えた。それは特に、人々の心を照らし出し、そこに潜んでいる大きな堕落を教えるためであった。単なる思弁でなく、良心の確信の事柄として教えたのである。実は、これだけが、原罪を知る適切な方法なのであり、これだけが精神にキリストの贖罪を受け入れる準備をさせることができる。人は自分の病を自覚したときに初めて、真剣に医者を求めるからである。

　キリストが、原罪について、教義のかたちで頻繁に教えておられない一つの理由として考えられるのは、キリストが神の世界創造についてそれほど語っておられない理由と同じであろう。神の世界創造は、もちろん重要な教義ではあるが、キリストの話のなかには出てこない。しかし、これは当然である。キリストが宣教の対象としているユダヤ人の間では、それは父祖たちから十分に教えられてきており、疑問視されるようなことではなかったからである。さらに古代のユダヤ人著作家から推察される一つの大きな理由は、原罪の教義がこの人たちの間で公然と語られていたということである[239]。もちろん、堕落した時代にあって、この教義は実践的に確信されてはいなかった。特にファリサイ派の間で広まっていた多くの観念は、原罪の教義と実際には矛盾してもいた。この偏見を是正するためには、この教義を彼らにも説明する必要があったろう。しかし、彼らの聖書を熟知していたキリストが、賢明な理由で重要な啓示された教義の幾つかについて、あえて寡黙であったことはよく知られている。キリストは、肉において地上にいましたとき、贖罪の必要性、根拠、性質と方法、また、罪人の義認の手段について語っておられない。昇天の後に、聖霊によって十分に解き明かされる教義として残しておかれたのである。
しかし、結局のところ、もしキリストがテイラー氏の望むようには、頻繁にこの教義を語らなかったのなら、逆にテイラー氏に問うてみたい。あなたの教義を、キリストが頻繁にわかりやすく語っていない理由をあなたはどう考えるのか。現世での死がアダムによって人類全員に及んでいる。しかし、アダムによって到来した死は、罰や災害ではなく大きな恩典であり、キリストの贖罪による豊かな恩恵、神の豊かな恩寵の結果である。キリストは第二のアダムとして、このためにこの世に来られたのである。そのような教義を、どうしてキリストは、頻繁にわかりやすく語っていないのであろう。確かに、もしその教義が正しいなら、きわめて重要な教えであるから、死が成人だけでなく幼児も支配する様子を看取っているあらゆる時代の神の教会に、知らされるべきである。もし、幼児が完全に無罪潔白であるなら、おびただしい数の幼児に対してなされているこの陰鬱でひどい神の処遇の目的が周知される必要があったのではないか。そうしなければ、この不可解で暗い神の処遇をいつも見ている者たちの心に、神についての最も悪い考えが浮かんでくるのを避けることはできない。それなら、合わせて四千年もたっているのに、旧約聖書にも四福音書にも、そのような教えについて一言も言及がないのはどうしてであろう。あるのは、テイラー氏の巧妙な批判と理屈によって、最も明白な強い証拠に反対してなされた議論だけなのである。

最近の多くの著者は、普遍的に存在する「道徳感覚」や、経験や人類の「本性」の観察から引き出される理由を論拠として、私たちがさまざまな「徳」の原理を備えてこの世に生まれてくるということを証明しようとする。つまり、正しいこと、真理、善いこと、そして公共の福祉を増進すること対して、何らかの好み、肯定の気持ち、愛を持って生まれてきており、利己的なこと、正義に合わないこと、不道徳なことに対しては、嫌悪や非難の心をもって生まれてきている、と主張する。人類には相互に親切にし、優しい感情を通い合わせる生まれつきの傾向があるというのである。原罪論に対するこのような反論については、現在出版を準備している『真の徳の本性』で詳細に論じたので、間もなく公刊される同書を参照していただきたい。

むすびの言葉

全体的に見ると、テイラー氏の本には、議論とは別に、人々の精神に影響を与え、ある種の読者の判断を曲げることを意図した多くの詭弁が見受けられる。彼は、多くの場所で、誠実、謙遜、柔和、愛をもって真理を追究しているといいながら、勝手に自分の思想とその理屈を人に押しつけている。[240] また、多くの場合に、たいそうな自信を示し、彼とは違う見解をもつ神の教会の優れた神学者たちや神父たちの意見をしばしば軽蔑する。[241] この二つのことについて、ここであまり拘泥したくはないが、読者にかなりの影響を与えていることは否めないと思う。（しかし、これらのことが適切に比較され、相互に対比されるなら、適切な影響だけが残るかもしれない。）私は、これらのことには拘泥しないが、もう一つのことに注意を促したいと思う。それは、テイラー氏の著作やキリスト教本来の教義に反対する最近の多くの人たちの諸作に見られることであるが、（特に年少の読者や不注意な読者に対して）重要な教義を指示する聖書の最も明晰な証拠の説得力をそぎ、その正当な結果の邪魔をする傾向があるということである。特に、キリスト教の教義が他の場所よりも最も明瞭に現れている使徒パウロの書簡にある議論を台無しにする傾向がある。私が言おうとしているのは次のことである。この人たちは、使徒を高く評価している。しかも、この使徒の卓越した天才、驚嘆すべき賢さ、強靭な推論能力、学識等について正しく評価している。この人たちは、書き手としてのパウロについて語る。立派な演説だとか、隅々までゆきとどく表現であるとか、深い配慮であるとか、彼の書簡のあらゆる箇所で、ほとんど彼の発するすべて言葉について、そういうことを語る。それは、きわめてもっともらしく見える。キリスト教の熱心の表れであり、聖書にしっかりとしたがっているかのように見える。キリスト教宣教の大きな道具であったばかりでなく、自ら新約聖書のかなりの部分を書いたこの偉大な使徒に対する高い尊敬を示すように見える。私は、彼らのうちの誰が、誠実でないことを言っているか、また、自分の特異な意見を受け容れてもらおうとして単なる作り事を言っているかについて、決定的な判定をしようとは思わない。しかし、彼らのわざとらしい議論は、非常に巧みにできあがっており、目的を首尾よく果たしている。それによって、不注意な読者たちはやすやすと一つの信念にひきずり込まれる。以前には、パウロの教えは非常に平明に思えていたのに、今や、自分たちや自分たちと同じような考えをしている者は、この使徒が書いていることの多くを正しく理解していなかったのだと思い込む。彼らは、また、これらの新しい著者たちに魅了され、使徒パウロの言葉に対してこの著者たちが加える解釈を好むようになる。多くの聖書箇所で、以前には考えてもみなかった意味を読み込むようになる。それは、通常の読者にとっては明らかな意味であると思われるすべての意味とは非常に異質なものであり、最も偉大な神学者や最良の注釈者と見なされていた人々の一致した見解になっていた読み取りから遙かに隔たっている。読者は知るべきである。パウロは俗人の理解力を超えた人であるから、彼の考えていることが非常に深くても不思議ではない。通常のキリスト教徒、あるいは「ウェストミンスター宗教会議」の神学者たちの表面的な認識が、パウロを理解することができず、パウロ書簡の真の精神と意図に至ることができないとしても、驚くには値しない。読者は理解しなければならない。宗教改革以前や以後の最初の宗教改革者たち、説教者、注解者たちは一般に、千五百年あるいは千六百年の間、あまりにも教養がなく近視眼的であったので、その意味を洞察できなかった。あるいは、パウロのような偉大な人物の書いたものを注解するには不向きであった。さもなければ、偏狭な信仰や迷信の洞窟内に住んでいるため、聖書を読むときに理解力を自由に発揮できないでいたのである。しかし、同時に理解されねばならない。今や、この光と自由の時代になって、ついにより自由で広い精神をもった理解力のある人々が出現した、云々……。この人たちは、このように言って、読者に取り入り、自分たちの主義主張に誘導する。そうして、聖書についての最も不合理で途方もない解釈がまかり通り推奨される。その結果、素朴な読者が、それほど用心深くなく、自分自身の眼ではっきり見ない場合、または、非常に怠惰であるか自分自身で徹底的に吟味する時間を持たない場合（自分自身でパウロの書簡に親しみ、細部を相互に比較する労をいとわなければ、この人たちが言っている注解や意見を十分に判定することができるようになるが、そうする人は残念ながら少数である。）、幻惑的な見解を受け入れる危険に晒される。このような人は、パウロの知恵を称揚しているかのようなこの態度や、次々に繰り出される学識、批判、厳密な見解、真の焦点への洞察、見事な議論の繋がり、これらの著作家の自信に満ちた断定の調子、昔ながらの見解や注釈への軽蔑に接すると、奇妙な学説を鵜呑みにし、これらの現代の解釈者たちの優越した能力を信頼してしまう危険にさらされる。

しかし、謙虚な態度で考えると、とりわけ使徒パウロが書いたものについての彼らの解釈は、ときたま才気のひらめきがあっても、重要な教義についてはきわめて不合理であり、パウロの実際の意図、彼が通常の意味で使っている言葉、書簡で説かれていた教義と、ずいぶん隔たっていることは明らかである。彼らの批判は、よく吟味してみれば、堅実ではなく非常に微妙である。これらの著作家が濫用する自由の前に立つと、何も十分に堅固ではありえず何も明瞭ではなくなるかのようである。平明で最も筋の通った理論が分析され批判されて、最後には何も残らなくなる。あるいは、ほとんど意味を持たないものになる。聖書は細部に切り刻まれて霞のようになる。あるいは蒸発して厚い雲になる。この雲はどんな形をとることもでき、手品師の思い通りに、風のひと吹きでどの方向にも流れていく。通常の言語は、このように濫用された曲芸に対して十分に身を守るようにはできていない。私がこれまでに述べてきた議論を考察していただけば、そのことは十分に納得できると、私は思っている。

しかし、このこと、そして原罪について私がこれまで述べてきたことは、すべての率直な心を持った読者自身が判定されるであろう。これらの努力の全体が成功するかどうかは神の御心が決定する。神は何がご自身の意志と合致するかをご存じであるし、ご自身の真理を普及させることのできる方である。死すべき人間は、錯覚を与えやすい曇った媒体を通してしかものをみることができないから、この貧弱な、部分的で狭隘な、非常に不完全な目に神の真理がどれだけ不思議なものと映ろうとも、また、人間の心の数限りない偏見にその真理がいかに受け入れがたく思えたとしても、キリストの福音は、真実に神から出たものであるから、必ず勝利すると神は約束しておられるのである。また、神の口から出る言葉は、私たちを勇気づけ、「むなしく戻ってくることはない。神の言葉は、御心を達成し、その先々で栄えるであろう」[242]。神が立ち上がり、ご自分のために語り、ご白身の偉大な名を輝かすことを願おうではないか。アーメン。

訳者解説

一　啓蒙主義とジョン・テイラー

本書は、一八世紀ニューイングランドの神学者ジョナサン・エドワーズ（Jonathan Edwards, 1703-1758）の最晩年の著作、『原罪論』（*The Great Christian Doctrine of Original Sin Defended*, 1758）の日本語訳である。エドワーズは、この著作で、英国の神学者ジョン・テイラー（John Taylor, 1694-1761）の『聖書の原罪論』（*The Scripture-doctrine of Original Sin Proposed to Free and Candid Examination*, 1740）を批判し、キリスト教の伝統的教義である原罪論を擁護していく。エドワーズがテイラーの思想を批判するとき、その背景には、啓蒙主義とキリスト教の根本的対立が横たわっていた。

一八世紀のヨーロッパ、そして新大陸アメリカの植民地には、今日「啓蒙主義」と呼ばれている思考様式が広まった。テイラーの著作はその啓蒙主義の特徴を色濃く帯びている。多くの論点を指摘する暇はないが、まず周辺的な四つの特徴を取り上げておく。

第一に、彼は「真理」を議論の前面に掲げる。それは、当時、危険思想とされた「理神論」とも共通する態度である。理神論者トーランド（John Toland, 1670-1722）は、『キリスト教は神秘的でない』（*Christianity Not Mysterious*, 1696）を書いたが、その序文で、「真理」を強調し、真理のために敢えて物議をかもしていると述べている。テイラーやトーランドが言う「真理」とは何か。それは知性的判断の基準であり、「ヨハネ福音書」等に言われるような、人格や世界観と不可分の宗教的徳性ではない。彼らには、少なくとも公式的には、イエスを前にして「真理とは何か」（ヨハ一八・三八）と問うたピラトゥスの戸惑いは無縁であったであろう。彼らにとっては「真理」とは知性の立場からの合理的で誤りのない知識のことである。テイラーは「真理の規則には、神自身もまた従う」と言う（『聖書の原罪論』二頁）。

第二に、テイラーは、多くの啓蒙主義者と同様に、ニュートンの物理学を解放の科学と考えている。ニュートン力学を知識のモデルとするとき、因果性は、機械論的必然性となる。これは彼の人間本性の見方、そして、原罪論の見方にも浸透する。アダムの罪が自然的生殖を通じて子孫に伝わるというのならば、それは、誤った有害な因果観念である。なぜなら、実態的には必然性がないところに必然性を想定して、自由を圧殺しているからである。

第三に、テイラーは、神の創造の目的は、理性的被造物である人間の「徳と幸福」を増進することだと考える。そのように考えれば、「徳と幸福」を追い求めることが、神の意思にかない、また人生の目的となる。しかし、これは、創造の目的を「神の栄光」と考え、人生の目的を「神を賛美し、悦ぶこと」と考えるカルヴィニズムの神中心主義からは出てこない思想である。むしろ、それは、シャフツベリ（Anthony Ashley-Cooper, 3rd Earl of Shaftesbury, 1671-1713）から始まる自然主義道徳哲学と同じ基調と課題を持っている。

第四に、ギリシア的霊魂観を採用している。ギリシア的霊魂観では、プラトンの『国家』や『パイドロス』、アリストテレスの『霊魂論』、あるいはストア哲学の「指導理性」（ヘーゲモニコン）の思想に見られるように、霊魂の指導的部分が、動物的部分を支配（制御）することによって徳や正義が実現すると考えられていた。そして啓蒙主義の道徳哲学は、基本的に、このギリシア的霊魂論を採用する。テイラーは『ローマ書註解』（*A Paraphrase with notes on the Epistle to the Romans*, 1745）で、「霊とは私たちの心の精神、すなわち私たちの心身構造の最高部分、または私たちが真理を判別し、是認し、選ぶ能力である理性的原理を表す」(三一三頁)と言って、同種の霊魂観を、パウロの思想に当てはめている。

ただし、一八世紀の道徳哲学は、ギリシア的な霊魂観をそのまま採用しているのではなく、そこに重要な修正をくわえた。知性、理性、指導理性だけでなく、感情の中に道徳原理を見出そうとするのである。この理性から感情への重点の移動が示す思想史的意義については、坂本達哉『社会思想の歴史』、名古屋大学出版会、二〇一四年、八六—八八頁に的確な指摘がある。思想史的展望のなかで見ると、テイラーが、ギリシア的霊魂観を採用しているのに対して、エドワーズは、むしろ、啓蒙主義の道徳哲学が重視した、感情的原理を彼独自の体系に引き込もうとしているように見える。

さて、啓蒙主義は、もともとキリスト教の外で発生した運動である。コーヒーハウス、サロン、メイソンロッジなどの世俗の社交場での会話や書斎での読書からインスピレーションを得ている。しかし、伝統的知識を批判的・選択的に捉え直す、この啓蒙主義の態度は、キリスト教の中にも浸透し、新しい神学の流れをつくる。今日では一般にこれを「自由主義神学」と言うが、当時のニューイングランドのピューリタンは、「アルミニウス主義」と呼んで警戒した。ここでいう「アルミニウス主義」とは、いわゆるレッテル(悪評)であり、一六世紀のオランダ改革派の思想家アルミニウス(Jacobus Arminius, 1560-1609)の考えを継承するという意味を持たない。それは、ニューイングランドの教会の足元から燃え上がった新神学に対してピューリタンの側から投げかけられた汚名である(「解題」参照)。

エドワーズは、本書と、これに先立つ『自由意志論』で、この新神学の発信源である英国、スコットランドの代表的神学者の説を標的にし、それを神学の根本問題として議論する。彼が敵に回した「アルミニウス主義者」には、反カルヴィニズムを標榜したダニエル・ホィットビイ(Daniel Whitby, 1638-1726)、理神論者のトーマス・

チャブ（Thomas Chubb, 1679-1747）などの著名な論者がいたが、なかでも本書で集中的に批判の対象としているジョン・テイラーは、エドワーズが『自由意志論』でも批判する最も重要な論敵であった。

テイラーの自由主義と反権力志向は、彼の経歴や社会的・教会的背景を見るとかなり的確に想像できる。彼は、ランカスター近郊で、材木商人の息子として生まれ、ホワイトヘーヴン・アカデミーで教育を受けたのち、一七一五年、二一歳のとき、リンカーンシャーのカークステッドの長老派教会に赴任し、翌年「説教長老」に就任した。薄給でろくに書物も買えなかったが研究に精励し、その努力の成果は、一七三三年に、ロンドンの北東部ノーフォーク州ノリッチの長老派教会の牧師に転じた後に開花した。ノリッチは、かつて分離派の指導者であったロバート・ブラウン（Robert Browne, 1550–1633）が活動を始めた場所でもある。須永隆『プロテスタント亡命難民の経済史』（昭和堂、二〇一〇年）によれば、オランダから多くの亡命者（ユグノー）を受け入れた歴史をもつ、リベラルな土地柄であった。

テイラーはノリッチに赴任後、教会員の希望に応じて、サミュエル・クラーク（Samuel Clarke、1675-1729）の『三位一体論』の読書会を開くなど、のびのびと活動した。教会員には、教会の知的権威によらず、一人一人が聖書から真理を読み取ることによって真の信仰者として自立することを奨励した。折しも、ノッティンガムの会衆派教会でジョセフ・ローソン破門事件が起こったとき、テイラーはローソンを擁護し、教会側を批判する論文『キリスト教徒の共通の権利を擁護する』（一七三七）を匿名で書いた。さらに翌年、実名で続編を出版して、教会の組織権力に疑義を呈した。

この事件は、ジョセフ・ローソンという人物が、三位一体論に関する教会の教えの一部を、「よく解らない」といって受け入れなかったために破門されたという事件である。テイラーは、上記の書物で、「秘儀は、不合理なことを蔽い隠す都合のよい呼び名になっており」、コンスタンティヌス帝以来、宗教は政治に従属し、宗教改革以後も「プロテスタント教皇制」〈Protestant Popery〉、あるいは「分離派的教皇制」〈Dissenting Popery〉とでも呼べる悪しき慣行が残っている、と言う。「教皇制」とは何か。それは、指導者が「聖書」以外に、「神学」や「信条」を掲げて、「無謬性」を前提とした知的権威になり、「迫害」を行う権威主義的教会政治のことである。テイラーは、この「教皇制」を否定し、個人が与えられている知的能力を発揮し、宗教改革の標語である「聖書によってのみ」を信仰の基準とするよう奨励した。

また、テイラーは、ノリッチに移ってから、旺盛な著作活動を始めた。一七四〇年に『聖書の原罪論』、一七四五年には『ローマ書註解』を出版した。そこには、伝統的釈義への強い対抗意識が見られる。彼の書いたものには、「聖書的」（scriptural）という形容詞がよく登場するが、この言葉は、独自の精密な聖書解釈を通じて、既存の神学体系から一定の教義を取捨選択しようとする彼の態度を表している。「私が書いたのは、聖書が教える原罪論であり、カルヴィニズムやスコラ哲学の原罪論ではない」（『聖書の原罪論』二七九頁）。

彼の聖書解釈は、聖書の文言に忠実であるという意味で聖書実証主義ということもできよう。『ローマ書註解』の「読者への献辞」で言う。

「啓示の事柄については、私たちは思い上がった考えを持ってはいけない。キリスト教の教えのあらゆる論点は、聖書の中に発見され、聖書によって説明されなければならない。そこで教えられている原則を厳密にまもり、使われている語句の意味を明確にしなければならない」。

彼は庶民の出であり、一流の神学教育を受けていないという負い目があったが、その分、自学自修の情熱が強かった。若いときからヘブライ語の研鑽にはげみ、聖書解読では（エドワーズが指摘するように、解釈の仕方には大いに問題はあるが、それは別問題として）その能力を存分に発揮した。一七五四年には、長年の聖書研究にかけた情熱の結晶である『ヘブライ語聖書語句辞典』の第一部を刊行し、その業績によって、グラスゴー大学から名誉神学博士号を授与された（W. Turner, *Lives of Eminent Unitarians*, 1840, p.328）。

もう一点、テイラーが、ユニテリアニズムへの傾きを持っていたことを指摘しておかねばならない。今日、英国におけるユニテリアンの拠点の一つとなっているオクタゴン・チャペルは、テイラーが礎石を据え、一七五六年に献堂された建物である。ユニテリアンが教派として組織されるのは一七七四年以降であるから、テイラーは、教派的には、それ以前のリベラルな長老派に属するが、通史でみれば、ユニテリアニズムの先駆者の一人とみなすことができる。（なお、オクタゴン・チャペルとユニテリアンの関係については、舩木恵子「イングリッシュ・ユニテリアニズムのヴィクトリア時代思潮」［有江大介編『ヴィクトリア時代の思潮とJ・S・ミル』三和書籍、二〇一三年、所収］を参照。）

さて、エドワーズとの関係では、テイラーの原罪論批判の標的が、ピューリタンの教義体系である「ウェスタミンスター信仰基準」（信仰告白と大小二つの教理問答）に向けられていたという事実がきわめて重大である。テイラー神学の方法の特徴は、聖書の字義を、理性によって絞り込んで解釈するリテラリズムであるが、その立場から、原罪論を始めとして伝統的教義のかなりの部分を、想像の産物として排除する。後でみるように、彼は『聖書の原罪論』の第二部で『ウェストミンスター大信仰問答』を直接取り上げ、その文言を逐一、批判している。また、「補論」の部分では、ワッツ（Isaac Watts, 1674–1748）や、ジェニングズ（David Jennings, 1691–1762）への反論を展開し、『ウェストミンスター信仰告白』の聖書的根拠を否定するのである。

『ウェストミンスター信仰告白』は、いわばピューリタンの「憲法」のようなものであった。ピューリタン革命（1641–1649）とその後の共和制の時期に、アイルランド、スコットランドを含めて英国全土から集まった一二一人の聖職者、ならびに三〇人の平信徒補佐人によって作成された。それは、改革派の「契約神学」を枠組みにし、その枠組みのなかに、ドルトの宗教会議（1618–1619）で改革派の正統神学として確認された「予定説」

などのカルヴィニズムの教理を組織的に組み込んだ教理文書であった。ピューリタニズムの理想を実現しようとして新大陸に渡ったピューリタンたちが、これを尊重し、実生活の規範としたのは言うまでもない。したがって、啓蒙主義の影響をうけた新神学「アルミニウス主義」に対しては、カルヴィニズムの立場から多くの批判があった。エドワーズは、テイラーの『聖書の原罪論』に対して、既に、ワッツ、ジェニングズ等の批判があったことも十分に知っていたであろう。しかし、おそらく、エドワーズから見て、彼らの反論は、テイラー神学の基礎にある思想史的な問題に対応できていないと見えたであろう。「アルミニウス主義」の台頭によって露呈した問題は、たんに教派相互の論争というような局所的な問題ではなく、抜本的な難問であったからである。それは、啓蒙主義の進展によって成立した個人主義的人間観が、はたしてキリスト教の世界観（そしてカルヴィニズム）と折り合いのつくものなのかという基本的な問題を提起していた。

個人主義は、個体としての人間を、人類、民族や国家といった集団を構成するそれ以上分割できない単位と考え、そこに権利や義務、責任といった法的価値を帰属させるが、その見方は、本質的に神を必要としない。

この個人主義は、アリストテレス的存在階層構造（ヒエラルキー）が崩壊し、平準化した四次元世界で、もともシンプルな単位から組みたてられた物体が運動するという力学（物体主義）をモデルとして発想された。均質的幾何学空間で物体が法則に即して運動するように、政治空間でも権力の遠心的な断片化・多元化がすすんで、法に触れない限り「個人」は自由に行動することができる。そして、個人の権利や自由は、商業活動を奨励する近代市民社会の前提になる。というのは、そこでは商業活動に典型的にあらわれるように、個人の相互契約が法的な秩序を組み上げるからである。そこでは、神は直接の契約当事者にならない。それゆえ、啓蒙主義思想家たちの多くは、神を括弧にいれ、宗教から切り離して人間を見る（世俗的）道徳哲学を構想した。たとえば、既に名前を出したシャフツベリは、ギリシア・ローマに範をとって、徳と幸福の自然的関係を論じ、ハチスン

（Francis Hutcheson, 1694–1746）は心中の「道徳感覚」が道徳を基礎づけると主張した。（p.220°）

しかし、個人間の自由契約だけで公明正大な公の法秩序が出来るであろうか。法秩序は、それを支える道徳や倫理を必要とする。嘘をつかない、他人のものを盗まないというのは、個人の契約以前の、契約の前提になる社会構成原理である。約束が嘘だとわかっていれば、誰も契約をしない。それゆえ、個人相互の自由な契約がなされるための、道徳的・倫理的な前提を論じることが道徳哲学者の仕事となった。神を登場させないとすれば、あるいは、現代のように法実証主義によって実定法の外の条件を括弧に入れることをしないとすれば、道徳の存在基盤になるのは、「人間本性」（人間の自然性）しかない。むろん「自然」といっても、何が自然であるか、自然の本質や法則はどのようであるか、その問題については様々な見解が可能である。エドワーズは、ティラーらの新神学とピューリタン神学の間の主戦場が、人間本性論にあることを認識し、『宗教感情論』（一七四六）や『自由意思論』（一七五四）や本書の『原罪論』等の一連の著作において、同時代の道徳哲学者たちに伍して、人間本性を心理学的に考察し、彼らとは別の神学的視点から、人間本性を考察して道徳の基礎にすえるのである。

その際、よく知られているように、彼の議論の切り口は、「自己決定能力としての自由意志」という近代思想に固有の観念を論破することであった。（三一四頁以下参照）この観念が、一八世紀の啓蒙主義でどれだけ強いものになるかは、『啓蒙とは何か』という有名な論文を書いたドイツの哲学者イマヌエル・カント（Immanuel Kant, 1724–1804）の哲学に総括的に示されている。カントは、『道徳形而上学原論』等で「無条件に善と言えるものは善意志以外にない」とのべ、道徳を因果律が支配する自然界から引き離し、自律化させ、善の根源を人間の意志に求める。こうして、自然と道徳は対立するようになり、そのなかで自律が道徳の要として全肯定される。道徳の最重要理念は、「徳」になる。道徳が宗教を代替し、道徳の神聖化（実は偶像化）が起こる。

実は、この点が、テイラー等の新神学（「アルミニウス主義」）が啓蒙主義と共有する最も重要な傾向なのであり、先にあげた四つの特徴は、この頂点にいたる登山口のようなものにすぎない。

さて、自由意志の観念と、自律的個人の観念が、個人主義を支えたが、個人に権利や責任を帰着させるこの人間観に矛盾はないのであろうか。少なくとも、その範囲で議論が終わらないことは誰の目にも明らかである。どのような権利も義務も、社会的脈絡を視野にいれなければ宙に浮いてしまう。つまり、善悪の価値判断は誰でもするけれども、その個人的価値判断と他者の利害を視野に入れてなされる「正義」や「罪」の価値判断とでは成立条件が違うのである。個人にとっての善悪は、生存している限り、社会環境がなくても成立する。ロビンソン・クルーソーも善悪の彼岸に住んでいるわけではなかった。衣食住の手段は、彼にとって善であったに違いない。

「正義」や「罪」の観念を維持したまま、啓蒙主義の道徳哲学は、(神を括弧にいれて) 生物としての個人に必然的に備わる善悪の価値判断から、「公共善」といわれる集団的価値を救済しようと試みる。まず、個人としての人間本性があることを承認したうえで、「仁愛」(他人への善意と親切) あるいは「共感」などの、社会を構成している徳性を人間本性の中に確認する。しかし、個人の幸福だけでなく公共善の推進を目的にするなら、当然、合法性の観点から罪は排除され正義が実行されなければならない。その意味では、罪も正義も、社会規範との関係で定義されるのである。これは、罪や正義を価値として承認するなら、権利や義務をすべて個人の判断に任せることはできないということを意味する。自由意志は、現実には、社会的な制限のなかで行使される。

さらに、全ての事象を神中心に考察するなら、罪も正義も社会的条件だけで成立していると言うだけではすまない。神学的枠組みで考察すれば、罪も正義も、たんに心の機能や社会的制度だけでは定義されない。それらは外部に「正しさ」の基準を必要とする。プラトンのイデア論が古典的に描いているように、その基準は理念であり、現実には到達されることのない極限である。道徳的・法的価値の実現を計測する基準においても、いわば、直線に近似した曲線は無数にあるが、完全な直線は現実には存在しないということに似た、不完全性が残る。もっとも、他方、伝統的神学のように神を直接登場させても、道徳哲学との議論は噛み合わないし、近代社会の動態から乖離した議論になってしまう。神学と道徳哲学の議論をつなげるためには、ただ一つの道しかない。それは、共通の基盤である「自然」を取り上げることである。自然が理論的統合の鍵を握っていたからこそ、法学では自然法が、神学では、王立協会を拠点として自然神学が、そして、哲学では、人間の本性（自然性）を、心の働きのなかに見ようとする心理学的道徳論が研究されたのである。

原罪論は、ユダヤ＝キリスト教の伝統のなかで深められてきた独特の人間本性論である。そして、人間の本性を道徳的に堕落していると見る、その人間本性論は、啓蒙主義の考える自然主義的で善悪中立的な人間本性論と相いれなかった。それゆえ、カッシラー（Ernst Cassirer, 1874–1945）が言うように、「原罪という観念は、啓蒙主義のあらゆる流派が、共闘して戦った共通の敵」になった（The Concept of original sin is the common opponent against which all the different trends of the Enlightenment join forces. [*The Philosophy of the Enlightenment*, 1951, p.141.]）。

エドワーズは、本書『原罪論』で、テイラーらの啓蒙主義に抗して、人間本性論としての原罪論を、聖書の体系的解読によって、そして彼独自の認識論を使って擁護する。テイラーとエドワーズ、この二人の議論については後で詳細を見るが、ここでは、それ先立ち、まず「原罪論」の成立過程と基本的見方を、特にテイラーとエドワーズの議論にかかわる部分を意識して概観しておく。

二　原罪論の成立

「原罪」（peccatum originale）という言葉を神学的用語として最初に使い、事実上「原罪論」の創始者になった人物は、教父アウグスティヌス（Aurelius Augustinus, 354–430）である。彼は、三九七年に、恩師アンブロシウスの後継者となったミラノ司教シンプリキヌスの問いに答えた文書のなかで、この「原罪」という用語を初めて使い、さらに四一一年に始まるペラギウス派との論争のなかで「原罪」の説を確立していった。そして、「原罪論」がキリスト教の公の「信仰告白」に組み入れられた時期は、それよりも一世紀以上も遅く、アウグスティヌスが没してからほぼ百年後の五二九年に南フランスのオランジュで開かれた宗教会議が最初なのである。

このように、原罪論は、アウグスティヌス以前には遡らないが、原罪論に流れ込む源流のような伝承は、彼よりも前に存在した。そのうちの最も重要な伝承は、「創世記」三章とパウロの書簡である。

（二）「創世記」

「原罪論」と言えば、「創世記」三章に記された「失楽園」の物語を思い浮かべる人が多いであろう。アダムとエバが、神の戒めを破って「善悪を知る」樹の果実を食べたために楽園から追放され、そこから人類の苦難の歴史が始まるという物語である。しかし、実は、この物語には「原罪論」は出ていない。それどころか「原罪」という言葉も「罪」という言葉も出ていないのである。

しかし、それでは、創世記のこの物語の主たる意図はなにか。創世記は、さまざまな時代を経て編集されてきており、この物語も、幾重にも取り囲む叙述の枠組みの中に置かれている。ひときわ明瞭な枠組みは、創世記の一章から一一章、聖書学者たちが「元歴史」と呼ぶ部分であり、そこでは、人類の歴史が、人間の行為の悪と文明の発達段階として、透徹したリアリズムで記述されている。私は、かつて、この部分の内容を次のように要約した。

「一―三章には、人類の根本的錯誤（原罪）の記述があり、四章では、カインとアベルの話を通して、エデンの園を出た人類の最初の現実的罪（actual sin）、すなわち自由意志による神への反逆行為が兄弟殺しであったことが劇的に記される。続いて四章に、カインの子孫たちが楽器などの文明の利器の発明と並行して武器の開発のよって暴力をエスカレートさせていく様子が描かれる。この事態に対して、神は人類を創造したことを悔いて、大洪水によって人類と全生物の刷新をはかる。六―八章に描かれる大洪水とノアの方舟の話である。洪水のあと、神と残された人類と全生物との間に契約が交わされ、歴史は新しい段階に入る。しかし、この刷新の後も人類の罪はとどまるところを知らない。都市文明は、人類をさらに高慢に導き、人類は都市に結集することによって、地の全域に「満ちる」という神の創造の意思、「産めよ、増えよ、地に満ちて地を従わせよ。」（一章二八節）という命令に逆らい、天に向かって巨大な塔を建築する。神はこれに対処して、人類の言葉を多様化することによって、人類を全地に散らし自らの意思を貫徹する（一一章）。これが、この元歴史の部分の概略である。」（大久保正健「創世記における創造の概念」、『杉野服飾大学・杉野服飾大学短期大学部紀要』七号、二〇〇八、五九頁、http://ci.nii.ac.jp/naid/110007031086）

このように「元歴史」の編者が、人類史を道徳的な視点から見ていることは間違いないが、創世記三章に「罪」という神学的概念を読み込むのは時代錯誤といえないこともない。「元歴史」そして、三章の物語自体は、かならずしも、後の時代の神学的罪観に合致しないからである。また、エデンの園の状態（A）と、その後の人類の状態（B）は対比されているけれども、その対比によって、（A）よりも（B）の方が悪い状態であるという価値判断を示しているかどうかも不明である。もっとも、変化を歴史として語る以上は、変化の事実だけでなく、変化の理由も語らなければならない。後知恵でいえば、その理由のなかに原罪論の萌芽があった、とは言える。

さて、すべての変化には原因と結果がある。もし、その原因と結果が法的な因果関係であり、そこに債権者と債務者、加害者と被害者がいるとすれば、原因も結果も弁証法的で複合的である。単一原因から単一結果がでてくるのではない。「創世記」三章では、神の命令に背いたというのは人間の側の原因（C1）であるが、その違反に対して処罰を行ったことが、神の側の原因（C2）である。

実は、結果についても弁証法的二重性がある。「創世記」三章で語られる結果は、人間の生存条件がどうなったのかという人間の側での結果であり、神がさらにその先、どのような手を打ったのかということ、すなわち神の側で、更になされる追加的な措置は、ここでは叙述対象になっていない。したがって、ここでは、人間の側で起こった結果だけに着目してよいであろう。

人間の側に起きた結果は、「園のすべての木から取って食べなさい。ただし、善悪の知識の木からは、決して食べてはならない。食べると必ず死んでしまう」（二・一七、一八）という警告に示唆されている。神の戒めを破れば、結果は「死」であるということを、この警告は示唆している。

しかし、この「死」は、どのような意味での死であったのか。この点は、後で見るテイラーとエドワーズの見解の相違と関わるが、「創世記」三章で見るかぎり、「死」は二重の意味で語られている。まず、これが「身体的死」を意味していることは「塵にすぎないお前は塵に返る」（三・一九）という処罰の宣告から明らかである。しかし、「死んでしまう」というのは、白雪姫が毒りんごを食べて中毒死するというような意味ではない。もし、そうであれば、アダムは楽園内で死んだであろう。しかし、アダムは、神の処罰によって楽園を追放され、楽園の外で死ぬのである。これは、何を意味するであろうか。

死の本質は、高次のシステムから切り離されることである。身体の死は、生態系からの排除であるとすれば、他方、精神の死は他者との精神的（霊的）交流が途絶することである。いずれの意味でも、死が孤独なのは、そのとき、同じシステムに属していた他の存在から隔離されるからである。楽園から追放されたとき、アダムは、神との家族のような親しい関係を失い、神との精神的対話の喜びのなかに生の意味を求めることができなくなった。エデンの園の外に出た人類には、生きるための労苦が絶えないが、土地を耕すという労働には、アルベール・カミュが『シーシュポスの神話』で論じたように、究極的意味は欠けている。生存を維持するという暫定的な目的はあっても、最後に身体の死を迎えることが確定しているから、生存の維持は、人生の究極的な目的にはなりえない。一体、人生のすべての行為を最終的には挫折させるかにみえる出来事が、なぜ、人生の最後に起こるのであろうか。これは、巨大な謎である。

「創世記」三章の記事は、この問題に一つの解答を与えようとしている。人はなぜ、一人の例外もなく惨めで暗い死を迎えねばならないのか。それは、創造者である神の戒めを破ったからである。死は、神から受けた刑罰であるという主張が、創世記三章の主題であったことは間違いないであろう。

(二) 使徒パウロ

このような死の神学に、「原罪論」の誕生につながる一つのシナリオを与えたのは、イエスの死後に原始キリスト教団の最大の指導者になったパウロであった。彼にとって、罪を神と人間、そして人と人の間に生じる侵犯行為ではなく、人間のあり方と行為を支配する宿命的・普遍的な支配力であった。

パウロ以前のユダヤ教文書では、通常、人間は、自由意志によって律法を守ることができると考えられていた(『シラの書』、『クムラン文書』)。それらの文書は、ヘレニズムの文化に抗してユダヤの民族的アイデンティティを守るために「律法」を防波堤にせよという奨励の文章であったから、戒めを守れなかったアダムを自分たちの父祖として歓迎するはずがない。一方、ヘレニズム文化を受け入れ祖先伝来の律法を放棄したリベラルなユダヤ人たちもまた、律法の代わりに「知恵」を救済手段と考えたから、善悪を知ることが人間の堕落の開始になるという、創世記の逆説を受け入れるはずもない。総じて、ヘレニズム文化の中で生きなければならなかった第二神殿期のユダヤ人たちにとっては、アダムから伝わる負の遺産としての原罪は、魅力的な観念ではありえなかった。

ところが、パウロは、神から与えられたユダヤ人の精神的支柱である律法を、逆説的に捉える。それ自体は、善いものであるけれども、現実の人間にとっては救済にならず、むしろ罪を露呈させる働きをする。そして、支配力としての罪は、同じく支配力としての死とともに、人間をこの世界に繋ぎ止める宿命的連鎖を形成している、と考える。「このようなわけで、一人の人〔アダム〕によって罪が世に入り、罪によって死が入り込んだように、死はすべての人に及んだのです。すべての人が罪を犯したからです」(ロマ五・一二―一四)。また、「コリントの信徒への手紙二」一五章五六節では、両者の関係は「死のとげは罪であり、罪の力は律法です」と述べている。いずれの場合も、罪と死の強い連結が語られている。

さらに、この支配力は、個人の人格をこえた、独自の存在であるだけでなく、一種の人格でもある。この場合の「人格」は、「個人」という意味でも、三位一体論における「位格」という意味でもなく、人間生命の形相を意味する。人間には常時「死相」や「生気」が現れている。「死」と「生」は、個人の生命に現れる、個人の生命を超えた、生命の普遍的型(形相)である。別様にいえば、「死」も「生」も個人の中にあらわれる、個人から超越した形而上学的存在である。そのような捉え方は、パウロの言葉の随所にあらわれる。たとえば、

「わたしたちは、いつもイエスの死を体にまとっています、命がこの体に現れるために。わたしたちは生きている間、絶えずイエスのために死にさらされています、死ぬはずのこの身にイエスの命があらわれるために。こうしてわたしたちの内には死が働き、あなたがたの内には命が働いていることになります。」(二コリ四・一〇―一二)

このように、死を単なる自然現象ではなく、個人の外から現れる超越的な支配力として捉えたパウロは、その法的前提である罪も、同様に、存在論的・人間学的に見る。

「わたしは、自分のしていることが分かりません。自分が望むことは実行せず、かえって憎んでいることをするからです。もし、望まないことを行っているとすれば、律法を善いものとして認めているわけになります。そしてそういうことを行っているのは、もはやわたしではなく、わたしの中に住んでいる罪なのです。」

（ロマ七・一五―一七）

ここでパウロは、人間の個々の行為を超えた「罪」について語っている。それは、言葉遣いとも対応しており、「罪」を表すギリシア語（ハマルティア）は、単数形である。複数形で表される罪が、各人が個々に犯す具体的行為を指すのに対して、単数形であらわされた場合の罪は、人間の行為から独立した一般的存在である。

こうして、罪や死を人格的支配力として語る思想は、使徒パウロの書簡に初めて現れるが、その影響はパウロ以後に書かれた新約聖書全体に及ぶ。「ヨハネによる福音書」は、イエスがラザロを復活させたエピソードを通じて、死を人間の生命に対する敵として、さらにまた、神に敵対する支配力であるであることを示した。パウロもまた、「最後に滅ぼされるのは死である」とはっきり述べている（一コリ一五・二六）。さらに、新約聖書最後の巻である「ヨハネ黙示録」では、死は擬人的に、青白い馬に乗った騎士として描かれている（六・八）。

死とともに超越的存在とされた罪は、同時に、普遍的存在になる。誰もが罪を犯すのであり、その証拠は、誰もが死ぬということである。人間は、罪を犯したり、犯さなかったりするのではなく、罪は人間の普遍的存在様式である。

これは、創世記の思想とは、表現形態が違っている。創世記では、罪と死は、神の処罰という、神の側の原因を媒介として連結されていた。神の処罰を媒介として罪（神の戒めを破ること）→罰（死）という法的連結が語られたのである。パウロは、その法的連結を、人間本性の中で働く二つの人格的力の連鎖として語りなおした。その結果、語られている事象が普遍的になった。特定の個人が処罰されているのではない。人類の普遍的現実が処罰されているのである。この捉え直しの上に、パウロは、人類の運命を、アダムとキリストの対比のなかで描き、キリストによって、人類が、罪と死の支配から解放され、新しい存在に生まれ変わるという展望を開くのである。

「アダムによってすべての人が死ぬことになったように、キリストによってすべての人が生かされることになるのです。」（一コリ一五・二二）

キリストによる救いの知らせ（福音）を、全人類にむけて発信しようとするパウロは、アダムとキリストとを共に人類を中に収める二つの相反する原型として見ている。アダムから始まるに人類の生のかたちは、この二つの原型によって、二つの相反的な特徴を帯びる。神からの離反、神への服従の二つである。これは、それぞれ罪と義と言い換えることができる。

罪を人間存在から超越性をもった支配力として見たパウロであったが、人間行為を操り人形のように見て、個人の責任を免除しているわけではない。パウロは、罪が個人の罪責であることを認めている。アダムは原型であるから、その子孫である人類も同じ罪を犯す。つまり、原型が同じであるから行為も同じなのである。それゆえ、「すべての人が罪を犯したからです」（ロマ五・一二）と言うのである。行為の同型性によって、アダムと人類は、同じ処遇を受ける。アダムと人類の本性の同一性は、当然考えられているが、アダムから子孫に遺伝する罪は考えられていない。パウロの場合には、罪は人間の外、あるいは内にある強力な支配力であり、人間の本性とは別のものである。従って、パウロにも、本来の意味での「原罪論」はない。

（三）アウグスティヌス

「原罪論」は、ローマ・カトリック教会の対ペラギウス論争の中で確立される。ペラギウス派の主張の基調は、ギリシア的霊魂観（人間本性論）に基づいた救済観である。当時の教会は、ギリシア語を使うパレスティナ、シリア、ギリシア地域とラテン語を使うローマ、北アフリカの地域に分かれていた。ギリシア語を使う地域の教会は、人間本性に肯定的であったが、ラテン語文化圏では、人間本性と罪とを結びつける悲観的な見方をとっていた。

ラテン語圏の教会で、人間の本性（または自然性）を罪と結びつける神学を成立させたのは、アウグスティヌスより前の教父、豪胆にして犀利な思想家テルトゥリアヌス（Quintus Septimius Florens Tertullianus, 160?–220?）である。彼は『魂の証について』で、人間の霊魂の発生を、生殖によるものとして遺伝的に捉えた。彼によれば、人間の霊魂は、もともと種子としてアダムの中にあった。個人の霊魂は、アダムの種子から育った個々の樹木のようなものである。もし、アダムと人類が種子的に一体であるなら、アダムの本性的欠陥は、遺伝によって子孫の欠陥になる。テルトゥリアヌスは、「原罪」という言葉を使っていないが、「原初の道徳的欠陥〈vitium originis〉」について語り、原罪論の支柱である「罪の遺伝説」の原型をつくった。また、テルトゥリアヌスから影響を受けたキプリアヌス（Thascius Caecilius Cyprianus, 3世紀初頭—二五八年）は、罪の伝播を伝染病の感染のイメージでとらえた。（本書二四五頁参照。）

また、「罪の遺伝説」と関わりのある、性交についての悲観的見解も、ラテン語文化圏で広まった。これにはいろいろな要因が作用している。性欲に逆らえる人間はいないから、そこにパウロの言う罪の支配力を見ることは容易である。さらに、イエスの「処女降誕」の伝承も原罪論の成立に一役かっている。イエス・キリストが罪のない人であったのは、通常の生殖によって生まれていないからである。とするなら、逆に通常の男女の性交によって子供が生まれる場合に罪が本性として伝達されるのではないか。このように考えた教会の指導者の一人が、アウグスティヌスの恩師、ミラノの司教アンブロシウス（Ambrosius, 340–397）であった。彼は霊魂と身体とを厳しくわけ、性的純潔を勧めた。彼は性交そのものが罪であると見た。「詩編」五一編七節「母がわたしを身ごもったときも、わたしは罪のうちにあったのです。」は、その根拠になった。

このようなラテン語圏教会の伝統のなかで、アンブロシウスから教えを受けたアウグスティヌスが、回心後に若き日の性的乱脈をいたく恥じ、性的情動のうちに罪の支配力を見たのは自然なことであった。これに対して英国出身の修道僧であったペラギウスとその追随者たちは、性交を自然で聖いと見て、性交による罪の伝染という考えをとらないだけでなく、人間本性の罪による汚染という考えも採らなかった。

それではペラギウス派はどのように考えていたのか。ここでは、彼らの思想の輪郭をつかむことに努めよう。まず、アウグスティヌスは、彼らの主張を五点にまとめている。

（1）人間は罪のない完全な姿で生まれてくる。
（2）結婚と性欲は聖い。
（3）律法は福音なしでも永遠の生命に導くことができる。
（4）自由意志だけで善を選ぶことができる。
（5）聖人は存在する。

また、ペラギウスの友人カエレスティウスを異端として告発したパウリヌスは、ペラギウス派の主張を七点にまとめている。

（1）アダムは可死的存在であり、罪とは関係なく死んだ。
（2）アダムの罪は彼自身しか害さない。
（3）新生児は、堕罪以前の状態と同じである。
（4）人類は、アダムの罪の結果、死ぬのではない。

（5）幼児は、洗礼を受けなくても永遠の生命を受ける。
（6）律法によっても福音によるのと同様に神の国に導かれる。
（7）キリスト以前にも罪なき者がいた。

ペラギウス派への最終処分が決定された四一八年のカルタゴの会議は、次の九条の命題を異端と判断し、ペラギウス派の追放処分を決めた。

（1）身体の死は、自然的必然であり、アダムの罪の結果ではない。
（2）新生児は、アダムの原罪とは関わりがないので、再生の洗礼によってその罪を償う必要はない。
（3）「天の国」と「永遠の生命」は区別され、「天の国」に入ることにのみ、洗礼が必要になる。
（4）恩寵は、過去の罪を赦免するだけで、将来の罪を避けるために助力はしない。
（5）恩寵は、罪を犯さないように助力するのではなく、ただ、何が罪であるかを教えるだけである。正しいと知ったことを意志させ行わせるように助力するのではない。
（6）恩寵は、恩寵なしでも行えることを、より容易にするだけある。
（7）「使徒信条」の罪告白は、使徒たちの謙遜のためにすぎない。
（8）「私たちの罪をお赦しください」という「主の祈り」の祈りは、聖徒たち自身のためではなく、共にいる罪人たちのためである。
（9）聖徒たちが、これらの言葉を語るのは、真理としてではなく、謙遜のためである。

異端と判定されたこれらのペラギウス派の諸命題から浮かびあがるこの論争の最大の論点は、救済における自由意志の役割というアルミニウス的問題ではなく、恩寵の働きそのものについてである。ペラギウス派の主張は、この恩寵の力を極力小さく見積もる見解である。自力で罪から脱却できる能力が人間にあるなら、恩寵は必要がないか、あるいはその必要は限定的である。ペラギウス派は、律法を守ることができるなら罪はなく、徳を持つことによって聖徒［聖人］になることができる、と主張した。

これらの主張の幾つかは、テイラーによっても繰り返されるが、ペラギウス派にとって、恩寵というのは生まれたときに与えられている資産のようなものである。人間は神によって創造されたとき、まぎれもなく神に多くを負っている。それを恩寵と呼ぶことに問題はない。そして、人間は、神の意思を実行する十分な能力を与えられたから、後は、その能力を正しく使用することだけが問題である（これは理神論的な考えである）。生まれたときには、全く罪のない潔白な状態であるから、アダムと同様に、その後の人類にとっても、罪はその後に自由意志によって犯す現実的罪だけになる。

これに対してアウグスティヌス等の考えは、人間本性に悲観的であった。堕罪は、人間本性を（したがってその能力も）劣化させた。人間は本性的に腐敗・劣化しているのであって、人生の揺りかごから墓場まで、常時、恩寵の助けを必要とする。恩寵は、ペラギウス派が主張するように、意志決断という一定の局面だけに作用するのではない。アダムとその子孫である人類は、すべて例外なく、生まれつき罪の本性を負っている。神の恩寵が絶えず必要なのは、それだけその罪、つまり原罪の重みが大きいからである。天秤ばかりの一方にとんでもなく重い「原罪」という重石が乗っているために、他方の天秤に人間がいくら功徳を積んでも、まったくバランスが回復しないという状況に譬えられよう。

アウグスティヌスが参照した、パウロの「ローマの信徒への手紙」五章一二節のラテン語訳は、今日では誤訳であるということが判明している。当時広く使われたラテン語訳では、「すべての者が罪を犯したからである」ではなく、「アダムにおいて全ての者が罪を犯した」と訳していた。また、当時よく参照された、アンブロシアスター（経歴不明）の『ローマ書註解』は、この箇所を「アダムにおいて全ての者が、あたかも塊になって罪を犯したことは明らかである。アダム自身が罪によって堕落したので、彼の子孫は罪の下に生まれた。それで私たちは全員罪人なのである。」と注釈している（Ambrosiaster, *Commentaries on Romans and 1-2 Corinthians*, translated and edited by Gerald L.Bray, IVP Academic, 2009, p.40.）。

アウグスティヌスは、ラテン語しか読まなかったので、この解釈が誤訳に基づくものであることを知らなかった。彼は、アンブロシアスターと共に、パウロの言葉が、アダムの罪が子孫に遺伝するという思想を述べていると解釈した。アウグスティヌスが、神の恩寵の絶対的必要性を述べる前提として、ペラギウス派の人間の自立的救済論を排除するために確立した原罪論は、こうして「罪の遺伝説」という形態を採ることになった。

なお、死は神の戒めを破ったことに対する刑罰であるという思想と、人類は全てアダムの罪を引きついているという思想が合体すると、人類はアダムの罪に対して責任を問われ、アダムと共に処刑の対象になっているという「罪の転嫁説」が論理的に帰結する。こうして「罪の遺伝説」と「罪の転嫁説」が、原罪論の二つの柱となる。

（四）「アダム首長説」

しかし、アダムと人類の一体性を支持する思想はこの二つだけではない。近代になって、プロテスタントの改革派は、「契約」を神と人間との関係を表すもっとも基本的な枠組と考え、契約の観念に基づいて、旧新約聖書を統一的に理解しようとした。いわゆる「契約神学」の成立である。そのなかで、アダムを人類の代表者として捉える「アダム首長説」〈「アダム代表説」〉が現れた。アダムは人類の代表であるから、アダムの契約違反は、人類全体の契約違反である、という見解が定着した。

『ウェストミンスター大教理問答』は、第二二問への解答で次のように言う。

「契約は、公人としてのアダム、つまり、自分だけでなく、子孫の代表者としてのアダムを相手として結ばれましたから、通常の生殖によって生まれた彼の子孫である人類全体が、アダムが最初に掟を破ったとき、アダムによって、アダムと共に罪を犯したのです。」(The covenant being made with Adam as a public person, not for himself only, but for his posterity, all mankind descending from him by ordinary generation, sinned in him, and fell with him in that first transgression.)

三 議論の概要

ジョン・テイラーの本のフルタイトルは、「自由で率直な検討を加えた聖書の原罪論」である。初版は、三部構成の本であったが、「付論」がその直後に追加出版され、その後の版では付論を含めて通して頁数が振られ、一冊の本に組まれている。

この本でテイラーが排除しようとする「原罪」は、アダムから子孫に受け継がれたとされる「遺伝的罪」、あるいは「罪の遺伝説」のことであり、罪一般のことではない。テイラーは、人間の本性のなかから、原罪をいわば、払拭・脱色して、罪をもっぱら「自由意志による神の法の侵犯」という点でのみとらえようとした。彼は罪は、個人が実際に犯す罪(actual sin)だけであり、個人が人類共通の負債として引き継いでいる原罪(original sin)は存在しない、と考える。

彼の解釈によれば、聖書自体は、原罪を全く語っていない。アダムの罪について語っている聖書の箇所は、「創世記」二章、「創世記」三章、「コリントの信徒への手紙一」一五章、「ローマの信徒への手紙」一二章、「テモテへの手紙一」二章一四節、だけである。そして、これらの聖書箇所を分析したのち、テイラーは、平明・確実に(plainly and certainly)語られていることとして、次の諸点をあげている。

①「創世記」二章一七節に記された、エデンの園での神の命令「善悪の知識の木からは、決して食べてはなら

ない。食べると必ず死んでしまう。」という警告で考えられている「死」は、身体の死のことであり、アダム個人の身体が土に戻ることである。この身体は、復活において回復される。

②「創世記」三章七節―一〇節に記されているように、堕罪直後にアダムとエバにおきた変化は、「恥」と「恐れ」であった。これは、犯罪者本人だけが持つ「罪悪感」である（子孫に遺伝することはありえない。また、転嫁もできない）。

③「創世記」三章一四―一九節に記された、神の司法的裁定（judicial act）によって、エデンの園を出たアダムとその子孫の生存条件が決定される。「悲しみ・労働・死」が人類の宿命となる。

④しかし、「悲しみ・労働・死」は、罰ではない。なぜなら、神の司法的裁定（宣告）のなかで、「呪い」が蛇と大地だけに向けられ、人類には向けられていないからである。したがって、人類に対する裁定は、処罰ではないと解釈できる。

⑤人間が呪われていないのであれば、人間の能力が劣化したということもない。「人間の霊魂、精神の諸能力、理解力と理性については、一言の呪いの言葉も発せられていない」。

⑥アダムの罪を契機として、神が人類に定めた「悲しみ・労働・死」は、処罰（罪の償い）ではなく、人類を徳に導くための神の手段であると解釈できる。

聖書から、以上の論点を引き出した後、第一部の「付論」で、テイラーは、彼の神学的前提を次のようにのべている。

⑦もし、神がアダムの罪の責任を他人に負わせるとすれば、それは、神の正義に反する。

⑧神がアダムの子孫に求めているのは、罪の償いではなく、徳の増大である。

第二部で、テイラーは、『ウェストミンスター大教理問答』の、原罪論に関わる部分、すなわち第二二問から第二九問までを批判的に検討する。教理問答の各問いに対する解答には、解答の根拠になる聖書箇所が明示されているが、テイラーは、それぞれの箇所の読みとりについて、ウェストミンスター宗教会議の聖職者たちの解釈が適切ではなく、該当の聖書箇所は原罪論を支持しないと主張する。先に述べたテイラーの聖書リテラリズムの剪定バサミのような切れ味がよく出ている。そこから浮かび上がるテイラーの主張は、次のとおりである。

⑨アダムが人類を代表するという、第二二問への解答は、聖書に根拠がない。「使徒言行録」一七章二六節の主張は、全人類が一つの血をひいているということであって、アダムが人類の代表であるとは言っていない（「アダム首長説」の否定）。

⑩幼児が無知であり、道徳的行為をしていないのは罪ではない。なぜなら、幼児の状態では、自然的力が欠けているため、そうした行為はできないからである。

⑪第二三問への解答で「堕罪によって人類は罪と悲惨の状態に陥った」とある。典拠になっているローマ書三章二三節について、テイラーは、ここで言われている「罪」は個人の邪悪な行為であり、アダムによってもたらされた「状態」を語っていない、と言う。

⑫第二五問への解答で、教理問答は、アダムの罪によって、人類の本性が腐敗したとのべている。しかし、典拠になっている箇所は、いずれも、アダムについても、本性の腐敗についても語っていない。語っているのは人間の悪い行為についてだけである（「罪の遺伝説」の否定）。なお、普遍的罪の典拠の一つとされている「詩編」一四編二―三節の言葉「主は天から人の子らを見渡し、探される。目覚めた人、神を求める人はいないか、と。だれもかれも背き去った。皆ともに汚れている。善を行う者はいない。ひとりもいない。」について、テイラーは、もし、全ての者が悪をなしているという前提ならば、善人がいないか探してみるというのは不合理である、とコメントしている。

⑬第二五問への解答に関して、強調されるもう一つのポイントは、自然的本性は、道徳の基礎にならない、という指摘である。「もし、教理問答が言うように『私たちは精神的に善い行動を、全くとることができず、それに反対しており、全体的にいつでも、あらゆる悪に向かって傾いている』のなら、私たちはどうして道徳的行為者であることができるだろう」（『聖書の原罪論』一二五頁）。あるいは、「教理問答が言うように『罪は必ずわたしたちにとって自然的なものである』であるだろうか。もし、自然的であるなら、必然的であり、必然的であるなら罪ではない」（同）。

こうして、われわれは、テイラーの主張の輪郭を①―⑬の命題によって捉えた。エドワーズの大がかりな議論は、これらのすべての論点への対応を含んでいるが、ここでは、幾つかの論点から議論の全体像を理解したい。

（A）恩寵の契約

エドワーズの議論は、まず、個々の論点ではなく、テイラーの神学全体の欠陥を述べるところから始まる。『原罪論』の書き出しの部分で、次のように言う。

「彼［テイラー］の議論は、人類が神の恩寵を既に受けている状態から出発する。彼自身、神の恩寵によってそこに置かれていると思い込んでいるのである。彼は、神の恩寵の意味をまったく考慮せず、その状態からいきなり諸々の結論を引き出し、他の人々が、堕罪によって人類が陥った悲惨な破滅した状態として考えていることに反対する。」（本書三一頁）

テイラーは、神の恩寵を受けていると思いこんでいるが、実は、恩寵の意味を理解していないという、この辛辣な指摘は何を言っているのであろうか。

「ウェストミンスター信仰基準」が、契約神学の伝統をひくものであることは既にのべた。契約神学の基本問題は、二つある。一つは、旧約と新約をどのようにして統一的に理解するかということであり、もう一つは幼児洗礼の意味についてである。ここで注目したいのは、第一の点、諸契約の統一という論点である。

契約神学の伝統では一般に、同一の神が相手であり、神の本質が変わらない以上、契約は、時代につれて異なった執行形式をとるにしても、実体（substance、実質）としては同一であると解釈された（Lyle D. Bierma, *The Covenant Theology of Casper Olevianus*, 2005, p.45.）。ティラーにはこの契約の同一性の視点がないために、「業の契約」と「恩寵の契約」が切り離され、堕罪前のアダムが、後の歴史から切り離され、後の契約が前の契約を事実上、破棄する構造になっている。エドワーズは、次のように書いている。

「彼の議論とその結論の幾つかは、次のような前提によっている。恩寵による神のさまざまな施策は、神が恩寵以前の段階で制定した契約と制定過程を、実質的に改正・修正しており、恩寵以前の契約とその制定過程は、［その状態に至るための］単なる法的な手続きにすぎないという前提である。あたかも、この純然たる法に続いて与えられた恩寵による施策が、先行する法的な契約がそのままでは不正であり、少なくとも人類に対する苛酷な扱いであると認めているかのようである。恩寵による施策は、神の被造物に対する一種の償いという本性をもっており、それは先行する被害あるいは苛酷な処遇に対する補償なのである。したがって、被害と補償の両方で、あるいは法的な被害をもたらす施策と、それに続く、ティラー氏が恩寵と呼ぶ、善い施策とを合わせて、一つの正しい施策になる。前者の不公正、不適切な厳しさを後者が修正して初めて、ひとまとまりの正しい施策になるというのである。」（同）

これは、契約神学やウェストミンスター宗教者会議が、決して考えることのない思想であるが、ティラーはこの思想を、アダムの処遇にも適用する。エドワーズは、次のようにティラーの見解を紹介する。

「彼［ティラー］は言う。『アダムとの契約はアダムが罪を犯したとき、ただちに無効になった。神がアダムに死の宣告をした直前に恩寵が導入されたのである』（三八九頁）。そして、三九五頁で彼は『人類が今や支配されている死は、「恩寵の契約」のもとに置かれている』と言い、三九六頁では『神の配慮のなかで、死は今やこの光のなかにある。アダムに死の宣告がなされる前にそうなったのである。したがって、死は罪に対する正当な法的罰ではない』と言う。彼はしばしば、死はただ恩恵と利益として到来したと主張する。彼が言うには、死はキリスト、第二のアダムによってもたらされた「恩寵の契約」の中にある。」（二四九頁）

アダムとの契約はアダムが罪を犯したとき、死の宣告以前に、ただちに無効になった、という思想は、契約神学の発想にはない。アダムとの契約（「自然契約」、「業の契約」とも呼ばれる堕罪以前の契約）は、「恩寵の契約」が成立しても破棄されない。旧い契約は新しい契約によって更新されるだけである。神の命令を守らなかった罪に対しては、死の処罰が下されるという約束が反故になったわけではなく、その約束を成就するためにこそ、キリストは死ななければならなかった。永遠の生命を与えるという新しい契約が成就するとき、旧い契約も成就していなければならない。エドワーズは、直接、契約神学の伝統に言及してはいないが、旧約と新約、律法と恩寵、歴史の一時点で与えられた個々の契約（アダム契約、ノア契約、アブラハム契約、シナイ契約、ダビデ契約等）を、本質的に一つの契約として捉えようとする契約神学の基本的立場から見れば、テイラーのような見解が出てくるはずがないのである。

さらに、テイラーの特殊な恩寵契約論によると、アダムによってもたらされた原罪が消滅するかわりに、アダムとキリストの対立が無意味になる。

「テイラー氏が書いていることが、最も大きい根本的な対立を無意味にし破壊するということである。その対立は、第一のアダムと第二のアダムとの対立であり、この箇所全体の焦点をなす。死は前者によってもたらされ、命と幸福は後者によってもたらされる。しかし、テイラー氏によれば、死と命の両方ともキリスト、第二のアダムによってもたらされる。両者とも、キリストの恩寵、義、服従によっている。「創世記」の三章一九節で神が人類に宣告した死は、アダムによるというより、もっと適切にはキリストによる。彼によるなら、その宣告はアダムとの契約の最後に発せられたのではない。宣告が発せられる前に、その契約は破棄され、横にとりのけられ、もはや効力をもっていなかったからである。」（同）

（B）「恩恵」としての死

テイラーは、原罪論を切り崩すため、死を刑罰と考える創世記の法的解釈を三重の意味で修正する。第一に、彼は「死」を身体の死、あるいは自然死と解釈する。第二に、彼はその死を、刑罰でなく恩恵である、と解釈する。第三に、死が恩恵であるのは、人間を鍛え、徳を形成する手段になるからである、と解釈する。

これらの解釈に対して、エドワーズは、それぞれ次のように反論する。

まず、テイラー自身も、聖書注解の中では「精神的死」「永遠の死」について語っているが、原罪論で言われる死については、身体的であり、「現世的死」（自然法則による死）であり、その死は復活において回復されると言う（①）。しかし、エドワーズは、「創世記」で語られる死は、「永遠の死」であり、それと反対の生は「永遠の生命」である。したがって「死は本来ただ現世の生命の喪失だけを意味するのだから、禁断の果実を食べてはいけないという警告として語られた死はそれ以外のことを意味していないという主張は、まったく根拠がない」（一七〇頁）。また、エドワーズは、パウロ書簡に出てくる「死」にふれて「パウロだけでなく聖書のいたる箇所が罪の正当な報酬と罰として語っている死の全体は、現世的死と霊的・永遠的死の両方を含んでいる。」という包括的理解を示している（二四三頁）。

次に、死は恩恵であるというテイラー説（⑥）に対して、エドワーズは、「聖書では、死は災害の極み、この世で人間に降りかかる自然的悪のうちで最もおそろしいものとして語られている。」と言う（一三二頁）。死をそのように受け止めるなら、それを「恩恵」というのは実感的にも無理がある。また、原罪論の源流になっているパウロの思想に関しても「パウロが、アダムの罪によって人類に降りかかったとここで語っている死が、罰ではなく、もっぱら恩恵として来たと考えることは、パウロの全体の趣旨と意味とは、まったく食い違う考えである。そのように考えれば、パウロが、罪の結果と、キリストの恩寵と義の結果の間に置いている対比はまったく無意味になる」と述べてテイラーの解釈を退ける（二四七頁）。

最後に、死が徳を鍛える手段になるという点について、エドワーズは、人類の経験に照らして、そうとは言えないと反論する。たとえば、「創世記」の記録によれば、人類の寿命はずっと短縮された。それだけ死が身近になったのに、徳はちっとも増大しなかった（一五八頁）。さらにもっと決定的な反証は、幼児の死の事実である。テイラーの理論では、徳は試練を経験することによって形成されるとされるが、夭折する幼児はそういう教育的試練は与えられない（一三七頁）。

（C）罪と徳

テイラー原罪論を退け、罪をもっぱら神の法（＝道徳・法的規範）から逸脱する行為であると見ていたことは、既に述べた。更に考察しなければならないことは、テイラーのこの罪観が、どのような観念連合に基づいているか、ということである。

テイラーの見解では、「罪」の反対概念は「徳」である。従って、罪の償いが受刑であるとすれば、受刑の代わりに徳を増すことによって罪を相殺することができる。いわば、これは刑に服する代わりに罰金を払って自由になるようなものである。なぜ、受刑ではなく徳が奨励されるかといえば、アダムの罪を契機として導入された神の統治は、徳を増大・拡大することによって罪を減らそうとする新方式によっているからである。犠牲（旧約的）によって罪を払拭することではない。通常、救い主キリストの贖罪は、祭司的働きを貫徹するためご自身を捧げた犠牲と解釈されているが、テイラーにとって、キリストの犠牲は処罰を受けた者の受苦（パッション）ではなく、人間の側から神に奉納されるべき「徳」であった。

もちろん、神と人類の和解のために罪なき人が人類の身代わりになって犠牲になるという真に祭司的な仕事を、「徳」という概念で記述できるかどうかは議論の余地がある。徳が、たんなる私益追及の巧みさではなく、他者の利益のための犠牲を含むことはたしかである。ただ、その意味での徳は、キリスト一人に独占されない。その場合は、キリストは「原型」（type）ではなく「模範」（example）である。

この「徳」の強調は、テイラーの啓蒙主義的特色を示すものとして注目される。彼は、ホイットビイ等の他の「アルミニウス主義者」と共に、「徳」を、神と人間との間の亀裂、不和を解消する（そして、おそらくは、同時に市民社会の道徳を基礎づける、いわば二次方程式の）解として称揚する。「徳だけが、神との関係で、あらゆることを贖う価値をもっている。（Virtue is the only Price which purchaseth Everything with God.）」という言葉（『聖書の原罪論』七二頁）は、そのテイラーの立場を鮮明に表している。

これに対して、ピューリタニズムでは、カルヴィニズムの伝統に従い、神と人間の絶対的距離が常に意識されており、徳はあってもなきがごとき扱いを受ける。この伝統では、罪の本質を、神を軽視すること、あるいは神に栄光を帰さないことと考えるから、「罪」の反対概念は「神への愛」である。

エドワーズは、神への愛という点で評価した場合人間の負債は圧倒的に大きいと言う。

「神の律法で私たちに求められている神への義務を要約すれば、神を愛することである。この場合の愛はもっとも広い意味での愛であり、私たちの心がほんとうに神に向かい、尊敬、敬意、善意、感謝、安心等をこころに懐いていることを意味する。これは、聖書から非常に明瞭に言えるだけでなく、事柄それ自体でも明らかである。神の律法が要求していることは結局、律法への服従であることは疑いない。服従以上のことを要求する法はなく、神への服従こそ私たちの心が神に対して尊敬をもっていることの証に他ならない。心が欠けていれば人間の外的行為は木製の偶像が手足を動かしているのと変わりなく、罪や義の本性をもたない。それゆえ、神への愛、あるいは心の敬意が、神の律法で神に対して要求されている義務の総計になる必要がある。」（六〇頁）

神を愛さないことが罪であるなら、（1）中途半端に神を愛すること、（2）この世の他のものを神より愛すること、（3）神を神以外の理由で愛すること、これらはすべて罪である。エドワーズの見解では、神への負債（罪）は、テイラーたちが主張するほど、小さくはない。神には無限の借りがある。

エドワーズは、神への愛が一種の徳であることを否定しない。けれども、キリスト教で言われる「徳」は道徳規範に一致するというカント的観念、あるいは、公共世界に貢献することが経験的に確かめられている徳目ではなく、別の観念である。

「本当の徳への傾向というものはすべてをあるがままに、その本性にしたがって処遇する。そして、最高の存在である神を、神の本性である無限の尊厳と栄光にしたがって見るとき、私たちは全身全霊で、私たちの生来の能力を極限まで発揮して、神を心から愛するであろう。これは、けっして神が私たちの利益を増進するからではない。」（六四頁）

さらに近代の道徳哲学との比較をするなら、罪や徳を霊魂との関係で見る必要がある。これらの概念はどのような人間観に基づいているのであろうか。既に述べたように、テイラーは他の啓蒙主義者と共に、ギリシア的霊魂観に立っている。彼は聖書で使われる「肉」（サルクス）を「身体と霊魂からなる人間」のことだと言う。

それは霊魂内部に指導的部分（理性など）とそれに従う部分（情念・身体）に分け、プラトンのように、徳をその調和と統一と考える。しかし、キリスト教の霊魂観は構造が異なる。そのことは、聖書で頻繁に語られる、「霊」（プネウマ）と「肉」（サルクス）の対比によって示される（二〇四頁以下）。「肉」とは人間の自然的状態・本性の全体であり、単に、情念や衝動といった身体的部分を指していない。そして「霊」とは、人間内部の自然的精神ではなく、「神の霊の人間への分与」である。

この霊魂観を背景にすれば、「罪」も単に自然的な状態ではない。罪を比喩的に「腐敗」、「病気」になぞらえることはできるが、その本質は自然内在的現象ではない。それは、神の霊（聖霊）と霊魂の関係に現れる。エドワーズはその状況を次のように描写している。私はこれほど鮮やかな描写を他に知らない。

「神が人間を最初に創ったとき、神は人間の中に二つの種類の原理を植え付けた。一つは下位の原理で、自然的といってもよい。この原理を用いて人間は自分の自由、名誉、快楽への愛を発揮する。こられの諸原理は人間本性に属し、この原理を用いて人間は自分の自由、名誉、快楽への愛を発揮する。聖書はこれらの原理を、肉と呼ぶことがある。これらの諸原理と並んで、上位の諸原理を植え付けた。それは霊的で、神聖で神的な原理であり、神の愛に包括される。この神の愛のなかで、［人間のうちに］神の霊的な似像、人の義と真の神聖が成立する。……（中略）……人が罪を犯し神の契約を破り、神の呪いを受けたとき、この上位の原理は心を去った。実にそのとき、神は人間を置き去りにした。こられの原理の基礎であった神との交わりが完全に断たれた。神的な住人である聖霊が、その宮を見捨てたのである。人間が反逆者となり、神の怒りと呪いをかった以上、神が人間との交わりを維持し、好意をもった恵みの生命的影響を注ぎ、人間とともに人間の中に住み続けるということは全く不適切であり、神が確立した契約と制度とも相容れない。それゆえ、上位の神的原理は、ただちに働きを止めた。そうして、灯火が取り去られたとき、家の中の光が消えた。人は暗闇、恐ろしい腐敗と破滅のなかに置き去りにされ、残ったのは霊なき肉だけである。仕えるために与えられていた自己愛や自然的欲望といった下位の原理は、それだけ取り残されたので、当然のことながら、支配原理になった。そのことの直接的結果は、致命的な混乱であった。」(三二〇頁)

(D) 傾向と自由意志

以上のエドワーズの議論は、聖書に基づくものであったが、『原罪論』では、罪の普遍的現実を支持する独自の哲学的考察が導入される。エドワーズの哲学的議論は、三つある。最初の二つは「傾向」と「自由意志」であり、心理学的・道徳哲学的である。最後の一つは、「対象の同一性」という形而上学的議論である。ここでは最初の二つを取り上げ、第三の問題は、次の項(E)で扱おう。

テイラー等は、人間は本性的に腐敗して生まれてくるという「罪の遺伝説」を排除して、その替わりに、人間は、道徳的に善でもなく悪でもない白紙状態で生まれてくると考えている。人間は個人として、アダムも、その他の人間も生まれた時点では、道徳的に無記的である。

しかし、これは事実に反する。人間は何らかの「傾向」をもって生まれてくるのであり、傾向があるかないかは、どのような結果がでているのかという確率的事実によって明らかになる。これは、サイコロを投げて物体の性質が明らかになるのと同じように観察によって確かめられる(四二頁)。人間の傾向自体は、生得的であり、心中にあるため直接観察できないが、その傾向の存在は、常にどこでも一定の行動がとられ、同一の結果が出ていることによって証明される。人間の歴史と現実をみれば、人類は誰も例外なく悪い行いをしている。したがって人間本性のなかに悪い原因があると考えるほかはない。つまり、人間本性のなかに罪の根がある。このようにエドワーズは論じる。

人間の行為が、常に一定の傾向をもっているという事実に照らすと、テイラーのように人間が自由意志で善悪を選べると考えるのは幻想だということになる。「自由意志」は、神においては無条件的かもしれないが、人間においては条件的である。傾向なしの無条件の選択の自由はない。

「しかし、私は尋ねてみたい。いったい人類はどのようにして普遍的に自由意志を悪用するようになったのか。もし、人類の意志がそもそも善悪を自由に選ぶことができるのなら、人類がどの世代も申し合わせたように全員その自由によって悪を選んでいるのは、どうしてなのか。一方への本性上の傾きがないなら、意志が悪でなく善に向かう確率が十分あるはずである。原因が中立なのなら、どうして結果がこれほど中立でないのか。天秤の一方が重くなっていないのなら、どうしていつでも一方に傾くのか。」（一一七頁）

（E）アダムと人類の一体性

テイラーは、アダムとその後の人類をすべて個人として捉え、罪や徳を個人に帰着させる個人主義的道徳観を採用していた。そのため、この個人主義と折り合わない連帯的な道徳観を持つ原罪論を退けたのである。テイラーにとって、集団は、個人の束である。個人相互に罪の連帯性が成立する可能性はもちろんあるが、その意味でアダムの罪がその後の人類の罪になるのだとすれば、同じことが、ノアとその後の人類についてもいえるであろう。しかし、原罪論はアダムだけを特別視しており、単に血統によって結ばれているという生物学的事実を連帯性の根拠とはしていない。アダムと人類が、同罪の扱いを受けることが正当であるとすれば、（1）まず、法的に正当であるかどうか、（2）事実としてアダムと人類は一体であるか、という二つの問題がクリアされなければならない。

第一の問題は、「創世記」二章一七節の「ただし、善悪の知識の木からは、決して食べてはならない。食べるいないのなら、この警告はアダムだけに当てはまるのであり、罰はアダムだけに適用されるということになる。テイラーはそのように解釈している。これに対してエドワーズは、楽園の外に追放された女が「エバ」（命）と改名されたのは、アダムの違反に対する刑罰が人類全体に適用されていたからだという。

「アダムが神の示唆を受けて妻に新しい名前を与えたことから私が推論した結果は、このとき神が語ったように、エバの子孫によって悪魔の邪悪な計画、つまり、女を誘惑する計画が打倒され失敗に終わるということであるが、アダムはそのことから、多くの人類が救済されると推論し、その者たちを生者というのである。人類は、老獪な蛇の邪悪な計画の結果から救い出され、悪魔が最初の親たちを罪に誘惑した結果もたらされた破滅から救われる。そうして蛇の彼らに対する計略は失敗し計画は挫折する。しかし、もし、死と悲しみが誘惑の帰結でなく、悪魔の悪意ではなく父なる神の愛の結果であり、悪魔が予想もできなかった神の自由で主権をもった恩恵であったのなら、悪魔の誘惑によって彼らの子孫に降りかかった死や破壊や災害は、何の意味があるのであろう。」（一八五頁）

第二の問題について、エドワーズは、神学的伝統と哲学的認識論の二つの観点から、アダムと人類の一体性を論じる。神学的伝統にそった議論は、アダムと子孫の関係を、一本の樹における「根」と「枝」のように見る見解である（カルヴァンの『キリスト教綱要』二巻一章七節などを参照。また、［原註］203も見よ）。

「アダムの子孫はアダムから出ているので、いわばアダムの中にいるようであり、彼と一体である。ちょうど樹木の枝が、自然の法則の筋道にしたがって樹木から出て樹木のなかにあり、樹木と一体であるのと同様である。」（三二四頁）

「神がアダムとの契約の中で行った交渉のどの段階においても、アダムの子孫は常にアダムと一体であると

見られている。」（三二八頁）

神がそう見ているということであり、神がそう見ている以上、アダムと人類を一体的に処遇したとしても神学的には問題はない。しかし、聖書に基づく神学的前提を離れて、理性と経験の立場で哲学的に何が言えるであろうか。エドワーズは、次のような哲学的議論を援用する。

「存在するものは、最も単純に考えればまったく別個のもので、非常に多様である。しかし創造者が確立した法則によって、何らかの点で、また何らかの目的に関して結びあわされ、そのために一体であるかのようになる。たとえば、樹齢数百年の大きく成長した樹は、最初に地から出てきたときの芽と同じ植物である。芽から継続して成長し、数千倍もの大きさになり、最初のものとは大きく変わった形態になった。たぶん、一つの原子も同一ではないであろう。しかし、それでも神は確立された自然法則にしたがって、それが一体であるように、多くの同じ性質と重要な特性を継続的に与え続けて来た。これらの観点と目的に向けて一つの結合体をつくることは、神の意向であった。」（三三四頁）

神の意向以外に、同一性の基礎がないのはなぜか。同一性の原因は、事象（自然）の中にあるか、外にあるかである。ところが、通時的同一性は、因果関係を内包していない。たとえば、過去の月と現在の月は、同じ月であって通時的同一性をもっているが、過去の月が現在の月の原因なのではなく、また現在の月が過去の月の結果なのではない（三三七頁）。そうすると、同一性の原因は、事象の外にあるということになる。（人間は変化の原因ではあっても、同一性を保持する原因にはならないから、）同一性を保持する原因は、神以外にはない。

この存在論的考察は、原罪論への反対論の基礎に対する批判になる。エドワーズは、次のように言う。

「厳密に考えるなら、異なった時点を通じて存在する被造物の同一性というようなものは存在しない。神の至高の連結による以外に同一性は存在しないことがわかる。そうすると、私たちが検討している反論は、アダムとその子孫を一体として扱うという神の体系的処遇に反対していたことになる。一体でないものを取り計らいで一体とすることはできないから、それは真理に反すると思いこんでいるのではないか。私には、この反論は誤った前提に基づいているように見える。この種の事柄では、神の取り計らいこそが事物を真にするのではないか。この反論は、被造物は同一性を持っており、それゆえ、過去の存在から性質や関係が出てくると考えている。神の体系的取り計らいに基づく一体性とは別に、それに先だって、そのような一体性があると想定する。これは明らかに誤りである。」（三四〇頁）

四　むすび

私は、ここまで『原罪論』におけるエドワーズの議論を、啓蒙主義とキリスト教という基本問題に即して整理してきた。思想史上の脈絡から「啓蒙主義」というキイワードを選んだが、もっと一般化して言えば、近代社会とキリスト教という枠組みでもよかった。しかし、いずれにせよ、ここで論じられたことは、現代日本の精神を根底から、強く撃つ内容を持っている。私は、訳文を作成しているときも、解説を書いているときも、心中でたえず、現代日本のキリスト教との照らし合わせを行っていた。

私の個人的印象から言うと、現在の日本のキリスト教は、狭く道徳化し、そして甘くなっているように思える。世俗化しているともいえるかもしれない。時代の流行思想に弱く、啓蒙主義の末流である左翼イデオロギーにつかっている。たとえば、死の見方はどうなのか。本書が原罪論の内容として説くように、神の裁きの結果であると見ているだろうか。そうでないとしたら、それはどうしてか。私のみるところ、多分それは、神学や信仰の衰退と無関係ではないであろう。私たちは人生の悲劇的・宿命的感覚を鈍らせ、来世への渇望も弱めてしまっているのではないか。聖霊の働きを内に強く感じるような経験も乏しくなっているのではないか。私自身そのようにな弱体化のなかにいるために、エドワーズが取り上げている伝統的教義体系の要としての「原罪論」は、力強く、新鮮であった。

大久保正健

監修　森本あんり（もりもと・あんり）

1956年生まれ。国際基督教大学、東京神学大学大学院、プリンストン神学大学卒業（Ph.D.）。現在、国際基督教大学教授。著書：『使徒信条』、『アメリカ・キリスト教史』（いずれも新教出版社）、*Jonathan Edwards and the Catholic Vision of Salvation*（Pennsylvania State University Press）、『ジョナサン・エドワーズ研究』、『アジア神学講義』、『アメリカ的理念の身体』（いずれも創文社）、『反知性主義』（新潮社）ほか。

訳者　大久保正健（おおくぼ・まさたけ）

1948年生まれ。慶應義塾大学、同大学院文学研究科博士課程単位取得退学（倫理学専攻）。著書『人称的世界の倫理』（勁草書房）、『イギリス思想の流れ』（共著、北樹出版社）、訳書グレイ、スミス編『ミル「自由論」再読』（共訳、木鐸社）、ミル『宗教をめぐる三つのエッセイ』、ヘア『道徳の言語』（いずれも勁草書房）ほか。

原罪論

ジョナサン・エドワーズ選集3

2015年3月31日　第1版第1刷発行

監　修……森本あんり
訳　者……大久保正健

装　丁……桂川　潤

発行者……小林　望
発行所……株式会社新教出版社
〒162-0814 東京都新宿区新小川町9-1
電話（代表）03 (3260) 6148
振替 00180-1-9991
印　刷……モリモト印刷株式会社
製　本……高地製本所

ISBN 978-4-400-32053-1　C1016　© 2015

註

(1) ［訳註］George Turnbull (1698-1748)。スコットランドの神学者。Norwich はイングランド北東部の都市。John Taylor (1694-1761)。

(2) ［訳註］『ローマ書註解』*A Paraphrase with Notes on the Epistle to the Romans. To which is prefixed A Key to the Apostolic Writings.* エドワーズの原註での参照頁は、ダブリンで 1746 年に年出版されたものである。（訳者はこの版を入手できなかったので、訳註における参照頁は 1745 年のロンドン版による。）なお、この合本のうち、*Key* の部分は『鍵』、注解の部分は『ローマ書註解』と表記する。
『聖書の原罪論』*The Scripture-Doctrine of Original Sin, Proposed to Free and Candid Examination* (1740). 本書におけるエドワーズの参照ページは、第 3 版（1746、ベルファスト）のものである。なお本書で書名の指示がなく頁だけが示される場合は、すべてこの第 3 版の『聖書の原罪論』の頁を指す。

(3) ［訳註］David Jennings (1691-1762)。*A Vindication of the Scripture--doctrine of Original Sin* (1740)。匿名出版。

(4) ［訳註］Samuel Niles (1674-1762)。*The true Scripture-doctrine of original sin stated and defended*, 1757.

(5) ［訳註］『聖書の原罪論』の、269-452 頁までが『補論』である。この補論では、ジェニングズとワッツへの反論が述べられている。

(6) ［訳註］ここで、「転嫁」と訳した原語は imputation である。慣例にしたがって転嫁と訳したが、この日本語訳は多少ミスリーディングである。通常の日本語では、「転嫁」は、本来責任のない者に責任を負わせるというスケープ・ゴート的な意味を持っている。キリストの贖罪に関して、キリストが人類の罪を負ってくださったというときには、そのような意味がある。しかし、ここの「転嫁」には、誰かの責任であることを確認し、それに応じて処遇するというニュートラルな意味がある。したがってこの訳書では、「責任を帰する」あるいは「責任を問う」という訳を並行して使用した。

(7) ［訳註］アダムと人類の関係については、遺伝説、転嫁説、首長説があるが、それについては、「訳者解説」を参照されたい。

(8) ［訳註］ここで「傾向」と訳した原語は disposition である。エドワーズの神学において、「傾向」は道徳本性を見る場合の基幹的な原理になっている。詳しく

は、森本あんり『ジョナサン・エドワーズ研究』（創文社、1995）ないし、Sang Hyun Lee, *The Philosophical Theology of Jonathan Edwards* (Princeton,1988) を参照。

(9)［原註］『道徳哲学原理』（*The Principles of Moral Philosophy*, 1740）、289-290 頁。

(10)［原註］『聖書の原罪論』(*The Scripture-Doctrine of Original Sin, Proposed to Free and Candid Examination*, 第 3 版、ベルファスト、1746)、353 頁。［訳註］以下、本書において、頁数のみが記載された場合、すべてこの版の該当頁を指す。

(11)［原註］『ローマ書註解』（John Taylor, *Key to the Apostolic Writings, with Paraphrase and Notes on the Epistle to the Romans* (Doblin, 1746）187 頁。［訳註］以下、本訳書において、「」内に引用された文中の傍点強調は、エドワーズのものである。

(12)［訳註］エドワーズは、道徳を称賛または非難の対象になる性質であると考えている（『真の徳の本性』を参照)。行為者のもつ道徳的性質を、他人の評価と相関させる見方は、ハチソン、ヒューム、スミスなどの著作に見られるように、経験論にもとづく一八世紀の道徳哲学に共通の観点である。

(13)［原註］『聖書の原罪論』のなかで、彼はしばしば、死と苦労がアダムの罪の結果としてアダムの子孫に到来したと語っている。20 頁から 21 頁にかけて、そして他の箇所で、死と苦労は罪の結果として到来するが、罰や災害ではなく、恩恵であると考えている。しかし、23 頁で、もし復活がないなら、死と苦労は大きな災いであり悲惨であると考えている。彼がその箇所やその後の頁等で語っている復活は、キリストによる復活であり、多くの箇所で、キリストにおける神の恩寵による復活であるとも語っている。

63 頁から 64 頁にかけて、彼は、私たちがアダムの罪の結果として悲しみ、労苦と死にさらされていることを語り、これらの悪が反転して私たちの恩恵に換わっている、そして私たちはキリストの恩寵によって救われていると述べている。さらに 65 頁から 67 頁にかけて、神はこのようにしてキリスト恩寵によって死を恩恵に変えた。それが、神がアダムによって死を到来させたことが神の義を正当化する理由である、と言う。

152 頁、156 頁。ここで、彼はウェストミンスター聖職者会議（1643 − 49）の命題に公然と反対している。宗教会議では、私たちは生まれつきサタンへ奴隷として隷属しており、神は世の始めから今日まで、さまざまな手段と方策によって人類を悪魔から護り救おうとされてきた、と言われていた。

168 頁、169 頁、179 頁。私たちの状態はアダムの状態よりも悪いではないかという反論に対する回答として主張されていることは、私たちはキリストにおけ

る自由な恩寵によって与えられた幸福な状況にあるということだけである。

228頁。彼の教義への反論に回答して、人間が本性的に堕落しているということを証明するために、パウロが述べている議論、つまり私たちの肢体には法則があるとか、私たちは罪と死の法則に捕らわれているといった議論を彼は特に取り上げている。彼は、すべての罪に対して死を警告する法則（この法則について、彼は別の場所で、罪による自然で正当な減点は、永続的な真理と義とまったく矛盾しないと述べている。）の下にある者たちにとって、罪の判定は、もし律法を与えた神の慈悲による救いがないとすれば、きわめて深刻なものにならざるをえないことを認めている。

367-370頁。アダムの罪によって人類の悲惨な状態がもたらされたと言われていることに対して、彼が主張する一つのことは、神の御子の従順と義に基づいて、新しい幸福な統治方式がなされることによって、神の高貴な愛の計らいが明らかになっているということである。アダムによって私たちは死に従属しているけれども、この施策によって復活が備えられている。アダムの子孫は、寛容な統治方式を受けている等々、と言う。

388頁、389頁。彼は神のアダムの処遇を擁護する。神はアダムを最初、厳しい律法と違反と死（死は、彼の表現によれば、幸福をきわめて危険な基礎に基づかせる措置である。）の下に置いた。しかし、神には心中で決めていたことがあって、それに従い、神は直ちにまったく異なる基礎に基づく、つまり恩寵に基づく契約を結んだ、と言うのである。

398頁、399頁。アイザック・ワッツ『人類の破滅と再興』(*The Ruin and Recovery of Mankind*)で言われていること、すなわち、神はアダムが堕落したときアダムを見捨て、アダムの罪の後の人類は神の恩恵なしに生まれている、等々という主張に反対している。彼が特に主張することは、キリストの到来は全世界の罪の贖罪のためである……そして、贖罪者が悪魔の働きを破壊するという約束を与えるところに、神の憐れみの豊かさがある。神は、罪をおかし堕落した被造物を恩寵の腕に抱えている。

『ローマ書註解』379頁で彼は次のように言う。「私の考えでは、律法は現在の状態における人類の弱さに適した施策ではない。つまり、律法による救済しか与えないことは神の善性と調和しない。もし、1度でも罪を犯したなら永久に破滅することになるからである。そうであれば、世の初めからいったい誰が救われるであろうか。それゆえ、律法は生命を得るための絶対的な規則として意図されていたものではない、楽園におけるアダムにとってさえもそうであった、と私には

思われる。恩寵こそ、神が意図しておられた人類が従うべき措置であった。それゆえ、キリストは世の創立の前から予め立てられていたのである」。この著者の書いたものには、同種の記述がさまざまに存在する。

(14) ［訳註］ここで「施策」と訳した原語は、dispensation である。この包括的意味を持つ神学用語は、1つの日本語で置き換えることが難しい。本訳書中では「方策」、「処遇」、「措置」、「統治方式」など、その文脈で自然な訳を当てている。いずれの場合も、神の側から人間のために立てられた制度を表している。

(15) ［訳註］ここで「堕落」と訳した原語は、depravity である。次の行では、corruption という語が同じ意味で使われている。日本語では、どちらも「堕落」と訳せるが、ここでは、いちおう便宜的に、depravity を「堕落」、corruption を「腐敗」と訳しわけた。

(16) ［原註］この見解が、テイラー氏が他の箇所で述べていることと整合しないことを、私は承知している。彼は、人類には、少しも神の律法を破ることなく、神が人類に要求している全義務を絶えず果たす十分な力があると述べている（『聖書の原罪論』339、340、344、348 頁）。しかし、読者には、私にその矛盾の責任があると思わないで頂きたい。この引用箇所は、『ローマ書註解』296 頁。

(17) ［訳註］John Locke, *A paraphrase and notes on the Epistles of St. Paul to the Galatians, 1 and 2 Corinthians, Romans, Ephesians* (3rd. ed, 1733), p. 258-259.

(18) ［訳註］ここで「法的枠組」と訳した原語 Constitution は、この時代に、さまざまなコンテクストで異なる意味で用いられた概念である。存在論的には、もともと異なるもの相互の自然的連結、その組成を指すこともあり、また、法的な意味で契約とおなじような意味で使われることもある。今日の「憲法」も、その伝統を受け、統治者と人民の間の契約という意味を持っている。本訳では、文脈によって「取り計らい」「連結」など、いろいろな訳語をあてている。

(19) ［原註］罪の出来事の恒常性と普遍性から、罪に向かう固定的な傾向があるとする議論は、アダムは傾向を持たずに一回罪をおかしただけであるから成り立たないという反論がある。この反論の弱点は、ここで見て取れるであろう。単一の出来事でも、その出来事に何らかの原因や機縁がある証拠になることは疑いない。しかし、私たちが語っているのは固定的な原因であり、傾向とは定まった継続的なものである。定まった結果には定まった原因があると言ってよい。そして、私たちが原因のなかに傾向や一定の趨勢を見て取るのは、一定の種類の結果が優勢であることを見ることによってである。しかし、単一の結果を見て、固定した傾向があると言うことができるであろうか。しかし、出来事がいちど起きたからと

いって、固定した傾向の証明にならないという理由で、出来事がいつでも必ず起こるということが、そのような固定した傾向の証明にならないと論じるのは、奇妙な理屈である。しかし、テイラー氏は、アダムが罪を犯したとき傾向はなかったということを理由に、そのような議論を展開しているので、私はこの章の9節の最初で、それを詳細に論じるつもりである。そこではまた、天使たちの堕落を理由に展開されている議論についても検討することになろう。

(20) ［訳註］テイラー『ローマ書註解』、291頁。

(21) ［訳註］『ローマ書註解』296頁。John Locke, *A paraphrase and notes on the Epistles of St. Paul to the Galatians, 1 and 2 Corinthians, Romans, Ephesians* (3rd. ed, 1733)、p. 262.

(22) ［訳註］『ローマ書註解』296頁。

(23) ［訳註］同。

(24) ［訳註］エドワーズは、ここで自然現象を表す形容詞（pernicious, destructive）と、道徳的評価を表す形容詞（odious, fatal）を重ねて用いることによって、事象を一元的に、自然主義的に捉えている。これは、テイラー等が、自然と道徳を別の現象として捉えているのと対照的である。

(25) ［原註］これらの言葉から、すべての人は罪を犯せるようになると直ぐに罪を犯すという結論を引き出すのは、極論であり、聖書に書かれていること以上のことを考えている、と反対する人がいるなら、私は次のように答えたい。ここで用いられた議論は堅固であり、その結論は正しいと思う。その結論では、人は有罪な状態で生まれており、したがって自分の責任で行為する以前に罪を犯しているのであるか、さもなければ、神への義務を理解し、反省できるようになるや否や直ちに罪を犯すか、そのどちらかである。聖書は罪から自由な者はこの世には誰もいないと確言している。しかし、これは極論なのであろうか。このような聖書の言葉の意味を完全に無視し、聖書に含まれているとテイラー氏も認めていることを否定しない限り、誰も、神の法に従う存在として自覚的に行為出来るように成った者が直ぐに罪を犯すことを否定しないであろう。もし、直後ではなくかなりの時間が経っているのだとすれば、それは「御目にはどの生者も義ではありません」といった普遍的命題に対する例外として考慮してもよいかもしれない。しかし、人が罪に傾きやすく実際に人類のすべての人々が能力を得ると直ちに、といってよいくらい早く罪を犯すか、神に対して罪を犯すまでに多少の時間が経っているかは、現在の議論の主旨を左右しない。罪から自由である時間が取るに足らないほど短ければ、今の議論で注目するにはおよばない。

(26) ［訳註］エドワーズは、違う三つの語を用いて、罪の傾向性を描いている。ここでは、propensity　を「生来の傾向」、tendency を「傾向」、disposition を「精神的傾向」と訳した。ただし、エドワーズは、これらの言葉の意味の区別によって傾向の形成過程を描いているわけではない。他の箇所での使用法が示すように、この傾向は実体的には同じものであるから、語彙の相違は、局面の違いで生じるニュアンスを表示すにすぎないであろう。

(27) ［訳註］『聖書の原罪論』159 頁。

(28) ［訳註］「申命記」6 章 5 節。

(29) ［訳註］「愛情は光りのない熱ではない。何らかの知性による情報、精神が受けとる何らかの霊的指示、光りや知識に基づくのである」（イエール大学出版のエドワーズ著作集、第 2 巻、『宗教感情論』266 頁）。

(30) ［訳註］『道徳哲学原理』第 3 章。

(31) ［訳註］「恩寵の契約」とは、16 世紀から 17 世紀にかけて改革派神学で展開された契約神学の概念である。契約神学では、「業の契約」（covenant of works）と「恩寵の契約」（covenant of grace、〈「恩恵の契約」〉）の対比が用いられた。「業の契約」は、神が、堕罪以前にアダムとエバ、したがって人類全体と結んだ契約であり、条件があり双務的である。人間の側の条件は、善悪の知識の樹から果実を取って食べないこと、心の中に記されている神の命令を守ることである。神の側の条件は、人類が神の命令を守るなら、人類を祝福するということである。これに対して、堕罪の後に立てられた「恩寵の契約」は、無条件である。人類は「業の契約」を守ることができなかった。しかし、神はキリストを通じて約束を守った。キリストは「業の契約」の要求を満たし、服従によって与えられた恩恵を選ばれた者たちに分け与えた。選ばれた者たちは恩寵によってのみ救われたのである。この二契約説は、「ウェストミンスター信仰基準」でも述べられている。

(32) ［訳註］旧約聖書「ハバクク書」2 章 4 節の言葉。パウロが引用し、ルター以降のプロテスタント神学でも、信仰の本質を示す言葉として重視された。

(33) ［訳註］George Turnbull,*The Principles of Moral and Christian Philosophy. Vol.* 2: *Christian Philosophy,* 1740.

(34) ［訳註］ジョン・ロック『人間知性論』第 4 巻 10 章 7 節。

(35) ［訳註］Henry Winder, *A Critical and Chronological History of the Rise, Progress, Declension, and Revival of Knowledge, Chiefly Religious,* 1745.

(36) ［訳註］「申命記」6 章 5 節。

(37) ［訳註］ロック『人間知性論』第Ⅱ巻、21 章、38 節。

(38) ［訳註］同第Ⅱ巻、21 章、70 節。ロックからの正確な引用ではなく、むしろエドワーズの要約なので、訳にあたってはロックの原文を参照し補ったところがある。

(39) ［訳註］新共同訳聖書（日本聖書協会）には対応していない。

(40) ［訳註］「……に対して死んでいる」というのは、パウロが使う表現で、ある対象に対して「無反応である」または「無関係である」という意味である。「ローマの信徒への手紙」6 章 2 節参照。

(41) ［訳註］以下、『使徒の文書を理解する鍵』は『鍵』と略記する。

(42) ［原註］また、ターンブル氏が善い人の性格について次の箇所で語っていることも参照に値する。『キリスト教哲学』86、258、259、288、375、376、409、410 頁。

(43) ［原註］327、339、340、343、344、348 頁。

(44) ［訳註］ここでエドワーズは、『聖書の原罪論』184 頁にある主張に反論している。

(45) ［原註］「レビ記」17 章 7 節、「ヨシュア記」5 章 9 節、24 章 4 節、「エゼキエル書」20 章 7、8 節、23 章 3 節。

(46) ［原註］ターンブル氏は、自然堕落論に対して強く反対はしていないが、経験的方法の推論が道徳的問題や人間の本性に関わる問題にも適用さるべきだと主張している。とくに、道徳哲学や自然哲学ではこの方法に信頼すべきであると述べている。『道徳哲学入門』を見よ。

(47) ［訳註］『聖書の原罪論』66 頁。

(48) ［訳註］第 60 項の誤りか。

(49) ［訳註］日本語訳聖書、新共同訳では「士師記」8 章 10 節。

(50) ［訳註］「列王記上」四章三四節が引証箇所になっているが、五章の一四節なので、訂正した。

(51) ［訳註］ウィンダー、前掲書、335、336、337 頁。

(52) ［訳註］『聖書の原罪論』107 頁。

(53) ［訳註］「新共同訳聖書」には該当箇所がないが、「ダニエル書」の預言にはイスラエルの堕落がさまざまに描かれている。

(54) ［訳註］「マタイによる福音書」11 章 20-24 節。

(55) ［原註］『ローマ書註解』1 章 16 節への註、『鍵』139 項、『ローマ書註解』203 頁。

(56) ［訳註］『ローマ書註解』、249 頁。

(57) ［訳註］『鍵』210 項。

(58) ［訳註］『ローマ書註解』序文。

(59) ［訳註］Pelagius (390-418)。カルタゴの宗教会議（418 年）で、カエレスティウス（Caelestius）とともに異端とされた修道僧。アウグスティヌスらの原罪論を否定し、人間は自由意志によって救済に関わることができると主張した。救済に関して自由意志の役割を認める神学は、彼にちなんで「ペラギウス主義」と言われる。「訳者解説」参照。

(60) ［訳註］エドワーズの要約。

(61) ［訳註］ワッツ『人類の破滅と再興』、1740 年。

(62) ［訳註］エドワーズの要約。

(63) ［訳註］エドワーズの要約。

(64) ［訳註］イエール大学版の解説者は、次のように注釈している。エドワーズは、天使の堕落の問題を、『研究ノート』の幾つかが示すように、かなり詳細に考察した。断片 664b では、彼は、天使の反乱は人類の行方が天使よりも栄光に満ちたものであることを嫉妬した結果であるという考えを述べた。断片 320 では「天使たちの反乱を誘ったきっかけは、神が人類の 1 人が神の子であると宣言したことにあったかもしれない」と言っている。断片 379 では、エドワーズは、天使たちの堕落の理由は、天使が作られた目的を拒絶したことにあったと見ている。天使が作られた目的は、「キリストが愛する人類を高め、栄光に入れるキリストの仕事に霊的に仕えるためであった。ここから私たちは、天使たちの反乱のきっかけは、神がこの彼らの目的と特別な奉仕を明らかにし、天使がそれを承伏しなかったことにあったと推論してよいであろう」。断片 710、823 も見よ。

(65) ［訳註］キリスト教会の堕落を指摘した格言の部分。この格言は、いろいろなバリエーションがあるが、その一つは次のように語っている。The road to Hell is paved with the bones of priests and monks, and the skulls of bishops are the lamp posts that light the path.（地獄への道は祭司や修道士たちの骨が敷き詰められており、主教たちの頭蓋骨は、道を照らす街灯になっている。）

(66) ［原註］『聖書の原罪論』257、258、328、329、344、421、422 頁、その他。

(67) ［訳註］イスラエルの祖先。「創世記」11 章 16–19 節参照。

(68) ［原註］「エレミヤ書」2 章 23 節、「詩編」68 編 14 節、「ヨシュア記」22 章 2 節、23 章 8 節、「申命記」4 章 3-4 節、「ホセア書」11 章 1 節、9 章 10 節、「士師記」2 章 7、17、22 節、他を参照。

(69) ［原註］『道徳哲学原理』279 頁、『キリスト教哲学』274 頁。

(70)［原註］『キリスト教哲学』282、283頁。
(71)［訳註］『道徳哲学原理』311頁。
(72)［原註］『キリスト教哲学』113、114、115頁。
(73)［訳註］「創世記」2章、3章。
(74)［訳註］「ローマの信徒への手紙」5章12節。
(75)［原註］「レビ記」10章6節、「民数記」1章53節、18章5節、「ヨシュア記」9章20節、「歴代誌下」24章18節、19章2、10節、28章13節、32章25節、「エズラ記」7章23節、「ネヘミヤ記」13章18節、「ゼカリヤ書」7章12節、他を参照。
(76)［訳註］「創世記」5章によれば、当時の人類の寿命は900歳程度であった。
(77)［訳註］『聖書の原罪論』21頁。
(78)［訳註］「創世記」3章18節。
(79)［訳註］「乳と蜜の流れる土地」については、「出エジプト記」3章8節、17節。
(80)［訳註］エドワーズは「罪深い」という語を加えている。
(81)［訳註］この「哀歌」の引証箇所は、日本語新共同訳聖書とは対応しない。
(82)［訳註］「モロク」は、幼児を火に捧げる儀式を持つカナン地域の宗教の神の名。この宗教は、旧約聖書で偶像礼拝として批判されている。「エレミヤ書」7章31節などを参照。
(83)［訳註］日本語新共同訳聖書では、8、9節。
(84)［訳註］『聖書の原罪論』「補論」第8節「原初の正しさについて」、423頁以下。
(85)［訳註］Francis Hutcheson (1694–1746)。*An Inquiry into the Original of our Ideas of Beauty and Virtue* (4th. ed. , London:1738).
(86)［原註］『道徳哲学原理』112頁–115頁など。
(87)［訳註］この文章は、ターンブルの書物の中には発見できない。エドワーズの要約か。
(88)［訳註］『鍵』、119項。
(89)［訳註］Jonathan Edwards, *An inquiry into the modern prevailing notions respecting that freedom of will which is supposed to be essential to moral agency, virtue and vice, rewards and punishment, praise and blame.* (S. Kneeland, 1749)
(90)［原註］これは疑いもなく正しい。アダムのなかに生まれつきの罪への傾向はなかったとしても、禁断の果実を食べるという罪への傾向は、幻想や錯誤によって導かれて生まれていた。そして、禁断の果実を食べたいという傾向は実際に食

べることに先行していたに違いない。[訳註] 強調、エドワーズ。

(91) [訳註]『聖書の原罪論』184 頁、434 頁。

(92) [訳註] 432 頁。

(93) [原註] バックストルフのコンコルダンスを用いた。その編集方針では、語が使われているすべての場所が指示される。

(94) [訳註] ヘブライ語の直訳。この慣用句は、必ず死ぬという意味であり、多少の変形を含めて旧約聖書で 49 回使われている。

(95) [訳註] 原文では「一七・二一」となっているが、誤りなので「一八・二一」に訂正した。

(96) [訳註] 日本語新共同訳聖書のどこに対応するか不明。同じ意味の表現が多く出ている。

(97) [訳註] 同。

(98) [原註]『ローマ書註解』5 章 20 節についてのテイラー氏の解釈、371、373、374、376 頁を見よ。371 頁で彼は、モーセの律法はその律法にしたがっている者たちを死に従属させる。その場合の「死」とは永遠の死であると明言している。

(99) [原註]『聖書の原罪論』303 頁。

(100) [訳註]『聖書の原罪論』17、18 頁。

(101) [訳註]『ローマ書註解』178 頁。

(102) [原註]『聖書の原罪論』90、91、95 頁。

(103) [訳註] 同、95 頁。

(104) [訳註] 同、95 頁。

(105) [訳註]『聖書の原罪論』59 頁ほか。

(106) [原註]『聖書の原罪論』25、45、46 頁。

(107) [原註]『聖書の原罪論』120 頁、他。

(108) [訳註] Matthew Poole (1624-1679)、*Synopsis criticorum aliorumque Sacrae Scripturae Interpretum* (1669-1676).

(109) [訳註]『聖書の原罪論』125 頁。

(110) [訳註] 106 頁の誤りか。

(111) [訳註] 二つの段落からの要約。

(112) [訳註] テイラーの解釈については次の段落を見よ。

(113) [訳註] 一四〇頁。

(114) [訳註] 泉井久之助訳（筑摩書房、世界古典文学全集第 21 巻）、78 頁。

(115) [原註]『聖書の原罪論』5、64、97、98、102、108、112、118、120、122、

123、127、128、136、142、143、152、155、229、149 頁。

(116) ［原註］『聖書の原罪論』142 頁。

(117) ［訳註］ロック『パウロ書簡註解』(*A Paraphrase and Notes on the Epistle of St. Paul*, 3rd ed. , London)。ロックは「聖パウロは、自分自身が、そして自分自身と同じように他人も、2 つの部分から構成されていると考えており、この二つの部分を「肉」(flesh) と「精神」(mind) と呼んでいる」(278 頁) と書いているから、ロックのなかには霊肉二元論的な人間観があると思われる。エドワーズは、ロックが、パウロは「肉」という言葉で人格全体を比喩的に表していると解釈していると言うが、その論拠は、どこにあるのであろうか。

(118) ［訳註］「ローマの信徒への手紙」7 章 18 節。

(119) ［訳註］『聖書の原罪論』111 頁。

(120) ［訳註］エドワーズの言い換え。

(121) ［訳註］テイラー『ローマ書註解』、265 頁。

(122) ［原註］『鍵』307、310 項を参照せよ。

(123) ［原註］『聖書の原罪論』102、104、117、119、120 頁。『ローマ書註解』3 章 10-19 節への註。

(124) ［訳註］『聖書の原罪論』102 頁。

(125) ［訳註］『聖書の原罪論』105 頁。

(126) ［原註］『ローマ書註解』3 章 10-19 節、5 章 11 節、9 章 30-31 節への注を見よ。

(127) ［訳註］『聖書の原罪論』106 頁。

(128) ［原註］114–120 頁。テイラー氏の『ローマ書註解』の関係箇所も参照せよ。

(129) ［原註］「マタイによる福音書」8 章 5–13 節、9 章 9–13 節、11 章 19–24 節。「ルカによる福音書」7 章 37 節以下、17 章 12-19 節、19 章 1-10 節。「マタイによる福音書」15 章 21-28 節。「ヨハネによる福音書」4 章 9 節、39 節。「ルカによる福音書」10 章 29 節以下とも比較せよ。

(130) ［原註］「マタイによる福音書」21 章 28–32 節、22 章 1-10 節。「ルカによる福音書」14 章 16-24 節。「ルカによる福音書」13 章 28、29、30 節とも比較せよ。

(131) ［原註］「マタイによる福音書」10 章 14、15 節。

(132) ［原註］「ヨハネによる福音書」8 章 33-34 節。洗礼者ヨハネの見解が、ユダヤ人たちの自己意識と大きくちがっていたことも注目される。ユダヤ人たちは自分たちが聖なる民であり、アブラハムの子孫であるがゆえに神に受け入れられていて、その点で、罪人、敵、不浄である異邦人よりもよいと考えていた。これに

対してヨハネは、汚れた罪人としてのユダヤ人に洗礼を授けた。ちょうど、それは異邦人からのユダヤ教への改宗者に洗礼を授けたのと同様である。ヨハネはユダヤ人に罪人としての悔い改めを求め、「『我々の父はアブラハムだ』などと思ってもみるな。言っておくが、神はこんな石からでも、アブラハムの子たちを造り出すことがおできになる。」と語った。そして、神の聖なる民ではなく、毒蛇から生まれた者たちであると説いた。

(133) ［訳註］エドワーズによる「ガラテヤの信徒への手紙」の要約。

(134) ［訳註］『聖書の原罪論』111頁、『ローマ書註解』32頁ほか。

(135) ［原註］この言葉が使われている他の箇所は、「ローマの信徒への手紙」1章26節、2章14、27節、11章21、24節、「コリントの信徒への手紙一」11章14節、「ガラテヤの信徒への手紙」2章15節、4章8節、「ヤコブの手紙」3章1節、「ペトロの手紙二」1章4節である。

(136) ［原註］テイラー氏は、この書簡について独自の区分をしているが、その区分にしたがっても、この部分は同じ議論に属している。

(137) ［原註］テイラー『ローマ書註解』5章20節への註解を見よ。

(138) ［原註］テイラー氏も、『ローマ書註解』で、この部分をこの書簡について彼が設けた区分の、同じ議論と段落に属するものと考えている。

(139) ［原註］これと平行する箇所はたくさんある。たとえば、「ヨハネによる福音書」11章25、26節「わたしは復活であり、命である。わたしを信じる者は、死んでも生きる。生きていてわたしを信じる者は誰も決して死ぬことはない」。ここでも、「命」と「死」という二つの言葉が、この意味変化をともなって使われている。「わたしは復活であり、命である」は霊的・永遠的生命を意味しており、「わたしを信じる者は死んでも」は現世の死を示し、「それでも生きる」というところは霊的な命と身体の生命の復活を示す。「生きていてわたしを信じる者は誰も、決して死ぬことはない」は霊的・永遠的死を意味している。「ヨハネによる福音書」6章49、50節も同様である。「あなたたちの先祖は荒れ野でマンナを食べたが、死んでしまった」は主として現世の死を指している。「これは、天から降って来たパンであり、これを食べる者は死なない」のは、霊的命の喪失、永遠的死によるのである。58節も見よ。51節では「このパンを食べるならば、その人は永遠に生きる。」は永遠の命について語っている。54節も同様である。同じ趣旨の事例は、「ヨハネによる福音書」5章24-29節である。

(140) ［原註］『聖書の原罪論』56頁。

(141) ［訳註］『聖書の原罪論』94頁。

(142)　［訳註］今日のミャンマーにある都市名。モン王朝の首都があった。

(143)　［原註］『鍵』342 項。彼は大文字で「どれでも〈ANY〉」と書いている。同じ趣旨のことが他でもしばしば語られる。そして、これは彼が「真の福音書の趣旨」と呼ぶことの中心点であるに違いない。

(144)　［原註］『鍵』10 章、表題。

(145)　［原註］『鍵』119 項。

(146)　［原註］40-42 頁、57 頁など。

(147)　［原註］次の箇所も参照せよ。「ヨブ記」4 章 7-9 節、15 章 17-35 節、18 章 5-21 節、19 章 29 節、20 章 4-8 節、23 章 23-29 節、21 章 16-18 節、20-26 節、22 章 13-20 節、27 章 11 節 –23 節、31 章 2、3、23 節、33 章 18 節、22-24 節、28 節、30 節、34 章 11 節、21-26 節、37 章 12 節、18-20 節、38 章 13、14 節。

(148)　［訳註］『ローマ書註解』158 頁。

(149)　［原註］77-78 頁。

(150)　［原註］『聖書の原罪論』393 頁。

(151)　［原註］68 頁。

(152)　［原註］120 頁。同じ趣旨のことを、「ローマの信徒への手紙」5 章 17 節の注釈でも述べている。

(153)　［原註］これは、彼が 20、40、53、117 頁で述べていることから明らかである。

(154)　［原註］『聖書の原罪論』69 頁。

(155)　［原註］同様の趣旨が、47、49、60-62 頁等にある。

(156)　［訳註］レモンストラント派は、ドルト宗教会議でのアルミニウス派の別称。また、反レモンストラント派は、カルヴァン派の別称。

(157)　［原註］60、61 頁を参照。また『ローマ書註解』の部分における、この段落についてのノートも見よ。

(158)　［訳註］『聖書の原罪論』44 頁。

(159)　［原註］『ローマ書註解』284 頁。

(160)　［原註］『ローマ書註解』60、61 頁。

(161)　［原註］『ローマ書註解』8 章 28 節への注。

(162)　［原註］『ローマ書註解』8 章 11 節への注。

(163)　［原註］『聖書の原罪論』30 頁。

(164)　［原註］『聖書の原罪論』303 頁。

(165)　［原註］同じような仕方でテイラー氏は、「ローマの信徒への手紙」7 章を解説する際、パウロが一繋がりの議論のなかで「私」あるいは「私に」という人称

代名詞を六つもの異なった意味で使用していると考えている。第1節では、使徒パウロ自身を指す。8、9、10、11節では、あらゆる時代の、モーセ以前と以後のユダヤ人、特に彼らのうちの肉的で不敬な人々を指す。13節では、パウロと論争する1人のユダヤ人を指す。15、16、17、20節、ならびに25節の後半では、二つの「私」が使われる。一つは、人間の理性である。もう一つは、人間の情念や肉的欲望である。そして、17節と最後の節の前半では、キリスト教徒一般、あるいは、神の言葉、律法と福音を知っている人々を指す。このような異なる意味が奇妙に混在し、相互に複雑な関係を持っているというのである。

(166) [原註]『ローマ書註解』序文、204頁。

(167) [原註] テイラー氏も、同じ趣旨のことを言っている。『鍵』302、303項、『ローマ書註解』序文、144頁。

(168) [訳註] paraphrase, 聖書本文の意味を補って作った文章。ロックやテイラーの註解書を始めとして、当時の聖書の註解書では、この手法が使われている。

(169) [原註] テイラー氏の説明では、罪はまったく「律法によって増し加わらない。いかなる意味でも、罪も罰も増し加わらない。彼が言うには、「その意味は、人間がもっと邪悪になるべきだということではなく、人間はすべての違反の代償として死ななければならないということである」からである。しかし、結局、罪が増えなければ、死も増えないし、死に方が悪くなるわけでもない。先行する功罪にしたがって罰せられるからである。モーセの律法が与えられる前に死んで別の世界に行った者たちは彼らの功罪によって罰せられる。律法が成立したとき、それはそれ以上の脅威を与えるわけではない。

(170) [訳註] イエスという名は、ヘブライ語では「ヤハウェは救う」という意味である。

(171) [原註]『聖書の原罪論』364, 365頁。

(172) [原註]『聖書の原罪論』111, 339, 340頁。

(173) [原註]『聖書の原罪論』343頁。[訳註] テイラーは、本書の付論として、*Ruin and Recovery of Mankind* の第2版へのコメントをしている。『人類の破滅と回復』の著者は匿名であるとテイラーは書いているが、これは Isaac Watts (1674–1748) の著作である。

(174) [原註]『聖書の原罪論』344頁。

(175) [原註]『ローマ書註解』序言、38番。

(176) [原註]『ローマ書註解』5章20節への注釈。

(177) [原註] 228頁とローマ書7章ならびに8章の最初への注釈で、テイラー氏が

異邦人の救いのない状態について語っていることを見よ。

(178) ［原註］『聖書の原罪論』128 頁。

(179) ［訳註］註 184 をみよ。

(180) ［訳註］エドワーズの思想である。

(181) ［原註］『聖書の原罪論』180、245、250 頁。

(182) ［原註］『聖書の原罪論』44 頁、50 頁他。

(183) ［原註］『聖書の原罪論』55，224，234，337，338，342，343，344，345 頁をみよ。

(184) ［原註］144 頁（エドワーズの自由な言い換え）。

(185) ［原註］246 頁、248 頁。（［訳註］「真のキリスト教徒」はエドワーズの付加。）

(186) ［訳註］この部分は、日本語新共同訳聖書には欠けている。

(187) ［原註］『聖書の原罪論』425-429 頁。

(188) ［原註］『聖書の原罪論』224 頁。

(189) ［原註］125 頁、他。

(190) ［訳註］『自由意思論』(1754)

(191) ［原註］『聖書の原罪論』128 頁。

(192) ［原註］『聖書の原罪論』190 頁、『聖書の原罪論』200 頁。216 頁も見よ。

(193) ［原註］『聖書の原罪論』125 頁。［訳註］「神学者たちの会議」とは、ウェストミンスター会議（1642–1643）のことである。テイラーは、『聖書の原罪論』で、この会議で作成された信仰教理問答を批判している。

(194) ［原註］『聖書の原罪論』137，187，188，189，256，258，360，419，424 頁、ほか。

(195) ［原註］『聖書の原罪論』187 頁。

(196) ［原註］『聖書の原罪論』146，424，425 頁、ほか。

(197) ［原註］揚げ足取りを避けるために、私が「自然」「超自然」という語をどのような意味で使っているか、くれぐれも注意してほしい。創造時に造られたものと、その後、特別な仕方で導入されたものを区別するために、この用語を使っているのではない。また、最初の状態、人間本性が始まったときの秩序を記述するために使っているのではない。そうではなく、人間が単なる人間として持っている本性に属したり、そこから出てきたりするものと、その本性を超えるものを区別するために使っているのである。単なる人間本性を超えるものによって、人は単に人間と言われるだけでなく、徳のある人間、神聖な人間、霊的な人間であると言われる。そうした性質は、人類の始まりとともにアダムのなかで始まり、人

間本性の完成や良好な状態に必要ではあるが、人間本性の構成、あるいは存在のために必ずなくてはならないものではない。それらがなくても単なる人であるために必要なすべてのことは揃っている。「自然」「超自然」というという語をこのような意味で使うなら、いささか普通でない意味で使うことになる。これは奇をてらうためではなく、単に私が考える意味をあらわすより適切な語がないためである。

(198) ［原註］『聖書の原罪論』第4部、セクション9、354頁ほか。

(199) ［原註］『鍵』356項、『ローマ書註解』1章24、26節への註。

(200) ［訳註］『聖書の原罪論』410頁。

(201) ［訳註］『聖書の原罪論』187頁。

(202) ［訳註］『聖書の原罪論』417頁。

(203) ［原註］私がこれまで述べてきたことの意味は次のように解説することもできるであろう。アダムとその子孫が同時に共存しており、子孫は神が確立した自然の法則によってアダムに結びつけられていると考えよう。その結合は樹木の枝が根に結びつけられているのと似ており、身体の部分が頭に結びつけられているのに似ている。そうして全体はあたかも一つの複合的な人格、あるいは一つの精神的全体のようになる。そして結合の法則によって、多くの行為と感情の間で交流と共存が生じる。すべてが一つの全体となり、頭の傾向と行為に共に参与する。生物に見られる通りである。頭が動かされると身体全体が動かされる。頭が動くときには、体全体がそれと共に動く。さて、この場合、人類のすべての枝の心は、自然の構造と結合法則によって、彼らの共通の根であるアダムの心にしたがって、動かされるであろう。根の心が最初の罪を犯すことに完全に傾くなら、すべての枝が一緒に動くであろう。根がその結果、有罪になるなら、すべての枝も有罪になるであろう。そして、根の心が罪を犯した罰として神から見捨てられるなら、枝のすべてにも同じことが起こるであろう。また、その結果として根の心が恒常的に堕落すると、すべての枝も恒常的に堕落するであろう。そのようにしてアダムの魂に新しい罪が加算されると、アダムと精神的に一体であるすべての枝にも同じ事が起こるであろう。悪い傾向、罪、汚染、堕落の観点で起こるすべてのことは、根の場合と同様に、個々の枝においても同じ順序と依存関係で起こるであろう。どの時点で起こるかは、どの場所で起こるかということと同様に、これらのすべてのことの順序をまったく左右しない。

現在の論旨に照らして、シュタプフェルスが語ったことの幾つかに言及しておくべきである。彼は、スイスのチューリッヒの高名な神学者であるが、15年

前に出版された『論争神学』（［訳註］Johannes Fridricus Stapferus [1708-1778], *Institutiones theologiae polemicae universae, Ordine Scientifico dispositae.*）で次のように言っている。「アダムの子孫のすべてが最初の両親から出ており、その両親が根であることを考えれば、人類全体がその根とともに一体であると考えられる。それは一つであって根から区別されない。子孫がアダムから区別されないのは枝が根から区別されないのと同様である。ここから、根が罪をおかしたとき、その根から出たすべてもまた罪を犯していると見なされることが容易に分かる。全体は根と区別されるのではなく、根と一体だからである」（第1巻、3章、856-7節）。

「アダムの罪の責任を他人に問うことに対しては、私たちはアダムと同一の罪あるいは同種の罪を犯していないという反対がなされている。アダムが犯した物理的行為それ自体と、行為の道徳性、行為への同意を区別すべきであると、私は答えよう。外的な行為だけを考えるなら、アダムの子孫はむろん、禁断の果実に手を伸ばしていない。その意味では、アダムの違反の行為と堕落は、物理的にはアダムの子孫の罪と一体ではない。しかし、行為の道徳性と、そうすることへの同意に含まれていることを考えるなら、アダムの子孫も同一の罪あるいは同種の罪を犯したと言ってよい。彼らは、それに同意したと見なされるからである。罪への同意があるとき、同じ罪が犯される。アダムとその子孫は、一人の道徳的人格であり、同じ契約のなかで結合されている。彼らは、道徳的に評価すれば、律法を同じように侵犯したと見なされる。このように考えれば、アダムの罪を全人類、あるいはその罪に同意した道徳的人格全体に罪の責任を波及させることは正当である。そして、既に述べた理由で、私たちはむしろ次のように論じてよい。子孫の罪は、彼らの同意ゆえに、彼らが責任を問われる道徳的規則ゆえに、アダムの罪と同一である。種類において同一であるばかりでなく、実体的にも一つである。それゆえ、アダムの罪の責任を子孫に及ぼすのは正当である」（同書第4巻、16章、60、61節）。

「アダムの最初の罪を他に及ぼすことの本質は次のことである。アダムの子孫はアダムと同じ場所に立っており、アダムに似ていると見なされている。私たちが既に証明したことに照らし、それと合致することは、神がご自身の最も正しい法にしたがって正しく判断し、アダムに彼に似た子孫を与えたということもありうる。自然の法則に従う限り、そうである他はない。その意味でも神がアダムの罪を彼らに及ぼすのは正しい。アダムに彼に似た子孫を与えるということと、彼らに罪を及ぼすということは同じ一つのことだからである。もし、前者が神の完

全に反することがないなら、後者もそうである。私たちに反論する者たちがこの点で主として問題にするのは、私たちの原罪論によると、そのような最初の罪の波及が起こり、それによって神は普遍的な本性の腐敗を顧慮することなく、アダムの子孫の全員を有罪とみなす。そして、もっぱら最初の両親の罪の行為によって罪に定められる。彼らは、自分自身の罪を顧慮する必要もなく、彼ら自身は潔白であったとしても、永遠の刑罰に定められる、云々。それゆえ、私はこれまで、彼らが私たちの教義で不可分なことを不当に分離して考えていることを注意深く示してきた。この場合、彼らは直接的責任と間接的責任が、概念の上だけでなく、現実に区別できると考えている。その点に、私たちとの論争の原因があるのははっきりしている。そして、彼らは直接的罪責だけを間接的罪責から切り離して考えている。これに対して、私たちの神学では両者を区別すべきではないと考えているのである。したがって、私はこれまでの議論で、そのような区別を適用せず、ただ、事態を解説して、神の属性と調和させることだけを勉めた。私は、どこでも、最初の罪の責任に関する二つの考えかたを不可分のものとして結びつけて考え、片方は他方がなければ考えられないと判定した。……この註を書いているとき、私は手元にあったすべての神学体系を参照した。この問題について主な神学者たちの本当の意見を知りたかったからである。その結果、分かったことは彼らの意見と私の意見は同じであるということである。二つの形の罪責は、分離できない。抽象的に切り離すことはできないのである。一方は他方を含んでいる」。シュタプフェルスは、特に二人の改革派の神学者、ウィトリンガ (Vitringa) とランピウス (Lampius) を引証している。第 4 章、17 章、78 節。

(204) ［原註］『聖書の原罪論』13、150、151、156、261、384、387 頁。

(205) ［原註］第 1 部、第 1 章、最初の三つのセクションを見よ。

(206) ［原註］「人が若いときに持っていた同じ意識を持っているのは事実であるが、その意識自体、最高の神の意志によって決定された体系に依存している。……同じ人物は、過去に犯した罪の意識を当然もっているという人がいるなら、それは本性に基づくというより原理に基づいていると答えよう。祖先たちの罪について責任を感じるということは、多くの人が言うほど不自然なことではない。……ユダヤ人の間では祖先の罪を意識することは自然なことであったように見える。彼らは、その罪ゆえに自分たちが罰せられて当然であると考えていた。同じことは形而上学的原理で思想を洗練した他の諸民族でもみられる。」『論争集』251 頁。

(207) ［原註］410 頁。

(208) ［原註］『道徳哲学』7 頁。

(209)［原註］同、9頁。

(210)［原註］それぞれの時点で、新しい行為や力の行使によって結果は、それぞれの瞬間における新しい結果であり、先行する時点において存在していたものとは絶対的に数的に同じでないと考えるとき、私が言いたいことは次の事例で具体的に説明できるかもしれない。月の明るい色と輝きは、一見恒常的であるように見える。完全に同じ明るさが続いているかのようである。しかし、それは実際には瞬間ごとに生み出される結果である。経過する時間の諸点において、それは暗くなったり再び明るくなったりする。それぞれの瞬間においてまったく新しい結果になる。その瞬間に属するものは何ひとつとして、先行する瞬間に存在するものと同一ではない。月に当たり反射する太陽光線は、輝きの結果を作りだす原因であるが、どれひとつとして同じではない。それぞれの瞬間に私たちの感覚器官を与えられる印象は、新しい光線によるものである。光りが当たることによって生じる感覚は、新しい衝撃による新しい結果である。それゆえ、この物体の青白く輝く光は、以前の瞬間に存在したものと同じではない。それは、今吹いている風の音が、たった今吹いていた風の音と同じでないとの同様である。音は似ているが、震えていた空気は同じではない。あるいは、川を流れている水が、さっき流れていた水と同じでないのと同様である。月の輝きについてそういえるなら、堅さ等のこの物体に属するすべてが、それぞれの瞬間において新しい力の行使の結果である。

もしかしたら、この事情は次のような事例でもっと具体的に説明できるかもしれない。鏡に映った事物の映像は、私たちが目を離さないでいると、正確に同じものであり、完璧な同一性を維持しているように見える。しかし、実際はそうでないことが知られている。哲学者たちが熟知しているとおり、これらの映像は絶えず更新されており、新しい光線が反射しているのである。したがって、以前の光線によって創られた映像は絶えず消滅し、新しい映像が鏡の上にも、目にも生じている。映像は新しい光線によって絶えず更新されているから、同一ではない。新しい映像が瞬時にできるからといって、同じではない。それは、一時間、あるいは一日の間隔をおいて生じる場合と違わない。この瞬間に存在する映像は、今しがた存在した映像から引き出されたものではない。もし、新しい光線が鏡と物体の間にある何かによって遮られれば、映像はたちまち消滅するからである。映像の過去の存在は一瞬であっても映像を維持する力をもたない。このことは、瞬間ごとに新しく創られたものであることを示す。厳密にいえば、どの部分も過去の部分と同一ではない。映像について言えることが、同じように物体についても

言える。そうであれば、原因は光りのこともあり、直接的な神の力であることもあるが、いずれにせよ、存在することはすべて瞬間ごとの新しい結果である。

(211)［原註］私は、事物の表面的な現れによって判断することで満足しがちな人たちではなく、厳密に検討することに慣れている人たちに正しい判断をしてくださるようお願いしたい。既に述べたような仕方で人類が共存しているという前提で、創造者がアダムとその子孫を結合しないということが考えられるであろうか。特に、アダムの子孫が自然法則に従い、アダムから出て成長し、枝が樹木に繋がっているように、あるいは肢体が頭に繋がっているように、文字通りアダムと一体であるなら、そして堕罪の前にはすべてのものが場所は違っていても同時に存在していたことを思えば、自然の創造者が、両者を一つの道徳的全体として結合しないことが考えられるであろうか。

(212)［原註］13 頁。

(213)［訳註］ワッツ（Isaac Watts, 1674–1748）、リジリー（ Thomas Ridgely, 1667–1734）

(214)［訳註］「真に〈truly〉」「確実に〈certainly〉」……と、副詞を重ねて使うのはテイラーの癖であるが、エドワーズは議論のなかでしばしばこの用法を、エコーのように真似ている。

(215)［原註］リジリー

(216)［原註］359 頁等。

(217)［原註］82 頁。

(218)［原註］テイラー氏自身、ノアへの祝福が恩寵の契約に基づいていると考えていることは、注意しておいてよい。360, 366, 367, 368 頁。

(219)［原註］349 頁。

(220)［原註］341-343 頁、387 頁。

(221)［原註］『聖書の原罪論』279 頁他、381 頁。

(222)［訳註］『聖書の原罪論』283 頁。

(223)［原註］『聖書の原罪論』353, 354 頁。

(224)［原註］『聖書の原罪論』74、75 頁。

(225)［原註］「ローマの信徒への手紙」7 章に関するテイラー氏の解釈（205-220 頁）。特に『ローマ書註解』を見よ。

(226)［原註］145 頁。

(227)［訳註］「マタイによる福音書」22 章 29 節。

(228)［訳註］反三位一体論を唱えた、レリオ・ソッツィーニ（Lelio Sozzini,

1525–62) と甥のファウスト・ソッツィーニ、Fausto Sozzini, 1539–1604）の影響を受けた人々（ユニテリアン）を指す。

(229)　［原註］242, 243 頁。

(230)　［原註］「マタイによる福音書」9 章 12 節

(231)　［原註］「マタイによる福音書」18 章 3 節、「ルカによる福音書」19 章 10 節。

(232)　［原註］「ルカによる福音書」13 章 1-5 節。

(233)　［原註］「マタイによる福音書」6 章 12 節、「ルカによる福音書」11 章 4 節。

(234)　［原註］「マタイによる福音書」6 章 14 節。

(235)　［原註］「マタイによる福音書」16 章 23 節。

(236)　［原註］「マタイによる福音書」10 章 16 節、17 節。

(237)　［原註］「ヨハネによる福音書」7 章 7 節、8 章 23 節、14 章 17 節、15 章 18, 19 節。

(238)　［原註］「マタイによる福音書」18 章 21 節以下。

(239)　［原註］キリスト到来後の比較的古い時代のユダヤ教ラビが書いていることが、この論拠になる。この種の多くのことに着目したのは、既に言及した『論争神学』の著者シュタプフェルスであった。そこで引用されていることはラテン語で書かれている。私は、ここで読者のために英語に忠実に訳してみる。

……「人に対して大地を呪うことは 2 度とすまい。人が心に思うことは、幼いときから悪いのだ」(「創世記」8 章 21 節)。人は、母の胎内から出た時から悪い。乳房を吸ったときから人は、欲望にしたがっているからである。そして、まだ子どものときから、人は怒り、嫉妬、憎悪、その他の悪徳に支配されており、この時期は、これらの悪徳の影響を受けやすい。「箴言」22 章 15 節でソロモンは「愚かさは子どもの心に結びついている」と言っている。この箇所について、ラビ・レビ・ベン・ゲルショムは、次のように考察している。「愚かさはいわば人の存在の始めから成長するのである」。すべての人に共通でもともと備わっているこの罪について、ダビデは「わたしは咎のうちに産み落とされ、母がわたしを身ごもったときも、私は罪のうちにあったのです」と語った。これについて、イブン・エズラは「見よ、人の心に生まれつき宿っている情欲ゆえに、『身ごもったときも、私は罪のうちにあった』と言われている」と言う。その意味は、人の心には、生まれたときから悪い妄想が宿っているということである。

……そして、メナセ・ベン・イスラエルは言う。「わたしは咎のうちに産み落とされ、母がわたしを身ごもったときも、私は罪のうちにあったのです」と言っているが、この母は人類共通の母であるエバのことであろうか。それとも、彼自

身の母親のことであろうか。いずれにせよ、ダビデが言っていることは、罪はいわば生まれつきのものであり、生と切り離せないということである。エバは罪を犯した後で、懐妊しているからである。その後の多くの懐妊も、正しい理性ではなく、無秩序な情欲にしたがっている。更にメナセは付け加えて言う。ユダヤの賢者の一人、ラビ・アハは「徳に優れた敬虔な人であっても、罪を犯さないことはありえないということを言っているのである」と適切に述べている。ヨブもダビデ同じことを言っている。「汚れたものから清いものを引き出すことができましょうか」(「ヨブ記」14章4節)。この言葉についてエベン・エズラは言う。「この意味は、身ごもったときわたしは罪のなかにあった」と同じ意味である。人は汚れたものから出たからである。シュタプフェルス、『論争神学』第3巻、36, 37頁。

……同書、132頁他。「これは罪人たちのことだけを言っているのではない。最初の人のすべての子孫は同様にアダムに語られた呪いの対象になっているからである」。そして、ベン・イスラエルは、『人間の脆弱さへの序文』で言っている。「全員の最初の父祖が正しさを失ったとき、子孫は彼と同じ罰を受けるように生まれてくるということを、私はあらゆる手段を尽くして証明しようと思った」。また、ムンステルスは、「マタイによる福音書」について『ミルラの束』という本から次の言葉を引用している。「祝福された主は、最初の人を呪って言った。『お前には、イバラとアザミが生えて来るであろう。そして、お前は畑に生える草を食べるであろう』。彼の罪ゆえに、彼の子孫は邪悪でよこしまであり、イバラやアザミのようであるという意味である。この主の言葉にしたがって、ムンステルスは預言者に対して「イバラと扇動者があなたと共にある。あなたはサソリの間で生きるであろう」と言う。そして、これらすべては蛇から出たのである。この毒蛇は、悪魔サムマエルであって、エバに死に至らせる腐食性の毒を注ぎ、アダムが果実を食べたとき、アダム自身の死の原因になった。『隣のヨセフ』471頁で、でマルチン・レイムンドに反対して、引用されているメナヒム・ラカナテンシスの言葉が注目される。ユダヤ人に対してホルンベキウスが引用しているが、中世の「詩編」註解では「アダムの罪が王の指輪に記され封印されて、続くすべての世代に告げ知らせられるのは当然である。アダムが創造された日に、すべてのことが終わったからである。アダムは世界全体の完成であった。したがって、彼が罪を犯したとき、世界全体が罪を犯したのである。その罪を私たちは担っている。しかし、子孫たちの罪に関しては、問題は同じではない」と言われる。ここまでは、シュタプフェルスからの引用である。

さらに、アインスワースは「創世記」8章2節について、「この箇所のヘブライ語註解ベレシート・ラッバでは、あるラビが『いつ悪い考えが人に入ったのですか』と聞かれたとき、彼は『創られたときからだ』と答えたという」と言っている。また、プールの『シノプシス』にはグロティウスの見解が付加されている。「ラビ・ソロモンは創世記8章21節を解釈して『人が心に思うことは幼いときから悪い。人が母の胎内からとりだされたときから』」。エベン・エズラも「詩編」51編7節「わたしは咎のうちに産み落とされ、母がわたしを身ごもったときも、わたしは罪のうちにあったのです」をそのように解釈している。悪い情欲は子どものときから植え付けられている。あたかも、その情欲のなかで創られたかのように。彼は、「私の母」を、罪を犯すまでは子どもを産まなかったエバのことだと考えている。またカフベナキも「私はどうして罪を避けることができるであろう。私はもともと腐敗しており、そこからこれらの罪が生じるからだ」。またメナセ・ベン・イスラエルは、この箇所（「詩編」51編1節）について、結論的に、世界に罪が導入されて以来、ダビデだけでなくすべての人類は、最初から罪を犯す、と述べている。これに対するラビ・ハカドシュの答えはタルムードの一節である。「いつから情欲が人類を支配するようになったのか。彼が最初に形作られたときなのか、それとも誕生からなのか。答えは、最初に形づくられたとき、である。以上はプールの『シノプシス』に書かれていることである。

これらの事から私は次のように考える。ユダヤの昔のラビたちは祖先たちの伝統に特別の注意を払っていたから、父祖たちから伝承を受けたのでなければ、この原罪の教義を受け取ることはなかったろう。そのように考えるのが合理的である。この教義は、ユダヤ教とキリスト教の実践と思想を根本的に分ける点だからである。特に自分の正しさによる義認という思想とアブラハムの子孫としての特権は、メシアの苦難による贖罪を必要としない。それゆえ、シュタプフェルスが指摘するように、現代のユダヤ人は原罪と本性の腐敗の教義を普遍的に退けている。そして、古代のユダヤ人が祖先からの伝承によってこの教義を受け取ったのではなく、非常に軽蔑し、敵対意識をもっている相手であるキリスト教徒から、これを受け取ったということはありそうもない。特に、この教義は、イエスによる霊的な救済というキリスト教の思想と親和的であり、ユダヤ人の肉的なメシア観、そのメシアの救済や、ユダヤ人の自己理解に合わないからである。この教義は人が一般に偏見を持ちやすいものでもある。その上、これらのラビたちは、祖先の意見にはっきり言及している。たとえば、ラビ・マナセは「昔の人たちの意見に従うと、罪を犯さなかった者は死に遭わない。罪がなければ死はないからで

ある」。シュタプフェルス、第3巻、37、38頁。

しかし、原罪の教義がキリストの到来以前に、古代のユダヤ人の間で信じられていたもっと直接的証拠がある。キリストの前に書かれたユダヤ教の文書、外典（「第2エズラ記」3章21節）に「最初のアダムは邪悪な心をもっていたので、違反を犯し、悪に打ち負かされてしまった。彼から生まれた者をすべてそうなった。そうして、欠陥が恒常的になったのである。そして、根の悪意が法則として人々の心に定着した。そのため善が去り、悪がはびこっているのである」と書かれている。「、悪の種がアダムの心に蒔かれてから、この時代に至るまで、どれだけの悪が産み出されたであろうか。脱穀のときまでに、どれだけの悪が産み出されることであろうか」（同、4章30節）。「地をアダムに与えない方がよかった。あるいは与えるにしても、罪を犯さないように制止しておけばよかった。人が現世で呻吟して生き、死後に罰しか期待できないのであれば、生きることに何の益があるのか。ああ、アダムよ。何ということをしてしまったのか。罪を犯したのは、お前だけだが、堕落したのはお前だけではない。お前から出るすべての子孫が堕落したのだ」（同、7章46節）。また、「シラ書」25章24節には次のように書かれている。「女から罪は始まり、女のせいで我々は皆死ぬことになった」。

この原罪論は神の教会で最初から常に主張されていた。多分そのことと、普遍的な経験の証拠から、賢い異邦人も同じような説を主張した。特に、あの偉大な哲学者プラトンは、古代の伝承に尊重し、その伝承を熱心に研究した。ゲイルは『異教徒たちの宮廷』で次のように言っている。「プラトンは『私は賢人たちから聞いたことがある。今私たちは死んでいる。身体は、墓にすぎない』（『ゴルギアス』493）。そして『ティマイオス』（103）で彼は言う。『無力は、私たち自身からというより、私たちの親から、第1原理から来ている。したがって、私たちは最初の父祖たちの最初の汚点に追随する行為を止めることができない』。……プラトンは意志の腐敗について語り、いくらか英雄たちのなかにある国家的善にむかう自然的傾向を認めているが、真の善にむかう自由意志を否定しているように見える。……ソクラテスは人間本性の腐敗を主張した。……グロティウスは、哲学者たちは罪を犯すのは人間性につきものであることを認識していた、と主張している。」

セネカは言っている。「悪の始まりは悪い行為ではないが、悪の行為によって最初に悪が実行され明らかになるのである」（『善行について』5：14）。また、プルタークも言っている。『人は悪が最初に露見したとき邪悪になるのではない。最初から悪かったのである。彼は機会と能力を得るとすぐに、その悪を示す。

人々が正しく判断するように、サソリの針は刺したときに生じたのではなく、まむしの毒は噛んだときに生じたのではない』」（プール『シノプシス』、「創世記」8章21節について）。

(240) ［原註］序文、6、237、265、267、175頁。

(241) ［原註］110、125、150、151、159、161、183、187、77頁。

(242) ［訳註］「イザヤ書」55章11節。

人名・事項索引

（　）は註のページ数

ア行

カ行

サ行

タ行

ナ行

ハ行

マ・ヤ行

ラ・ワ行

聖書個所索引

（　）は註のページ数

エレミヤ書

哀歌

エゼキエル書

ダニエル書

ホセア書

ハバクク書

ゼカリヤ書

旧約聖書続編

シラ書

エズラ記（ラテン語）

新約聖書

マタイ福音書

マルコ福音書

ルカ福音書

ヨハネ福音書

使徒言行録

ローマ書

1コリント書

2コリント書

ガラテヤ書

エフェソ書

フィリピ書

コロサイ書

1テサロニケ書

2テサロニケ書

1テモテ書

2テモテ書

テトス書

ヘブライ書

ヤコブ書

1ペトロ書